一个英国人眼中的
明治维新

〔英〕亨利·戴尔（Henry Dyer）____著

唐双捷____译　肖宏宇____校

THE BRITAIN OF THE EAST:
A STUDY IN NATIONAL EVOLUTION

上海三联书店

［英］亨利·戴尔

工部大学校（1877 年）

工部大学校礼堂（1877 年）

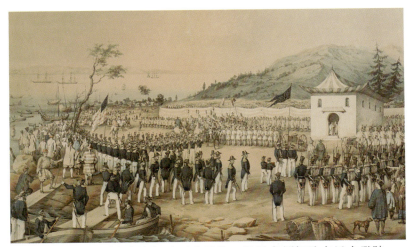

1853 年，美国东印度舰队司令马修·佩里率领舰队在日本登陆
[小伊利法特·M. 布朗（Eliphalet M. Brown, Jr.）画]

大政奉还（邨田丹陵画）

明治四年（1871 年）至明治六年（1873 年），明治政府派遣以岩仓具视为特命全权大使，由政府官员、留学生等百余人组成的"岩仓使节团"，至美国及欧洲诸国访察，寻找"新国家的未来蓝图"。照片为使节团首站抵达美国旧金山时所拍。左起：木户孝允、山口尚芳、岩仓具视、伊藤博文、大久保利通

鸟羽、伏见之战（月冈芳年画，1868 年）

本能寺之战（歌川芳盛 画，1869 年）

征韩论（杨洲周延画，1877 年）

西南战争之鹿儿岛征讨记（大苏芳年画，1877 年）

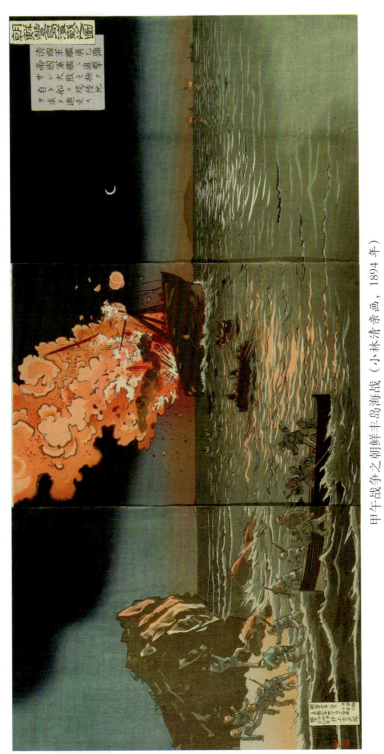

甲午战争之朝鲜丰岛海战（小林清亲画，1894 年）

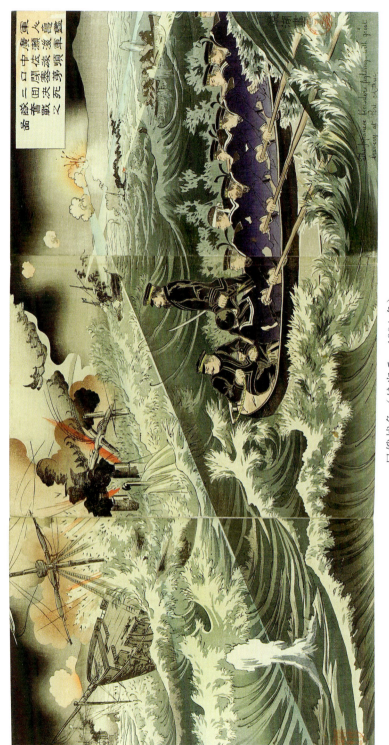

日俄战争（镜湖画，1904 年）

日本第一家西式酒店—筑地酒店（歌川芳虎 画，1870 年）

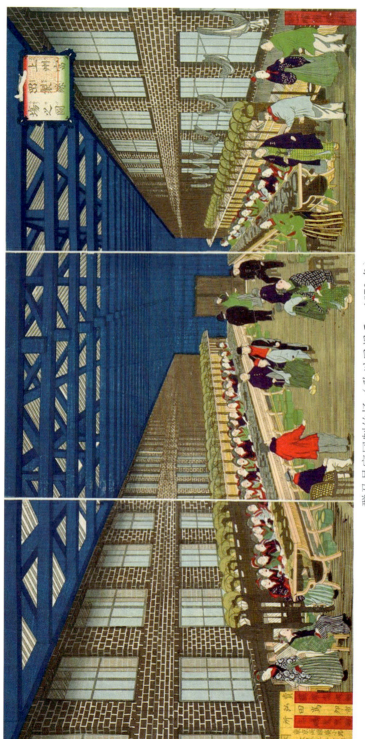

群马县富冈制丝场（歌川国辉画，1873年）

东京银座（歌川国辉 画，1873 年）

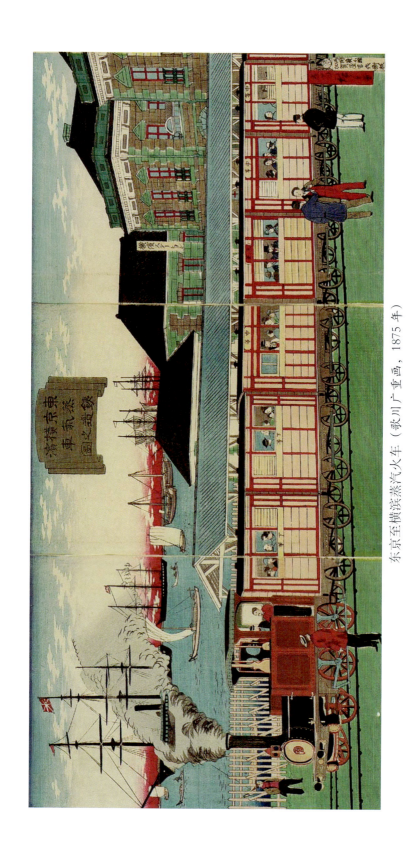

东京至横滨蒸汽火车（歌川广重画，1875 年）

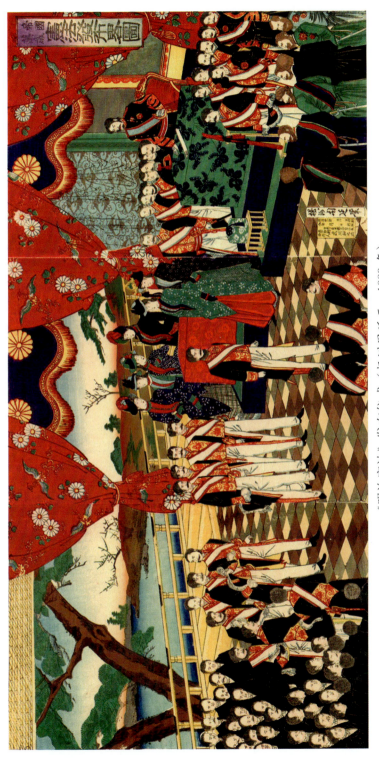

《明治宪法》发布仪式（杨洲周延画，1889 年）

第三届内国劝业博览会（东洲胜月画，1890 年）

中文版序言

日本是中国的重要邻国。在中国近代史发展的进程中，不论是中日甲午战争、抗日战争，还是中日邦交正常化后中日两国在政治、经济、人员等方面的往来，日本都是对中国有重要影响的国家。

当代中国的一些年轻人是在日本文化，尤其是日本动漫、小说、影视作品的影响下成长起来的，他们对日本国、日本社会、日本文化抱有强烈的关心，通过各种渠道了解日本的方方面面。可以说，日本文化对中国青少年的文化意识的形成乃至价值观的塑造产生了一定的影响。对日本文化进行全方位的研究，重新审视中日文化的历史关联和大和民族的特殊性质，并对中日两国关系的曲折变迁作出准确的判断，是我们必须直面的长期课题，也是历史赋予中国年轻人的使命。

改革开放以来，中国经济快速发展，硬实力的增加有目共睹，无可争辩。然而，在社会软实力方面还有所欠缺，一直没有能跟上发展的步伐。"师夷长技以制夷"这句名言在 21 世纪的今天，仍然具有一定的现实意义。

中国现代社会需要的是能够冷静思考，敢于面对事实，善于学习、勇于创新的文明智慧青年，学会独立思考、学会怀疑、学会具有与众不同的创新思维，敢于说出自己见解的能力和胆识，而不是做无脑的"哈日族"，或者盲目的"愤青族"。

本书真实而生动地反映了日本这个国家在其近代化进程中，以明治维新这一重大社会变革为中心的林林总总的表象，以及其背后的社会发展动因。

作者亨利·戴尔先生亲自筹划、创建了全日本第一个近代化理工学府——日本工部大学校，并任校长长达十年之久，被称为"日本近代科学技术教育之父"。他身处日本，对当时激烈动荡的日本社会变革情形可谓是感同身受。同时，作为一名外籍专家，他又可以站到日本人之外的角度，相对客观地观察、分析日本是如何结束封建武士政权体制并且一步步走向文明，成为亚洲强国的。

本书写作于1904年，以"夹叙夹议"的形式介绍了日本从武士政权时代向君主立宪时代的转换，涉及内容广泛且具有独到的视角。日本人精神世界的源泉、宗教信仰的特点，社会结构的重组与困惑，教育与军事的优先发展，外交的转型，以及产业脱胎换骨等方方面面，具体而翔实，可谓是反映那个时代日本的一部百科全书。

本书的另一个特点是可读性较强。它绝不是一本枯燥的历史教科书，也绝非随意杜撰的演义小说。因此，一旦开篇就会使人产生一种想一气读完的阅读冲动。

当然，作为一名协助日本创建工业基础、建立高等教育学府的英国人，书中的某些观点，特别是涉及国际关系的看法，我们可以作为史料参照，未必能完全苟同。

整体而言，本书对于读者在了解日本人、日本国的同时，反思中国历史，思考当代中国，无疑是有所裨益的。

本书的译者日汉双语造诣较深。可以想象，他为翻译此书一定查阅了大量的相关资料，十分辛苦，在此表示钦佩。但是，由于本书成稿较早，百年之前的语言译成当代汉语时必定会有诸多令人举棋不定的选择，如"之"和"的"的选择、"劳动者"或"工人"的翻译等。

最后，真心期待本书的出版能使读者对日本有更深的认识。

冯　峰

2023 年 6 月

关于译文的几点说明

　　本书以亨利·戴尔的 *Dai Nippon：The Britain of the East*
(1904) 为母本，同时参照平野勇夫的日语译本《大日本：技術立
国日本の恩人が描いた明治日本の実像》(1999) 综合翻译而来。
以下对译文中的有关问题作出说明：

　　1. 国名。关于常见西方国家的翻译，考虑到原书出版时间与
历史语境，在个别情形下译者选择将英美法德等西方国家译为"不
列颠""法兰西""美利坚""德意志"等。

　　关于"China"的翻译，为正本清源、以示区分，译者将表示
国名的"China"统一译为"清王朝中国"，在指代文化、地区等相
关概念时则简译为"中国"。关于亚洲国家，译者依照历史语境进
行翻译，如将"Thailand"译为暹罗。其中需要特别说明的是
"Korea"的翻译，1897 年朝鲜高宗李熙自称皇帝，改国号为"大
韩帝国"，直至 1910 年。本书并未按时间区分"朝鲜"与"韩国"，
而是统一称"朝鲜"。但是，对于个别约定俗成的说法予以保留，
如"征韩论"。

　　2. 地名。日本地名一律直译。西方地名参照《英汉大辞典
(第 2 版)》进行翻译。需要特别说明的是关于"Manchuria"的翻

译。众所周知，清末，中国东北地区相继遭到日俄等国入侵，帝国主义者假部族名为地名，称东北地区为"满洲"，且有"南满""北满"之称。为呈现历史原貌，译者选择沿用旧有称谓，但在诸如"满洲"等表述上打上引号，以尊重历史、阐明真相。如果同一地点在不同国家有不同名称，则以中国承认的地名为主，部分地名采用日本方面的说法。

3. 人名。根据学术译著的通行规则，一方面在正文中保留西方人名；另一方面，对西方人名参照新华通讯社译名室编写的《英语姓名译名手册》进行翻译。对于一些约定俗成、影响力较大的历史人物，则视情况保留已有译名，如将"Harry Smith Parkes"译为"巴夏礼"。日本人名按照黑本式罗马音进行标注，为区分姓与名，姓氏大写，如伊藤博文（ITOH Hirobumi），姓氏中的"H"意为长音。

4. 纪年。旧历时间 1872 年 11 月 9 日，明治政府发布改历诏书，将 12 月 3 日作为 1873 年（明治 6 年）1 月 1 日，开始使用新历（公历）。1909 年（明治 42 年），旧历被完全废除。经过对英语原著与日语译本进行对比，发现两书均采用公历纪年。为便于读者理解，译者在书中进行了大量文后注释，经查，其中有部分参考资料采取了旧历纪年，涉及处会进行标注。

5. 军衔。日军军衔参照日文译本进行直译，西方国家的军衔参照《英汉大辞典（第 2 版）》中的"英美武装力量军衔表"进行翻译。

6. 机构名称。日本机构一律直译。西方国家的机构则在尊重历史具体语境的基础上，参照今日之通行说法进行翻译。

7. 历史人物。书中涉及诸多重要历史人物。为了方便读者，译者会视具体语境对历史人物作具有针对性的注释说明。注释分为文中注与章节尾注两种形式，文中注较为简单，章节尾注相对丰富。

8. 历史事件。书中的绝大多数历史事件均采用最为人熟知且约定俗成的译名。但是，有部分历史事件会根据原作者的视角与"信达雅"的翻译要则进行调整。

另外，在谈到如甲午战争、日俄战争等事件以及一些国际形势时，作者主要是以一个西方人的视角进行分析，其中相关表述存在不恰当之处，有关日本对外侵略行径等部分观点也有待商榷，甚至有些观点是错误的，本书中译本在翻译和编辑过程中，对部分内容作了一定的修改和必要的注释，提请读者注意。

目　录

谨以此书献给

在造就近代日本中贡献卓著的

工部大学校的学子们

  ——这不仅是为了纪念他们过去之功业，更希望有助于他们找到解决日本未来问题之方法。

英文版序言

　　我写作本书的目的并不在于单纯叙述日本的近代史，也无意对其近期发展进行细致介绍。倘若如此，书中的每个章节至少都得扩充至厚厚一卷方有可能。本书旨在找寻"明治维新"这场发生在19世纪后半叶的国家奇迹背后的真正动因，即日本是如何跃居国际舞台前列的，又给远东乃至世界带来了怎样的深远影响。因此，我在书中略去了一些历史细节，在统计数据上也仅保留那些能够全景式反映近代日本世间万象的内容与指标。国民教育与技术进步是推动日本近代化进程的主要动因，而我作为一名相关从业者，自然会对这两大领域以及它们对日本国家演化（national life）所带来的直接影响给予特别的关注。与此同时，我还试图以一种更为广阔的视角来理解这一进程，也多少找到了一些自认为是最为强大的内生力量。当然，我承认自己的观点仍有待进一步完善，就像我们都应该记住这样一个道理：所谓"动因"，实乃造成一种现象的诸多条件之集合。

　　我在书中列举了自认为是日本实现惊人发展的必要条件。但是，朝向近代文明国家的演化过程是如此复杂，以至于我既难以精准定义这些条件的实质，也很难道出究竟孰轻孰重。但是，有一点是确凿无疑的，即这种演化之动因乃自内而生。这也在很大程度上解释了近代日本为何能在选择西化之后实现高速发展。

就像在其他国家一样，日本的工商业发展也引发了诸多重大的社会问题。这些问题不仅发生在经济领域，更关乎社会基础与道德本质，都需要我们慎重思之处之。那些旧日本的拥趸或许不免会对由近代样态的激烈竞争所导致的品位流俗与理想泯灭感到些许沮丧。诚然，这些变化也确实对日本的国家演化乃至国际关系带来了巨大的影响。我原本对工部大学校学子们所取得的巨大成功感到颇为得意，但是只要一想到这些摆在日本面前的严峻问题，就又不免沮丧起来。不过，每当我意识到如果没有工部大学校，作为一个独立民族国家的日本很有可能已经因为西方列强的进犯而不复存在，我还是能够产生些许欣慰之情。在我看来，日本作为一个独特的东方之国，拥有与众不同的特质，也终将成为远东地区一股重要的力量。尽管日本正面临重重难题，但是已经崛起的它不仅决意维持自身独立，更力求在飞速改变亚太政经格局的近代化进程中发挥关键的作用。

我在书中并没有作出什么预言，而只是通过对日本近代化的政治、经济和社会影响进行观察与总结，从而提出一些个人以为日本将会面临的问题。至于究竟是哪些问题，各界也是众说纷纭。我只是试着对那些自以为有价值的内容进行初步探讨罢了。不过，由于我亲历日本近代化进程中的林林总总，因此也斗胆觉得自己还是提出了一些值得所有关注日本未来发展之人深思的问题。我个人对日本的未来发展持乐观态度，而且我相信，日本他日能证明够得上"东方的大不列颠"（Britain of the East）的称谓。

我并没有选择以脚注的形式进行注释，而是在各章节之后分别列出自己在写作该章时所查阅的重要书籍与文献。由于篇幅所限，我在正文中只能对日本近代化的重大成就进行简述，希望了解相关细节的读者可以参阅附录中的书籍和其他出版物。我有太多需要感谢的日本朋友，虽然在此无法一一道出他们的姓名，但是仍然需要特别鸣谢其中的两位：一位是时任大藏[1]次官的阪谷芳郎博士（Dr. SAKATANI Yoshiro）[2]，他为我提供了许多明治政府历年来的重要出版物，对此我深表谢意。另一位则是我的老朋友——英文报纸《日本每日邮报》（*Japan Daily Mail*）的社长兼主笔、海军上校弗朗西斯·布林克利（Captain Francis Brinkley）[3]。他为我提供的大量新闻报刊堪称一座信息宝库，其中不仅蕴藏了极为丰富的当代历史细节，更为书中所有关乎日本的重要讨论提供了论据支撑。身在英国格拉斯哥（Glasgow）的我每周都能收到他从日本寄来的最新报刊，这实在是种莫大的帮助。在我看来，所有希望认识日本之人都应仔细研读布林克利上校的皇皇巨著——《日本与中国》（*Japan and China*）。上校的研究与著作不仅涉及历史、民俗、宗教、艺术、政治等多个领域以及当代之日本，而且在许多我不甚了解的问题上也提供了重要的参考信息。在探讨一些涉及其专业领域的问题时，我曾多次引用他著作的论述。我与活跃在日本各地的工部大学校的学子们一直保持着联系，他们不仅与我交流工作近况，而且还就本书的写作提出了众多宝贵意见。本书对日本近代史上的一些重大事件进行了必要重述，以便读者能够理解它们与书中议题的直接关联性。为了方便更多的读者，本书的行文逻辑也进行了一定调整。

1904 年 9 月于格拉斯哥多安希尔（Dowanhill）

译者注释

1. 大藏省是 1869—2001 年负责日本财政、金融相关事务的中央政府机构，2001 年起根据《中央省厅等改革基本法》拆分为财务省和金融厅，金融厅由内阁府管辖。

2. 阪谷芳郎（1863—1941），明治至昭和前期的政治家，法学博士。曾任大藏大臣、东京市市长、贵族院男爵议员。其曾孙女久美子是日本前任首相桥本龙太郎的夫人。

3. 弗朗西斯·布林克利（1841—1912），又名弗兰克·布林克利，常被称为"布林克利上校"，明治年间著名的报业家、编辑和学者，在日居住超过 40 年，在日本文化、艺术、建筑、辞书等领域著作颇多，代表作有《日本人描述与呈现中的日本》（*Japan：Described and Illustrated by the Japanese*）、《日本人民史》（*A History of the Japanese People*）。布林克利自 1871 年起担任明治政府的外交顾问，同时在日本海军炮兵学校任教，1878—1880 年在本书作者亨利·戴尔任职的工部大学校教授数学。1881 年，他买下《日本每日邮报》（后与《日本时报》合并）并担任编审工作直至去世，该报纸可能是当时远东地区最有影响力的英语报纸。由于在英日外交上的卓越贡献，明治天皇授予其瑞宝章以示嘉奖。

第一章 工部大学校与我

　　我在序言中已经简要阐述了本书的写作目标。不过，为了让读者能够更好理解我的主要观点与行文脉络，我认为仍有必要在此对一些基本情况作出说明。这在一定程度上可以帮助读者理解那个我想要描绘的近代日本。描述历史，哪怕只是一段最简短的历史，都需要我们对其进行重新审视。这个过程难免受到主观理解差异的影响，更何况当涉及国家演化研究之时，其复杂性更是远非寥寥数个既定事实所能言说。若想进一步探寻主导这种演化的力量，那就不仅需要陈述历史，更要判断未来走向。很显然，历史研究的最终观点在很大程度上取决于研究者的自身经历。在此，我无意书写自己的"博物志"（natural history），之所以我要先介绍个人经历，也并非想为研究中的不足找个托词。只要读者能够理解这一点，我便足以宽慰。

工部大学校

　　一切都要追溯到 1872 年年底。那时，由明治新政府右大臣岩仓具视（IWAKURA Tomomi）所率领的使节团[1]刚刚抵达大不列颠。在格拉斯哥大学威廉·兰金教授（William Rankine)[2] 与日本工部省[3] 伦敦代理人休·M. 马西森先生（Hugh M. Matheson)[4] 的共同举荐下，我被委任为即将于东京建立的工学高等教育机构——"工学寮工学校"[5] 的"校长"(Principal)[6]。时任工部大辅[7] 的伊藤博文（ITOH Hirobumi）先生（现已是侯爵）当时是使团的副使。伊藤先生认为，在引入西方技术之后，日本应该要有一所培养工学人才的专门学校。只有这样，日本人才有能力独立建设与管理国家发展所需的各种工程。

无巧不成书。为了推进英国的工学教育，我曾对不同国家开展科学与工学教育的主要举措以及一些最重要的教育机构进行过专门研究。因此，我很确定哪些（想法）可取、哪些（做法）可行。但是，我从未料想自己的首次实验会在日本——这个当时西方人知之甚少的东方国度付诸实践。如今，这个国家不仅在技术教育方面领先世界，更是已然成为外交等方面的个中翘楚。

伊藤先生为人亲切，他安排自己的私人秘书林董先生（HAYASHI Tadasu，现为子爵、驻英公使)[8] 与我同船去日本。1873 年 4 月，我们在南安普敦（Southampton）启航赴日。我在航行中的绝大部分时间都用来起草工学寮的《讲义题目一览表》（学业课程及教学规则）。在东京上岸之后，我便将完成的文件递交给当时正代行工部大辅[9] 之责（伊藤博文正随使团出访在外。——译者注）的山尾庸三先生（YAMAO Yozo)[10]。未曾想，明治政府对此完全予以采纳，并令工部省以《工学寮入学式及学业课程略则》之名向社会公布。与山尾先生的重逢更是令我既惊讶又欢喜。遥想当年在苏格兰初遇之时，山尾先生与我都还在格拉斯哥安德森学院（Anderson's College）读夜校。那时他正在格拉斯哥纳皮尔场造船所（Napier's yard）学习造船技术。虽然那时的我与山尾先生私交甚少，但他与那座城市（格拉斯哥）的联系让我们很快就变得熟络起来。

我希望在此特别阐明的是，山尾先生不仅对我在培养技术人员方面所提出的所有动议均予以大力支持，而且在任何需要他施以援手的场合都会不遗余力。工部大学校（工学寮于 1877 年改称"工部大学校"，下文皆以此称之。——译者注）的成功建立，他着实功不可没。林董先生作为工部省代表出任学校的最高责任人[11]，负责财政运营与职员管理；而我作为校长则全权负责教学工作。林董先生在见证了学校的创立并使之顺利运转起来之后便转任至其他政府部门。他曾先后出任香川县（1888 年）与兵库县（1890 年）"知事"[12]，并在 1894—1895 年中日甲午战争（the war with China in 1894‑5)[13]期间升任一等外务次官。战后又担任过一年多的日本驻清特命公使。由于贡献卓著，林董先生被明治天皇授予男爵头衔，跻身华族[14]之列。随后，他又远赴莫斯科，出任驻俄特命全权公使。如今，已经身为子爵的林董先生正在伦敦担任驻英特命全权公使，其在任期内所开展的一系列谈判最终促成了（第一次）日英同盟。这些都将为历史所铭记。

创建工作

我们应该充分认识到政府代表以及政府给予工部大学校充分办学自由的重要意义。这是学校成功创立不可或缺的重要条件。不过，起决定性作用的当然还是全体教职工的满腔热情与勤奋工作。那时，我们中的大多数都还只是资历尚浅的年轻人，如今回想起来才猛然发现，当年工部省就这样委以我们重任是冒着多大的风险。我们无疑也走过弯路，但即便是再挑剔的批评家也会承认，这所学校就是当时全日本最为成功的教育机构。工部大学校的教职工们也用自己随后的职业生涯充分证明了当初选择他们是何等正确的决定。最早在学校任教的教师有：艾尔顿（W. E. Ayrton），教授物理学；文学硕士马歇尔（D. H. Marshall），教授数学；医学博士爱德华·戴弗斯（Edward Divers），教授化学；皇家矿山学校准硕士埃德蒙·F. 蒙迪（Edmund F. Mondy），教授测绘学；文学硕士威廉·克雷吉（William Craigie），教授英语；乔治·考利（George Cawley）、罗伯特·克拉克（Robert Clark）和阿奇博尔德·金（Archibald King）三人负责指导工学实务。

如今，这些教师在全球科学界与教育界都是响当当的人物。他们之所以声名远扬、卓尔不群，不仅是因为各自杰出的研究成果，更是因为他们为改进英国本土的科学技术教育所做出的巨大贡献。仔细想来，这一切又离不开早年任教日本时所打下的重要基础。

随着学校逐渐迈入正轨，教师队伍也日益庞大起来。地质学协会特别会员约翰·米尔恩（John Milne）担任地质学与矿山学教师，并因为在地震学研究上的造诣而享誉全球。三位理学学士约翰·佩里（John Perry）、汤普森（A. W. Thomson）、托马斯·格雷（Thomas Gray）以及化学工程出身的托马斯·亚历山大（Thomas Alexander）则担任工学科教师，他们一起开发的技术教学方法以及随后开展的各类研究让他们名声大噪。皇家建筑家协会的乔赛亚·康德（Josiah Conder）负责教授建筑学，他目前仍在日本从事建筑工作，还指导建设了许多日本近代史上的标志性建筑（如东京皇室博物馆、鹿鸣馆等。——译者注）。杰出的日本学研究者和日本通——皇家学会会员布林克利上校也曾在学校担任过一段时间的数学教师。上校的著作令我受益匪浅，本书中的许多论题都得益于他提供给我的信息。由于健康原因，学校的第一位英语教师克雷吉先生在几年后不得不返回苏格兰。不幸的是，他在回国后不久就告别了人世。我和同事们对此深感悲痛。克雷吉的继任者是文学硕士 W. 格雷·狄克逊（W. Gray Dixon），而他的下一任则是其兄弟，同样是文学硕士的詹姆斯·M. 狄克逊（James M. Dixon）。他们兄弟二人都在各自的学科领域取得了卓越成就。我们很快就为外籍教师配备了许多日本助教，虽然助教们在校工作的时间相对较短，但同样也发挥了重要作用。

有了可靠的师资队伍与他们的全力投入，只要其他方面一切顺利，工部大学校的成功自然是水到渠成。明治政府也竭尽所能地确保学校相关工作的顺利展开。在创办后的五年里，各种漂亮宽敞的建筑拔地而起，教学所需的各类设备也得到了极大补充与全面升级。

课程设置

我是本着满足日本近代化建设实际需求的初衷来设计教学课程的。学校的学制为三期六年制[15]（每期各两年）。第一、第二学年用于完成工学通识课程的学习。从第三学年的上半年开始，学生们可以根据自己希望从事的领域选择专业课程。主要有七大门类的课程：土木工学、机械工程、电信学（即电气工学）、造家学（即建筑学）、应用化学、采矿学（即矿山学）、熔铸学（即冶金学）。后来又增加了造船学的课程。在第三、第四学年，学生们都是上半年在校学习，下半年开展实地研修（相当于实习。——译者注）。最后两年则全部用于实地研修。

通过这种教学方法，学生们的专业理论素养和工程实务水平都得以充分锻炼，这无疑对他们日后的工作大有裨益。工部大学校极少安排纯粹的理论学习，这本身也并非课程设置的优先考量。学生们通过在各个事务所、研究所进行实习，以及对实际车间与建筑进行测绘的方式来深入理解理论与实践之间的关系，培养客观观察与独立思考的习惯。由于工部大学校乃工部省下设机构，因此学生们可以自由出入工部省所管辖的各种公共工程的施工现场，使用相关施工设备。这也是其他工学校所不具备的独特优势。以上便是我对学校教学方法所作的大致介绍。

学校还从首届毕业生中挑选了几名成绩优异者送往英国，让他们在格拉斯哥大学工程学院进行深造。在留学期间，他们无一例外地成为班上的佼佼者。但是，若问什么才是最能证明他们在工部大学校所受教育的价值，当然还是他们在离校后所取得的光辉业绩。凡是被工学相关机构或产业工场所招募的学校毕业生，几乎无一例外地参与了维新时期日本所有重大工程的建设与管理。

告别日本

我在日本前后工作了近十年，见证了工部大学校的逐步壮大。由于个人与家庭原因，我在 1882 年辞去了校长一职。在我的推荐下，戴弗斯博士被任命为新校长。学校随后提请工部省在伦敦的代理人物色接替我土木工学与机械工学教职的人选。都柏林大学（University of Dublin）的文学硕士查尔斯·迪肯森·韦斯特（Charles Dickenson West）被委以了这一职务，他现在仍在东京帝国大学工学部教授机械工学。为表彰为建设新日本所做出的贡献，天皇陛下授予我三等旭日勋章（Order of the Rising Sun，Third Class）。这是当时所谓的"外国雇员"所获得的最高荣誉。同时，明治政府授予我工部大学校"名誉校长"的称号。再后来，工部大学校与东京大学工艺学部[16]合并为"帝国大学工科大学"。我也随之被授予"名誉教授"的称号。

我的学生们在组建和运行各类与工程技术相关的学会或协会的过程中继续发挥着重要作用。他们也邀请我担任一些重要团体的名誉会员，还会定期告诉我他们工作的进展。如今，那些从工部大学校走出的学子们不仅活跃在工学领域以及相关产业的重要企业，更有不少人走上了政治舞台。因此，工部大学校不仅是推动明治变革的有生力量，同时也是影响整个远东地区的重要因素。

办学成果

我在后文中将对工部大学校所带来的变革与影响进行具体阐述，也会援引当时的媒体报道以及后来人的评价，从而进一步展现学校对于日本国家演化的作用。受篇幅所限，我只能选取几位最能评判工部大学校成果之人的言论。由于国内政务，伊藤博文先生在最近一次英国之行中未能如期造访苏格兰。不过，时任驻英特命全权公使的林董先生在写给我的信中转达了伊藤先生对我工作的感谢。信中写道：

> 观如今之日本国，本土工匠已然可以独立营造铁路、电信电话网络、船舶、矿山等诸多产业工程，究其缘故，多乃工部大学校之功，亦仰仗于卿。

此前，伊藤先生在接受阿尔弗雷德·斯特德（Alfred Stead）采访时也曾表达过类似的观点。据斯特德记载，伊藤先生这样说道：

> 吾于伦敦制备日本国宪法之时，便已有意于本土创办工学学校，盖其之益处于日本甚大，且此般之工学教育者，他国未曾有之也。此乃吾创办工部大学校，更特邀西洋教授赴日之缘故。然今，营造本国大工程之工匠者皆出于斯，可谓外无仰于

他国，内亦可无忧矣。[17]

伊藤先生的这种评价也得到了许多日本政界高层和其他相关人士的证实。

英国土木学会会员斯塔福德·兰塞姆（Stafford Ransome）曾作为知名刊物《工程师》（*The Engineer*）的特派代表长期旅居日本。他在自己那充满趣味且富有价值的著作《过渡时期的日本》（*Japan in Transition*）中这样写道：

> 尽管早期就已有人尝试在日本开展高层次的现代技术培训，但直到 1873 年亨利·戴尔先生被明治政府聘用之后，一种稳定的专业技术教育制度才得以逐步建立。

德国外交官亚历山大·冯·西博尔德男爵（Baron Alexander von Siebold）在讨论"日本跃居国际舞台"的条件时也曾表示：

> 王政复古之后，日本开始在英美教师的帮助下尝试构建一种统一化、标准化的国民教育（"公教育"）体系。当然，工部大学校的建立就是这种努力最立竿见影的成效。到了 1875 年，它已然欣欣向荣。对于明治政府而言，这所综合性技术学校的创办承载着自己满满的希望，希望有一天这里能够走出敷设铁路、架设电报线路的本土专技人才。如今，这些目标都已实现，工部大学校更称得上是成果丰硕。铁路交通网已经覆盖整个日本，并依然在不断扩张。

许多科技刊物都对工部大学校的创立与工作成果进行过报道。先前提到的《工程师》杂志的特派代表兰塞姆长期研究全球范围内的前沿技术发展，他曾围绕工部大学校发表过一系列文章，引发了广泛的讨论。有讨论自然就会有不同的观点，从工部大学校的发展历程来看，这种不同观点所起到的进步作用同样不可忽视。以下请允许我援引戴弗斯博士的有关评论。他从学校创立之初就担任化学教师，后来还接替我出任校长。他在致《工程师》（1898 年 5 月 6日）的一封信中对学校创立的来龙去脉进行了非常客观的描述。在介绍了学校早期的大致状况后，戴弗斯博士写道：

　　一方面，有许多技术人员都为日本的工学人才培养贡献了自己的力量，而且他们在各自的领域中都称得上建树颇多。但我可以断言，如今的日本之所以能够拥有一套体系完整、设计科学的工学教育体系，有一个人居功至伟，而且堪称头功。他即是身为格拉斯哥和西苏格兰技术学院理事的亨利·戴尔博士，他今年刚刚为工部大学校挑选了一名新教授，他将与三好晋六郎教授（MIYOSHI Shinrokuro）[18] 一起教授造船学。1873年，戴尔博士来到日本，他不仅仅是来教授工学，更是承担着建设一个本土工学技术人才培养机构的重任。旅日期间，戴尔博士获得了与其双重职责（即校长与教授。——译者注）相匹配的薪水[19]。不过，无论是当时还是现在，作为"外国雇员"的戴弗斯博士在具体事务上所拥有的话语权之大实属罕见，几乎称得上是前无古人后无来者。对于这样的"特殊待遇"，他交出的最佳回应就是工部大学校。由于这是日本史上第一所工学专门学校，因此如果客观条件不那么到位的话，学校是很难真正建设起来的。所幸的是，由于规划翔实而且执行到位，工部大学校很快就成为日本最负盛名的教育机构。更值得一提的是，许多居住在东京和依据条约开放的横滨港外国人居留区中的外籍人士（来自英国及其他国家）对工部大学校也十分关注。有些人更是直接称其为"戴尔学院"（Dyer's College）。这些外国人还与一些日本财阀（三井组等）一起设立了基金会，每年为优秀学生提供奖学金。

在对明治政府的机构调整进行介绍之后，戴弗斯博士接着写道：

> 接下来，我的使命就是继续开展为日本工学教育奠基这项耗日持久的大工程，以及指导日本的技术人员和帝国大学（Imperial University）更好地将亨利·戴尔博士的工作延续下去。[20]日本工学会（Engineering Society of Japan）是日本仅次于东京地理学会（Geographical Society）的有较大影响力的学术团体，工学会的会员众多，还有独立的机关刊物。在工学会仅有的三名外籍会员之中，戴尔博士是唯一的技术人员。此外，根据《东京帝国大学一览》（*Historical Summary*），更准确地说是"年表"（Chronology）中的记载，只有历任总长（即校长。——译者注）和工部大学校首任校长亨利·戴尔先生享有名留史册的殊荣。因为在日本，凸显个人身份并不是官方修史的常态之举。因此，戴尔博士所受到的此番礼遇尤为珍贵，不仅是因为他个人能够青史留名，更是因为工部大学校的价值得到了广泛认可。

鉴于我在上文已提及自己离开日本之事，在此就不再继续引述。

从维新初年的情况来看，我们应该承认日本政府各省与部局在分工上存在一定的重叠。一方面，工部省由于急于培养出能够开展建设的可用之才，因此将工部大学校设置为其下属机构，这样就能确保学生获得更多的工学实务经验。另一方面，文部省则一心想要把所有教育机构都纳入麾下。但在尝试未果之后，文部省还一度模仿工部大学校的课程设置，自行办学招生。但是，由于工部大学校由工部省直接管理，因此在实务操练等方面拥有难以替代的巨大优势，因此大部分志在工学的学生都会选择就读工部大学校。在我离开日本的若干年后，伴随着日本近代内阁制度的发端，工部省被撤销（1885 年），其原有职能为其他省所吸收，工部大学校也交由文部省管理。1886 年，根据《帝国大学令》，工部大学校与东京大学工艺学部合并，改称"帝国大学工科大学"。我将在本书第五章对相关情况作进一步介绍。

在欧陆与不列颠的观察

我对工部大学校历史的介绍就到此为止。正如之前所说，本章的写作目标在于为读者呈现那个我记忆中的日本，从而帮助他们更好地理解我的观点。因此，我觉得仍有必要大致介绍下我离开日本后的经历。在回到不列颠后的第一年里，我将大部分时间都用于游历欧陆各地，考察教育机构、生产场所。在那之前，我的研究主要侧重于科学技术层面，但是，在欧陆观察到的经济社会状况很快就令我认识到，技术教育领域所暴露的问题只是某些全局性问题的缩影和先导。如果我们消极怠慢、疏于应对，恐怕终会招致更加严重的社会问题。

由于我曾经深度参与格拉斯哥各级教育机构的组建与管理，加之兴趣使然，我一直能够掌握第一手的真实情况，而世界各地的相关研究也提供了有益的补充。1886 年，我参与了格拉斯哥和西苏格兰技术学院的创立工作。现在回想起来，这所学校堪称教育史上的奇迹。这所学院由当时格拉斯哥已有的四所科学教育机构合并而来，而后我又将工部大学校的全套教学课程引入。顺便一提，这所学校的前身就是日后的工部大辅山尾庸三先生（后来亦出任工部卿）与我在年轻时都曾经作为夜校生就读过的安德森学院。

毫无疑问，作为一个长期远离故土的不列颠人，我在回国后更容易用一种过去不曾有的、更为独立的、基于比较的视角来观察故国的社会现状。但是，当我真的如此做的时候，却又难以避免地被周遭的诸多事物勾起了心中的焦虑。不过我相信，焦虑所带来的过分悲观同样有可能催生出致力于改变的积极信念。在我的眼中，如今的不列颠是如此一番景象：贫富差距日益扩大，最贫穷阶层生活窘迫；在行动、思想和道德上都无法履行公民义务之徒大量涌现；就业情况难以预测，行业垄断不断扩大。这一切都使得人民的生活越发地被一小撮资本家所支配。庞大的军事机器也正在抽取欧陆各国的生命之血。以上这些都要求我们必须严肃对待。冷血的拜物思潮弥漫社会上下，真正的艺术却无从生长。一方面是有闲阶级那毁人三观的厌倦与慵懒，另一方面则是中产阶层与贫困阶层的惶惶不可终日。这种情绪让他们蒙昧了心智、丢失了热情、泯灭了良知，以至于每个阶级都有越来越多的人不再尊崇信仰，转而奉行自私自利的个人主义，追求狭隘浮华的感官刺激。如此一来，他们便更不可能认识到所有工业国家都正面临着的严重社会问题。

日本的社会问题

虽然那些旅居日本归来，尤其是知晓旧时日本样貌者都会承认明治维新是让日本免遭外国侵略的必然之举，但是他们也承认西方文明的输入实乃焉知非福。所幸，那些最深谋远虑的日本人已经认识到了这一点，他们也越来越关注日本经济社会正在发生的变化以及随之产生的问题。

　　我的日本朋友们源源不断地将各种重要刊物和官报邮寄给我，而通过与那些造访过日本的人进行深入交谈，我更加确信，那些日本的有识之士已经充分意识到自己国家所面临的问题是何等的艰巨。在他们眼中，技术人员才是真正的革命家，因为他们的工作能够改变社会与经济的基本样貌，这与仅仅依靠立法所带来的改变相比，其影响力要巨大得多。

　　我在工部大学校的大多数学生都成为推动日本技术发展与产业进步的重要力量。在我们对这场让日本跻身世界列强的国家演化进行研究之前，是有必要对学校创建时的时代背景以及这场演化的后续结果有所了解的。

　　在尊崇自然与艺术的人眼里，这场国家演化无疑削弱了旧日本的独特魅力，但是毫无疑问，如果日本人没有利用西方科学与方法来开发资源，从而使国家变得富强，那么日本很有可能已经被西方国家所征服。未来，日本需要解决的问题在于如何在充分吸收西方文明优点的同时保留住日本文明的固有本质，从而促进文明间的有机融合。我以为，只有如此，日本才有可能实现真正的繁荣。

主要参考文献

　　关于本章所提及的相关教育机构，可以参阅工部大学校（工学校）的《学业课程及教学规则》（1873—1888）及相关的学校报告书。关于学校最近几年的发展状况，可以参阅《东京帝国大学一览》。关于工部大学校经验在格拉斯哥和西苏格兰技术学院的实际应用情况，可以参阅该学院的《学业课程及教学规则》。关于英国当前的经济社会问题，读者可以参阅查尔斯·布思（Charles Booth）的《伦敦大众的生活与劳动》（*Life and Labor of the People in London*）、本杰明·朗特里（Benjamin Rowntree）的《贫穷：一项对城镇生活的研究》（*Poverty：A Study of Town Life*）等相关研究。此外，读者还可以参考近年出版的产业、社会、经济、政治等领域的相关著作，我在附录中已经列出了具体书目。

■ 译者注释

1. "废藩置县"以后，为了对内改革政体，对外修订不平等条约，明治政府决定派遣使节团出使西洋。使节团以右大臣、外务卿岩仓具视为特命全权大使，以大久保利通（大藏卿）、木户孝允（参议）、伊藤博文（工部大辅）、山口尚方（外务少辅）为副使，共48人，另有50多名留学生随行。岩仓使节团共访问了欧美12个国家，历时1年10个月。

2. 兰金教授出生于苏格兰，是本书作者亨利·戴尔在苏格兰大学的指导教授，有"土木工学之父"之称。

3. 明治维新之后，"省"成为日本中央一级行政机构的名称，相当于中国的"部"。工部省的存在时间为1870—1885年，下设工学寮、劝工寮、矿山寮、铁路寮、土木寮、灯塔寮、造船寮、电信寮、制铁寮、制造寮和测量司共十寮一司。其成立宗旨是"劝奖百工"，即学习欧美的先进工业技术和生产方式。工部省同时负责推行殖产兴业政策，创办官营企业，是日本经济现代化的先驱性机构。1885年，随着内阁制度的建立，工部省被正式废止，其相应职能分别由农商务省、通信省、铁道局继承。

4. 休·M. 马西森（1821—1898），19世纪的苏格兰工业家、商人，为明治早期的日本对外贸易做出了相当大的贡献。1863年，他将"长州五杰"（包括伊藤博文、山尾庸三、井上胜、井上馨、远藤谨助）引见给伦敦大学学院的亚历山大·威廉·威廉姆斯（Alexander William Williamson）教授，使他们在没有高中文凭的情况下也能入校学习。值得一提的是，"Matheson"这个姓氏在中国近代史上多译为"马地臣"。1832年7月1日，威廉·渣甸（William Jardine）与詹姆士·马地臣（James Matheson）在中国广州创办了一家洋行，取名为"Jardine Matheson"，即怡和洋行，它是日后远东最大的英资财团，也是首家在上海开设的欧洲公司和首家在日本成立的外国公司。至于此处的休·M.马西森是否与詹姆士·马地臣存在亲属关系，还有待进一步考证。

5. "工部大学校"创立于1873年，最初称"工学寮工学校"。1877年，工学寮废止，"工学寮工学校"改称"工部大学校"，并迁入今日东京都千代田区的本馆。"寮"是隶属于"省"的官署（类似于"司、局"）。"工学寮"则是工部省负责工学教育的专门机关。

6. 本书作者亨利·戴尔在工部大学校所担任职务的日语原文为「都检」，相当于今天日本教育体系中的"教头"（1883年8月，这一职务也确实改成了"教头"），负责辅助校长处理校务，亦可作"副校长""首席教师"理解。由于当时山尾庸三以工部省官员身份出任学校的最高负责人"工学头"（可作"校长"理解），因此亨利·戴尔在工作中代行"校长"之职（类似于常务副校长）。鉴于作者将这一职务称为"Principal"，为方便理解，故译为"校长"。

7. 太政官制中的官职名称，"卿、大辅、少辅"可相应理解为"部长、第一副部长、第二副部长"。

8. 林董（1850—1913），日本外交家、政治家、明治重臣，曾任驻清公使、驻英公使、首任驻英大使。他曾代表日本在1902—1904年与英国签订了两个英日同盟条约。1906—1912年先后任外务大臣与通信大臣，后被授予伯爵。

9. 明治维新初期直到实行内阁制之前，日本采用的官制是"太政官制"。实行四等官制，设长官、副官、判官（审查官）及主典（书记官）。以工部省为例，长官为"工部卿"，副官为"工部大辅""工部少辅"，判官为"工部大丞"，"权大丞"在判官序列中居于首位。

10. 山尾庸三（1837—1917），明治时代的政治家、技术官僚、子爵。长州藩出身，曾跟随吉田松阴学习。1870年从苏格兰格拉斯哥学习工学技术返日后，作为工部大辅为工部大学校的开设与日本近代工业发展倾尽心力。先后历任工部卿、参事院议官及议长、宫中顾问官兼法制局长官。

11. 此处存在一个疑点。译者通过查阅维基百科发现，林董先生于1873年6月9日兼任工学寮的"工学助"，负责学校的相关事宜。但是，本书的日语版则称其为"工部头"，意为工部省的相关负责人，但也并未说明林董在工学寮所担任职位的具体名称。因此，目前尚无法考证出林董是否和山尾庸三一样出任了"工学頭"。个人理解有两种情况：一是维基百科资料有误；二是林董并未正式出任"工学頭"，而是以工部省代表官员的身份对学校行使最高行政权力。

12. 1888 年任香川县知事，1890 年任兵库县知事。"知事"为日本县一级的地方行政长官，类似于中国的省长。

13. 日本方面通常将 1894—1895 年的中日甲午战争称为"日清战争"。

14. "华族"是存在于日本明治维新至二战结束之间的贵族阶级。1869 年，日本各藩大名奉还版籍，天皇随后废除过去实行的"公家"（公卿）、"大名"（诸侯）等身份制度，统一改称"华族"。1871 年，日本全面取消旧身份制度，将国民分为"皇族、华族、士族、平民"四等。华族成为仅次于皇族的贵族阶层，享有许多政治、经济特权。1947 年，随着《日本国宪法》生效，华族制度被正式废除。

15. 三期课程的日语原文为"基礎課程、専門課程、実地課程"，专业课程名称的日语原文为"土木、機械、造家（建築）、電信、化学、冶金、鉱山、造船"。

16. 1885 年工部省被撤销，工部大学校被移交给文部省管辖。1886 年帝国大学成立时，工部大学校与东京大学工艺学部合并，称为"帝国大学工科大学"。

17. Alfred Stead, *Japan, Our New Ally*, Kessinger Publishing, 1902, p. 57.

18. 三好晋六郎（1857—1910），日本造船学家。他在以头名成绩从工部大学校毕业之后，被选派前往格拉斯哥大学深造。1883 年回国后在工部省任职。1884 年任工部大学校助教授。1886 年起任教授，负责教授造船学。

19. 当时，英国政府对在海外工作的公职人员给予了极为优厚的待遇。据著名外交家萨道义（Ernest Mason Satow）的日记记载，他作为一名普通翻译，一年能在日本挣 400 英镑，而伦敦的熟练技工只能挣 50 英镑。

20. 东京地理学会创办于 1879 年，是日本历史最悠久的学术团体。

第二章　封建制度的衰败

近年来，虽然围绕日本所开展的研究与报道层出不穷，但是欧美人似乎始终都有这样一种刻板印象，仿佛是明治天皇大笔一挥终结了日本约七百年的封建制度，而这场剧变的动力则源自于踏上这片"日出之国"土地的西方人。虽然这种观点不乏其合理性，但还远称不上是正确。因此，我认为有必要对这场发生于 19 世纪后半叶的巨大变革的背后动因进行简要分析，以便更好地理解这场巨变给日本经济社会所造成的深刻影响。为此就有必要对封建制度下的"旧日本"（Old Japan）进行多维度的研究。不过，限于篇幅，在此我只能对那些决定性因素作简要分析。

古代与中世的日本历史

我们无须从日本的起源开始细细讲起，基于本书的写作目标，我们只需把握以下这一核心内容：从神话中的第一位天皇神武天皇（Jimmu Tenno，约公元前 660 年即位）开始，无论如何改朝换代，天皇（Mikado）始终都是日本法律意义上的唯一君主。不过根据最新研究，日本史上的首个可信记年为公元 461 年[1]。不过与此同时，各个时期的日本史料又都表明，尽管历代天皇对于整个国家都有着毋庸置疑的影响，但是落后的交通与通信手段却极大限制了其对各地（藩国）的实际掌控力度。这也就在事实上给予了各地领主一定的自由裁量权，而这种权力的大小在很大程度上取决于领地（藩国）的地理位置和具体的社会环境。当然，这与领主的个人品性也不无关系。但是很显然，这种地方割据的局面确实为封建制度的萌发提供了土壤，经年累月，随着这种制度日趋成熟，领主们各怀心思，逐步实现了实际意义上的独立。不过，后来技术人员的工作缩短了地域距离，连接了各个藩国，更从经济目的出发推动着整个日本逐渐融为一体。在后文中，我们也将见证（技术人员的）这项工作在日本国家演化过程中，尤其是加速封建制度衰败过程中所发挥的巨大推动作用。

7 世纪末，世袭权臣（头衔多为"摄政""关白"。——译者注）的藤原氏[2]家族开始侵蚀天皇的权力。从那时直到明治维新前夜，历代日本天皇可谓统而不治。6—7 世纪，举国皈依佛教是日本史上的大事件。经过此前两个世纪左右的发展，中华文明逐渐在日本扎下了根，随着大唐僧侣东渡扶桑，日本更是开始大规模引入隋唐的各项制度与官僚机构。[3]从那以后，科学（虽然还只是皮毛）随之萌发，书籍得以写就，因此我们有理由认为中华文明对日本人的精神世界产生了深远的影响。随着举国信教，不少天皇都选择了在晚年礼佛诵经甚至是退位出家，这直接导致了中世纪天皇权能（power）的式微。

670—1050 年，日本朝政完全被藤原氏所把持，其家族成员更是垄断了朝中要职。藤原氏的大权独揽最终彻底点燃了朝野上下的愤恨，内战由此爆发。随后，藤原氏家族逐渐衰落，最终难复往昔之权势。在此期间，有一位名叫源赖朝[4]（MINAMOTO Yoritomo）的武士成功上位。他以支持天皇为由，将之前的世袭家族（平氏）

逐出了朝堂，进而壮大了源氏一族。但是，源赖朝非但没有还政天皇，反而自己坐上了封建家族首领的位子，并获封"征夷大将军"[5]，以至于明治维新伊始，德川幕府的支持者们（即"佐幕派"。——译者注）仍然以此说事，认为那些雄藩（主要是萨摩和长州）所谓的"尊王攘夷"并非出于对天皇的忠诚，而是发自对幕府将军的嫉恨。

在这样的情况下，我们也就不难理解，为什么当时的西方人会认为日本存在两个君主：一个是执掌宗教神权的天皇，另一个是握有世俗政权的将军。[6]不过，这种观点可谓谬之千里。虽然将军可以借助其军事统帅的身份最大程度地掌握国家政事，但天皇始终都是一切权能与荣誉（honor）的源泉。

但是，各地封建藩主的不满可谓此起彼伏，因为他们深知将军才是真正的一国之主。后来，随着幕府的独断专权演变为压迫统治，内战便总是循环上演。幕府将军的家族内部也时有变故，将军之位多次易主，因为总免不了渴望夺权的强力武将及其宗族想要取而代之。如此这般，代际交替，权力流转。最终，取代丰臣家的德川家于 1603 年正式掌权，统治日本直至 1868 年的明治维新。

天皇始终乃权能与荣誉之源

我们必须牢记，无论幕府将军之位如何更迭，天皇的超然地位从未受到质疑。事实上，每当将军及其宗族独断朝纲，那些试图上位者总是会祭出此般托词：因为自己这派忠诚于天皇，所以誓要驱除那些妄图窃取天皇权力的放肆之辈。此类举动固然有其政治目的，但是毫无疑问，这些人也确实坚信自己的所作所为乃效忠天皇之义务所在。这种对于天皇的无上尊崇与敬仰不仅来源于其"万世一系"之皇统，更是基于这样一种认识：天皇乃国家一切权能之源。不过也正因为如此，历代天皇的权力活动就常常囿于授予官职与荣誉等仪式性活动。纵然如此，天皇依然在万民敬仰中被推上了至高的神坛。如果从满足其作为一个"人"的虚荣心的角度来看，确实也没有什么可抱怨的。

因此，无论如何改朝换代，天皇始终都是集万千臣民敬爱于一身的最尊崇存在。哪怕是手握权柄的幕府将军也不得不敬奉天皇，因为正是天皇那超凡尘上的地位才能让历代将军有理由以皇权代理人的身份居于朝堂幕前，而不是以篡位者的面目登堂入室（尽管事实就是如此）。如此一来，我们就不难理解为什么那些在 17—18 世纪访日的西方使节会将将军描述为真正的一国之主，以及将军为什么会在各项条约中被敬称为"帝国皇帝殿下"（1854 年《日英和亲条约》）、"大君陛下"（1858 年《日英修好通商条约》）。事实上，"大君"一词在日语中难觅出处。这是在设计条约时，为了掩盖幕府政权的合法性缺陷而从古汉语中借用的表达。

国家的阶级序列

根据政治地位的高低有无，封建时代的日本上层阶级包括："公家""大名""武士"。公家（Kuge）[7] 主要是宫廷贵族，也包括皇室分家与外戚；大名[8]（Daimyo）则是各地的封建领主（类似于中国古代的诸侯。——译者注）；武士[9]（Samurai，即"侍"）则是各地领主所雇用的侍从，平时佩戴双刀（一短一长）。武士阶级不仅是各藩的主要军事力量，同时还是封建时代受教育水平最高的阶级。公家约有 150 个家族；大名共有 268 位；作为第三阶级的武士则约有 40 万户。

三大上层阶级之下的是农民、工匠和商人阶级，总人数超过 3000 万，统称为"平民"。平民虽然在政治上没有任何地位，但在自治自管方面却享有相当大的自由。就封建时代的管控细节来看，幕府政权能够直接掌控的地区仅限于将军本人的直辖领地（"天领"），各藩大名的领地（藩国）则几乎处于各自为政的状态。为了有效控制地方大名，防范藩国独立的危险，幕府需要采取间接而非公开的制约手段，否则这些大名终将逐步实现实际意义上的独立统治。虽然大名没有独立主权国君主那样的宣战、缔约和铸币的权力，但是除此以外，他们在几乎所有涉及一国行政权力的重要事项上都可以自行其是。

这种半独立化的制度同样延伸至除大名外的其他社会阶级。在相当长的一段时间内，由武士阶级主导的军事体制（即所谓的"武家社会"。——译者注）成了古代日本社会的一种显著特征。不过，从整体来看，农民、商人、工匠和其他平民还是能在这种律令体系下安居乐业的，尽管他们所能享受的权利与特权要远远少于上层阶级，但至少能够通过劳动得到认可与尊重。那些早期建立的商业组织和町村制度就是非常好的例证。生活在城镇与农村里的平民在一定约束下进行自我管理，那里既不存在近代意义上的富裕阶级，也几乎没有遍布世界各个近代工业城镇的赤贫与污染问题。

德川幕府没落之要因

德川家执掌政权近 270 年，其间国家整体稳定，京都皇廷与江户幕府的双重统治看上去也颇为牢固。日本人生活得自给自足，不知近代意义的工商业为何物，全民笃信佛教似乎更是起到了凝聚人心的作用。因此，近世的日本社会并没有内生那种摧毁欧洲封建制度的力量。不过，虽然表面上风平浪静，但在日本社会内部，对于现状强烈不满的暗流早已涌动，随着幕府每走一步错棋，这种情绪便愈发汹涌。

亲历明治维新的英国驻日领事馆员萨道义[10]爵士认为，诱发明治维新的"尊王攘夷运动"的始作俑者乃德川家的亲藩——水户藩[11]的第二代藩主德川光圀（TOKUGAWA Mitsukuni）[12]。光圀最知名的成就应该是组织同时代的最杰出学者共同编撰了《大日本史》（Dai Nihon Shi）。这部多达 243 卷[13]的浩瀚巨著在当时还只是以手抄本的形式在求知若渴的学生之间流传。直到 1851 年，由于社会需求甚大才得以公开出版。

就和先前那些史书一样，《大日本史》也希望将民心统一到"天皇乃国家权能独一无二之来源"的观念上来，并且试图阐明这样一个历史事实：幕府将军实乃篡权者也。如此一来，不仅是较真的历史研究者，凡是读到此书之人无不祈盼天皇早日重掌朝纲。这样的群体心态本身就极易诱发革命，但真正加速这一进程的则是西方列强迫使日本签订通商条约的一系列事件。在回顾相对近期的局势变化之前，我认为了解一下日本早期的对外交往将有助于我们的理解。

早期的日本对外关系

就目前所掌握的资料来看，葡萄牙冒险家费尔南·门德斯·平托（Fernão Mendez Pinto）[14]应该是第一个踏上这个东洋岛国的欧洲人。他讲述的精彩故事极大激发了欧洲人远赴东洋探险的好奇心。随后，数以百计的葡萄牙人来到日本，而且也受到了日本民众与藩国大名们实实在在的欢迎。大名们之所以欢迎葡萄牙人的到来，主要是想利用葡萄牙人带来的西方知识和机械器具，尤其是西方的新型武器与军备。基督教（主要是罗马天主教。——译者注）的传教士们随即纷至沓来，其中就包括圣方济各·沙勿略（St.

Francis Xavier)[15]。传教士们成就斐然，据说在 1581 年，全日本的教堂数量就已多达 200 余座，本土信徒约有 15 万之众。到了 16 世纪末与 17 世纪初，耶稣会（The Society of Jesus）[16]传教士对于日本的政治企图与内政介入变得愈发明目张胆。对此大感厌恶的江户幕府随即调转立场，认为实行锁国政策才是避免迫在眉睫危险的唯一解法。于是，所有的西方传教士与日本信众要么是被驱逐出境，要么是被处以死刑，幕府更是严令禁止民众与外国人接触，违令者死。[17]这项工作（即"禁教令"。——译者注）几乎做到了斩草除根的地步，以至于一度传言基督教在日本已经绝迹。但是，在明治维新之后，法国的传教士在前往一些偏远的村庄传教时发现，那里的许多村民依然保留着当年耶稣会所宣扬的基督信仰。

　　在幕府大行锁国政策期间，唯独荷兰人[18]和中国人得以破例与日本人来往，他们被允许在幕府严密监控下的长崎离岛[19]进行贸易[20]。幕府之所以同意与荷兰人打交道的原因在于他们的宗教信仰与西班牙人、葡萄牙人不同，[21]至少在幕府看来，荷兰人信仰基督的方式不太可能导致政治上的图谋。

　　一方面，长崎港对于当时所有的外国人都是一个极富魅力之地。这种魅力在很大程度上来源于日本民族自身的神秘感，这点自然可以理解，但更深层次的原因则在于：西方人想从这片土地上获取的不仅有信息，还有传说中的财富。另一方面，许多日本人也渴望通过居留在长崎的西方人尽可能地了解岛外的世界。因此，随着时间的推移，许多舶来思想慢慢地从长崎传播到了日本各地，一些西方科学的基础知识也以通俗易懂的方式得到了普及。比如，荷兰医生就曾向很多日本人专门传授了欧洲医学的理论和疗法。

杰出的教育家们

在江户幕府第五代将军德川纲吉（TOKUGAWA Tsunayoshi）当政时期，日本史上最杰出学者之一的新井白石（ARAI Hakuseki）[22]已经深刻认识到了开展更广泛国民教育的必要性。新井将研究西方知识作为毕生追求，并获得了第六代将军德川家宣（TOKUGAWA Ienobu）的重用，他不断进言，希望将军能够采纳自己的一些政治主张。到了第七代将军德川家继（TOKUGAWA Ietsugu）掌权之时，他仍然颇具影响力。作为幕府重臣，他直至第八代将军德川吉宗（TOKUGAWA Yoshimune）继位方才告老还乡（家继英年早亡，新井随即辞去了所有官职。——译者注）。新井一生著作颇丰，在史学方面的著述更是广受推崇，后世的许多思想家和改革家都曾从中获得启迪。

新井同样孜孜不倦地从长崎港的荷兰人那里收集信息，他们中的一些人也会定期造访江户。新井无疑极大地推动了兰学研究的开放与其他科学技术的普及。在他的影响下，后来的几任幕府将军也相继以高官厚禄（主要是荣誉性的职位。——译者注）招揽那些通晓文学、医学、数学以及枪炮等科学与技艺的能人。当时还有许多日本人开始学习荷兰语，因为只有这样才能看懂西方新近出版的书籍。但是，由于师资不足、教材匮乏，他们总是难以取得显著的进展。不过，欧洲的舶来思想在一定程度上唤醒了日本民众的政治主体意识，以至于到了幕府需要再度出手遏制西方思想传播的地步。因为当权者们深知，如果任凭事态发展下去，自己的统治地位就将岌岌可危。

如今，这些曾经四处奔走、大力启发民智的一时人杰备受明治时代精英们的尊崇。其中最知名的人物当属一位出身信州松代藩的武士——佐久间象山[23]（SAKUMA Shozan），他因为将西方科学，尤其是军事案例与战法引入日本而名噪一时。1848 年，早在美国东印度舰队司令马修·佩里（Matthew Perry）"黑船来航"[24]至江户湾浦贺港的五年以前，佐久间就已经开始采用西式方法操练炮兵，按照荷兰书籍的记载铸造大炮。此外，他还在多个领域进行了积极探索[25]，为日后全面引入西方文化和思想铺平了道路。

不过，若论谁才是明治年间最受欢迎的英雄人物，那恐怕非佐久间的弟子吉田松阴（YOSHIDA Shoin）[26]莫属。这位出身长州藩的武士以教育家的身份（在自家开设"松下村塾"。——译者注）为藩族内的年轻武士带来了极强的道德感召和精神影响。吉田门下涌现出了众多维新运动领袖，譬如伊藤博文、高杉晋作（TAKASUGI Shinsaku）、山县有朋（YAMAGATA Aritomo），正是这些年轻人最终推翻了封建制度，建立了明治新政府。罗伯特·路易斯·史蒂文森（R. L. Stevenson）[27]在《人文名士及著作的谱系研究》（*Familiar Studies of Men and Books*）一书中，用"吉田寅次郎"（YOSHIDA Torajiro）这一通称讲述了吉田波澜壮阔的人生故事（许多日本人的"名"在一生中会多次更改。——译者注）。[28]吉田终身致力于除旧革新，他的事迹至今仍在激励着日本人。吉田在生命最后时刻的表现堪称其一生事业的缩影，更是其非凡人生的加冕。据书中记载：

在接受（江户奉行所）审讯时，吉田抓住了在公众面前演讲的最后机会，将刺杀计划（暗杀幕府阁老间部诠胜）和盘托出并以之为傲，更向审判官细数日本历史之种种，详细阐述了幕府权力的非法性以及其滥用权力的种种罪行。于是，这就成了吉田最后的公开发言。随后，他就被押赴刑场，终年三十一岁。[29]

显然，西方思想的涌入绝不是日本封建制度衰败的首要原因。我以为，这种衰败的源头要到两个地方去寻找，一是"天皇乃一切权能之源与现实政府首脑"的悠久信仰；二是日本人渴望国家一统的强烈情感。但是，封建制度和幕府统治显然难与这两者共生共栖。因此，若想建立一个强大的中央集权政府，从而重整日本，那就必须推翻旧有制度。只有如此，新井、佐久间、吉田等先行者所传扬的西方思想与知识方有用武之地。

外国人抵日

日本西南的一些实力雄藩，尤其是长州藩和萨摩藩的领主们很早便意识到，西方人的武器和科学有朝一日定会成为推翻幕府统治的利器，而他们自己更是早已摩拳擦掌，只待一个揭竿而起的时机和理由。最终，他们从幕府与西方使节的谈判中觅得了这样的机会，对于西方国家要求日本开国通商的要求，大名们极力响应，连第十三代将军德川家定（TOKUGAWA Iesada）自己都明白开国大势已然无法阻挡。1853 年，美国东印度舰队司令官佩里率领四艘军舰驶入江户湾的浦贺港，他很快便觉察到此时的幕府政权已是一派大厦将倾之势。此外，还有一点也是显而易见，那就是许多倒幕派更关心的并不是如何还政天皇，而是自己如何取将军而代之。

将军与幕府被迫同意了西方列强的要求。1854 年，日本与美国签订了《日美和亲条约》；1858 年，日本与美国签订了《日美修好通商条约》，而后又分别与英法俄荷四国签订了类似条约（统称"安政五国条约"。——译者注）[30]，同意开放下田、横滨、箱馆（1869 年改名为"函馆"。——译者注）等港口用以通商贸易。为了争取时间与收集信息，幕府分别于 1860 年和 1861 年派遣使团访问美国与欧陆。尽管当时日本对西方的了解还十分有限，但这倒也不妨碍第十四代将军德川家茂（TOKUGAWA Iemochi）和其幕僚很快得出结论：拒绝西方列强之要求乃是徒劳。但是，天皇的臣僚们对此却几乎一无所知，他们认为"神州"之土地断不能受"异人"之玷污，主张不惜任何代价也要关闭港口。一部分激进的尊王攘夷派更是试图通过炮击外国舰船[31]和刺杀外国人来实现其自身所信奉的政治主张。

就在局势万分紧张之际，长州藩在下关（即"马关"）炮击美法荷三国舰船的行为则直接引爆了这个火药桶（即所谓的"下关战争"。——译者注）。当时，下关东部海域的英美法荷四国舰船组成了联合舰队[32]，共同将下关炮台轰为平地，四国代表以各国在日的集体利益为由，要求幕府支付 300 万美金的赔偿金。在下关战争期间，长州藩士们无视了幕府将军的制止，坚持用炮击外国舰船的方式贯彻自己的攘夷之志，在他们心中，多年来的师夷长技（西洋武器和战争策略）为的就是此刻。德川家茂尝试率兵讨伐令日本蒙羞（签署合约与赔偿金。——译者注）[33]的长州藩，但最终无功而返，不久之后他也因病去世（1866 年）。几个月后，孝明天皇驾崩。1867 年 2 月 3 日，孝明天皇次子、15 岁的睦仁亲王继位，也就是当今在位的第 122 代（明治）天皇。

大政奉还与幕藩政治的衰败

随后，位于京都的天皇朝廷在长州与萨摩两大西南雄藩的鼓动下，突然决意废黜幕府。根据岩仓具视之计，天皇向萨摩藩藩主岛津忠义（SHIMAZU Tadayoshi）与长州藩藩主毛利敬亲（MORI Takachika）下达讨幕密敕令。随后事态急剧变化，第十五代幕府将军德川庆喜（TOKUGAWA Yoshinobu）迫于压力，最终向天皇朝廷上表奉还大政。[34]随后，虽然仍有一些佐幕派选择继续负隅顽抗（鸟羽、伏见之战），但终究还是无力回天，不久之后便宣布投降。

1867—1868 年，日本的中央政府体系进行了大规模重建。明治新政府通电各国驻日公使，宣告"王政复古"大业已成，日本已然成为一个名义上的绝对君主制国家。随着天皇真正成为立法与行政两大权能的唯一来源，尊王攘夷派们多年来"还政天皇"的夙愿也终于得偿。如今，既然与"红毛碧眼"的西方夷狄签订不平等条约的可耻幕府政府已被扫进历史的垃圾堆，他们便转而开始期盼日本重返旧时岁月，彼时的日出之国才乃真正之"神州"。但是，尊王攘夷派们终究没有弄明白是什么力量决定了这场斗争的最终走向。真正颠覆幕藩统治的是那些来自西方的思想、方法和武器，现在它们又要开始改变那些尊王攘夷派的想法了。

当时，有一些尊王攘夷派人士想要眼不见为净，打算将西方人都赶出日本。但是，由于几位西南雄藩的领袖受到了一批曾留学于不列颠，见识过外国强大的年轻人的影响，因此竭力反对。因为他们深信此举不过是白费力气而已。最终，他们成功地令天皇的近身臣僚们觉得与西方人达成妥协也并非完全无法接受之举。

成为领袖的年轻人

这些年轻人通过上述方式成功影响了时局走向，他们也终将在日本历史上写就最富浪漫主义色彩的传奇篇章。在明治初年的短暂时光里，他们已经勾勒出了未来故事的梗概。

其实，早在幕府同埃尔金伯爵与金卡丁伯爵詹姆斯·布鲁斯（James Bruce, the Earl of Elgin and Kincardine）[35]签订《日英修好通商条约》（1858 年）之后不久，长州藩藩主毛利敬亲就已经打算派遣一批年轻藩士留学英国。他希望这些年轻人可以在那里学习西方的科学知识与工业技术，这样学成回国后就能立刻推动日本的发展。可是在当时，私自离境仍然为江户幕府所明令禁止。于是，毛利敬亲悄悄安排五位藩士（即所谓的"长州五杰"。——译者注）乘坐一艘怡和洋行的货船出海[36]，并通过该洋行为他们提供留学英国期间的生活费。这五位年轻人在伦敦上岸之后，则由马西森先生负责打点接洽。被选中留洋的五位年轻人分别是：伊藤俊辅（博文）、山尾庸三、野村胜（NOMURA Masaru，"野村"为养父姓氏，后改回本姓"井上"。——译者注）、志道闻多（SHIJI Monta，曾为志道家的养子，后改姓名为"井上馨"。——译者注）、远藤谨助（ENDOH Kinsuke）。

大约两年后，伊藤博文和井上馨得知日本国内正是风云激荡（发生下关战争。——译者注）之时，他们相信自己有机会大展拳脚，于是便主动回国。远藤谨助由于身体欠佳，不久之后也选择了回国。山尾庸三和井上胜在学习科学原理方面取得了很大的进展，并已经在工业上进行了一定的实践应用。正如前文所说，山尾就是在那时来到了纳皮尔场造船所，同时还在安德森学院读夜校，当时的我亦是如此。不曾想，待到多年后在日本重逢，他已经以工部大辅的身份成了我的上司。后来，山尾升任工部卿，获封子爵，再之后还担任过宫中顾问官和日本工学会会长。

伊藤先生现在已经获封公爵，先后历任外相、内相、藏相等要职，堪称日本最为杰出的政治家。井上馨则获封侯爵，出任过多个要职，同样也是位杰出的政治家。井上胜也获封子爵，一生为建设日本铁路贡献卓著，先后历任铁道头、铁道局局长、铁道厅厅长等职务，被誉为"日本铁道之父"。因病返日的远藤谨助曾任造币寮的"造币头"（局长），可惜于1893年早早离世。在"长州五杰"初往海外的一两年后，其他藩地的年轻人也开始陆续远赴英国、欧陆和美国求学。从那时起,留学西洋的传统一直延续至今。如今,赴西方旅行或居住已经被看作是每一个有志于从政的日本人所必须接受的教育。

与各国的外交冲突

京都皇廷原本深受孝明天皇和强硬尊王攘夷派的影响,始终对开国通商持否定立场。但是,以大政奉还为契机,开国派们不断游说天皇的近身臣僚,最终皇廷同意以一名亲王[37]作为外交使节,同各国驻日公使进行会面,表明新政府将会承认德川幕府此前签订的"安政五国条约"。有人认为这乃多此一举,因为在那之前,无论是在国法还是实践之中都找不到幕府将军不得代表日本与他国订立条约的依据。但是,实际情况却是,现有的日本法令体系本身就没有与外国缔结条约的有关内容。总而言之,上述这种状况本身就已经超出了京都皇廷的预料范围。另外,哪怕幕府将军在处理实际问题的过程中确有不当之举,恐怕最多也只能套上个"巧借天皇之名行事"的帽子。[38]

不过,对于正在筹备和推行"王政复古"的尊王攘夷派们来说,无论是对内独掌朝纲,还是对外缔结条约,幕府将军的所作所为皆乃僭越作乱。为了证明这一点,同时争取各国对于新生政权的认可,明治新政府邀请各国驻日公使上洛觐见天皇。不过,最终只有英国和荷兰公使应邀前来,其他几位则未作回应。

朝廷对外态度的变化

在上洛途中,英国驻日公使巴夏礼爵士(Sir Harry Smith

Parkes)[39]一行遭遇了狂热攘夷分子的袭击，幸亏同行的后藤象二郎 (GOTOH Shohjiroh)[40]拔刀将刺客斩杀，巴夏礼爵士才幸免于难。天皇朝廷因此颜面尽失，三条实美（SANJOH Sanetomi）、岩仓具视为此联名向巴夏礼爵士送去谢罪状。朝廷更向全体国民发出告谕，明确任何加害外国人之举皆乃违抗朝廷之命令、令国家蒙羞之行径。

随后，天皇朝廷的态度开始从"攘夷"转向"亲善"，不少政府官员更是与先前自己不屑一顾的外国人交起了朋友。巴夏礼爵士在这起事件中的反应极大促成了日本外修和睦的喜人结果。天皇朝廷认为，不仅应该鼓励对外交往，而且更应舍弃效仿中华文明之惯行，转而以欧洲文明作为构建文明开化之日本的唯一基石，同时还应提倡研究欧洲的科学与技艺，以便日本能早日以完全平视之姿跻身世界舞台前列。

到此时为止，虽然历代天皇都集无上尊崇于一身，但由于长期困于京都皇居，除了少数宫廷贵族，普通臣民终身都未有机会一睹天皇真容。但是到了维新之后，明治天皇却立志积极摄政，并像欧洲君主那般亲近国民。为了凸显这一变化，他选择将德川幕府的都城——江户作为日本的新首都，取代过去朝廷长期所在的京都。同时改江户为"东京"，意为"位于东方的都城"。

明治天皇也凭借英雄不问出处的开明做派得到了尊王攘夷派、王宫贵胄、佐幕派等多方势力的一致拥戴。明治新政府的领袖们则共同推行了各种近代化的进步政策，指明了日本帝国的前进方向。

1868 年 4 月 6 日，即位不久的明治天皇发表誓文，宣告国是方针的五条基本原则，即世人所说的《五条御誓文》[41]。誓文曰：

（1）广兴会议，万机决于公论。

（2）上下一心，盛行经纶。

（3）官武一途以至庶民，各遂其志，勿使人心倦怠。

（4）破旧有之陋习，秉天地之公道。

（5）求知识于世界，大振皇基。

1869年8月，明治新政府以"无论出身，兼听政见"为目标，开设了名为"集议院"的资政议事机构，以此作为贯彻天皇"广兴会议"圣意的初步尝试。[42]集议院议员多半是那些对旧大名制度念念不忘的各藩代表，这些代表往往又由藩主推举产生。但是，由于议员们的思想极为保守且普遍缺乏议事经验，集议院的实际议事成效甚微，最终难逃被解散的命运。

封建制度的衰败

在这一时期，明治维新的精神动力（moving spirits）变得越发清晰起来。由于幕藩制度本就是国家统一的天敌，因此只要封建制度尚存，日本的进步与和平就无从谈起。事到如今，重塑政体已然是大势所趋。维新之后，除去个别少数，各藩领主都已经只是名义上的领袖，掌握实权的往往是他们手下那群受雇管理藩内事务的强力武士集体。武士们很快就发现，只要将各藩大名手中的权力奉还中央政府，自己的作用与地位无疑将得到进一步提升。很显然，这就成了实权派武士支持革新的重要动力。在他们看来，此举（奉还版籍）不仅能够增进本阶级的现实利益，更能让自己因为"爱国之举"而受到世人称颂。

1869年3月2日，经过再三商议，长州、萨摩、土佐、肥前[43]四藩藩主联名上奏明治天皇，提出"奉还版籍"[44]。3月5日，官报上公开披露了这份记载着各藩大名旗下领地、财产和臣民数量的奏文。长州藩的木户孝允（KIDO Takayoshi）[45]在奉还版籍的筹划与实施过程中率先垂范、贡献良多，充分展现了深厚学识和治国之才。随后，其他各藩的大名也纷纷效仿（包括加贺、越前、鸟取、熊本），最终只有少数藩国（14个）没有主动提请奉还版籍。

7月25日，明治天皇批准了各藩大名奉还版籍的奏文。同日，行政官通告[46]发布，称天皇出于同化公家与士族之愿望，推动万民身份之平等，现废除公卿诸侯之别，统一改称"华族"。

在另外一项布告中，明治新政府宣布将保留过去各地大名任命的非实际官位的公职，并由新政府统一接手。此外，所有的地方行政组织必须由中央政府统一管辖，这也是将地方权力收归中央的另一个强力举措。经此一役，维系了几百年的日本封建制度仿佛在一夜之间土崩瓦解。但是，仔细想来，这种一夜倾覆其实也是各种要素长期作用下的结果。在后续章节中，我们将见证日本人是如何在坚决贯彻明治天皇《五条御誓文》的基础上，仅仅用一代人的时间，就将日本从一个封建专制国家打造成了一个近代军事强国，同时还拥有了足以影响远东乃至世界政局的自信与能力。日本在工商业上所取得的长足进步更是令其在他日成为一场大变局中的主角，而所有的亚太国家都将卷入其中。

主要参考文献

若想对本章的议题展开全面研究，那就需要细读完整的日本历史，这恐怕只有那些具备一定日语阅读能力的饱读之士方能做到。因此，一般读者可以采用一种更为科学的方法，即从相对近期的著述入手。虽然《日本亚细亚协会纪要》（*Transactions of the Asiatic Society of Japan*）一书包含许多重要的研究成果，但是我认为，大卫·默里（David Murray）、威廉·埃利奥特·格里菲斯

（William Elliot Griffis）、约翰尼斯·J. 赖因（Johannes J. Rein）、约翰·R. 布莱克（John. R. Black）和弗朗西斯·奥蒂韦尔·亚当斯（Francis Ottiwel Adams）等人的研究可能更适合多数读者。美国东印度舰队司令马修·佩里本人所编纂的三卷官方报告《佩里日本远征记》（*Narrative of the Expedition of an American Squadron to the China Sea and Japan*）、格里菲斯有关汤森·哈里斯（Townsend Harris，美国首任驻日公使）和佩里的研究著作、劳伦斯·奥利芬特（Laurence Oliphant）和阿礼国爵士（Sir Rutherford Alcock）[47]关于日本早期外交的研究也都非常值得参考。布林克利上校那里程碑式的巨著《日本与中国》更是每个日本与日本史研究者的必读书。

▨ 译者注释

1. 按照日本古籍《古事记》的记载，第一系天皇是从第一代神武天皇直至第三十三代推古天皇。但是，从神武天皇至仲哀天皇，这共十四代的天皇没有信史可以确认，有人认为应是《古事记》及《日本书纪》的虚构。按照目前的考据和研究，日本第一位获历史学家甚至考古学家认可其真实存在的天皇是第二十一代雄略天皇（公元456—479年在位）（参见胡炜权：《菊花王朝：两千年日本天皇史》，浙江人民出版社2020年版，第12页）。而从应神天皇（公元270—310年在位）开始，历史记载的可信度才大为提高。因此，作者原文中关于公元461年为第一个可信的天皇记录时期的表述应是基于当时的研究结果作出的。

2. 藤原氏称得上是日本史上最显赫的家族，成员均为皇亲国戚。自公元8世纪后期天皇迁都平安京（即京都）之后，藤原一族依靠政治谋略操纵日本皇室约300余年，可谓权倾朝野。比如，藤原一族将家中女性成员嫁给天皇，确保藤原一族的外孙就是未来的天皇。又比如利用宗教夺权，藤原一族经常以虔信佛教的几位天皇出家修行为范例，劝说有独立思想的天皇不理政务，出世隐退。同时，藤原一族亦怂恿各地贵族将土地托庇于藤原氏名下。一方面大大减少甚至完全免除土地所有者的纳税义务，另一方面又使藤原一族得以将国家钱粮中饱私囊。

3. 在日本一系列效法中华文明与制度的举动中，影响最深远的当属"大化改新"。646 年（大化二年）正月甲子朔，新政府发布改革诏书（即《改新之诏》，但是今天所看到的诏书内容记载于《日本书纪》，其中许多内容经过后人修改，因此日本史学界认为，收录于《日本书纪》的"大化改新之诏"是否系当年原件值得怀疑），日本正式开始仿效中国唐朝律令制度等政治经济体制的"大化改新"。此次改革的主要内容有：贵族私有的土地、部民全部归国家所有，模仿唐朝，实施班田收授法和租庸调制，规定了新的政治体制，扫除了旧势力，建立起中央集权的国家机构（参见吴廷璆：《日本史通论》，江苏人民出版社 2019 年版，第 88—89 页）。"大化改新"的起源是皇室里的中大兄皇子（后成为天智天皇）联合贵族中臣镰足所发动的政变（即"乙巳之变"），刺杀了当时掌握朝政的权臣苏我入鹿，而后其父苏我虾夷自杀，皇室遂重掌政权。不过颇为讽刺的是，在"乙巳之变"中发挥重要作用的中臣镰足就是日后架空天皇、实际统治日本 300 多年之久的藤原氏的始祖。

4. 源赖朝（1147—1199），平安末期至镰仓时代的武将、政治家，幼名"鬼武者"。其同父异母的九弟就是日本史上的传奇名将源义经。源赖朝所建立的武家政权史称"镰仓幕府"，标志着日本长达 680 年的幕府时代的开始。

5. "幕府"一词始自古代汉语，指出征时将军的府署。在日本，幕府最初指近卫大将住所，后又指征夷大将军的府邸。"将军"是军阶中的高级领导职，"夷"最初是指曾在本州东部和北海道居住的虾夷族。"征夷大将军"起初是大和朝廷为对抗虾夷族所设立的临时高级军官职位。由于将军是 1192—1868 年日本的实际统治者，因此后来世人便逐渐以"幕府"指代以将军为首的武家政权。自从源赖朝建立镰仓幕府之后，"征夷大将军"的称谓逐步固化为武家政权首领的特定称谓，后世的幕府将军也都予以保留。

6. 镰仓、室町、江户（德川）三代幕府直到明治维新，大部分的幕府将军都取代了日本皇室与天皇，成为日本的实际统治者。同时期的中国朝廷也深谙此中缘故，同样也封幕府将军为"日本国国王"（比如足利义满，也就是

《聪明的一休》中的那位将军）。不过，由于古时的日本受中华文明影响极大，受儒家思想熏陶尤甚，所以幕府将军一般不以日本皇帝或国王自居。如德川幕府就借鉴古汉语，自号"日本国大君"。但西方人往往不明所以，一直误以为"将军"就是日本皇帝，甚至到了江户幕府末年，美国派到日本的特使对此也是一头雾水。

7. 镰仓时代以前，"公家"曾用来指代天皇或朝廷。镰仓时代之后，由于用"武家"指代以军事武力为朝廷效劳的幕府将军与守护大名、武士等，与之相对应，"公家"就被用来指代从政务上服务天皇或朝廷的贵族或官员。

8. "大名"在江户时代是指将军直属家臣中俸禄在 1 万石以上的武士，意为"拥有大片土地之人"。相对而言，俸禄低于 1 万石且有"御目见"资格（列席幕府将军出席的场合）的武士统称为"旗本"，其中 3000 石以上称"旗本寄合席"。将军给予大名土地支配权和领地统治权，并将大名根据与德川家的亲疏远近分为三等：亲藩大名、谱代大名、外样大名。亲藩大名是与德川家有血缘关系的藩领及其后裔，包括"御三家"与"御家门"；谱代大名是向来侍奉德川家的武将及其后裔；外样大名则与德川家没有亲缘关系，而是在关原合战之后才俯首称臣。日后推翻幕府的主力就是来自长州藩与萨摩藩的外样大名。

9. 明治维新之前，"武士"是日本特有的一种社会阶级，是统治日本的支配力量。纵向来看，武士可以大约分为将军、大名、一般武士、浪人四个等级。日本武士理论上须是文武双全之人，除了要擅长剑道、马术、射箭等武艺，也须读书、习汉文、练书法、做文章，尤其兵法、韬略必须做到精通。另外，品行、操守、勇气也都是被评鉴的范围。作者文中所说的武士泛指一般武士。

10. 萨道义（1843—1929），明治年间著名的英国外交家、翻译家。他曾于 1862—1883 年以及 1895—1900 年两度出任英国驻日外交官。1900—1906 年任英国驻华全权公使，曾代表英国与清朝签署《辛丑条约》。他也被认为是 19 世纪最伟大的日本学学者之一。在日期间，他作为当时唯一通晓英、汉、日三国语言的翻译，亲历了很多重大事件，和明治政府的核心人物也多有交往。由他日记整理而成的《明治维新亲历记》（*A Diplomat in Japan*）记录了其在1862—1869年的在日见闻，被誉为"西方知日第一书"。他的三篇政论文章也被日本维新志士翻译整理成册，起名为《英国策论》，在日本广为传播，被西乡隆盛誉为"明治维新原型之文"。萨道义还曾娶过一位日本妻子，其子武田久吉是日本知名的植物学者。

11. 德川幕府初期，德川家康为巩固政权，将大名按照与德川家的血缘亲疏分为三等。在第一等亲藩大名中，以德川家康的九子德川义直、十子德川赖宣和十一子德川赖房最为亲近，三人封地分别在尾张藩、纪州藩（又称为"纪伊藩"）、水户藩，三家被后世称为"御三家"。但是，从历史发展来看，无论是门第还是权势，水户藩最初并不在"御三家"之列，水户藩的初代藩主德川赖房自己就明确说道："所谓御三家，是指德川将军家、尾张家和纪伊家。"比如，若将军无子嗣，则继承人从尾张藩和纪州藩中挑选，由水户藩负责奏报和监督，但继承人不能从水户藩中选出；又如，水户藩的领地只有尾张藩和纪州藩的一半，与能升至大纳言的这两家藩主相比，水户藩藩主最多只能升至中纳言。德川家康死后，历经几代将军，直到六代将军德川家宣时期，后世常称的"御三家"才正式形成。这种势力的演变大致可以概括为：德川家康时期，德川赖房认为"御三家"是指德川将军家、尾张家和纪州家→二代将军德川秀忠时期，德川秀忠次子德川忠长、尾张家、纪州家和水户家并称"四卿"→四代将军德川家纲时期，德川纲重、德川纲吉与尾张家、纪州家、水户家并称"御五家"→六代将军德川家宣时期，德川纲重和德川纲吉家族绝嗣，尾张家、纪州家和水户家的"御三家"结构最终形成（〔日〕河合敦：《德川幕府与御三家》，常晓宏、胡毅美译，社会科学文献出版社2020年版，第4—5页）。不过，继承人依然不能从水户藩中选出。然而，历史总是充满吊诡之处。根据德川家康的遗命，水户藩的历代藩主乃"天下副将军"和将军本家的"监督者"，在将军昏庸无能时还可以将其推翻。事实上，末代将军（第十五代）德川庆喜正出自水户藩，但顾及上述规定，他不得不先作为一桥德川家（"御家门"之一）的养子，才得以继承将军之位。最终，幕府政权真的终结于这位出自水户藩的幕府将军之手。今日，"御三家"已成为日语中的固定表达，统称一个领域中成就最高、最负盛名的三者，比如游戏《精灵宝可梦》（Pokemon）中的水、火、草属性的宝可梦。"御三家"

大致接近汉语中的"三巨头""三足鼎立"之意。

12. 德川光圀是日本民间家喻户晓的历史人物，由于曾任黄门侍郎，故有"水户黄门"的别名，而由他在各地漫游、惩恶扬善的民间故事所改编的系列影视作品《水户黄门》经久不衰，可类比《康熙微服私访记》。

13. 《大日本史》全书用文言文撰写，1657 年开始编撰，1849 年完成出版，旷日持久，几经波折。德川光圀在 18 岁时读到了中国《史记》中的《伯夷列传》，深感敬佩，立下了编撰日本纪传体通史的志向，因该史书的体例与《史记》相同，故被日本人称作"本朝史记"或"国史"。1715 年，水户藩藩主德川纲条将这部史书命名为《大日本史》。据当代资料，《大日本史》全书包含本纪 73 卷、列传 170 卷、志表 154 卷，共 397 卷 226 册（另有目录 5 卷），与作者此处的表述有出入。

14. 费尔南·门德斯·平托（1509—1583），葡萄牙商人、冒险家。出生于葡萄牙一个贫苦家庭，26 岁时前往印度，后在东方游历达 21 年之久。他是最早随耶稣会传教士去日本的那批欧洲人中的一员，也曾游历中国，著有《葡萄牙人在华见闻录》（*Antologia dos Vianjades Portugueses na China*）。其退休后撰写的《远游记》（*Peregrinação*）被译为多种文字，在西方影响很大。

15. 圣方济各·沙勿略（1506—1552），西班牙传教士，天主教在亚洲传播的先驱者，第一批耶稣会士之一。1540 年，他奉葡萄牙国王若奥三世派遣，以罗马教皇保罗三世的使者名义赴亚洲传教。1549 年，他乘坐中国商船至日本山口和丰后水道沿岸等地传教。1552 年，他从日本搭乘葡萄牙商船抵达中国台山上川岛，但因明朝海禁无法入内地。由于身染疟疾且缺医少药，沙勿略最终于 12 月 3 日逝世。罗马教廷称其为"历史上最伟大的传教士""传教士的主保"，并于 1662 年封其为圣徒。

16. 耶稣会是天主教修会之一，是天主教最大的男修会。1534 年由圣罗耀拉等人在巴黎大学创立，1540 年经教皇保罗三世批准。耶稣会不奉行中世纪宗教生活的许多规矩，而主张军队式的机动灵活，并知所变通。其组织特色是中央集权，在发最后的誓愿之前需经过多年的考验，并对宗座绝对忠诚。

17. 由于德川家的统治思想主体依然是儒家思想和佛教，这便与当时刚刚在日本兴起的天主教产生了不可调和的矛盾。天主教宣扬的上帝面前人人平等与日本传统的等级尊卑几乎水火不容。1612 年，德川家康下达了第一次禁教令。1614 年，再颁布"庆长禁教令"。1621 年，德川幕府将平山常陈及两名外国传教士处以火刑，又将相关的 12 名船员斩首，大规模镇压迫害天主教徒的行动自此揭开序幕。

18. 1633 年，幕府颁布了锁国令（禁海令）。在长达 200 多年的海禁时期，荷兰人对日本的发展起了重要的作用。当时日本将"兰学"作为西洋学术、文化、技术的总称。兰学是一种通过与长崎离岛的荷兰人交流，再经由日本人发展而成的学问。兰学使日本人在江户幕府锁国政策时期（1641—1853）得以了解西方的科技与医学，学习欧洲的科学革命成果，奠定了日本早期的科学根基。这也有助于理解为何日本自 1854 年开国后就能够迅速并能成功地推行近代化。

19. "离岛"是幕府在长崎附近海面建造的人工岛。岛上有围墙，仅有两个出口，还有人严密把守。

20. 1634 年起，岛原、天草地区连续发生天灾，民不聊生，幕府残暴的统治最终引发了江户时代最大的一次农民起义——"岛原之乱"。据统计，参加起义的岛原、天草农民共有 3.7 万人，2/3 是女人和孩子，且多为基督教徒。1638 年 2 月 28 日，10 多万幕府军队对义军发起总攻，因饥饿力衰，义军大败，首领天草四郎及其属下全部壮烈战死。幕府认为"岛原之乱"是教徒暴乱，决定彻底禁教。1639 年，禁止葡萄牙船来航；两年后，又将荷兰商馆迁至长崎，被勒令只能在长崎离岛上活动。

21. 相较于当时其他欧洲国家，罗马天主教在荷兰地区的统治力相对较弱。16 世纪的宗教改革席卷欧洲之后，西班牙加大了对荷兰地区的宗教压迫，设立宗教裁判所，颁布"血腥敕令"，迫害新教徒。这种压迫激发了荷兰北部地区人民的反抗，争取荷兰独立的"八十年战争"随之爆发。荷兰国内宗教也由此分为罗马天主教与新教两大派别。

22. 新井白石（1657—1725），江户时代政治家、诗人、儒学学者，在朱子理学、历史学、地理学、语言学、文学等方面造诣颇深。1709 年成为德川幕府第六代将军德川家宣的文学侍臣，后辅佐第七代幼君德川家继，直至1716 年第八代将军德川吉宗即位后才告老退休。

23. 佐久间象山（1811—1864），幕末思想家、兵法家。日本近代史上接受西洋文化的代表人物，堪称日本"睁眼看世界第一人"。佐久间门下人才济济，他主张东西融合，"东洋道德，西洋艺术"等观点为日本开国进取提供了指导思想。1854 年，他选中弟子吉田松阴，拟让其乘外国舰船偷渡出洋，学习西方技术思想，但最终被美国军舰遣送回陆地，他与吉田也因此被捕入狱。1862 年，出狱后的佐久间进而主张"公武合体"和"开国佐幕"。1864 年夏天，佐久间受幕府所托赴京都劝说反对开国的公卿，不幸在街头被激进的尊王攘夷派刺杀。

24. 1853—1854 年，佩里携美国总统亲笔信，两次率军舰开赴江户湾要求幕府开国通商。第二次抵日更是由 50 余艘舰船（其中 7 艘军舰）同行，可谓兵临城下，一时间江户城内人心惶惶，一片混乱。双方经过协商，幕府妥协，日美在横滨缔结了《日美和亲条约》。至此，江户幕藩体制彻底动摇，日本从此走向开国之路。由于佩里舰队船体被漆为黑色，日本人谓之"黑船"，这一系列事件因此也称"黑船来航事件"。

25. 佐久间象山也是当时赫赫有名的洋学家，他鉴于中国鸦片战争的教训，于 1842 年上书幕府，主张强化海防，并提出了著名的《海防八策》。他以荷兰《步兵操典》为教材，训练部队，教授炮术，积极传授西方先进科学技术和军事知识。他还是一个实践家，烧制过玻璃，制作过相机，试铸过西式大炮，推广过马铃薯的栽培方法等。

26. 吉田松阴（1830—1859），幕末政治家、思想家、教育家、改革家、明治维新的精神领袖及理论奠基者。日本开国后，吉田愤慨无限，力倡"尊王攘夷"。随后，吉田兴办松下村塾，其中走出了无数明治时代的风云儿，包括"明治维新三杰"一名（木户孝允）、总理大臣两名（伊藤博文、山县有朋）、阁僚四名（品川弥二郎、前原一诚、山田显义、野村靖），以及其他军政中枢高官十数名。1858 年"安政五国条约"签订之后，吉田进而号召武力倒幕，行动失败后被捕入狱。吉田在狱中提出"草莽崛起论"，转而主张依靠"豪农豪商"、浪人和下级武士推翻幕府，为倒幕运动提供了重要指导思想。在井伊直弼为镇压尊王攘夷派志士而制造的"安政大狱"事件之中，吉田于 1859 年 8 月被押解至江户，11 月 21 日被处死，终年 29 岁。吉田松阴大造船舰、武力扩张的主张深深影响了后来明治政府的外交政策，堪称日本军国主义思想的理论源头。

27. 罗伯特·路易斯·史蒂文森，19 世纪下半叶的英国小说家，其作品风格独特多变，对 20 世纪现代主义文学影响巨大。代表作有《金银岛》（*Treasure Island*）和《化身博士》（*The Strange Case of Dr Jekyll and Mr Hyde*）。

28. 在近现代，日本人频繁更名、自取雅号的现象极为常见。以"明治维新三杰"之一的木户孝允的名字变化为例，在成为桂家养子之前，木户孝允名叫和田小五郎，8 岁后叫桂小五郎，33 岁时叫木户贯治，33 岁后叫木户准一郎，36 岁后取名木户孝允。此外，其雅号有松菊、木圭、猫堂、鬼怒、广寒、老梅书屋、竿铃等。

29. 据当代考证，吉田松阴生于 1830 年 9 月 20 日，于 1859 年 11 月 21 日被斩首，终年 29 岁。小说家史蒂文森此处所说的 31 岁或不准确。

30. 1858 年（安政五年），日本先后被迫与美荷俄英法五国签订不平等条约，即《日美修好通商条约》《日荷修好通商条约》《日俄修好通商条约》《日英修好通商条约》《日法修好通商条约》，总称"安政五国条约"。这些条约逼迫日本增加开港开埠，允许自由贸易，圈定外国人居留地，确立领事裁判权，接受协定关税等。安政条约加剧了日本的尊王攘夷运动。

31. 1863 年，尊王攘夷和开国两种论调盛行日本国内。5 月，长州藩尊王攘夷派在下关海峡炮台向美国商船、法国军舰、荷兰军舰开炮。6 月，美法军舰向炮台发起进攻，部队登陆，破坏炮台。1864 年，英美法俄四国联军共 288 门舰炮齐射，将下关炮台彻底摧毁，随后海军陆战队占领了陆上全部军事设施，史称"下关战争"（又称"马关战争"）。

32. 当时，英国驻日总领事阿礼国说服美法荷三国共同对日作战。四国集结了由 17 艘军舰、5000 余人组成的联合舰队，而当时长州藩的总兵力不过 2000 余人。

33. 虽然战端确由长州藩挑起，但作为名义上的日本政权代表的幕府却支付了 300 万美元的赔款。

34. 1868 年 1 月 3 日，天皇发布《王政复古大号令》，废除幕府，命令德川庆喜"辞官纳地"。1月8日及10日，德川庆喜在大阪宣布《王政复古大号令》为非法。1月27日，以萨摩、长州两藩为主力的天皇军5000余人，在京都附近的鸟羽、伏见与幕府军的1.5万人展开激战。德川庆喜败走江户，戊辰战争由此开始。天皇军随后大举东征，迫使德川庆喜于1868年5月3日交出江户城，实现了江户的"无血开城"。

35. 詹姆斯·布鲁斯（1811—1863），英国贵族、第八代额尔金伯爵、第十二代金卡丁伯爵，曾任牙买加总督、加拿大总督、对华全权专使等职。詹姆斯·布鲁斯也是中国近代史上经常提及的那位"额尔金"，额尔金是其家族的世袭伯爵封号。1860年10月，布鲁斯作为第二次鸦片战争的英国全权代表，随英军攻陷北京城，与恭亲王奕䜣围绕《中英北京条约》进行谈判。作为条件，清政府释放于当年9月被清朝名将僧格林沁俘去的英国外交人员、卫兵及随军记者。不过，由于其中的21人已经死亡，布鲁斯于是纵容手下进行疯狂报复，并下令于10月18日火烧圆明园。

36. 1863年，他们五人在英国驻日领事安东尼·詹姆斯·高尔（Anthony James Gower）和怡和洋行驻横滨机构的帮助下，化装为英国水手到达上海，而后藏身在一艘鸦片船中，再分为两组，渡海抵达英国。

37. 根据上下文，译者认为此处的人物应该是堀田正睦（HOTTA Masayoshi，1810—1864），他是江户末期下总佐仓藩第五代藩主，江户时代末期大名及老中首座。堀田于1858年3月19日赴京都游说天皇朝廷同意《日美修好通商条约》。但是，由于该条约的内容比起1854年的《日美和亲条约》更是得寸进尺，激起了大批尊王攘夷派与年轻公家的反对。包括岩仓具视、中山忠能等人在内的88人直接上奏孝明天皇表示反对，直接导致条约被驳回，堀田正睦也被迫辞职，史称"廷臣八十八卿列参事件"。

38. 由纪州藩支持的井伊直弼于1858年（安政5年）4月成为幕府大老。井伊不待天皇同意就签订了"安政五国条约"。4月21日，堀田正睦、松平忠固（MATSUDAIRA Tadakata）、久世广周（KUZE Hirochika）、内藤信亲（NAITOH Nobuchika）、胁坂安宅（WAKISAKA Yasuori）联名上疏，说明此举乃迫不得已，如若失去机宜，英法舰队开来，恐有重蹈"邻国覆辙之虞"，不等天皇敕许乃权变之举。

39. 巴夏礼（1828—1885），19 世纪英国著名外交家，主要在中国与日本进行外交活动。香港九龙的白加士街以他为名。1865 年 5 月，巴夏礼担任驻日特命全权公使与领事。在此后的 18 年里，巴夏礼对明治政府产生了非常深远的影响。由于他支持日本改革，因而成了尊王攘夷派的眼中钉，曾先后遭遇三次刺杀。作者此处提到的刺杀发生于 1865 年 3 月 23 日。刺杀者为两个浪人，一个原先是僧人，另一人是乡村医生的儿子。巴夏礼鼓励下属深入研究日本，如萨道义与威廉・乔治・阿斯顿（William George Aston）后来都成为杰出的日本学学者。

40. 后藤象二郎（1838—1897），土佐藩士，明治维新元勋之一、政治家、实业家，1864 年成为土佐藩领袖，后至"家老"之位。维新后，历任新政府参与、参议等要职。1873 年因主张"征韩论"失败而辞职，后参与建立爱国公党等党派，开启政党政治，进行民权运动，后受政府镇压，远离政事。

41. 《五条御誓文》是日本明治天皇于 1868 年 4 月 6 日发表的誓文。明治天皇亲率文武百官在京都御所的正殿紫宸殿向天地、人民宣誓，正式开启了明治维新的历史序幕。《五条御誓文》由由利公正起草大意，经福冈孝悌初修，再由木户孝允、岩仓具视、三条实美修订，最后呈付明治天皇裁决定案。誓文正本由明治天皇的书道师范有栖川宫帜仁亲王撰写，三条实美代表天皇宣读，之后文武百官——于奉答书上签名。

42. 在《五条御誓文》发布后的一年多里，明治新政府在"广兴会议"方面进行了多番尝试。在集议院正式设立前，明治政府在创设议事机关方面已经进行过探索。例如，设立议事所，议事所由上下两所组成。"上议事所"议官由明治政府的"议定"与"参与"兼任；"下议事所"议官由各藩选拔代表（征士、贡士）组成。征士人选通过各藩及城乡选举贤才产生，贡士则由藩主大名选拔决定。1868 年 6 月 11 日，太政官发布《政体书》；同年 9 月，"上下议事所"议事制度被废止。1869 年 3 月 7 日，随着《公议所设置亲谕》的颁布，新的议事机构"公议所"正式设立。第一次会议共有各藩公议人 227 名出席。同年 8 月，再度改称"集议院"。以"公议所"为代表的议事机构都是在明治草创、政局混沌之际建立的，不仅功能未能充分发挥，而且组织形态、议事内容又被限定在了部分特权阶级，因此根本无法畅通地传递民意。民间草莽有志之士言路不畅，积郁之情不得不以其他的方式进行宣泄，于是出现了很多破坏活动，针对西方人士、开国派的刺杀更是时有发生。以上内容参见张允起等编译：《日本明治前期法政史料选编》，清华大学出版社 2016 年版。

43. 1869 年 3 月，长州藩藩主毛利敬亲、萨摩藩藩主岛津忠义、土佐藩藩主山内丰范、肥前藩藩主锅岛直大四人率先联名提出"奉还版籍"建言，大部分藩都在 5 月以前效法奉还。

44. "奉还版籍"是明治政府于 1869 年实行的一项中央集权政策，意为各大名向天皇交还各自的领土（版图）和辖内臣民（户籍）。在此基础上，明治政府在 1871 年实施了"废藩置县"的重大改革，合计共设三府（东京、京都、大阪）七十二县。日本长期以来的封建割据至此终结。

45. 木户孝允（1833—1877），幕末到明治时代初期的革命家、政治家。年轻时曾求教于吉田松阴，师从斋藤弥九郎学习剑术，向江川英龙学习西方军事学。在尊王攘夷与武装倒幕过程中发挥了领导作用，明治维新后参加起草《五条御誓文》，推进奉还版籍、废藩置县。木户是明治政府的核心人物，与西乡隆盛、大久保利通一起被称为"明治维新三杰"。

46. 即行政官布达 54 号《公卿諸侯ノ稱ヲ廢シ改テ華族卜稱ス》。

47. 阿礼国（1809—1897），爵士、英国外交官，曾任驻华领事、公使等职务。

第三章　日本人的精神世界

对日本人的误解

在第二章中，我通过列举一系列历史事件，对日本封建制度衰败背后的动因进行了初步探讨，对这些动因进行深入分析将有助于澄清一些外界对日本人所抱有的普遍误解。不过在此之前，我觉得有必要对日本人的智识特质与道德品性——在此姑且统称为"日本人的精神世界"（the Japanese mind）进行一番整体上的描述。毕竟，这种民族性的特质乃是国家进步的决定性动力。时至今日，许多人仍然只是将日本视作一个环球旅行家和古董收藏家的向往之地，也很少有人承认是日本人对于理想的执着追求引发了日本在过去半个世纪中的一切变革，更鲜有人能够准确认识日本目前的发展水平以及其作为远东政局关键变量而具有的国际地位。

若想理解日本人的精神世界，首先就必须搞清楚究竟是什么驱使着他们摒弃封建制度，转而选择立宪政体以及西方的科学与工商业。

当然，这些动力最初会有些模糊不清，甚至还相互交织在一起。不过，任何对过往半个世纪历史略有了解的人都会承认，日本著名思想家、教育家新渡户稻造博士（Dr. NITOBE Inazoh）[1]的观点或许更接近事实。新渡户博士认为：

> 这样大规模的事业自然有各种各样的动力参与进来，但是如果要说最主要的动力的话，大概任何人都会毫不犹豫地说是武士道。当我们开放对外贸易时，当我们把最新的改良推行到生活的方方面面时，当我们开始学习西方的政治和科学时，我们的原动力不是物质资源的开发和财富的增长，更不是对西方习俗的盲目模仿。不容被蔑视为劣等民族的名誉感才是日本崛起的最强大的动力，而殖产兴业则是稍后在改革过程中觉悟到的。[2]

关于日本人的物质观念，新渡户博士也有过一段专门的论述：

> 有人说，日本最近能赢得与中国的战争的胜利，靠的是村田式步枪[3]和克虏伯大炮；又说，这一胜利归功于现代学校制度，然而这些说法连似是而非都算不上。就像是一架钢琴，即便出自埃尔巴或施坦威等传世良匠之手，如果不经大师的指尖，它本身能弹出李斯特的《狂想曲》或贝多芬的《奏鸣曲》吗？再说，假如只靠枪炮就能打胜仗，那为什么路易·拿破仑没能用他的密特莱尔兹式机关枪打败普鲁士人，为什么西班牙人没能用毛瑟枪打败仅靠旧式来明顿枪武装起来的菲律宾人呢？毋庸赘言，是精神带来了活力；没有精神，最精良的装备也无济于事；最先进的枪炮也不会自行射击，最现代化的教育制度也不能让懦夫变身英雄。不会的！在鸭绿江、朝鲜和"满洲"，是我们父辈的英灵牵着我们的双手，带领我们取得胜利。这些英灵、我们骁勇善战的祖先没有死——对于那些心明眼亮

之人，这些灵魂清晰可见；深入了解一个思想最开明的日本人，我们将看到武士之魂。如果你要在他的心田播下一颗新的种子，那就得深深翻动陈年旧土，不然那些新成长思想的深度最多也就是日本武士对数学[4]的理解。[5]

日本实现迅猛发展的秘密就在于其国民对于个人名誉与国家荣耀的极端重视。正因如此，也难怪总有批评家会将日本人的这种强烈情感嗤之以自负与虚荣。自从与西方人签订第一个（不平等）条约起，日本人总感觉自己低人一等，而这种低劣感又恰好直击了他们的痛点。我至今仍能回忆起一些日本领导人在谈及英国为保护居留横滨的外国人而派驻军队时的那份苦涩与愤慨。他们将其视为国耻，渴望早日得以洗刷，虽然他们也清楚这必将是一个无比漫长的过程。

同样地，在日本人看来，承认在日犯罪的西方人只接受其本国领事裁判（即领事裁判权）的不平等条约几乎等同于对日本主权进行彻头彻尾的羞辱。尽管负责任的日本政治家们也承认，在日本的法治手段和司法制度尚远落后于西方之时，这种做法有其一定的合理性，但是，一般国民无不认为，给予外国人特殊待遇的做法绝不可以持续下去。于是，日本加快了重建国民教育体系的步伐，以期培养出更多有能力报效国家之人才；在立法和行政上也开始推行西方的理念与制度，以期其他列强能够对自己平等相待。

建设强大日本的必要性

但是，日本人很快就意识到，比起在改进教育与行政水平上大做文章，还是拥有一支强大的陆海军更能让西方列强认可自己。因此，日本人决心将自己国家建设成为一个军事强国。甲午战争期间，鸭绿江边的隆隆炮声让日本真正走入了欧美各国的视野。西方人开始意识到，这个在发展过程中充分吸收西方文明的远东岛国已经不仅有底气，而且更有能力让自己以平等之姿跻身世界舞台前列。

对于我这个西方人来说，若想真正理解新渡户博士"在鸭绿江、朝鲜和'满洲'，是我们父辈的英灵牵着我们的双手，带领我们取得胜利"等玄妙话语的深意，自然是要亲赴日本，实地感受的。由于我先前对日本知之甚少，因此新渡户博士称得上是我探索日本人精神世界的最佳引路人。对此，我要向他、小泉八云先生（KOIZUMI Yakumo）[6]以及布林克利上校致以深深的谢意。或许他们的某些观点多少带有些夸大成分及感情色彩，不过我会在个人经验所能验证的范围内尽可能地进行阐述。

东方思想与西方思想

东西方人的思想差异集中体现在对所谓"前世"（pre-existence）概念的认识之上。我们若想真正理解其之于日本人精神世界的意义，就必须在充满佛教气息的日本社会中进行长时间的体验。佛教的种种观念形塑着日本人的精神世界与情感体验，几乎每个日本人都可以说出"因果"或"因缘"这样的术语，即梵语中的"业"或"羯磨"（Karma），意为终将降临的报应。日本人借助这些观念理解人生、宽慰心灵、抨击不公。不过，令我感到奇怪的是，几乎没有一位西方思想家觉察到西方近代以来的科学和哲学运动与古老的东方思想之间存在着某种奇特的相似性。就拿宇宙观来说，比起故步自封的西方神学，佛教的某些理念反而更接近近代的科学理论。那些身为西方人的我们需要耗费心神来理解的观念与表达，在东方的佛教徒看来仿佛就是日常的共同经验与世俗公理。

日本人精神世界的组成要素

对我暂且统称为"日本人的精神世界"进行深入研究将有助于我们了解儒学、佛教与神道[7]等多个领域的相关知识。由于深受儒家思想与佛教信仰的熏陶，日本人对命运（或宿命）抱有一种异于寻常却又平和淡然的笃信。面对那些避无可避的灾祸或苦难，他们往往能够表现出充满坚忍的平静，这种平静甚至到了漠视生命与拥抱死亡的地步。受到这种精神鼓舞的士兵将悍不畏死；受到这种信仰点化的国民将会皈依强调内修的佛教，矢志不渝，日益精进，直至实现自我与绝对真理的和谐统一。通常来说，囿于此种精神状态极易让人失去方向、迷失自我，也很容易忽视现实中那些实现心灵与肉身完满所必需的物质条件。

不过，对于日本人来说，神道[8]的教义却在很大程度上发挥了纠偏与中和的作用。因为神道凌驾于个人的道德意识之上，并将个人的道德意识与国家、民族的道德意识明显区分开来。关于这一点，我想还是新渡户博士说得最清楚：

> 神道对自然的崇拜，让国家亲近我们的灵魂最深处；而神道对祖先的崇拜，则可从一个谱系追溯到另一个谱系，使皇室成为全体国民的共同远祖。对于我们来说，国家不仅意味着采集、播种的土地，更是诸神和祖先之灵的神圣居所；天皇不仅是法理国家的最高警察（Arch Constable of a Rechtsstaat）或文化国家的资助者（Patron of a Culturstaat），而且是集权力与慈悲于一体的天地之化身。[9]

因此，"爱国与忠君"（patriotism and loyalty）就成了主导日

本国家演化进程的两股主要力量。它们在很大程度上解释了倒幕运动与王政复古背后的必要社会条件，同时还解释了寓于明治维新以来所有变革运动之中的日本"国民性"（national character）究竟为何。只要个中要义被维新运动的领袖所掌握，运动热潮便会迅速波及全国，甚至于最贫穷的国民也觉得自己必须投身其中，仿佛也感受到父辈的灵魂正指引着自己，与自己同命运共呼吸。

另外，还有一点需要留意。无论过去还是现在，集体主义始终是日本宗教与日常生活的主旋律，所谓的个人主义绝非日本人精神世界的主导力量。因此，由神道、佛教和儒学共同构建而成的日本宗教与思想并不是一种机械集合体，它更像是一种化学合成物，融合后的每一种元素都与最初的样态有所区别。这不仅诠释了日本人与西方人在精神世界上的本质区别，同样也提供了理解日本社会秩序生成机理的重要线索，有助于我们深刻认识日本近年来诸多巨变的背后动因。

糅合而成的思想

如果要对日本宗教——这种由多元要素糅合而成的事物的真实样态进行详细省视，那么当前的篇幅怕是远远不够。不过，若只是想对日本的国民性有所了解，那么我可以从几个方面略作说明。

在糅合演化的过程中，日本佛教对许多深奥晦涩的教义进行了大规模的简化与本土化。一方面，由于日本佛教宣扬人在死后可以立即得道成佛，从前印度佛教那种"来生再报"的遥远希冀一下子就被带入了现世的日常生活。另一方面，佛教徒日常的修行标准也得到了极大程度的简化，大致可以概括为"五戒十善"[10]，我们在世界各地的道德准则中都能找到类似的表达。五戒乃"不杀戒、不盗窃戒、不邪淫戒、不妄语戒、不饮酒戒"；十善[11]乃"不杀生、不偷盗、不邪淫、不妄语、不两舌、不恶口、不绮语、不贪取、不嗔恚、不愚痴"。

不过，务实的日本人断然无法接受否定一切世俗利益是实现救赎必经之路的观点。于是，在开展禅修冥想等宗教活动的同时，日本人又在乐善好施的过程中找到了精进信仰之新方法。倘若这些善举确实能在过往的佛教教义中找到理论出处，那么西方派驻日本的基督教传教士怕是绝无可能让已经皈依佛教的日本人转信基督教。关于这个问题，布林克利上校在其巨著《日本与中国》中这样写道：

> 这些善举包括掘井、造桥、修路、照料长者、布施寺院僧侣、护理病患、接济贫困以及义务劝解他人效仿行善。此外，日本佛教还有许多更高层次的戒律，包括一套周密的日常礼拜和祷告制度。日本人摒弃了一切远离红尘俗世的观点，他们更认为人在死后会进入一种烦恼绝熄的超脱境地。如果用基督教术语来比喻的话，就是上升至一种被称为"至福直观"的无限感知状态。在这种状态下，一个个得到救赎之人彼此连接，转生为一群伟大的代祷者。他们不断地为自己仍在世上受难和挣扎的兄弟们祈祷，使他们终能和自己一样，抵达至慧与至福之地。[12]

后来，又经过一系列变化，日本佛教在理念上仿佛更接近基督教。日莲（Nichiren）[13]在日本佛教中地位尊崇，是最具传奇色彩的佛教圣人之一。他的教诲中就包括所谓的"造物主"（God）概念，一切有形、运动、生存之物皆生存于"造物主"之怀抱。这种观点相当于承认有一个普遍存在且全知全能的神祇。日莲宣称，一切时空中的现象、精神与物质都只是基于个体意识的主观存在。在开悟的佛教徒眼中，三千世界[14]皆美。正如日莲本人所宣告的那样：

> 因此，要宣告这个由潜在美好实相与本体所构成的邪象[15]或表象世界的真义；要指明成佛之道；要开辟救赎之路。总之，要启迪众生，人人皆可立地成佛——此乃日莲宗之使命。

布林克利上校对改良后的日本佛教所带来的社会影响进行了如下总结：

> 如此一来，佛教在浸润人心的同时也为日本人的精神世界抹上了一抹亮色。死亡不再仅仅只是一条通往虚无之路，而成为一个抵达真正至福之地的入口。过去信徒们闭门禁欲的冥想苦修如今变成了积极入世的好善乐施。过往那种无止境的因果连锁如今被缩短成了一个简单的连环。于是，一种至高无上、大慈大悲的绝对存在概念就自然而然地凸显出来。贵族与庶民在社会地位与政治权力上所普遍存在的鸿沟，以及世上所有的不堪丑态也就随之变为了主观的幻影，注定消逝在道德光明的普照之中。佛陀与众生就此深深地联结在了一起。[16]

布林克利上校继续补充道：

> 这种为日本人精神特质披上相对明亮、舒适思想外衣的佛教渐渐成为日本的国民信仰。但是，学者们却又进而提出了一种更加简单明快的信条、一套在本质上有些平淡无奇的日常伦理体系。其主旨如下：倡导道德、诚实与正直；尊崇理性而非激情；忠于朋友与恩人；避免一切卑鄙或自私的行径；准备为

天皇与国家牺牲一切。以上这些是日本一切有教养之人的共同理想。他们对于这种理想的追求发自内心,全然无须僧侣的引导。如果你问一个日本人什么是"大和魂"[17],那么他将会用上面这些话来作答。[18]

毫无疑问,这些话语道出了那些自西方人文科学、自然科学与宗教理念引入日本之后最能影响国家命运之人的普遍想法。就像在清王朝中国一样,儒家伦理在日本也奠定了有教养群体的人生观之基础。来自儒家伦理的教化更是强化了神道的宗教情感,并赋予其具体的形态与轮廓。接下来,让我们再看看近年来日本教育、社会、经济和政治发展所带来的几个显著变化。

切腹与仇讨

没有什么东西能比"切腹"与"仇讨"[19]更能诠释封建时代日本人的精神特质了。这两大传统是我所谓"日本人的精神世界"突出特质的集中体现。如今,虽然这些传统的执行力度远非旧时可比,但是在事关国家或个人的重大问题上,多数日本人依然会不自觉地流露出类似的倾向与态度。

在武士看来,切腹是解决许多关乎名誉复杂问题[20]的终极之策。仇讨也并不是出于个人恩怨的简单复仇,只有为了上位者和施恩者所进行的复仇[21]才会被视为正当之举。针对这种传统,新渡户博士在名著《武士道》中有过如下论述:

> 而出于对自己的不义之举(wrong),包括为受到伤害的妻儿所进行的复仇,则需要加以克制和宽恕。因此,武士完全能

够理解汉尼拔为国复仇的誓言[22]，但对于詹姆斯·汉密尔顿（James Hamilton）将妻子墓前的一捧土常挂腰间以激励自己向摄政王默里复仇的举动，则会表示不齿。[23]

理解日本武士的这股心气与意志将有助于我们更加深刻地把握日本的时代特征。这不仅包括王政复古前的封建时代，也包括开国通商后的那段过渡时期。

为国尽忠总为先

就某些方面而言，日本武士与古希腊人倒是颇为相似。他们都将为国尽忠诚、履行义务置于个人利益之上，这样的例证在日本近世的流行文学作品[24]中比比皆是。关于这种古老的日本精神，林董子爵在其为英国人所写的《为了他的子民》（*For His People*）一书中提供了许多绝佳案例。对于一般读者而言，与其钻研艰深的伦理学和心理学论文，还是此类通俗读物更有助于了解日本人的思维与做派。我有义务将这些著作介绍给各位读者，但囿于行文空间，在文后的参考文献中只能援引其中的一小部分，而这部分著作所研究的都是那些直接影响当代日本人的精神特质。关于我们一直在讨论的日本人的精神特质，有位杰出的研究者谈到了一些常常为一般外国人所无法理解的问题，他写道：

　　为了激励武士勇于牺牲，甚至达到时刻准备着的地步，仅仅依靠一种深刻的责任观念来进行引导显然是不够的。诚然，日本武士自幼就时时刻刻地被灌输着"自毁"（self-destruction）的观念。男孩被教导如何把武士刀对准自己的胸膛；小女孩则被教导如何才能用匕首割破自己的喉咙。随着这些孩子在与其他武士子弟的互动中逐渐长大，他们越发相信这种自裁乃天经地义。除了教化的强制和传统的激励，还有一种来自超验体验的影响，那正是佛教。根据教义的不同，佛教的修行大致可以分为两大派别：因信（faith）得解脱与因行（works）得解脱（salvation）[25]。奉行"因行得解脱"教义的宗派主要倡导以"禅修"（meditation，也称"冥想"）来实现顿悟。我们无须深究这种宗教仪式究竟带来了什么样的精神作用，总之修行者们始终坚信自己终能达到一种谓之"一心不乱"（absorption）的境界。到达此番境界之后，人的精神世界将充盈着一片启示之光。在那里，天地万物都呈现出全新的模样；在那里，一切喜怒哀乐、私利私欲都将了无踪迹；在那里，人实现了从眷恋红尘到超然物外的彻底转变。对那些寻见佛陀之人来说，无生也无死，无荣亦无衰，他们超然于周遭一切，淡然迎接任何命运。从实际情况来看，战国时代的武士和今日的日本军人似乎更为接近此种高深境界。前者因此愿意平静接受任何形式的死亡，后者则由之爆发出勇猛刚毅的爱国武勇。

此等气魄，哪怕仍然不足以完全驱散对于死亡的恐惧，至少也能够催生出令他人惊叹的英勇无畏。鉴于日本人的精神和现实世界都已历经巨变，宗教观念与规范的变革自然也是在所难免。但是，有一件事情却始终如故，即神道仍然是日本皇室自古以来的唯一信仰。由于此事对于理解日本至关重要，因此我有必要在此详述。

虽然1889年2月11日颁布的《明治宪法》（即《大日本帝国宪法》。——译者注）白纸黑字地赋予了日本国民宗教信仰的自由，[26]但是我们同样需要关注与之相关的三个附属文本。前两个是天皇在宪法发布当日于宫中正殿同时宣读的《上谕》与《宪法发布敕语》；第三个则是天皇在宪法发布前于宫中贤所与皇灵殿祭告先皇的《告文》。[27]这三个文本清晰无疑地表明了明治天皇恪守日本宗法信仰的态度。

天皇在《上谕》的开篇中有云：

> 朕承祖宗之遗烈，践万世一系之帝位。朕思念朕之亲爱臣民即朕祖宗所惠抚慈养之臣民，愿增进其康福，发展其懿德良能，并望依其赞翼，扶持国家之进展。

天皇在《告文》中有云：

> 皇朕恭谨敬畏告皇祖、皇宗之神灵曰，皇朕循天壤无穷之宏漠，承继惟神之宝祚，保持旧图不敢失坠……惟此皆绍述皇祖皇宗贻赐后裔之统治洪范，朕躬身以逮洵得与时俱行……皇朕仰赖并祈祷皇祖皇宗及皇考之神佑。

天皇在《宪法发布敕语》中亦有云：

> 惟我祖我宗赖我臣民祖先之协力辅翼，肇造我帝国以垂于无穷，此乃我神圣祖宗之德威并臣民之忠诚武勇、爱国殉公，以贻此光辉国史之成迹。

这些敕语所蕴含的情感构成了日本国家演化与国民进步的重要动力，这是未曾在日本生活之人所完全无法体会与理解的。我以为，这种力量可能会催生出糅合君主制与民主制特质的混合政体，或许我们可以从中找到日本未来政治与社会问题的解决之法。

同时，我们必须承认，纯粹的唯物主义观念也开始在日本极大地流行起来。据说，当时有很多原先持科学不可知论态度的年轻人最终转向了信奉实践伦理体系。就本质而言，这是"武士道"精神的一种回归。虽然也有观点认为，这种伦理体系下的道德准则在很大程度上只是流于理想表层，对实际生活的影响并不大。但我却斗胆以为，这些原则嵌入日本国家演化进程的程度之深远超基督教之于西方文明。因为，西方文明在很多方面甚至与基督教精神全然相悖。

但是，真正的武士在与他人的一切交往中都应当坚守正义，而且也只有出于伸张正义的勇武之行方能受到他人的嘉许。同时，武士将仁爱、宽容、同情和怜悯之情视作至高的美德，视作凌驾于人类灵魂基本要素之上的最高品质。日本人的谦逊有礼只是其内在精神的一种外化表象，是有教养的标志。但是，日本人绝不会让区区的外在表象妨碍自己贯彻社会身份所规定的信义原则和行为标准。因此，"武士一言"[28]往往具备极高的可信度。

与武士道对立的商业道德

虽然西方人在和日本人做生意的过程中可能会发现这些崇高的道德理想往往与现实的普遍做法存在一定出入，但是我们必须记住，相比商人或农民，武士拥有更高的社会地位，这也就意味着他们的言行具有更高的可信度。诚然，在国门初开的岁月里，日本商人的确普遍缺乏诚信而声名狼藉，尤其是在与外国人做生意的时候。但是，在封建时代的日本，商人可以说是各行各业中距离权力最远的职业了。一方面，由于商人被置于"士农工商"身份序列的最底层，故而封建时代的日本商业自然难成气候；另一方面，外界对商人的诋毁则进一步将某些本来就不顾自身毁誉之辈吸引了过来。如此这般，尽管商人阶级内部也存在一套经商的道德伦理，但从他们与外部其他阶级的交往情况来看，确实也很难让人为他们的坏名声喊冤了。

于是，我们也就不难理解，为什么在日本开国之后会有一群又一群敢于冒险的商人蜂拥至通商口岸，想方设法地从外国人身上大捞一笔。因为在修罗场般的贸易口岸，攫取财富才是生存的意义所在。一些武士，甚至不乏拥有"华族"身份者，也曾经尝试经商。但是，由于缺乏经验或受到旧有荣誉感的束缚，他们中的多数都以破产告终。

因此，当时日本的对外贸易大多掌握在那些精明狡猾、毫无节操的商人手中。这些商人对于"武士道"的精神和教诲或是一无所知，或是主观无视，其所作所为直接导致整个日本民族都被西方人给看扁了。因为，在日西方人对日本人的总体印象往往来源于那些直接与自己做生意的商人。但是，这些商人却往往出身下层。在封建时代的日本，财富以及对财富的渴望是为人们所鄙夷的。在那时，若要评判一个人是否值得尊敬，财产多寡根本无足轻重，社会地位、人品学识才是关键。

日本人的智识特征

以上我们主要讨论了日本国民性中的道德伦理要素，接下来也有必要了解一下日本人的智识特征，从而更为深刻地理解日本实现空前进步的背后动因。

西方人通常认为，日本人精于模仿而不善独创。然而，这种看法就和其他很多关于东方人的刻板印象一样，实在是肤浅之极。武士乃至其他社会阶级的绝大多数成员都受过良好的教育。但是，日本大力发展国民教育的初衷并非是为了应试或牟利，而在于塑造人格，锤炼品性。当然，一个智力出众的人自然也会受到推崇。但对他们来说，"智"首先意味着"睿智"，而"知识"则是次要。诚然，"智、仁、勇"三者构建起了"武士道"精神体系的基本框架，但在此过程之中，武士却又是依靠着"智识"的训练与学习方才具备了践行"智、仁、勇"所需要的基本能力。因此，随着西学东渐，日本人不仅找到了乐于深耕的领域，而且更能在其中充分发挥民族所独有的优势。

对此，小泉八云先生可谓洞若观火，他在其名著《和风之心》（*Kokoro*）[29]的"日本文化的特质"一章中曾这样写道：

虽然日本"西化"是人类历史上前所未见的大事件，但这究竟意味着什么？无外乎对旧有的思想机制进行部分更新与重组。对数千勇敢青年来说，此事已然是种致命的苦痛。吸纳西方文明远不是那些没有思虑之人所想象的那般容易。诚然，这种心智上的调适确有其效，尽管为此付出的代价还有待进一步探讨，可是这种调适只在日本民族在向来就具有特殊能力的方面产生效果。比如，西方工业发明的器械之所以能在日本人手里发挥出绝佳功效，是因为他们本来就习惯使用古传的奇特方法进行生产，此刻在西方新型器械的辅助下，正好产生奇效罢了。所谓的"西化"并没有改变日本人的本性，而只是放大与更新了他们的固有能力。这种现象在科学相关领域亦是如此。譬如在医学、外科学（世界上没有比日本人更好的外科医生）、化学、显微镜学等领域，日本人仿佛是天生的好手，他们所取得的成就也早就广为皆知。在对外作战和对内安邦方面，日本人也展现出了非凡的手腕。可是如果回溯历史，我们又会发现，军事与政治自古就是他们的长项。

但是，在那些与自身国民性并不兼容的领域，日本人就只能说是建树寥寥了。譬如说，他们花在研究西洋音乐、艺术、文学上的时间仿佛都是被白白浪费了。以上学艺都能为我们的情感生活带来非凡的"感兴"（appeal），但却难以对日本人的情感生活产生相近的效果。我想，有识之士都会同意这样的观点：想要仅仅依靠教育来改变个人的情感，怕是行不通的。

想象一下吧。在短短三十年的时间里，这个东洋民族的情感特质就会因为与西方思想进行接触而得到改变，实在是无稽之谈。情感生活不仅先于理智生活（intellectual life），而且也更为深刻，所以它不可能随着外部环境的变化而转变于须臾，正如镜子本身并不会因为镜中成像变化而改变那样。然而，日本那些奇迹般的壮举却是在本民族没有发生任何根本性转变的基础上所实现的。至于那些想象今日之日本在感情上要比三十年前更接近我们的人，显然是忽视了那些不容置疑的科学事实。

东方人与西方思想

这种思路或许可以引导我们围绕欧亚思想之间的关系开展许多有趣的讨论。同时，我们不妨再次思考那个人们深信不疑但又时常遗忘的观点：东西方之间存在一道缺少桥梁的鸿沟，彼此之间全然不受对方的影响。但是在此处，这些议题只能点到为止。以下，我所引述的观点将会说明东方人受到西方思想影响的具体领域与作用程度。虽然那些影响日本的内外部动力现在正在共同发生着作用，但是它们的作用方向却几乎没有发生任何变化，同样也没有创造出什么新的东西。

欧洲人的行动结果

如果我们将日本与清王朝中国进行对比，那么就不难找出两国如今判若云泥的原因。人们通常认为，中华文明停滞不前已然几个世纪。但如果回溯历史，我们就不难发现，中华大地虽然历经王朝更替，但直到被欧洲人强迫打开国门之前，这片土地上的人们始终走的都是自己的发展之路。但是，自从与欧洲人接触之后，中国的发展确实在开着缓慢的"倒车"。对于这种现象的成因，身为英国政府官员兼资深远东问题专家的休·克利福德（Hugh Clifford）是这样解释的：

> 从本质上说，那些影响中国的外部力量与中华民族的内在精神气质是完全相抵触的。在这种前提下，若还奢望这种外部力量对中国的发展起到自然而且远不像欧洲进步那般激进的推动作用，显然是天方夜谭。

克利福德指出，在 13、14 世纪及往后的几百年中，中国人在世界民族之中都称得上是出类拔萃。中国人不管身份贵贱、地位高低，都不会对外国的来访者、旅行家和商贾谋财害命，对各种宗教流派也都持包容态度。那究竟是什么让中国在后来彻底调转了方向，走上了闭关锁国、故步自封的不归之路呢？克利福德继续写道：

> 至于答案，若有可能，就让我们假装视而不见吧。毋庸置疑，这种局面完全是欧洲列强一手造成的，是由那些被亚洲的富庶勾起了侵略野心的白种人所造成的，而且在某种程度上，

这种野心至今未死。西方文明的粗暴蛮横自然与东方人的传统理念产生了激烈碰撞，这样东方人就不得不沿着西方人设计好的道路进行发展，这种风潮更是一度蔓延至整个亚洲。自此，亚洲文明的独立发展进程就被完全打断了。如此一来，按照自然法则，亚洲文明发展趋于停滞乃至步步倒退也在情理之中了。[30]

今日中国之窘境亦是西方之耻辱。因此，我们也就不难理解，日本为何会在处理影响其自身发展的事项时始终坚持独立自主的立场。

我与日本学生打交道的经历

无论从哪方面来看，我与自己的日本学生始终都相处得非常愉快。他们勤学好问、坚韧刻苦，有着不输世界任何国家学生的能力。他们的言行充分展现了日本人的那种彬彬有礼，在学习过程中也绝不会给老师添麻烦。如果偶尔有一个人情绪狂躁，有失仪态，旁人的只言片语也足令他想起一个日本绅士应该有的举动。在工部大学校任教期间，我不记得有哪个学生违反过学校的纪律。

根据明治政府的意见，我对自己所起草的《讲义题目一览表》（学业课程及教学规则）只进行了一次修改，主要是增加了一些有关学习纪律的内容。但是，不久之后我就发现，这实在是多此一举。于是，我从制定第三版《工学寮学业课程及教学规则》时就删去了先前增补的有关学习纪律方面的内容。不过近年来，有些班级的学生不时会出现精神迷茫乃至参与骚乱的情况。我想，这无疑是因为传统之精神无法实现今日之理想，但更好的替代之物却一时无从找寻所致。不过，这同样也表明，培养适应现代化发展的"武士道"精神是极有必要的。

对日本人缺乏独创性的指责

正如我先前所说,指责日本人缺乏独创性是肤浅且有失公允的。因为假如你生活在一种本身就全面压制独创性的封建制度之下,你又怎能对"独创性"抱有什么期待?旅居日本期间,我恩师的法学博士——亚历山大·C. 柯克(Alexander C. Kirk)曾经写信给我,告诫我不要对当代日本人的科学与工学素养抱有太高的期望。他在信中这么写道:

> 这种事情(科学学与工学教育)是要看天赋的。

但仅仅过了一代人多的时间,日本人就证明了自己不仅有能力将西方科学有效应用于日本社会,更可以通过独创性研究拓展科学的边界。日本学生所撰写的科学与人文学科的论文质量能与任何国家学生的比肩。虽然日本尚未出现牛顿(Newton)、达尔文(Darwin)或开尔文(Kelvin)那般的科学巨匠,但从日本的大学和研究院中也走出了很多的一时俊杰。我想,世界上任何一个学术机构都会为拥有一两个这样的人才而感到骄傲。

写作本章之前,我曾经开展了一系列调研,了解到日本在科学技术与工商业领域所取得的累累硕果。我只需罗列些许就足以证明:日本人不仅仅是书斋里的学究,而且也是运用科学知识解决现实问题的实践家。随着时代发展、条件进步,日本人越来越有可能拿出具有独创性的成果。但必须谨记,所谓的独创性本质上只是时代精神和实践经验的自然产物,我们不过是将其用便于理解的语言表达出来罢了。

被近期历史证伪的一些事情

日本人虽然精于模仿，但既缺乏独创性，也缺少成就伟大的坚定毅力，这套三十年前的流行观点在今天显然已经不合时宜。日本人用过去三十年中的表现已彻底驳斥了这种责难。他们热忱爱国、聪敏睿智，极具个人与民族荣誉感，这些都是他们创造 19 世纪后半叶世界公认伟业的必要品格。

日本人不仅渴望昂首立于新时代，而且目标明确，计划周全，行事灵巧果断。他们通过"和魂洋才"的方式创造出了一个崭新的强盛国家，其威名终将远播世界各地，尤其会在亚太地区产生深远影响。我们在下一章中就将展现日本如何成就此番伟业的。

明治维新的精神

倘若要对日本人的精神与道德特质这一极大影响了明治维新的要素进行彻底研究，我们就势必会遇上许多心理学乃至形而上学的问题。明治维新背后的主导精神复杂异常，这一点已无须赘述，但是所谓的"大和魂"绝对是一个无法忽视的要素。日本人与其他东方民族的不同之处在于其"理性高于灵魂"的信条。他们以理性诉求引导着自己迈好国家演化之路上的每一步。这种理性使得他们将东西文明的诸多品质集于一身。那么，我们又该如何准确理解这些品质呢？我想不能依靠无止境的抽象讨论，而是要研究他们通过自身努力所取得的成就。

正如通过多种形式传入日本的基督教，一方面让本土佛教焕发新生，并推动其在许多方面向基督教的理想靠拢；另一方面，如今的基督教传教士对于日本人精神特质的了解也远胜过往，他们也不再像从前那般目中无人、骄傲蛮横。有意为之也好，无心插柳也罢，这些外国传教士正在汲取东方文明的思想养分，并依据东方人易于接受的方式，逐渐改变着西方神学教义的一些外在表象。不过，这种变化究竟能够走多远？这是未来有待解决的一个问题。

如果要我对日本人的精神特质进行简单概括，指出那些令他们在如此短时间内就能实现非凡进步的独特品格，我认为最重要的就是日本人对于自己国家的高度忠诚。只要日本人认为事关国家荣誉，他们便乐于牺牲个人利益乃至为国捐躯。高度的忠诚与理性驱使着日本人最大限度地利用近代科学知识与组织体系来实现自己的雄心壮志。

日本人同样极富远见，有着不输于其他任何国家的前瞻眼光，这也为明治维新后的一切文治武功打下了坚实基础。虽然他们浸淫于东方理念久矣，但这并不妨碍他们充分吸收西方思想之精华，做到东西合璧、和魂洋才。

主要参考文献

想要准确理解日本人的精神世界，仅仅依靠书本是远远不够的。即便你只是想有一个大致上的把握，恐怕也需要在日本旅居较长的一段时间，开展实地研究，努力换位思考。话虽如此，还是有一些著作可以帮助我们的理解。譬如新渡户稻造博士的《武士道：日本之魂》（*Bushido：The Soul of Japan*）、小泉八云先生的《和风之心》、布林克利上校巨著中的一些章节、巴兹尔·霍尔·张伯伦教授（Basil Hall Chamberlain）的《日本风物志》（*Things Japanese*）、西德尼·刘易斯·古利克（Sidney Lewis Gulick）的《日本人的社会精神演化》（*Evolution of the Japanese，Social and Psychic*）等等。这些著作提供了许多非常有价值的观点，但其中也不无争议之处。不过，对于普通读者而言，也许像阿尔杰农·伯特伦·米特福德（Algernon Bertram Mitford）的《日本古代传说》（*Tales of Old Japan*）或是林董子爵的《为了他的子民》这样的通俗类读物要比正儿八经的心理学论文更有帮助。

■ 译者注释

1. 新渡户稻造（1862—1933），国际政治活动家、农学家、教育家，代表作有用英语写作的《武士道：日本之魂》等。新渡户出生于日本岩手县盛冈市，毕业于札幌农学校（今北海道大学），曾担任国际联盟副事务长，他是东京女子大学的创立者，也是 1984—2004 年流通使用的 5000 日元的币面人物。

2. 〔日〕新渡户稻造：《武士道》，朱可人译，浙江文艺出版社 2016 年版，第 158—159 页。

3. 村田式步枪也叫村田式非自动步枪。1880 年由日本陆军少佐村田经芳设计，是适合日本人体型的短杆步枪，也是中国三八式步枪的原型枪。

4. 新渡户稻造在《武士道》中认为，武士道训练中明显缺失数学方面的相关教育和训练。

5. 〔日〕新渡户稻造：《武士道》，朱可人译，浙江文艺出版社 2016 年版，第 171 页。

6. 小泉八云（1850—1904），原名拉夫卡迪奥·赫恩（Lafcadio Hearn），爱尔兰裔日本作家，日本现代怪谈文学（通俗点说就是灵异文学、鬼故事）的鼻祖，代表作品有《怪谈》《来自东方》等。他在作品中所整理或改编的"雪女""四谷怪谈""皿屋敷""牡丹灯笼"等故事成为日本后世各种怪谈的经典模板。1850 年，小泉八云生于希腊，后在英法长大。1890 年赴日，先后在东京帝国大学和早稻田大学讲授英国文学。1896 年加入日本国籍，从妻姓小泉，取名八云。1904 年 9 月 26 日，因心脏病发作而去世。

7. 神道是起源于日本的本土宗教，最初以自然崇拜为主，属泛神信仰，认为万物之中皆有神灵。日本各地神社供奉的神灵五花八门，既有祖先，也有动物，如三重县的伊势神宫祭祀的是天照大神；最受外国游客喜爱的京都景点——千本鸟居所在的伏见稻荷大社供奉的是狐狸；东京都台东区的今户神社供奉的则是招财猫。另外，也有供奉吉田松阴、德川家康等人的神社。《古事记》对"神"（Kami）作的注释是："凡称迦微者，从古典中所见的诸神为始，鸟兽草木山海等等，凡不平凡者均称为迦微。不仅单称优秀者、善良者、有功者。凡凶恶者、奇怪者、极可怕者亦都称为神。"明治维新以前，佛教盛行，神道处于依附地位。明治初年，兴"废佛毁释运动"，神道成为国家的宗教（所谓国家神道），崇拜神道成为日本国民的义务。神道的兴盛对二战时期日军各种疯狂行径提供了精神动力，如臭名昭著的"神风特攻队"。时至今日，神道对日本人的生活依然有着重要的影响，每年元旦，日本人多有前往各地神社参拜（初诣）的习惯，成年后的婚礼也多为神道仪式。

8. 需要特别说明的是，中国常有"神道教"的说法。这种说法并不准确。其一，从语言上看，近代乃至今天的日语中并没有"神道教"这样的专门表达，只有"神道"；其二，从性质上看，日本神道也称不上是一种纯粹的宗教，因为神道既没有统一的崇拜神祇，也没有完整的理论经典，更没有严密的团队组织，它是日本人对世界的一种泛灵论、泛神论的认识论，更像是日本人的一种民族身份与文化认同。打个比方，中国人直至今日都深受儒家文化的影响，但如此便说中国人信仰"儒教"，显然也是不准确的。

9. 〔日〕新渡户稻造：《武士道》，朱可人译，浙江文艺出版社2016年版，第18页。

10. 文中佛教概念翻译仅供参考。"十善"的佛学概念在佛经《十善业道经》（释迦牟尼佛在娑竭罗龙宫为龙王所宣说的经典）中有集中论述。但不同历史时期的翻译版本不尽相同，如大唐于阗三藏实叉难陀译为："如是我闻……何等为十？谓能永离杀生、偷盗、邪行、妄语、两舌、恶口、绮语、贪欲、嗔恚、邪见"；又如西天译经三藏朝散大夫试鸿胪少卿传法大师臣施护译为："所谓十善业道，若能远离杀生、偷盗、邪淫、妄语、绮语、恶口、两舌，乃至贪嗔、邪见等。若能如是远离，是为十善业道，乃是世间、出世间根本安住。"此外，中国自唐宋之后，儒学与佛教也出现了日趋合流的现象，宋明理学就是这种合流的产物，如宋契嵩的《孝论》就将佛之五戒比作儒家五常，他认为"儒、佛者，圣人之教也。其所出虽不同，而同归乎治"，即认为儒佛殊途同归。

11. "十善"作为佛教术语，有其较为固定的翻译，此处参考了相关资料，如蔡孙依：《"五戒十善"的现代伦理意蕴》，浙江财经学院 2011 年硕士学位论文，第 14 页。

12. Frank Brinkley, *Japan and China*, Vol. V, T. C. & E. C. Jack, 1903, p. 146.

13. 日莲（1222—1282），哲学家，日本佛教日莲宗创始人，人称"立正大师"。12 岁到清澄寺修行，师事道善，学习佛教经论、天台学及真言密法，并在镰仓时代中期开创日莲宗。日莲主张佛教的精华在于《法华经》。他激烈排斥其他宗派，主张本宗应定为国教，因而遭受各宗和当权者的压迫。由于日莲及其弟子不屈不挠地进行布教活动，该宗逐渐发展，尤其在地方武士、城市商人和工匠中获得很多信徒。日莲宗产生于社会动乱、日本深陷内忧外患的时代，主张用佛法改变社会，因此在政治活动中十分活跃。

14. 三千世界即"三千大千世界"，源于古印度人之世界观。古印度人认为，一千个小千世界为"中千世界"，一千个中千世界为"大千世界"。三千大千世界为一个佛国土的世界。需要辨明的是，所谓"三千大千世界"，指的是一个大千世界，它是由从小千到中千再到大千的层级结构所组成的。因此，"三千"是指组成层级与结构，而不是这个大千世界有三千个。

15. 日本在 13 世纪中叶连续发生日蚀、月蚀等罕见天象和地震，又有水旱等自然灾害、流行疫病。1260 年，日莲写出《立正安国论》，文章以"主人"与"旅客"的对话体形式讲述了两个主张：一是把法然的《选择本愿念佛集》及其创立的净土宗贬为"邪法"与"谤法"，广引佛经指出日本连年灾害和危机四伏是因为举国信奉"邪法"与"谤法"，从而使得护国善神、圣人离国而去，郑重地建议幕府下令禁止；二是称《法华经》为"正法"，要求幕府把法华信仰推行到全国。

16. Frank Brinkley, *Japan and China*, Vol. V, T. C. & E. C. Jack, 1903, p. 146.

17. "大和魂"也叫"大和心"，与通过学习汉学获得的知识不同，指日本人固有的处理实务、世事等的能力和智慧。

18. Frank Brinkley, *Japan and China*, Vol. V, T. C. & E. C. Jack, 1903, p. 159.

19. "仇讨"的日文为"敵討ち",意为"亲手干掉敌人、仇家以报仇"。

20. 新渡户稻造在《武士道》一书中指出,日本武士切腹是用来抵罪、谢过、避侮、赎友或表忠心。

21. 日本以武立身建国,报仇自然也成了维护名誉甚至维持存在意义的重要权利。于是,仇讨成为武士时代日本人的一种自我要求、美德追求,以及法律外的救济手段。也就是说,亲手杀死自己尊长的仇人与否,会直接影响众人对当事者的评判,成功杀人者甚至会被当成经典传颂。而因"仇讨"产生的杀人,法律通常也会作出较为宽大的裁判。日本历史上最有名的"三大仇讨事件"分别是镰仓时代初期的"曾我兄弟仇讨"、江户时代初期的"伊贺越仇讨"和最经典的"忠臣藏赤穗事件",成为歌舞伎、浮世绘等艺术作品的重要题材。

22. 汉尼拔·巴卡(Hannibal Barca,公元前 247 年—前 183 年),北非古国迦太基传奇名将,欧洲史上最伟大的四大军事统帅之一,被誉为战略之父。在第一次布匿战争(罗马 VS 迦太基)中,迦太基遭到惨败。公元前 237 年,汉尼拔之父哈米尔卡·巴卡为改变国家的命运,率军出征伊比利亚半岛,此时年仅 9 岁的汉尼拔央求与父亲一同出征。出征之前,汉尼拔在祭坛前发誓:"长大成人后,一定要成为罗马誓不两立的仇人。"

23.〔日〕新渡户稻造:《武士道》,朱可人译,浙江文艺出版社 2016 年版,第 121 页。

24. 相关的文学作品有古希腊三大悲剧之一的《被缚的普罗米修斯》、日本民间传说"47 名浪人"等。47 名浪人的故事还在 2013 年被环球影业拍成电影,由基努·里维斯、真田广之等主演。

25. 原文为"salvation by faith and salvation by works"。基督教语境中的"salvation"通常译为"救赎",且已经成为约定俗成的表达。译者在此处根据佛教的核心要旨,选择译为"解脱"。

26.《明治宪法》第 28 条规定,日本臣民在不妨碍安宁秩序,不违背臣民义务下，有信教之自由。

27. 此处的原文为"a preamble, an Imperial oath in the Sanctuary of the Palace, and an Imperial Speech"，译者与《明治宪法》原文进行比对，确认其中的"preamble"为原文中的《上谕》，即宪法正文条款前的文字，其余两个文本为《告文》与《宪法发布敕语》。

28. "武士一言"可以理解为武士所说的话一言九鼎，极具可信度。由于当时的日本武士极其注重诚信，以至于其诺言往往无须作出书面证明。

29. 作者此处引用的是日本文学家小泉八云在其关于东西文化比较的著作《和风之心》中的论述。

30. Hugh Clifford, The East and the West, *The Monthly Review*, April 1903, p. 133.

第四章　过渡时期

克服维新后的难题

封建制度的废除仅仅是日本近代化漫长"过渡时期"的开始。在此期间，国家政府、制度体系都进行了因时制宜的调整。在详细介绍日本国家演化各方面所取得的主要成果之前，我们不妨先简要概述一下那件发生于这一快速变化时期的重大历史事件。

我们通常将 1894—1895 年的中日甲午战争[1]视作日本近代化"过渡时期"终结的标志性事件。通过此战，世界列强也首次全面见识了日本的国力。当然，日本的变革在甲午战争之后仍在持续，我将在后续章节中分专题讨论其中的重要内容。不过，正是在这一过渡时期，近代日本的制度基础得以确立，而树立于其上的上层建筑也得以充分发展。这样我们就能勾勒出一个大致的框架，以便更好地理解它们彼此之间的关系以及它们同日本整体历史进程之间的联系。

维新以后，这个国家与民族所面临的任务无疑是艰巨的。因此，犯一些错误，走几步错棋，乃至偶然造成一些波及全国的严重影响也并不令人意外。但是，就整体而言，哪怕是最挑剔的批评者也会承认：日本的近代化转型之路为世界各国提供了多方面的经验借鉴。

担当维新之大任者

1869 年 8 月，随着明治天皇接受诸藩奉还版籍，日本的封建制度正式宣告终结。昔日的藩主大名们纷纷返回各自领地，承担起了地方（府、县）行政长官（即"知藩事"。——译者注）的新职责。各藩政府也根据中央政府的要求，陆续统一了官职与机构设置。不过，中央政府很快就发现，那些世袭的公卿贵族完全不适合担任各藩的行政首脑。由于各藩行政等诸多事务陷于停滞，中央政府很快就选择以更有能力与手腕者取而代之。维新之后，虽然中央政府的实权派中仍然有两三位出自原先的公家（公卿），但没有一人是过去的大名。

虽然下文会提及许多为建设近代新日本贡献良多的人物，但在此，我们必须特别提及以下的名字：大久保利通（OKUBO Toshimichi）[1]、木户孝允、岩仓具视、三条实美、后藤象二郎、胜海舟（KATSU Kaishiyu）[2]、大隈重信（OKUMA Shigenobu）[3]、伊藤博文、井上馨、副岛种臣（SOEJIMA Taneomi）[4]、大木乔任（OKI Takatoh）、西乡隆盛（SAIGOH Takamori）[5]、山县有朋（YAMAGATA Aritomo）。对于这些维新政府的中心人物，熟知彼时政情的布林克利上校是这么说的：

> 在共同推翻德川幕府的五十五人中，有五人当记头功：旧时公家岩仓具视和三条实美、萨摩藩士西乡隆盛和大久保利通、长州藩士木户孝允。在这五人之外，虽然也多是才华过人之士，但由于太过年轻，他们在当时还未能获得足够的声望。

譬如伊藤博文，这位功勋卓著的政治家几乎参与制定了明治政府的所有重大政策，尽管他并没有公开宣称这一点；譬如井上馨，他长期手握财政大权，但始终忠贞不贰；譬如大隈重信，一位为人谦逊、多才多艺、积极进取的政治家；又譬如板垣退助（ITAGAKI Taisuge）[6]，更是堪称"明治卢梭"的一时俊杰[7]。当然，明治时期还有许多其他的杰出人物，都称得上是"英雄造时势，时势造英雄"。但在所有人之中，真正担得起"元勋"二字的只有上述五位，他们就好比是"上校"（captain），而其他人则是"上尉"（lieutenants）。[8]

诚然，我们在研究历史时理应仔细考察英雄人物对历史整体进程所起到的推动作用。但是，正如我先前所说，本书旨在找寻日本国家演化的整体路径。因此，只有在直接涉及相关议题之时，我们才会对那些英雄人物的具体事迹有所着墨。

太政官之纠纷与集议院之失败

虽然天皇乃一切权力的来源，但实际承担政府职能的机构则是太政官（"官"是机构名称，太政官是最高行政权力机构。——译者注），我们可以理解为日本版的"枢密院"（Privy Council，作者此处说的是英国的枢密院，而非日本 1888 年成立的枢密院。——译者注）[9]。太政官的组成人员[10]绝大多数都是明治维新的领导者。太政官[11]下设不同部门（即"省"。——译者注），在太政官内阁商议相关问题之时，相关部门的长官（即"卿"。——译者注）也会受召参与阁议。

但是，那些旧时雄藩对于太政官人员组成的强烈不满却从未停息。各藩都觉得自己一派所占的席位太少，或是所处的地位太低。

萨摩藩这边尤甚，因为萨摩藩士始终以还政天皇的头号功臣自居，但是却始终未能获得与之功绩相匹配的地位，愤恨之情愈演愈烈。几年后，这种积郁最终引发了一场极其严重的内乱（即"西南战争"。——译者注）[12]。

此外，1869年，由于出于"万机决于公论"目的而开设的"公议所"的尝试已经被证明是一种失败，因此，1870年6月26日，明治政府又新开设了"集议院"（the House）[13]，但这种尝试同样难言成功。虽然政府要求集议院商议藩制的有关问题，但是在实际讨论中，议员们不仅缺乏相关知识，而且还经常跑题。最终，政府命议员返回各藩，并要求他们学习履行议事使命的基本技能。由于迟迟未能取得预期成效，集议院最终也于1873年被撤销。

对待外国人的态度

明治初年，袭击在日西方人的事件时有发生。诚然，有些的确是日本国内的极端分子认为国家在西化的邪路上越走越远，故而对西方人发动袭击。可是，追根溯源，大多数袭击事件都肇因于西方人的轻率举动或不当行径。不过，从全局上看，排外攘夷的外交政策正逐渐遭到摒弃，特别是在出身雄藩的高官那里。等到了1871年，日本人的思维观念开始发生明显转变。民众逐渐意识到，任何企图重走孤立自守老路的想法都是不切实际的，他们也慢慢认同了明治新政府尊重条约和外修友好的做法。

民意的转变可谓十分迅速。一方面，有些日本人希望全盘吸收西方的技艺与发明，迅速投入西方文明的怀抱；另一方面，也有些日本人在意识到必须以欧美为师的同时也急于留住传统理念之菁华，保存旧时国家之惯习。我是始终支持后者的，凡是与我接触过的人都对我的观点印象深刻，即"一个遗忘过去的民族少有光明之未来"。虽然我也急切盼望日本能在各方的帮助下快速实现自强，但是我同样知道，倘若操之过急，恐有酿成恶果之虞。曾经有一段时期，日本西化的潮流势不可挡，仿佛任何逆势之举都注定失败。但是，随着经验的不断积累，日本国民对于"西化"的态度开始变得越发谨慎，之后甚至还出现了许多西方人口中的所谓"反西化"现象。但是，事实上，这不仅标志着日本人已经开始意识到要对本土传统与风物报以尊重，更意味着日本人已经明确知晓了国家实现进步的真正条件。

进步之路

明治初期，日本政府将许多年轻人（包括少数女性）送往海外，希望他们能够习得西方新知，接受西方科学与技艺的指引。但是，由于这些留学生尚未做好将所见所学充分付诸实践的准备，大多数留洋计划的成效都无法令人满意。不过，那些最终在海外接受完系统教育的日本留学生却均有着上佳表现，他们在回到日本之后更是开展了大量卓有成效的工作。然而，时人还是普遍认为，对有可能留学西方之人进行完整的预科培训是极其必要的，因为这将有利于他们更好地把握在海外学习西方科学与技艺的宝贵良机。

为了适应不断变化的社会环境，中央和地方政府的机构设置历经多轮改革与调整。我将在后续章节中对其中最重要的部分加以介绍。在过渡时期，新设立的司法省致力于整顿司法行政体系；新设立的文部省开始搭建国民教育的基本框架，并于 1872 年颁布学制；新设立的工部省所统辖修建的各项公共事业极大改变了日本的整体面貌，数年后，隶属其下的工部大学校也正式踏上了历史的舞台。1870 年 1 月，东京至横滨的电报开通，并于 1872 年延伸至大阪；同年 1 月，东京（新桥）至横滨的首条铁路也正式通车。在英国技术专家理查德·布伦顿（Richard Brunton）先生的指导下，从观音崎（位于今天神奈川县横须贺市的一处海岬。——译者注）到全国，一盏盏灯塔在海岸港口点亮。总而言之，国家各领域的建设都已起步，并且取得了重要进展。我也将在后面的章节中作进一步介绍。

遍历欧美之岩仓使节团

不过，日本的当权者们认为，在尝试对国家体制进行系统、彻底的改造之前，他们还需要掌握更为充分的信息。因此，明治政府决定派遣一个使节团（即"岩仓使节团"。——译者注）赴欧美考察，旨在学习西方国家的国家体制与政治制度，从而对法律、商业、教育与陆海军等方面的知识能有更准确的把握。

除去上述缘由，明治政府派遣岩仓使节团可能还有一个更为直接的原因——对过往与西方国家签订的不平等条约进行修订，[14] 可惜最终未能如愿。

从条约签订之日起（1858 年的《日美修好通商条约》及其他。——译者注），日本政府与国民就深感西方国家公民在日享有"领事裁判权"的相关条款严重侵害了国家尊严，应速速予以修订。随着 1872 年 7 月 1 日（条约到期日）的临近，日本政府觉得是时候与美国政府商议修订条约之事了。日本民众也都觉得，开创新时代的大事件即将发生。日本政府认为自己有责任让西方条约国清楚认识到日本在签订条约后所采取的举措与所发生的变革，并借助使节团出访之机，向西方国家说明日本的现状与拟修订的条款。

使节团以右大臣岩仓具视为特命全权大使，木户孝允（参议）、大久保利通（大藏卿）、伊藤博文（工部大辅）、山口尚芳（YAMAGUCHI Naoyoshi，外务少辅）为副使，随行人员还有承担具体事务的书记官、调查理事官等其他官员。考虑到此行的重要性和使节团需要完成的各种任务，同行的还有一些各省的技术型官僚，总人数达到了颇具规模的 46 人（还有包括 5 名女性在内的 59 名留学生。——译者注）。

从 1871 年 12 月初抵美国开始算起，岩仓使节团在一年零九个月的时间里先后考察了欧美的 12 个国家。虽然使节团最终未能如愿完成修订条约的预设目标，但是至少收集到了大量有关政府和国家制度的宝贵信息与资料。毫无疑问，这些在后来制定施政方略之时起到了重要的参考作用。

我个人十分关注岩仓使节团及其工作进展。正如前文所说，时任使节团副使的伊藤侯爵（现在已是公爵）已经在筹备建立我后来出任校长的工部大学校了。1873 年 6 月，我第一次踏上了日本的土地。最初，我从其他部门（省）建立的小规模学校或"教室"（类似于培训班。——译者注）中好不容易招来了 50 名学生，并选择了一幢旧大名的宅邸作为临时校舍。[15] 于是，这所最初名为"工部寮"的工学专门学校就这样开办了，几年后更名为"工部大学校"。由于当时的文部省还处于草创阶段（1871 年刚刚设立。——译者注），相关的配套工作还无法跟进到位，因此，为了确保学生在入学时就具备一定素养，我进而又创办了一所规模较大的预备学校（即工部寮"小学校"。——译者注），并持续开办了好几年，直到文部省的相关教育设施完全到位为止。在那段时期，有一所高等教育机构的发展势头十分迅猛，这就是日后的东京大学[16]。放眼日本全国，覆盖全民的教育体系也正在形成，不过关于教育的种种还是留到第五章再作进一步探讨吧。

骚乱的征兆

虽然当时的日本表面上一派祥和，但是对于明治政权的愤恨情绪却早已在暗中涌动，萨摩藩士更是积怨已久。正如先前所说，萨摩藩在还政天皇的维新大业中发挥了重要的领导作用，但是其下藩士却普遍厌恶西方理念与做派。追根溯源，他们之所以参与倒幕的主要原因在于无法忍受德川幕府崇洋媚外，与西方列强签订不平等条约。因此，萨摩藩的领袖们认为他们的功绩理应得到铭记，在新政府中自然也该占据多数席位。但是，现实却令人失望，实际情况远未达到他们的心理预期。不过，后来的诸多迹象似乎都佐证了这样一件事情，即一些萨摩领袖的真正目的在于将前代幕府的权力据为己有，而非真心拥戴天皇重掌实权。对一个群体的动机作出准确判断，哪怕不是天方夜谭，恐怕也是极难之事。但是，毋庸置疑，上述缘由加上萨摩藩士对西方人及其做派的鄙夷，确实可以解释他们在明治初年的诸般举动。这个故事说来话长，我们只能讲述其中直接关乎日本国家演化的那一部分。

细数那些为还政天皇做出过重要贡献的萨摩藩士，最为人所熟知者无疑当属西乡隆盛，新政府在成立伊始就委以其兵部省的要职[17]，其他萨摩藩士亦不乏身居高位者，大久保利通便是其中代表。明治政府初期推行的各项重大改革都与其密切相关。

事实上，早在 1870 年 11 月，身在东京的萨摩藩士就已经流露出对于明治政权的不满。随后，萨摩藩的实际领袖岛津三郎（SHIMAZU Saburoh，即岛津久光，当时萨摩知藩事为其子岛津忠义。——译者注）[18]与西乡隆盛联名上奏天皇，请求卸甲归田（萨摩藩承担着类似于京师护卫之责。——译者注）。不过，同样出身萨摩且身居要位的大久保利通和寺岛宗则（TERASHIMA Munenori）

却并不支持岛津和西乡的请愿之举。岛津和西乡这两位前政治家辞官返乡的真正原因无疑在于对明治政权的不满和失望。在他们看来，自己在新政府中的官职远远低于预期，众多萨摩藩士和藩兵对此也是深有同感。大久保与寺岛多次尝试劝说，但却无功而返。岛津和西乡离京重返萨摩后设立了一个名为"私学校"[19]但本质上是军事训练机构的组织。萨摩藩为此倾尽财力与资源，旗下共有超过三万名藩兵日夜操练。随着手中武器数量的不断增多，他们还修建了相配套的大炮铸造所和火药工场，具备了相当规模的弹药生产能力。此外，萨摩藩还在鹿儿岛港口沿线修筑了许多用于压制军队登陆的要塞。总之，从实际情况来看，萨摩藩的封建属性可谓一如既往，所有藩士唯藩主岛津氏之命是从，而不在乎明治中央政府的三令五申。

不过，在随后的几年中，萨摩藩并没有作出什么公开的违逆之举。1873 年 4 月，经过多次协商，明治政府终于成功力劝岛津回京，并且表态，只要他愿意转而支持之前所反对的改革新政，自会以高位相赠。4 月下旬，岛津在由数百名武士组成的家臣团的陪同下抵达东京，这些武士身着传统服饰，腰佩长短双刀，在东京街头招摇过市，引发了不小的骚动。因为在当时的东京，武士们已经不再随身佩刀（根据 1871 年 9 月 23 日明治政府发布的太政官布告《散发脱刀令》。——译者注）。同年 6 月下旬，我第一次踏足东京，至今我仍然记得萨摩武士们在街上大摇大摆，经常还面露怒容的样子。如果一个路人能够平安无事地从他们身边经过，那应该是要暗自庆幸的，因为谁也不敢保证这些萨摩武士一怒之下会做出什么事来。

同样是为了表示安抚，西乡被任命为陆军大将兼近卫军都督，但是他和岛津仍旧一如既往地反对明治政府所推行的进步改革。岛津更觉得自己的建言被明治政府所无视，心生不满欲再度返乡。但是，明治天皇驳回了他的请辞，并令其留在东京直至岩仓使节团完成使命自欧洲返回。这件事情发生在 1873 年 9 月，也就是太政官内阁因为日朝关系[20]而产生重大分歧之后不久。

对朝关系

日本与朝鲜之间的最早往来据说可以追溯到史前时代，那时日本的神功皇后曾经三征朝鲜。不过，根据信史记录，最早的日朝交往发生于 1592 年。那一年，雄心勃勃的太阁丰臣秀吉（Regent TOYOTOMI Hideyoshi）率领麾下大军登陆朝鲜半岛并攻占汉城。[21]丰臣秀吉死后（1598 年），日本军队便从朝鲜半岛撤出。不过，在此后的两百多年里，朝鲜始终都在向德川幕府进贡。但是，明治维新之后，朝鲜既拒绝承认天皇的日本君主地位，也拒绝与日本政府正式建交。在当时奉行锁国攘夷的朝鲜方面看来，明治政府与欧美各国修好的行径乃是放任"洋夷"在亚洲大地上胡作非为。一方面，一些对此大为不满的日本政府高官（譬如大久保利通。——译者注）主张对朝鲜进行严厉制裁；另一方面，刚从欧美考察归国的岩仓具视等人则成了主和派的中坚力量，他们认为日本尚未做好与朝鲜开战的准备，贸然动手只会白白浪费财政税收。在内阁会议上，双方针锋相对，围绕着西乡隆盛的所谓"征韩论"进行了多次争论，最终主和派的观点占据了上风。西乡随之愤而辞去了参议和近卫军都督的职务，返回萨摩。

日本与俄罗斯

从现在的观点看来，日本与俄罗斯帝国（下文简称"俄国"。——译者注）之间的关系才是日本和东亚政局的核心所在。

不过，如果我们回溯历史就不难发现，虽然日俄之间的历史纠葛十分复杂，但是今日俄国的对外政策（主要是对日政策。——译者注）只不过是过往几代政策的延续而已。早在 18 世纪末，俄国就数次尝试与日本互通往来，但是均无功而返。到了 19 世纪早期，俄国对日本北部地区亦有过数次侵扰，俄国军队的焚烧、掠夺和俘虏当地住民等行径激起了日本人的强烈反俄情绪。此外，俄国人还命一名被遣返的日本俘虏捎信给德川幕府，信的结尾处这样写道：

> 如果贵国愿意顺应我国缔结通商条约之诉求，俄国将永是日本之友邦；如若不然，我国将率领更多舰船前来，不达目标誓不罢休。

俄国如此高压强势的交流方式显然不是奔着增进两国友谊去的。

在当时，有不少学生试图通过荷兰人来学习西方的知识，其中就有一位出生于仙台藩、名叫林子平（HAYASHI Shihei）的年轻人。但是，就像其他同样违反幕府禁令（当时幕府禁止日本人与西方人接触）之人一样，林子平很快就不得不作出一个艰难的选择。林子平收集了许多西方国家的风俗习惯，尤其是陆海军组织等方面的资料情报。现在，他有两个选择：一是将这些看起来对国家安全至关重要的情报束之高阁；二是以牺牲个人安全为代价，将这些信息披露出去。

几经辗转反侧，林子平最终还是选择了后者。在自己所著的十六卷《海国兵谈》中，林子平不仅披露了所有自己认为事关国家安全的重要情报，而且还警告江户幕府，俄国船队总有一天会在日本北部海域现身，幕府必须尽快打造海军，加固沿海防御工事。可惜，他的爱国之举换来的只是幕府的"蛰居"处分（类似于闭门禁足。——译者注）和著作取缔（没收著作印刷的木板。——译者注）。不过，还没等林子平的蛰居生活过满五个月，现实就验证了其预判的准确性。俄国人的确出现在了日本北部海域，并且打算依靠武力实现自己的目标，他们的肆意掠夺给当地的日本人留下了血的记忆。

不过，当时席卷欧洲的大革命很快转移了俄国在远东地区的注意力，俄国舰船也只是偶尔前来。1811 年，俄国的"黛安娜号"（Diana）被派往千岛群岛（Kurile Islands）沿岸采集地质数据，在（国后岛泊港）进行补给时与日方（松前藩）发生冲突，船长瓦西里·戈洛弗宁（Vasily Golovnin）和几名军官被幕府官员扣押，并经历了长达两年的残酷牢狱生活。[22] 后来，戈洛弗宁将被囚禁期间的种种见闻编写成书（《日本幽囚记》。——译者注），其中一些对日本人思想观念和行事风格的论述还颇有见地。

一方面，俄国人自北向南不断扩大对库页岛[23]（Sakhalin，日方称"桦太岛"，俄方称"萨哈林岛"。——译者注）的殖民范围；另一方面，日本人则由南往北不断开拓领地。其结果就是，双方时常因为领土问题而发生摩擦。1854 年，俄国的庞蒂亚廷伯爵（Count Pontiatine）曾经试图理清两国在这一争议地区的国境边界，但未能如愿。虽然俄国人在外交谈判桌上少言寡语，但是在私下的行动中却是咄咄逼人。俄国人的这种外交特点至今未变。1857 年，俄国试图将对马岛（Tsushima）纳为自己的殖民地，而对马岛正好位于日本列岛与朝鲜半岛之间的朝鲜海峡，是通向日本海的门户要道。

1867 年，幕府派遣特使前往圣彼得堡协商有关事宜，并同意在库页岛实行一种日俄两国国民共住杂居的管理方式（签订《日俄库页岛暂定规则》。——译者注），但是后来，双方均发现这种方式完全无法付诸实践。1869 年，随着俄国军队占领库页岛的函泊

（Korsakov，当时中国称为"大泊"，即今天的港口城市科尔萨科夫。——译者注）并修建兵营阵地，两国争端再起。时任驻日公使的巴夏礼爵士曾经警告过外务大辅寺岛宗则俄国占领库页岛的危险后果。他在一封被收入其自传的信件中这样写道：

> 我这是过了怎样的一天啊！虾夷（北海道古称）北面的库页岛正面临着一个棘手的问题，如果日本政府处置不当，就有可能导致日俄决裂。倘若如此，日本无疑将会陷入穷途末路。有消息说，俄国人已经在库页岛的最南端集结了多达 1,200 余人的部队。我认为，一旦日本有机可乘，俄国将会立即出兵占领虾夷。如果此事真的发生，日本将蒙受巨大损失，而俄国则是包赚不赔。我认为，德川幕府应该即刻屯兵虾夷，而不是在库页岛的问题上争吵不休，因为该岛并不是日本的核心利益所在。几年前，日本曾经一时心软同意了俄国人共同占领的建议，从实际情况来看，这无异于将全岛拱手送人。如今看来这一局面怕是难以挽回，但虾夷还是有可能保得住的。[24]

库页岛与千岛群岛的交换

中日问题专家同时也是大英博物馆东方书籍部部长的罗伯特·K. 道格拉斯爵士（Sir Robert K. Douglas）则在致《时代》杂志（*Times*）的一封信中（1904 年 2 月 3 日）如此写道：

> 我观察到了一件非常有趣的事情，那就是俄国外交家习惯运用相同的手段来实现不同的政治目标。几年前，俄国就已经盯上了日本最北端的库页岛，并且利用其远离日本本土的优

势，将其作为流放囚犯的殖民地。日本对这一侵占领土的行径自然提出了严正抗议，于是俄国便借势抛出了双方共同占有的提议，正如现在他们提议应该共同占有朝鲜那样。只是这一次，俄国人的用词是"势力范围"而不是之前的"共同占有"。但是，在他们的眼里，这两者根本就是同义词。彼时尚且羽翼未丰的日本人接受了俄国的提议。但在不久之后，日本人就发现所谓的"共同占有"实际上就等同于"俄国完全占有"。到了 1867 年，日本再次对俄国继续侵占争议岛屿提出抗议。俄国则进一步提出以千岛群岛中的四个微不足道的小岛来交换库页岛——这个 47,500 平方英里（约 123,024 平方公里）岛屿的完全占有权。日本拒绝接受这一议题，于是双方又回到了先前的状态。不过，这件事并没有结束。1875 年，俄国又拿出了一个看似更加"慷慨"的交换方案。为了获得库页岛，俄国同意作出一定的让步，用千岛群岛中的 18 个岛屿（总面积与库页岛相当）与日本进行交换，这些岛屿零星分布在从堪察加（Kamchatka）至日本虾夷的海域。明治政府认为，如果再不接受就未免有些不识抬举。于是，俄国从此名正言顺地拥有了库页岛。如果这一次日本的态度不够强硬，再次接受俄国共占朝鲜的提议，那么朝鲜半岛最终也将悉数落入俄国囊中。但是，这一次，相信日本人会吸取库页岛交换所带来的教训。

不过，从交换库页岛到朝鲜共占的约三十年间，日本已经为之付出了高昂的代价。经过谈判，库页岛最终被转让给俄国，日本则得到千岛群岛作为补偿。然而，割让库页岛的耻辱感却始终萦绕在日本人的心头，这一事件不但深深刺伤了武士阶级的自尊，更是犹如在全体日本人的心上深深地划了一刀。比如，在最后一批剖腹自尽的武士中（不包括西南战争失败后剖腹的萨摩武士），有一人名唤大原武美（"武美"读音的罗马音无法查证，故此处不作英文标注。——译者注），是一位屯田虾夷的民兵中尉。1889年，大原因为俄国进犯而积郁难散，最终选择在东京的先人墓前剖腹自尽。割让库页岛进一步点燃了武士阶级的不满，他们认为政府已经对西方人作出了太多让步。

几个内政问题的终局

下面我们讨论以上几个对日本国家演化造成深远影响的问题的终局。由于主和派在政府中占据了主导地位，因此日本决定暂缓出兵朝鲜。这一决定不仅事关和平或战争，更决定了日本是打算沿着既有的发展轨迹加速狂奔还是原地稍作停留。我们都明白，日本的强兵之举可谓势在必行，这不仅是为了能够抵御外侮，更是出于内部团结的迫切需要。

为此，日本政府先后颁布《征兵告谕》（1872年）与《征兵令》（1873年），规定所有成年男性公民都必须服役。实行义务兵役制不仅仅是为了组建一支强大的陆海军，更是希望借机瓦解各大藩族旧有的藩属意识，令武士阶级不再执念于藩国与权力，最终实现彻底解除所有武士武装的目标。这也是导致岛津三郎和西乡隆盛最终起兵造反的另一个原因，他们认为《征兵令》乃政府为削弱武士影响力的有意为之。

西乡一党及其他官员离开东京各自返乡。1874年2月，肥前藩发生骚乱，而就在同年1月，东京已经发生过一起针对岩仓具视的刺杀，所幸并未得手。在这一时期，对明治政权不满的武士们在各地纷纷发难，时局甚是动荡。肥前藩骚乱甫一平息，明治政府就急召岛津和西乡回京，觉得只有将这两人置于东京才能有效约束其下藩士的行动。西乡依然拒不上京，岛津则在经过与明治政府使节的三周交涉之后，最终决定妥协。虽然岛津依然反对明治政府的改革政策，但他还是官拜左大臣，相当于明治政府中的二把手（仅次于太政大臣。——译者注）。

琉球与台湾

琉球王国位于日本本土南方的琉球列岛，自从 17 世纪初被萨摩藩的岛津氏征服以来，一直与日本维持着若有似无的"暧昧"联系。萨摩藩每年都会派一艘帆船造访琉球，算是在名义上将其标记为日本属国。

相反地，日本人却把遥远的中国台湾岛视作传说之地与冒险乐园。早在几个世纪以前，日本海盗就曾多次骚扰台湾岛上的居民。不过，在中国的东海与南海地区，"倭寇"之恶名早已尽人皆知。因此，找个借口远征台湾不仅让好战的武士阶级为之狂热，连明治政府也将其视作遏制武士内战冲动的"泄洪口"，这一点丝毫不会令人奇怪。

为了挑起战事，日本想出了这样一个借口：为多批因海难漂流至台湾沿海，而被当地高山族人杀害的日本人和琉球人讨回公道。1874 年 5 月，明治政府打着惩罚高山族人与确保今后日本船只和船员安全的旗号，派舰队远征台湾，兴师问罪。[25]显然，明治政府希望国内的武士阶级，尤其是萨摩藩士能够借助远征宣泄内心的不满，从而将他们的注意力从国内政局上引开。同时，明治政府也将这次远征视作扩充正规军（即官军。——译者注）的良机，从而加强自身统治，实现彻底掌控武士阶级的目的。征台军由此前在维新战争中立下赫赫战功的西乡从道（SAIGOH Jyuudoh，西乡隆盛之弟。——译者注）担任指挥官。对比预期目标来看，此次远征可谓大获成功。征台军将台湾的高山族人[26]打得一败涂地，并于 1874 年 12 月班师回朝。同时，清政府要赔偿 50 万两白银（约 67 万円）以弥补日本远征的损失。[27]

西南战争

1871 年 9 月，明治政府颁布《散发脱刀令》，号召武士阶级不梳发髻，放弃佩刀，做文明开化之人。虽然《散发脱刀令》并不具备强制效力，但是主动选择弃刀的武士人数不断增加，可谓收效卓著。经过几年的过渡，明治政府认为彻底废除佩刀旧习的时机已然来到。1876 年 3 月，太政官发布《废刀令》，正式规定今后除去正规军军人，其他人等一律禁止携带武器。

此举终于彻底激怒了视佩刀为"武士之魂"与荣誉象征的武士阶级，萨摩藩士更是反应激烈。他们转而更加紧锣密鼓地筹措军备，准备与明治政府一战。与此同时，明治政府也在不断地扩充陆海军，从而提升自身的战斗实力。随着邮政体制、通信网络在全国范围内的普及应用，陆海军的作战指挥效率得到了极大提升，明治政府对于旗下军队的指挥调度也愈发得心应手。

1877 年年初，明治政府与武士阶级的矛盾终于到达临界点，内战随即在政府军与萨摩军之间爆发。鹿儿岛"私学校"的学生们率先发难，他们闯入鹿儿岛草牟田等地的政府军武器库与火药库，倾其所能，将库存步枪和弹药洗劫一空。2 月 5 日，天皇南下出席新贯通的阪京（大阪—京都）铁路落成典礼，许多外国驻日公使也受邀出席。当鹿儿岛爆发叛乱的消息传来之时，京都上下正是张灯结彩，一片喜庆氛围。虽然明治政府深知事态严重，但依然决定如期举行落成典礼。随后，中央政府召开紧急内阁会议，川村纯义

（KAWAMURA Sumiyoshi）[28]受命前往鹿儿岛，以期斡旋。但是，萨摩领袖们心意已决，毫不退让。西乡隆盛率兵一万三千余人，誓要攻陷政府军（熊本镇台）固守的熊本城，内战继而全面爆发。整个西南战争耗日持久，战况惨烈，双方军队奋力搏杀，一度胜负难料。顺便一提，在此期间，工部大学校的相关工作人员以及与学校密切相关的各种技术研究会也为政府军的军需品生产与调度贡献良多。明治政府投入的巨额军费与海量物资决定了战事的最终走向，西南战争最终以萨摩军的完败而收场。

　　西乡隆盛在战争最后关头的种种举动更是将日本人的性格特质淋漓尽致地展现出来。1877 年 9 月 24 日，在政府军发起的最后总攻中，被子弹射中大腿的西乡自知已经无力回天。他正襟危坐，要求自己的副官（别府晋介，BEPPU Shinsuke）施以"武士的善举"（即"介错"，武士在大致完成切腹程序后，需要有人从旁将其首级砍落。——译者注）。别府晋介无奈拔出重剑，自背后砍下了西乡的头颅，免得西乡落入敌手而有辱武士气节。别府晋介则在将头颅交由侍从代为隐藏之后也饮刀自戕。其余的萨摩藩士同样在身负重伤的情况下与政府军战至最后一刻，"玉碎"而亡。政府军统帅川村纯义感念于西乡身上的武士之魂，毕恭毕敬地清洗了西乡的头颅，以示对这位昔日伙伴与战友的敬意。

　　9 月 25 日，天皇发布敕语，宣布战争结束，和平再度降临。民众在得知消息后并没有产生太大的情绪波动，但多少有了一种钦佩与遗憾混杂的宽慰之感。西南战争在客观上极大增强了中央政府的实力。战争期间，中央政府共征调了六万五千余人用于镇压叛乱，海军实力和运输舰船的数量也随之大大增加。由于内乱在现实中起到了巩固政权的作用，战争结束之后，中央政府立刻着手推行全面改革，同时聚焦改善全国的财政税收状况，实施了包括调整地租、停发武士俸禄（"赏典禄"。——译者注）在内的相关政策。萨摩藩也终于实施了与其他县相同的"县厅制度","私学校"体系则被政府军设在鹿儿岛的"镇台"[29]所取代。中央政府收回了西南诸藩的行政大权，地方官员的选拔不再需要以宗藩出身为首要考量，地方税收政策也逐渐与其他地区并轨。

但是，西南战争的悲剧终章却始终让人无法忘怀。1878 年 5 月14 日，内务卿大久保利通在乘马车前往皇居途中遇刺身亡。[30]两名来自石川县的征韩党士族用武士刀将大久保砍死，他们认为大久保乃日本之叛徒，并决心以此为西乡报仇。

至今我的脑海中依然能够清晰地浮现出大久保遇刺地（东京的纪尾井坂。——译者注）的周遭环境，因为那里曾经是我非常喜欢的散步场所。有人曾经这样描述那一带的环境：

> 那是一片树木茂密的小小河谷，道路两侧有着倾斜的草坡，坡上长着奇形怪状的大颗松木，四处还零星散布着几处竹林。这是一处哲学家可以不受打扰地思考的场所，这是一片值得画家调色泼墨的景致。

似乎是上天有意为这场悲剧画上句号，案发之后不久，碰巧乘马车经过的西乡从道发现了倒在血泊中的大久保。西乡随后将身为萨摩藩前辈的大久保的遗体运回了内务卿官邸。

代议制与欧化路线

至此，来自武士阶级的威胁已经基本解除，日本国民又开始重新关注国家政治，要求建立代议制度的呼喊日益强烈。其中，发出"自由民权"最响亮先声者无疑当属土佐藩的领袖板垣退助，他至今仍然活跃在慈善和社会政治领域。1877 年 7 月，板垣上书天皇

（《民选议院设立建白书》。——译者注），充分陈述了设立民选议院的理由。板垣试图用这样一种方式提醒天皇：1868 年当着文武百官的面，陛下您可是曾经向天地宣誓"广兴会议，万机决于公论"。

稍后我们将对日本代议制政体的历史演变进行介绍，在此我们只需要先知道以下内容即可：1878 年 7 月 22 日，随着政府完成地方议会设立规则的制定工作，太政大臣正式昭告国民，天皇已经决定在日本各府县设立民选议会（"府县会"。——译者注）。可是，这只是日本政府在开设国会之路上迈出的第一步，其后又经历了一系列此起彼伏、汹涌无比的自由民权运动。最终在 1881 年 10 月，政府以天皇的名义颁下诏敕，许诺将于 1891 年开设国民议会，同时宣布制定宪法（"明治十四年政变"。——译者注）[31]，从而让国民能够拥有在国家政治生活中直接发声的权利。

不过，在国会正式开设前的十年间，日本在教育、行政、公共事业、工商业等诸多领域都取得了极大的发展，所谓的"西洋热"（foreign fever）也盛行一时。整个日本都沉醉于欧洲文化的影响与熏陶之中。当时有不少日本人出于投机而开办了许多承接公共事业和从事生产的企业，但由于缺乏经验和资金短缺，多数企业都相继破产。这种惨痛的教训使得日本政府在日后尝试推行新政时更加谨慎。

日本政府对行政管理手段进行了彻底革新，裁减官员，建章立制，司法行政体系也一律向欧美等国看齐。最终，在 1894 年，经过长时间的交涉与努力（从岩仓使节团开始算起。——译者注），日本终于成功与英美缔结了新的条约，即《日英通商航海条约》和《日美通商航海条约》。欧美国家在日的领事裁判权终被废止，进口关税也随之上调，日本的"修改条约"夙愿终于得偿。对于条约的详细内容与相关进展，我将在第十六章中作进一步介绍。

如果从国家演化的视角来看，日本最重要的发展成就无疑当属以下两者：一是建立起了一支接受西式训练，装备西式武器的陆军；二是打造了一支规模庞大、注重实战的海军。1894 年夏天，日本人自维新以来拜西方为师的成果终于在甲午战争中得到了全方位的展现。更为重要的是，日本人也已经认识到，究竟什么才是他们与西方列强谈判时的关键筹码。

朝鲜纷争

上文我们已经论及早期的日朝关系。维新之后，日本国内对于朝鲜所作所为（拒绝承认天皇、拒绝建交。——译者注）的愤怒从未消解，尽管朝鲜多年来都处于一种遗世独立的状态。虽然明治政府在朝鲜最南端的港口城市釜山拥有一个小规模的侨民居留地，但是谁也不清楚朝鲜内陆的政局究竟如何。另外，当时俄国正在试图支配朝鲜的传闻喧嚣尘上。

1875 年 9 月，两国之间发生了直接迫使朝鲜开国的"江华岛事件"。当时，日本战舰"云扬号"在朝鲜西海岸航行示威兼测绘海岸线之时遭到了朝方一座小型要塞（江华岛炮台）的炮击。"云扬号"立即开火还击，舰上士兵更是登陆摧毁了炮台，还将所缴获的朝军武器、军旗和其他战利品带回了东京，并放在军事博物馆里展出。[32] 朝鲜政府惩处了要塞的指挥官以示歉意。但是，这样的"惩罚"似乎并不足以抚慰日本人的民族自尊心，他们认为现在的日本已经有能力让朝鲜俯首称臣。于是，日本派出了一支由两艘军舰与陆战队组成的远征军，所幸此次出兵并未引发全面战争。1876 年 2 月，日朝签订《江华条约》（也称《日朝修好条规》）。根据条约规定，朝鲜新开放仁川与元山两港供日本人通商和居留，同时承认日本在条约开放口岸的领事裁判权与治外法权。其他列强随即纷纷效仿，朝鲜最终被迫彻底开国。[33]

在与朝鲜进行谈判的过程中，日本与各国列强纷纷将其视作一个独立的主权国家（而非清王朝中国的藩国。——译者注），外交活动也是基于一定对等的国际立场上进行的。但是在维新之后，朝鲜虽然切断了与日本之间似有还无的"暧昧"隶属关系（曾经持续对德川幕府上贡。——译者注），却仍奉清王朝中国为宗主国，而后者仍然能够持续影响朝鲜的内政外交。

反观日本这边，虽然日本人在朝鲜发展工商业的愿望甚是迫切，而且志在必得，但是日本人和他们在朝鲜当地代理人的一些做派显然无法令人赞赏，一部分利欲熏心的日本商人行事缺乏底线、无所顾忌，对待朝鲜人的态度也是极为蛮横。于是，朝鲜人那种古已有之的反日情绪便再度抬头。

1882 年 7 月，位于首都汉城的日本公使馆遭到暴徒袭击并被焚毁（即"壬午兵变"。——译者注）[34] 驻朝公使花房义质（HANABUSA Yoshimoto）和其他使馆官员狼狈地逃至约 32 公里以外的海岸。在那里，他们被一艘碰巧在附近勘探的英国船只（即"飞鱼号"。——译者注）救起。虽然日本公使馆很快就得以重建，但是自那以后，日本就以保卫使馆安全为由，要求享有在汉城驻军的特权，作为宗主国的清王朝中国对此也持默许态度。1885 年，中日两国签订《天津会议专条》（即《中日天津条约》。——译者注）。专条规定：

将来朝鲜国若逢变乱及重大事件，两国或一国若要派兵，应事先相互行文告之，及其事定，随即撤回，不再留防。

甲午战争

但是，在随后的九年中，中日两国之间可谓麻烦不断，双方几乎都无法切实履行条约所规定的责任。1894 年，朝鲜国内的危机终于全面爆发，各道（朝鲜行政区划。——译者注）的农民暴动愈演愈烈，朝鲜朝廷对此显然已经无力应对。日本政府认为此时有必要出手终结朝鲜国内的持续动荡与混乱局面，如若不然，恐让西方列强有可乘之机。一旦列强入侵朝鲜，日本亦将唇亡齿寒，而在日本看来，列强中尤其需要警惕的就是俄国。如果朝鲜落入俄国之手，那么狭窄的朝鲜海峡与对马海峡就将不再足以阻挡这个北方强国的进犯铁蹄。鉴于库页岛的前车之鉴，日本的此种担忧也不无道理。

我无意讨论该议题涉及的所有政治或其他相关问题，也不打算从道德层面来为日本的所有行动正名。不过，在我看来，欧洲列强本来就没有资格对日本的行动指手画脚。因为，就欧洲人目前在远东的所作所为来看，几乎都只受到纯粹利己私欲（无论国家还是个人）的驱使，而其背后的原动力又来源于各个国家精英分子的个人野心。这些精英认为，一旦鼓吹的某项激进政策蒙上青睐，那么自己也就有可能进一步加官晋爵。面对如今俄国官僚集团的熏天权势，哪怕是沙皇的专制力量也要相形见绌。

1894 年 8 月 1 日，日本正式对清王朝中国宣战。天皇宣战诏书的大致意思如下：虽然朝鲜是一个独立国家，但它是在日本的推动和指导下才为国际社会所接纳的，然而，清王朝中国却始终将朝鲜视作属国，或明或暗地干涉朝鲜内政。[35]早在同年 6 月，清廷就以农民暴动为由出兵朝鲜，声称是向属国提供紧急援助。日本方面同样对朝鲜国内事态进行了回应，依据 1882 年日朝所缔结条约（《济物浦条约》）的规定，日本可以出师朝鲜以备不测。日本政府本欲与清廷协力共筑朝鲜乃至东洋全局之和平，但清廷予以回绝。[36]

不过，我们完全没有必要拘泥于谈判的细节，甚至无须考虑日本出兵朝鲜的理由是否充分，因为正如张伯伦教授所说：

> 如果从伦理角度加以审视，日本此举的确难以称道，但考虑到目前人文发展尚不健全的现实，换由国政外交乃至知识技术的角度来考虑，日本此举未尝不能接受。

很显然，此时的日本已经决意要在世界各国面前一展雄风，而与清王朝中国在朝鲜问题上产生的纷争正可谓是天赐良机。布林克利上校对此有如下评论：

> 日本在朝鲜的经济和政治利益超过了在其他所有国家的总和。只要日本追求在朝的贸易权利，就势必会与清王朝中国这样的大国发生冲突。此外，将这两个国家推向斗争舞台中央的还有另一股力量：中日两国都必须为自己在远东的霸主地位而战。当然，当时的清王朝中国还尚未有这般自觉，部分是因为中国人自古就深信自己的国家乃"天朝上国"，万邦宗主的地位断然是无人能够挑战的。但是，日本人的想法则可谓是大相径庭，我们不妨打一个这样的比方：一个转校生若想在新学校拥有一席之地，那就必须要与自己所在年级（form）的尖子生（head boy）较量一番。中国长期以来都是东亚之执牛耳者，幅员辽阔，物产丰富，看似不曾衰竭的"永续政权"都使其有资格充当东亚宗主的角色，周边国家也承认这一点。但是，这对于日本而言却是糟糕至极。因为日本希望通过称雄亚洲来最快地实现"脱亚"，而且也确实是这么干的。不过，这也并不

意味着日本为了树立自身的新权威就必须与邻国大动干戈。中日开战的深层次原因其实可以进一步追溯到两国长久以来对西方文明所持有的不同态度。在发自内心地吸收西方文明之后，日本显然无法再忍受清王朝中国对其的蔑视，而为了与西方平起平坐，首先就必须"脱亚"。

《马关条约》与三国干涉还辽

我在此不再赘述甲午战争的全过程，总体而言，日本在海陆两线均取得了胜利。其中，海军发挥了突出作用。

开战后不到一年，清政府意识到继续抵抗也难挽败局，随之转而对日求和。1895 年 4 月 17 日，清王朝中国全权代表李鸿章与李经方（李鸿章胞弟长子，过继给了李鸿章。——译者注）同日本全权代表、首相伊藤博文公爵与外相陆奥宗光伯爵（Count MUTSU Munemitsu）[37]在马关（日本称"下关"。——译者注）签署了停战条约。《马关条约》宣布朝鲜为完全独立之国家，[38]并规定中国须将辽东半岛、台湾岛与澎湖列岛割让给日本，同时支付 2 亿两白银（约 3.1 亿円）的战争赔款。此外，日本还在贸易通商方面享有了更多的特权，这与清廷先前与欧洲列强签订的新通商条约十分相似。鸭绿江入海口的隆隆炮声的确是让西方各国见识到了日本陆海军的战力，但真正令他们体会到日本之于国际政局影响力的却是《马关条约》。

彼时的俄国一边正忙于修建横贯欧亚大陆的西伯利亚大铁路（Trans-Siberian Railway），另一边则试图找到一个通往太平洋的不冻港；法国和德国也正意欲扩张自己在远东的势力版图。于是，三大强国不失时机地联合照会日本，"友善劝告"日本将辽东半岛归还清王朝中国，理由是日本占据辽东半岛有碍远东和平之长久维持。尽管三国的联合照会措辞礼貌，但是言下之意却是清晰无疑，所谓"友善劝告"即强制命令。

虽然日本最终屈服于三国之威压，但是明治政府又要求清廷额外赔偿 3000 万两白银（约 4500 万円）以弥补其放弃辽东半岛的损失。天皇在批准《马关条约》的同时发布诏书，表示愿意接受三国劝告，并将尽其所能共筑和平。不过，随后的诸多事件[39] 却让世人对这些列强嘴中的"公平无私"有了更为惊悚的认识，这些列强也让全世界看到了他们对待东方各国人民的所谓"道德遵循"。

不过，德法俄的肆意妄为最终也将反噬己身，东亚各国（对西方）的舆论立场也因此产生了影响深远的变化。纵然甲午战争的胜利果实多半都被欧洲列强巧取豪夺去，但是日本却就此立下了成为受压迫民族捍卫者的更大雄心。

"三国干涉还辽"事件发生之后，德国以"租借"为由占领了山东省的胶州湾，进而在 1898 年 3 月与清廷签订条约（《胶澳租借条约》。——译者注），"租借"胶州湾及其周边地区长达 99 年。俄国在同年也取得了大连与旅顺 25 年的租借权，在实际意义上吞并了辽东半岛。法国则于 1899 年 11 月成功"租借"广州湾 99 年。在被赶出自己所征服的辽东半岛的四年里，日本目睹着那些西方列强四处蚕食着清王朝中国的领土。

对日本内外政策所造成的影响

德法俄三国在华的霸道行径直接导致了日本国内主战派势力的抬头，日本人打造强大陆海军以维护国家权力的决心也因此变得更为坚决。日本政府将清王朝中国的战争赔款以及增加的国家税收都投注于所谓的"战后计划"（post-bellum programme），旨在为日后的对外征伐或和平交往打下基础。该方案主要包括以下几方面内容：（1）扩张陆海军军备；（2）开设京都帝国大学；（3）修整河道，振兴航运；（4）开拓与殖民北海道；（5）改良铁路基建，敷设电话网络；（6）开设农事试验场与丝织业人才的培养机构；（7）鼓励对外贸易；（8）建立国营钢铁生产企业。我们在后续章节中也会提及"战后计划"的主要成果。

至此，日本人已经清楚地认识到，比起通过引入西式工业和行政方法来实现和平进步，还有其他更能赢得欧美列强尊重的方法。因此，日本人开始转而将大部分的精力与财力都倾注于壮大自己的陆海军。

反观清王朝中国这边，片片沦陷的国土让清廷官员意识到时局已然危矣，与此同时，自发抵御西方列强侵略的民间组织开始逐渐成形。

1899 年，义和团在山东省兴起。到了 1900 年，随着义和团运动在华北一带愈演愈烈，山东省和直隶地区先后发生残酷教案，致使在天津和北京居留的外国人一度深陷极端危险之境。为应对这一事态，英美法俄德意奥日八国组成联军，开赴中国镇压义和团。

日英同盟的意义

我想，所有熟悉日本过去半个世纪历史经纬的人都会同意张伯伦教授的观点：

> 不管日本未来可能会遇到什么样的麻烦，或许是国内的财政困难，或许是与他国的复杂纠葛，又或许是一小撮但极具影响力的精英分子始终渴望对政体进行彻底变革。但有一点始终确凿无疑：近年来，日本的总体发展态势已经趋于平稳，不仅

商业欣欣向荣，国家影响力与民族自豪感也与日俱增。全新的日本已然成形。

在我看来，新日本成形有两个最重要的标志：一乃以完全平视之姿跻身文明国家之列；二乃与英国缔结同盟协约（1902 年）。

在这个我所谓的"过渡时期"，领土扩张是一个显著的时代特征。如今，日本北至紧挨堪察加的千岛群岛，南至地处亚热带的台湾岛，在覆盖北纬 50°56′ 至南纬 21°48′ 的版图上共有 5 座大岛和约 600 座小岛，气候差异较大。这样的地理位置使得日本成为太平洋航路的焦点和远东大市场的中心，自然也为其成为主导亚太格局的海洋强国提供了天然便利。

1872 年，日本登记在册的总人口为 33,110,793 人，其中男性 16,796,143 人，女性 16,314,650 人。1900 年，登记总人口增加至 44,805,956 人，其中男性 22,608,150 人，女性 22,197,806 人。此外，还要算上 1895 年被割让而来的台湾岛的 2,621,158 人。近年来，日本本土的人口增长速度保持在每年约 50 万，这也是我们之后讨论日本外交政策时所必须把握的前提要点。

主要参考文献 ✎

专业研究者可根据需要进一步参阅"过渡时期"的官方史料，比如各类政府报告、蓝皮书、每日新闻报纸以及其他时事刊物。普通读者则可以参阅一些已经出版的著作，进一步了解相关历史事件。不过，需要注意的是，这些书通常较为浅显，观点也会略显片面。我认为下列著作可能会有所帮助：约翰·R. 布莱克的《年轻的日本》（*Young Japan*）；弗朗西斯·奥蒂韦尔·亚当斯的《日本史》（*History of Japan*）；威廉·埃利奥特·格里菲斯的《明治日

本体验记》（*The Mikado's Empire*）；大卫·默里的《日本物语》
（*The Story of Japan*）；奥古斯塔斯·H. 芒西（Augustus H.
Mounsey）的《萨摩叛乱记》（*The Satsuma Rebellion*）；山胁春树
（YAMAWAKI Harushige）的《二十世纪初的日本》（*Japan in
the Beginning of the Twentieth Century*）；亨利·诺曼（Henry
Norman）的《真实的日本》（*The Real Japan*）；阿尔弗雷德·斯
特德的《日本：我们的新盟友》（*Japan, Our New Ally*）；A. 迪
西（A. Didsy）的《新的远东》（*The New Far East*）。还有就是本
书附录中的著作。布林克利上校在《大英百科全书（补充卷）》
（Supplementary Volumes of *Encyclopedia Britannica*）中的有关论
述可以视作目前最好的近代日本简史。此外，《日本与中国》的第
五、第六卷也值得我们仔细研读。

▇ 译者注释

　　1. 大久保利通（1830—1878），萨摩藩士，"明治维新三杰"之一、明治
时期政治家，号称"东洋俾斯麦"。大久保出身于低级武士家庭，但依靠敏锐
的政治嗅觉与把握时局的能力，逐步从萨摩藩走向全国的政治舞台。他先是
支持"公武合体"，后又转向"尊王攘夷"，最后成了开国倒幕派。明治维新
后，大久保跟随岩仓使团考察欧美，为西方文明所折服，进而提出"殖产兴
业"。他在《关于殖产兴业的建议》中提出："大凡国家之强弱，系于人民之
贫富；人民之贫富，系于物产之多寡；物产之多寡，系于人民是否勉力于工
业。"为推动其主张，大久保进行地税改革，强力推行"秩禄处分"，剥夺武
士阶级的俸禄，从根本上瓦解了旧武士阶级。大久保在改革遭遇阻力时以俾
斯麦为榜样，奉行铁血政策，宣称"兴一善不如除一恶"，不惜采用暴力手
段，如镇压武士叛乱和农民暴动。1878 年 5 月 14 日，大久保在前往太政官办
公的途中遇刺身亡。

　　2. 胜海舟（1823—1899），幕末至明治初年的政治家、旧幕臣中的代表人

物与开明派、幕府海军的创始人。历任外务大臣、兵部大臣、海军大辅、参议兼海军卿、枢密院顾问官等职。胜海舟是剑术高手，19 岁时接触到西洋军事技术后便舍弃剑术，改学西洋军事。33 岁时被任命为"长崎海军传习生头役"（类似于军校学生总队长），而后成为海军专家。1862 年被幕府任命为"军舰奉行"（类似于海军司令），培养了诸如坂本龙马、陆奥宗光、伊东祐亨等大批人才。胜海舟一直坚持亚洲同盟，反对日本完全效仿欧美列强的殖民主义政策。甲午黄海海战爆发时，他是日本政治家中唯一公开反对的，他还愤然提笔："邻国交兵日，其军更无名。可怜鸡林肉，割以与鲁（俄）英。"

3. 大隈重信（1838—1922），佐贺藩士，明治时期著名的政治家、财政改革家、教育家。曾多次出任外务大臣、农商务大臣、第 8 任和第 17 任内阁总理大臣，同时也是日本早稻田大学的创办人。1882 年组建了日本近代最早的政党之一的立宪改进党。1898 年组建了日本政治史上第一个政党内阁——大隈内阁。1889 年 10 月，因为右翼狂热分子的炸弹袭击而失去整只右腿。

4. 副岛种臣（1828—1905），佐贺藩士，明治维新元勋之一、政治家、思想家、外交家、汉学家。维新后倡导自由民权运动和宪政，但在晚年鼓吹扩张侵略。维新后，历任新政府参议、外务卿、枢密院副议长、内务大臣。

5. 西乡隆盛（1828—1877），萨摩藩士，"明治维新三杰"之一、政治家。西乡出身下级武士，1854 年他陪同藩主岛津齐彬赴京都进行隔年一次的参觐，而后开始参与藩政，并为尊王攘夷运动奔走。1858 年幕府兴"安政大狱"，他两次遭遇流放，1864 年被召回藩，被任命为京都萨摩藩驻军总司令。同年参与镇压尊王攘夷派的第一次征讨长州藩的战争，后积极投身倒幕运动。1866 年 3 月，同长州藩倒幕派领导人木户孝允等人缔结萨长倒幕联盟密约。1868 年 1 月 3 日，与岩仓具视、大久保利通等人发动王政复古政变，推翻了德川幕府的统治，建立明治新政府。在同年的戊辰战争中任大总督参谋，指挥讨幕联军，取得了战争的胜利，获封正三位官职，赏典禄两千石，为诸藩家臣中官位最高、受封最厚的人。先后任明治政府参议、陆军元帅兼近卫军都督，参与废藩置县、地税改革等资产阶级改革。1873 年，由于与大久保利通等人在内政方面的分歧，加之主张"征韩"失败，西乡辞职回鹿儿岛，并出资建立了类似军事院校的"私学校"。西乡大概是"明治维新三杰"中最受日本民间推崇的一位。2018 年是明治维新 150 年，NHK（日本放送协会）的年度大河剧（历史剧）就是《西乡殿》（"殿"是萨摩方言中对人的尊称），讲述了其波澜万丈的人生故事。

6. 板垣退助（1837—1919），土佐藩士，日本自由民权运动的先行者，以"庶民派"政治家身份深受多数日本国民爱戴。板垣在研究和普及西洋思想时接触到了卢梭的《社会契约论》，深受影响。1882 年 4 月 6 日，板垣来到日本中部的岐阜市演讲，在退场时，一个壮汉手持白刃直刺板垣胸部，板垣与之格斗，浑身鲜血，高喊"板垣虽死，自由不死"。1887 年，日本政府实行"华族制"，维新功臣都被授予爵位，但板垣拒绝接受伯爵头衔，后因天皇三度传旨，才不得已受之。但是，板垣自己立下遗嘱："为了贯彻生前的主张，绝不申请袭爵。"在他去世之后，其家人便将伯爵之位还给了天皇。二战之后，日本政府发行的 100 日元纸币及 50 钱政府纸币上都绘有其肖像，今日的日本国会前也树有其铜像。

7. 作者在此处将板垣退助比作卢梭，但学界一般是将《社会契约论》（明治初期译为《民约译解》）的日译本译者——中江兆民（NAKAE Chomin，1847—1901）称为"东洋卢梭"。

8. 布林克利是海军出身，在此用军衔对明治维新中的杰出人物进行了分类。

9. 枢密院设立于 1888 年 4 月，最初负责审议宪法草案及附属法典。枢密院第一任议长为伊藤膊文。在宪法实施后，枢密院成为解释宪法的权威机关和供天皇谘询的"至高顾问之府"。此处的"枢密院"是作者为便于读者理解所作的比喻，与日后负责起草日本宪法的"枢密院"并非同一机构。

10. 太政官制中的"太政官"由高级官员组成，它是日本当时的最高权力机构，大致相当于日后的内阁。作者这里将它称为"cabinet"，以便于西方读者理解。

11. 明治维新初期的官制经历过多次变化。1867 年 12 月 9 日，天皇发布了《王政复古大号令》："圣意已决，实行王政复古，树立挽回国威之基。自此废除摄关、幕府等，先暂设总裁、议定、参与三职，使之处理万事。""总裁、议定、参与"构成的"三职制"便成为明治维新后最先实行的官制，其中，"总裁"由亲王担任，"议定"由亲王、公卿、强藩藩主担任，"参与"除了公卿，还可由藩士担任。1868 年 1 月 17 日与 2 月 3 日，明治新政府又相继对"三职制"进行了局部改组。1 月 17 日的改组，一是明确规定了三职的身份及职务权限；二是在三职之下，新设"神、内国、外国、海陆军、会计、刑法、制度"七个事务科；三是设立议事所。2 月 3 日的改组则是将"三职七科制"改为"三职八局制"，即将原七个科升格为"局"，同时新设"总裁局"。1868 年 4 月 6 日，纲领性文件《五条御誓文》出台，表明了"天皇亲政"和"广兴会议，万机决于公论"的大政方针。为了贯彻《五条御誓文》宣明的大政方针，明治新政府于同年 6 月公布了《政体书》，试图通过改良太政官制来实现政权的一元化统治，并吸收三权分立制度，实行立法、司法与行政的分立。1869 年 7 月 25 日，木户孝允等人动员各藩"奉还版籍"，把"藩主"变成"藩知事"，这是变革领主制的一个重要步骤。"奉还版籍"前，木户等人调整中央人事，把辅相（副总裁）、议定、参与的人数从当时的 39 人减至 11人，排除了一批公卿、藩主。"奉还版籍"后，新政府颁布"职员令"。1871年 7 月 29 日公布的《太政官职制》规定，中央政府由天皇亲政，下设"正院、左院、右院"。正院由"太政大臣、左大臣、右大臣及参议"组成；左院设"议长及一、二、三等议员"；右院由"各省长官、次官及书记"组成。三院诸官职中，太政大臣权力最大。《太政官职制》的公布与实施，实际上意味着太政官制的最终确立和完善。参见王金林：《日本明治维新时期的太政官制和内阁制的确立》，载《天津社会科学》1999 年第 2 期。

12. 明治维新后，新政府出台了一系列法令改革武士制度，如发布《废刀令》、一次性支付武士退休金，这些不仅刺痛了武士的自尊，更剥夺了武士的现实利益。士族的愤懑在一次次叛乱后达到了极点，1877 年 2 月，维新期间最大的内战，也是日本史上最大规模的内战——西南战争爆发，西乡隆盛率领萨摩军及各地的不满武士合约 3 万人挥师北上，与政府军爆发激战。汤姆·克鲁斯主演的电影《最后的武士》就是以西南战争为背景拍摄的，不过影片片面歌颂了武士传统的美好，没有反映其阶级文化的落后与行为的残忍。

13. 根据史料推断，作者此处的"the House"应该是由"公议所"更名而来的"集议院"，但是史料显示集议院是 1869 年 7 月设立的，作者此处引用的 1870 年 6 月可能是正式运行的时间。

14. "条约改正"堪称日本明治维新初期对外交往的核心任务，旨在改变日本在黑船事件之后被迫与欧美列强签订的各种不平等条约。

15. 1873 年 9 月学校开始招募学生，虽然预定 11 月开学，但由于校舍的建造未能赶上开学日期，因此在一个叫"葵町"的地方租用了房屋作为临时校舍。

16. 东京大学成立于 1877 年，由"东京开成学校"与"东京医学校"合并改制而来。初设法学、理学、文学、医学四个学部和一所大学预备学校，是日本第一所国立综合性大学。1886 年更名为"帝国大学"，也是日本建立的第一所帝国大学。1897 年，易名为"东京帝国大学"，以区分同年在京都创立的京都帝国大学。1947 年 9 月，正式定名为"东京大学"。

17. 因为倒幕和维新战争中的功勋，西乡隆盛被授予正三位官职，赏典禄为两千石，是诸藩家臣中官位最高、受封最厚的人，并成为陆军元帅兼近卫军都督。

18. 岛津久光（1817—1887），幕末萨摩藩藩主岛津忠义之父，"幕末四贤侯"之一。岛津久光是岛津主家第二十七代当主岛津齐兴的第五子，1862 年改其通称为"三郎"，因此作者用"三郎"代称之。岛津久光属于典型的"父凭子贵"的例子。其兄岛津齐彬（岛津主家第二十八代当主、萨摩藩第十一代藩主）在练兵时暴病身亡，留下遗命令岛津久光的儿子岛津忠义继任藩主之位。岛津忠义素有孝心，赠予久光"国父"头衔，有了儿子撑腰，岛津久光一跃成为萨摩藩内的实权派。1868 年西乡隆盛和大久保利通打着他的旗号，发动推翻幕府的政变，后来，他也参加了组织新政府的工作。1874 年任左大臣，但因性格保守，对维新政府推行的西化政策极为抵触，终身佩刀留须。

19. 1873 年 10 月底，西乡隆盛和桐野利秋陆军少将、原近卫局局长篠原国干陆军少将等数十人返回鹿儿岛。翌年 6 月，他们在当地建立了由篠原国干任校长的"枪队学校"和村田新八任校长的"炮队学校"，两校合称"私学校"。另外还设立了由村田新八兼任校长的"幼儿学校"（即"章典学校"）。这三所学校在各地设有 136 处分校，以日清、日朝关系破裂即可使学生投入战争为由，传习武艺，经费全部由鹿儿岛县政府负担。学校成立后规模不断扩大，仅 1 年，学生人数即达 3 万左右。此外，他们还在野外建立了专门吸收原陆军教导团学生的吉野开垦社，由桐野利秋担任指导。

20. "征韩论"指的是日本对朝鲜采取扩张主义的论调。这种论调早已有之，幕府末期日本政府就提出了"征韩论"，著名思想家吉田松阴就是主要鼓吹者之一。1869 年 12 月 4 日，明治政府采纳木户孝允建议，派遣"征韩派"佐田白茅等三人赴朝，并下达了调查任务，如朝鲜与清廷的关系、内政是否紊乱以及有无适宜军港、军备情况，其军事意图昭然若揭。1870 年，佐田白茅等三人向政府报告朝鲜情况。太政大臣三条实美后又派外务大丞柳原前光、少丞花房义质出使中国谈判建交与通商事宜，另派外务少丞吉田弘毅等三人赴朝刺探国情，并再次递交国书。然而，对朝外交依然未取得明显进展。因此，外务卿副岛种臣决定改弦更张，于 1872 年 8 月把驻朝鲜釜山的草梁倭馆转归外务省直接管理。1873 年，围绕立刻"征韩"还是等待时机这一问题，内阁分为两派：一派是岩仓具视、大久保礼通、木户孝允为代表的"保守派"；另一派就是西乡隆盛、江藤新平、板垣退助、副岛种臣为代表的"征韩派"。西乡隆盛等最终因为不满政府决策而辞职。需要明确的是，"征韩论"的本质不是"打不打"，而是"何时打"。

21. 明朝方面将此次战争称为"万历朝鲜战争"，也称"万历援朝战争"，朝鲜方面称"壬辰倭乱"，日本方面称"文禄・庆长の役"。1588 年，丰臣秀吉为平息国内士族对分封不均的不满，同时借机削弱各藩势力，决定对外发兵，以获取更多的土地。1592 年 3 月，丰臣秀吉调动九个军团十多万人渡海至朝鲜作战，以宇喜多秀家为总指挥官。在一切工作准备就绪后，丰臣秀吉以朝鲜拒绝攻明为由，于 4 月正式开始了对朝战争。日军在战争初期处于优势，一个月即攻陷朝鲜京城。随后，明朝集结辽东军及三千戚家军共约四万人奔赴朝鲜作战。日军在平壤之战大败后选择后撤，明军也因兵力所限而无法继续开展大规模作战，双方在碧蹄馆之战后议和。1595 年，战争第一阶段基本结束。1597 年正月，日军再侵朝鲜。朝鲜二次求援，明朝初次调集四万兵力赴朝救援，后续不断增兵，最高至七万。日军在丰臣秀吉死后难以为继，遂全部从朝鲜半岛撤退。日本"征韩"对东亚的政治军事格局产生了深远影响。朝鲜从亡国到复国，实力被严重削弱；日本元气大伤，丰臣秀吉集团的势力被削弱，间接导致德川幕府崛起；明朝的国力也受到较大损耗。因此，从后来的历史发展来看，万历朝鲜战争起到了重新整合东亚各国政治军事力量的作用，奠定了之后三百年的东亚和平局面。

22. 1811 年夏，俄国海军少校戈洛弗宁率"黛安娜号"测量船测量了千岛群岛中的罗处和岛、宇志知岛、计吐夷岛、新知岛、知理保以岛、磨堪留岛、得抚岛西岸、择捉岛东岸和北岸等地，并于 7 月 5 日到达国后岛泊港。在进行补给期间，俄日双方发生冲突，戈洛弗宁等数名俄人被扣押，副船长里科尔德被迫返回鄂霍次克。1812 年 8 月 27 日，里科尔德率船队回到国后岛泊港，要求用俄国俘获的日本人质交换戈洛弗宁等人，但未达目的。1813 年 5 月 26 日，里科尔德第三次前来泊港，几经交涉才将戈洛弗宁等人领回。

23. 库页岛，中国旧称苦叶、苦兀、骨嵬或黑龙屿。明治政府设立北海道开拓使后则固定使用"桦太"这一名称。在历史上，库页岛曾被中国多个朝代直接或间接统治。19 世纪中叶，日俄侵占库页岛，俄占北部，日占南部。1858 年和 1860 年，俄国迫使清政府签订《瑷珲条约》《中俄北京条约》，将包括库页岛在内的大片中国领土割让给俄国，自此库页岛就在法理和实际上彻底脱离了中国。1875 年日俄签订条约，俄国以千岛群岛 18 岛交换日本所占领的库页岛南部，全岛遂归俄国。1905 年日俄战争后，俄国将库页岛南部（北纬 50°以南）割让给日本。1945 年，苏联发动"八月风暴行动"，占领库页岛全境。1991 年苏联解体后，全岛归属俄罗斯。

24. Stanley Lane-Poole and F. Victor Dickins, *The Life of Sir Harry Parkes*, Vol. 2, Macmillan and Co., 1894, p. 239.

25. 明治政府入侵台湾岛的理由便是所谓的"琉球漂民事件"。1871 年，琉球宫古岛民的两艘进贡船从那霸港出发归航，中途遇暴风，漂流海上，其中一艘漂到台湾西南海岸"高山族牡丹社"的八遥湾。该船共有船员 69 人，其中 3 人淹死，66 人登陆。登陆的琉球人和岸上的高山族人发生冲突，54 人被高山族人杀死，12 人逃出。之后又有琉球八重山岛民的两艘进贡船遇暴风漂流海上，其中一艘漂到台湾。1872 年 2 月，前后两批琉球难民 57 人，由台湾当局送到福州的琉球馆，7 月回到那霸。鹿儿岛县参事大山纲良获悉此事后上书内阁，要求政府出兵"讨伐"。所谓"琉球漂民事件"，本是清王朝中国台湾人和属国琉球人之间的刑事案件，纯属内政问题，与日本毫不相干，但日本却以此为借口发动了对台湾岛的武装侵略。

26. 日军 3600 人共分三批出发，4 月 27 日，"有功丸"搭乘日本新任驻厦门领事福岛九成驶往厦门，5 月 6 日又转抵台湾；5 月 2 日谷干城率"日进""孟春""三邦丸""明光丸"开往台湾社寮；5 月 18 日，西乡从道以"高砂丸"为旗舰，率兵开往台湾。5 月 21 日，日军在四重溪遭到高山族人攻击，22 日爆发"石门之役"。当日，西乡从道率舰队抵达社寮，随即展开攻击。这场战役中，高山族人伤亡者达 70 余名，牡丹社酋长父子战死，日军伤亡 20 余名。6 月 1 日，日军发动"牡丹社之役"，兵分三路围剿高山族人。6 月 5 日，日军攻破牡丹社，并焚毁多社。但高山族人进行顽强抵抗，常从山中出来袭击。日军防不胜防，终不能胜，只得退守龟山，在那里建造都督府，设医院，修桥筑路，开荒屯田，作长久之计。时日军中疟疾流行，2000 多人患病，500 多人病死，处于进退两难的境地。8 月 5 日，天皇发布敕语，任命内阁参议兼内务卿大久保利通为全权办理大臣，来华谈判，企图打开僵局。9 月 6 日，大久保利通到达北京，从 9 月 14 日至 10 月 23 日共进行了八次交涉。日方提出两大要求：一是要求清廷承认日本进攻台湾是所谓"义举"；二是要求赔偿兵费二百万两白银。此时的清政府只求日本退兵，不论是非曲直，提出出钱可以，但忌讳"赔偿"二字。最后，由于大久保利通佯装收拾行装，作破裂姿态，并以战争为要挟，加之英国公使威妥玛（Thomas F. Wade）进行哄骗，清政府软弱害怕，最终以签订《北京专条》告终。参见李理：《日本强行出兵台湾始末》，载张海鹏、李细珠主编：《台湾历史研究（第一辑）》，社会科学文献出版社 2013 年版，第 201—225 页；陈文学：《试析 1874 年日本对台湾的侵略》，载《湖南大学学报（社会科学版）》2006 年第 2 期。

27. 1874 年 10 月 31 日，中日两国在北京签订《北京专条》，规定："一、日本国此次所办，原为保民义举起见，中国不指以为不是。二、前次所有遇害难民之家，中国定给抚恤银两，日本所有在该处修道、建房等件，中国愿留自用，先行议定筹补银两，别有议办之据。三、所有此事两国一切来往公文，彼此撤回注销，永为罢论。至于该处生番，中国自宜设法妥为约束，以期永保航客不能再受凶害。"［王铁崖编：《中外旧约章汇编（第一册）》，生活·读书·新知三联书店 1957 年版，第 343 页。转引自陈文学：《试析 1874 年日本对台湾的侵略》，载《湖南大学学报（社会科学版）》2006 年第 2 期］

签约次日，大久保利通离京返日。日本天皇遣使赴台湾，诏敕班师。

28. 川村纯义（1836—1904），萨摩藩士、明治维新元勋之一、日本帝国海军的主要创建人。

29. 日本陆军的早期军团编制名称，相当于日后的"师团"。1871 年 8 月设东京、大阪、镇西、东北四镇台，共配备官兵约 1.5 万人。1872 年制定《镇台条例》。1873 年 1 月设东京、仙台、名古屋、大阪、广岛和熊本六镇台。

30. 大久保利通是在途经纪尾井坂清水谷遭遇刺杀的，史称"纪尾井坂之变"或"大久保利通暗杀事件"。刺杀现场非常惨烈，拉车马匹的马腿被砍断，马夫也被斩杀，大久保本人身中 16 刀。行刺者为石川县士族岛田一良等6 人。根据明治政府的调查结果，这些人认为大久保"对内独断专权、打压民权运动，对外签订不利条约，致使国威受损"，因此实施"天诛"。大久保遇刺是日本近现代史上的大事件，虽然刺杀者身份确凿、动机明确，但后世许多文学影视作品都喜欢对此进行演绎。比如在《浪客剑心》中，就是由对抗明治政府的没落武士组织中的"天剑"濑田宗次郎对大久保进行刺杀。

31. 迫于社会压力，明治政府成员均同意采取立宪政治。但以伊藤博文为首的多数官员主张需要充分时间准备，并采用德国式的强化君权宪法；只有大隈重信等少数派主张尽快开设国会。于是 1881 年发生了"明治十四年政变"，明治政府罢免了大隈重信等官员，同时颁布在 1890 年开设民选议院以及制定宪法的诏书，并警告道："如仍有故意逞躁急煽事变，为害治安者，将绳以国法"。

32. 1875 年 5 月 25 日，"云扬号"等 3 艘军舰以测绘为名，闯入朝鲜釜山海域示威，并于 9 月 20 日进入汉城（今韩国首尔）附近的江华湾，派出小艇向朝鲜草芝镇炮台进行挑衅。朝鲜立刻自卫反击。9 月 22 日，日军陆战队登陆永宗镇，与当地朝鲜士兵交火。最终，日军 2 人受伤，击毙朝鲜士兵 35 人，俘虏 16 人，缴获大炮 36 门（日本方面也有资料说是 38 门，详见日本外务省所编《对韩政策关系杂纂·花房代理公使渡韩一件》），并纵火焚烧永宗镇后撤离，史称"云扬号事件"，又称"江华岛事件"。

33. 《江华条约》是朝鲜和外国签订的第一个条约，也是日本对亚洲国家所施加的第一个不平等条约。朝鲜自此开始开放门户，也开始渐渐沦为列强的半殖民地乃至殖民地。1882 年，美国也与朝鲜签订了《朝美修好通商条约》，随后，英、法、德、俄、意、奥、比、荷、丹等国也相继效仿。

34. "壬午兵变"又称"汉城士兵起义"，是 1882 年 7 月 23 日朝鲜发生的一次具有反封建、反侵略性质的武装暴动。朝鲜王朝京军武卫营和壮御营的士兵因为一年多未领到军饷以及对由日本人训练的新式军队——"别技军"的反感，而于 1882 年 7 月聚众哗变，随后大量汉城市民也加入了起义队伍。起义士兵和市民焚毁了日本公使馆，杀死了几个民愤极大的大臣和一些日本人，并且攻入王宫，推翻了闵妃外戚集团的统治，推戴兴宣大院君李昰应上台执政。这次兵变引发了清廷和日本同时出兵干涉，并且很快被清朝军队镇压。

35. 日本明治天皇睦仁在宣战诏书中称："朝鲜乃帝国首先启发使就与列国为伍之独立国，而清王朝中国每称朝鲜为属邦，干涉其内政。"（〔日〕和田春树：《日俄战争》，易爱华、张剑译，生活·读书·新知三联书店 2018年版。）

36. 天皇宣战诏书中称："朕依明治十五年条约，出兵备变，更使朝鲜永免祸乱，得保将来治安，欲以维持东洋全局之平和，先告清王朝中国，以协同从事，清王朝中国反设辞拒绝。"（〔日〕和田春树：《日俄战争》，易爱华、张剑译，生活·读书·新知三联书店 2018 年版。）

37. 陆奥宗光（1844—1897），纪州藩士，明治维新元勋之一，近代日本政治家、外交家。陆奥是近代中日关系史上关键人物，他利用朝鲜东学党起义之机，施展外交手段，策划推动了甲午战争。陆奥担任外交大臣时期的日本外交也被称为"陆奥外交"。

38.《马关条约》第 1 条规定："中国认明朝鲜国确为完全无缺之独立自主国"。

39. "三国干涉还辽"本质上是帝国主义利益瓜分不均所引起的纷争，日本归还辽东半岛之后，俄国以迫日还辽有功为名，同清政府签署《中俄密约》，并在 1898 年租下旅顺与大连两港口。后来，密约泄露，列强争相迫使清政府划出自己的势力范围。1897 年，德国以传教士被杀害为由占领胶州湾；法国由于统治越南而租借广州湾并将其划入势力范围；1898 年，英国租借威海卫，并租借九龙半岛北边的新界 99 年。

第五章　国民教育

"求知识于世界，大振皇基。"甫一登基，明治天皇就用《五条御誓文》向国民昭告了治国理政的大政方针。誓文不仅表明了天皇心之所向，更是一语道出了实现之法，即充分利用西方知识与经验来提升日本的国际地位。起初，无论是深度还是广度，日本的当权者们对于西方的认识显然还都十分有限，不过随着一系列国民运动（如民权运动。——译者注）的进行，他们的观念也发生了变化。最终，日本的当权者们确信，只有采用那些已经被证明切实有效的方法来推行系统化的国民教育，日本的国家地位才能真正实现跃升。

纵观人类历史，日本在19世纪的后25年中所实现的教育进步无疑是一个国家依靠教育改变经济、产业和社会状况的最佳例证。在此，我们只讨论日本国民教育最突出的特点。相关教育组织和专门机构的工作详情则可参阅本章后的参考文献。

封建时代之日本教育

封建时代的日本国民教育走的是非常彻底的儒家路线。正如前章所述，武士阶级占据了当时日本总人口的 1/5，他们深受国家意识形态教育的熏陶，培养出了正直和忠于职守的个人品格。武士道教育重在塑造人格品性，至于一些更为精细的才能，譬如思维、知识和口才则居于次要地位。诚然，如果一个人智力出众，自然也会受到推崇，但对于彼时的日本人来说，"智"首先意味着"睿智"，而"知识"则居于从属地位。

武士道精神体系的三大支柱分别为"智、仁、勇"，分别代表着睿智、仁爱与勇武。武士在本质上是行动者，而学识则在其行动范围之外。在封建时代，他们运用最为自如的就是手中的武士刀，至于宗教和信仰，那都是神官和僧侣才会去研究的东西，武士们只不过是将它们视作增进自身勇武的一种工具罢了。哲学（儒学）和文学构成了武士智识训练的主要内容。但是，在学习这些内容时，武士所追求的并非客观真理。在他们看来，文学主要用来消遣娱乐，哲学则是一种锻造品性的实用助手，有时也稍带阐明一些军事或政治议题。

武士道教育的主要课程包括剑术、弓术、柔术、马术、枪术、兵法、书道、修身（道德）、文学、历史以及攻击和防御所必需的人体解剖知识。相较于追求道德与智力，一切与经商生财之道相关的想法都难登大雅之堂。于是，金钱与爱财之心就成了武士们极力摒弃之物，武士道也因此得以避免沾染铜臭。

在武士道的教育体系之下，如果一个人仅仅只是脑袋里装满知识，那么也很难得到他人的尊敬。倡导"知识就是力量"的弗朗西斯·培根（Francis Bacon）曾说学问有三个作用，即"怡情、博彩、长才"。在这三者之中，武士道显然更推崇"长才"，并以之"决判与处事"。即是说，无论是为了决断公务，还是克己训练，武士的智识教育始终都秉持着一种务实主义的态度。正如孔夫子所说："学而不思则罔，思而不学则殆。"

　　如果以掌握的科学知识和外界情况为判断标准，当时的日本上层人士几乎仍然处于一种蒙昧状态，大部分民众接受的教育主要是汉学典籍（学到多少可以背诵的地步）、日本史、幕府法令以及读写与珠算训练。不过，令人疑惑之处在于，旧日本的智识训练反而让许多民众沦为机械方法与固有范式的"奴隶"。我们以珠算为例，哪怕是最简单的运算，也会有人掏出算盘来拨弄算珠，但其实只要是受过基本教育的人都可以借助心算或纸笔求得答案。不过，封建时代的日本教育至少完成了开启民智的最初工作，大多数日本人[1]都具备读写常用文字（假名。——译者注）的能力，虽然他们的汉语知识非常有限或是几乎没有[2]。

　　背诵与抄写是当时日本青少年教育的重要环节，但是教师却没有采取任何方法来培养他们的独立思考能力。学校的规模也很小，教室的学生也多是六岁上下的孩童。如此一来，教师的个人品格与能力就成了决定教学质量的首要因素。封建时代的日本学校体系共分为三层：小学校、中学校与大学校。[3]不过，只有少数地区才拥有大学。京都和江户是当时全日本的教育中心，这两地的最高教育机构已经具备了大学程度的办学水平。京都是教会学校与美术学校的集中地，江户则设有学习汉学的最高学府。此外，几乎在每个藩国的都城都设有一所专供城中藩士子弟就读的"藩校"。

　　旧时的日本人格外注重礼仪礼法教育，江户时代亦是如此。礼仪礼法的背后蕴含着丰富的东方哲学。正如最著名的礼法流派——小笠原流宗家小笠原清务（OGASAWARA Kiyokane）所言：

　　　　礼仪的最终目的是修心。即便静坐之时，歹徒亦不敢近前。[4]

又如新渡户博士所言：

> 换而言之，通过不断练习正确的礼法，身体上所有的部位及其机能都会产生完善的秩序，以达到身体与环境的完全和谐，这表现为精神对肉体的支配。[5]

因此，日本人的礼仪之道并不是许多西方人所认为的表面功夫。

在德川幕府治下的安稳岁月里，日本的文学与艺术得到了长足的发展。人们积极思辨，静心冥想，创造出了不同的哲学体系。智识与艺术也开始脱离中国古典哲学的领域，并渐渐转向西方文明。正如我在上一章中所说，这种西化浪潮以长崎为中心向全国蔓延。在日本全面开国之前，长崎既是荷兰人的居留地，也是洋学新知与著作的渊薮。虽然彼时的德川幕府已经意识到了进行西方文化与技艺训练的必要性，但是，直到西方列强迫使日本开国和签订通商条约，幕府才真正着手进行相对成体系的教育工作。

西学教育之发端

1856 年，为了能够更为顺利地与西方列强通商进行谈判，幕府在江户开设了教授英语与法语的学校，这所名叫"蕃书调所"的机构就是日后东京大学的前身之一。

日本开国后不久，许多基督教传教士纷纷来日传教，在诸多领域都扮演着日本国民教育开拓者的角色，可以说是贡献卓著。在这些人中，荷兰传教士吉多·维尔贝克（Guido Verbeck）理应特书一笔。1859 年，来自荷兰改革派教会的维尔贝克来到长崎，先后在幕府开办的学校以及加贺藩校中任教。他的门下走出了大隈重信、副岛重臣等日后明治政府的领导人。维新之后，他受邀赴东京担任"大学南校"（东京大学的前身之一）的"教头"（相当于教务主任。——译者注）。后来，他还出任过明治政府的顾问。不过，临近暮年，他重新专注于传播基督福音，直至 1898 年在东京去世。在那段困难的历史时期里，维尔贝克为日本贡献良多，他也将为后世的日本人所铭记。

学制之颁布与公立教育之确立

正如前文所说，日本的政治体制剧变始于 1868 年 1 月 3 日的王政复古。当政治改革完成之后，明治政府就开始大力发展国民教育。1869 年，政府先后出台大学校、中学校和小学校的相关规定。1871 年 7 月，文部省设立，统揽学政事务。1872 年 8 月，明治政府颁布全国统一的《学制》（Code of Education）[6]，随即通过太政官文告《学制布告书》（也称《关于奖励学事之被仰出书》。——译者注）的形式正式下达训令，宣告了未来全体国民所必须遵循的教育理念。主旨如下：

> 求知乃修身立业之本。知识，由寻常生活所倚乃至士农工商医之养成所需，皆仰仗于学。自日本国学校之最初创立，经年已久矣。然因学校管理之偏颇，农工商者及妇女仍觉学习非其义务之所在。虽高级别之学校，学之内容也以诗词歌赋等闲

适消遣之物居多，而非力修立身之本，牢树报国之志。而今学制已订，前路已勘。自今而后，一般民众、华族、农工商及妇女，务期做到邑无不学之户，家无不学之人。过往以为求学需依政府之助力者众多，久而有之，可谓谬之甚矣。自令始，人人须自奋而求知。

《学制》对学政事务作出了诸多规定，如设置小学区（53,760个）、中学区（256个）、大学区（8个），设立学区管理机构、督察机构（即"督学局"。——译者注）；在地方政府中任命负责专司学政的官员；确立大中小学的修业目标；明确教员与师范学校的资质规定；确认学生与考试、留学生、政府经费、学生学费等有关事项。很快，《学制》中的种种政令就得到了大力推行。苏格兰裔美国人大卫·默里博士[7]曾担任过多年的文部省"学监"。他积极地将美国国民教育体系的一些做法与特点引入日本的小学校和中等学校，为《学制》颁布初期日本教育行政体制的确立立下了汗马功劳。

彼时，由于许多日本专门学校雇用的外籍教师人数都超过了教职工总人数的一半，因此这些外籍教师自然会或多或少地倾向于采用自己过去所熟悉的那套西式教育方法。今天，外籍教师几乎遍布日本文理科的各个分科大学。在工业学校任教的外籍教师以英国人居多，其中大部分是苏格兰人；海军兵学校、农业学校也以英国人居多；医学校以德国人为主；陆军士官学校以法国人为主；美术学校则主要是意大利人。

可是，就像在其他领域那样，日本人并不满足于照搬西方现成的教育制度。他们善于发现不同制度的优点并为己所用。如今，日本已经基本构建起了契合自身发展所需的国民教育体系。

日本的学制改革肇始于基础教育。孩童年满 6 岁须进入"寻常小学校"就读，前后共分为两个阶段："下等小学"（6—9 岁）与"上等小学"（10—13 岁）[8]，修业年限各为 4 年，总计 8 年（后来小学校调整为四年制的寻常小学校与在此基础上二至四年制的高等小学校）。小学校阶段的学业完成以后，男生进入五年制的中等学校（最初也分为下等中学与上等中学）；女生则进入四年制的高等女学校，但这两者都要求学生拥有在上等小学的两年在学经历。结束中等学校的学业之后，学生们就有机会进入全国仅有八所的"高等学校"就读（相等于一般概念中的"高中"。——译者注）。高等学校为希望进入帝国大学深造的学生安排了为期三年的预科教育，主要学习语言和数学，也有几所学校开设了四年制的医学、法学或工学的专门课程，并且使用方言授课。中等学校的毕业生需要通过入学考试方可进入高等学校就读。

最后，位于国民教育序列顶端的是东京帝国大学与京都帝国大学。前者下设法科、医科、工科、文科、理科和农科共六所分科大学，后者下设理科、工科、医科、法科和文科共五所分科大学。此外，分科大学的优秀毕业生还可获准进入"大学院"（类似于"研究生院"。——译者注）进一步深造。不过，只有获得过高级别奖学金的毕业生才有资格申报。简化后的日本国民教育体系图谱见图 5-1：

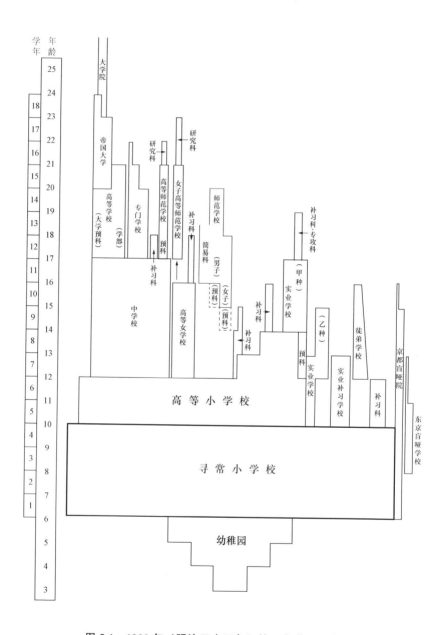

图 5-1   1900 年（明治三十三年）的日本学制示意图[9]

初等教育

如果一个儿童从 6 岁开始读小学，那么当他经过一个完整的教育序列，在开始读大学时已是 22 岁的青年。

根据《小学令》（1887），小学校的教育宗旨如下：关注儿童身体发育，开展道德教育与基本国民教育，传授生活所必需的知识技能。这一宗旨在后来颁布的《小学校教则大纲》（1892）中得到了更为充分的诠释。其中不仅明确了教学原则，也指出了小学教育的注意要点，在此归纳如下：

第一，道德教育乃所有课程的重中之重，旨在教育儿童成为符合社会道德伦理规范之人；

第二，教导儿童学会日常生活所需的知识与技能，通过反复练习让儿童有效掌握并付诸实践；

第三，为确保儿童的身心健康成长，所有学科的教学工作都应与其身心成长阶段相适应；

第四，儿童应该根据性别分别进行教育，使其能够更好适应生理特征与未来生活；

第五，不同学科应相互配合，协同开展教学，同时应充分关注儿童的个人特质，寻找最佳的教学方法。

通过上述表述，我们不难看出，明治时期的日本人并没有重蹈英国人的覆辙，即将上课与教育混为一谈。与此同时，日本国民教育的主要目标也开始逐步转向道德品性的塑造。

当时，日本共有寻常小学校 18,871 所，高等小学校 8,238 所，合计 27,109 所，这也就意味着每 1,685 人就拥有 1 所小学校。其中，有 2,136 个寻常小学校和 224 个高等小学校会为不满足于常规学制的学生提供 2 年的补习课程。

各府县全权负责辖区内的学政事务，文部省则对地方政府进行全面监督。《小学令》颁布之前，市、町、村的小学校一直按照约定俗成的金额收取学费[10]；《小学令》颁布之后，寻常小学校一律不再收取学费。在特殊情况下，地方行政长官（府县知事。——译者注）可以特许小学校收取学费。其中，市小学校每月收费不得超过20钱[11]（约 0.2 円），町、村小学校每月收费不得超过 10 钱（约0.1 円）。

根据《小学令》，小学校办学所需之经费几乎全由其所在的市、町、村进行筹措。但是，随着教育费用逐年递增，资金筹措的难度也不断加大。为此，文部省特意向市、町、村下拨补助金，以减轻地方的学政负担。甲午战争之后，日本并未将清廷的战争赔款全部投入陆海军扩建或其他军事项目。其中有相当一部分赔款被用于发展工业与教育。明治政府专门划拨了一笔 1000 万円的教育基金，并将由其产生的利息按照各学校的学生人数进行下发。

为了对日本小学的组织架构与课程安排有更为准确的把握，我查阅了许多专门的出版物。相关信息涵盖了日本初等教育的方方面面，其中的许多内容都值得他国的教育从业者予以关注。

中等教育

日本的中等教育同样值得称道。维新之后，日本的每个町至少都设有一所中等学校（下文简称"中学"。——译者注），目标为不断推进中等教育。甲午战争以来，日本国民的求知欲愈发强烈，在过去的十年里，中学数量明显增长，规模亦不断扩大。1893 年，日本有公立中学 53 所，私立中学 15 所，另有 5 所这两类学校的分校；1903 年，公立中学增加至 207 所，私立中学增加至 35 所，分校则增加至 22。其中，学校规模、经费、学生人数等指标在十年内几乎翻了两番。

学生在中学阶段需要学习的课程有：修身、国语、汉文、外国语、历史、地理、数学、博物（生物）、物理、化学、法律/经济、图画（制图）、唱歌和体育。有时候，学校也会将上述课程中的几门列为选修课。中学的开设与停办需要得到文部大臣的批准，办学经费则由校方负责筹措。公立中学一般都会收取学费，私立学校则由经营者自行决定经费筹措方式。从近期的情况来看，收取学费的私立学校越来越多，金额通常也高于公立学校，约为每月 1 至 3 円不等。

日本还设有专门面向女孩的中等学校（即"高等女学校"），其初衷在于为女孩提供更高层次的教育。但是，由于女性人数在当时日本总人口中的占比仍然较低，其结果就是几乎所有的女性都会在 20 岁前后相夫教子。就社会整体而言，女子高等教育的需求还远未形成规模。因此，兴办"高等女学校"主要是为了塑造女德，传授成为贤妻良母所必备的知识，使她们有能力为婆家带来和谐与幸福。

教师之培养

为了系统培养各级各类学校的教师，师范学校、高等师范学校、东京美术学校、东京音乐学校、女子高等师范学校先后设立。虽然这些都是政府出资的公立学校，但学校的维护与支出途径却不同于一般的国家财政支出项目。通过积累每年的经费结余，政府希望这些学校有朝一日能够实现自负盈亏。

高等学校

除了通常的中等学校，日本还有一些被称为"高等学校"[13]的教育机构，为那些渴望就读大学的学生提供预备教育。目前，日本共有八所高等学校，分别坐落于东京市、仙台市、京都市、金泽市、熊本县、冈山县、鹿儿岛县和山口县。高等学校皆是公立学校，与高等师范学校一样，也是由政府财政提供经费。不过，山口高等学校却是完全依靠社会捐款进行办学，算是一个特例。根据授课内容，高等学校可以分为三大类，学制皆为三年。第一类学校招收志在大学法科与文科的学生；第二类学校招收志在理科、工科与农科的学生；第三类学校招收那些打算专攻医科大学医学科与药学科的学生。这三大类课程都旨在为学生日后进入大学深造打下扎实的知识基础。

大学教育

日本帝国大学的目标在于传授国家发展所需的科学与人文知识，并在相应领域开展具有独创性的研究。每所帝国大学都由一个"大学院"与多个"分科大学"[14]组成。大学院的宗旨在于研究学问之奥义，各分科大学则负责具体的理论与实践教学（如工部大学校后来就和原东京大学工艺学部合并成为"帝国大学工科大学"。——译者注）。目前，日本共有两所帝国大学，即东京帝国大学和京都帝国大学。后者成立于1897年6月，前者的历史几乎则可以追溯到明治维新伊始。

维新之后，明治政府恢复了江户幕府设立的西学教育研究机关——"开成所"[15]，并于 1870 年将其更名为"大学南校"[16]，这也是今天东京大学的前身之一。1873 年，"大学南校"再次更名为"开成学校"；1877 年，开成学校与东京医学校合并，成立"东京大学"，其下设有法学、医学、文学和理学四大学部。关于工部大学校，即日后的"帝国大学工科大学"的有关情况，我将援引最新版的《东京帝国大学一览》中的有关表述：

> 东京帝国大学原称"帝国大学"，由东京大学合并工部大学校、东京农学校而来。

1886 年 3 月 2 日，《帝国大学令》颁布，上述学校正式合并。在介绍完上述学校的相关情况之后，《东京帝国大学一览》继续写道：

> 作为东京帝国大学的第二大来源学校，工部大学校的前身为工部省工学寮于明治四年（1871 年）八月在虎之门旧延冈邸（旧延冈藩藩主内藤家的上屋敷遗址）建立的工学校。明治五年（1872 年）三月，工学校分设"小学校"（preparatory school）与"大学校"（college）[11]。明治七年（1874 年）二月，小学校迁移至溜池町一番地旧河越邸；明治九年（1876 年）十一月，隶属于虎之门本校（大学校）的工部美术学校创立。明治十年（1877 年）一月十一日，随着工部寮被撤销，工学校亦更名为工部大学校，转由工作局管辖；同年三月，虎之门的新本校校舍正式竣工；同年十二月，工部美术学校被撤销。明治十八年（1885 年）十二月二十二日，工部省被撤销，工

部大学校转由文部省管理。明治十九年（1886 年）三月，根据《帝国大学令》，（东京）帝国大学正式创立，同时吸收了工部大学校和东京大学的相关机构。明治二十一年（1888 年）七月三十一日，帝国大学工科大学正式成立。

与东京大学合并之后，工部大学校的全体教师与学生搬离虎之门老校区，迁入位于小石川本乡地区（旧加贺藩上屋敷遗址）的新校舍——一幢砖块结构的建筑。工科大学随后的工作应该说是卓有成效的，尽管此时学校所能获得的实地教学机会自然不如当初由工部省直接管辖之时那么多。如今，学子们必须前往民间企业和官营工场寻找实习机会。因此，学校必须设置更为全面、更加贴近实际的培训课程，这不仅是为了教育学生，更是为了国家利益。

1890 年 6 月，根据另外两项敕令，帝国大学其下又新设了农科大学。帝国大学农科大学由"驹场农学校"与"东京农林学校"合并而来。前者由内务省劝农局于 1874 年建立，后由农商务省管辖。农科大学的校址沿用了位于目黑驹场的农学校原校址，这里距离其他的分科大学很远。当然，这并不妨碍它成为帝国大学不可分割的一部分。截至我写作此书之时，东京帝国大学共由六个分科大学组成：法科大学、医科大学、工科大学、文科大学、理科大学和农科大学。前五者都坐落于在本乡町东北高地上的旧加贺藩上屋敷遗址。

文部省的最新报告给出了 1902—1903 年东京帝国大学各分科大学的教师与学生数量（详见表 5-1 所示）。

表 5-1　东京帝国大学各分科大学的教师与学生人数（1902—1903）

	教授/教官人数					学生/研究生人数			毕业生人数		
	教授	助教授	特聘教授	外国人教授	总计	学生	研究生	总计	学生	研究生	总计
大学院	/	/	/	/	/	467	/	467	44*	/	44
法科大学	17	3	9	4	33	969	26	995	106	2	108
医科大学	23	7	4	1	35	398	124	522	97	133	230
工科大学	20	14	23	2	59	421	6	427	98	5	103
文科大学	12	4	22	7	45	285	17	302	71	3	74
理科大学	18	5	5	/	28	65	3	68	19	1	20
农科大学	14	18	9	4	45	65	275	340	15	37	52
总计	104	51	72	18	245	2,670	451	3,121	450	181	631

说明：＊表示有 44 人超过了研究生的修业期限。

《东京帝国大学一览》中还给出了各分科大学初创时的课程信息，如有读者需要了解更多细节，可以自行查询。我们从中不难作出推论，相较于其他任何欧美国家，日本年轻一代接受的高等教育绝不逊色。除去各个分科大学，帝国大学还设立了一些专门机构来完善整体的教育架构，如图书馆、博物馆、附属医院、植物园、天文台、地震学实验所、实验农场等。每个分科大学都配有各式各样的实验设施，伏案学习绝不是教学的全部，更加注重实际的教育方式将有助于进一步培养学生的创新思维。

除去四年制的法学和医学专业，其他专业的学制均为三年。学生通过毕业考试之后就可以获得相应的专业学位。截至 1903 年 9 月，学校共有 5459 名毕业生，可惜有 391 人已经离世。

创立于 1897 年的京都帝国大学虽然成立尚不满七年，教学设施也还有待进一步完善，但是学生对于学校的教学质量还是颇感满意。如今的京都帝国大学依然处于高速发展期，也势必会在将来发挥更大的作用。目前，京都帝国大学下设大学院、法科大学、医科大学、理工科大学。文部省的最新报告也给出了 1902—1903 年京都帝国大学各分科大学的教师与学生数量（详见表 5-2 所示）。

表 5-2　京都帝国大学各分科大学的教师与学生人数（1902—1903）

	教授/教官人数					学生/研究生人数			毕业生人数		
	教授	助教授	特聘教授	外国人教授	总计	学生	研究生	总计	学生	研究生	总计
大学院	/	/	/	/	/	30	/	30	/	/	/
法科大学	10	2	4	/	16	157	15	172	/	/	/
医科大学	12	4	2		18	71	9	80	/	/	/
理工科大学	21	14	12	1	48	202	7	209	39	1	40
总计	43	20	18	1	82	460	31	491	39	1	40

不仅是学校内部的教学体系正日趋完善，学校外部的相关机构也正在蓬勃发展。毫无疑问，京都帝国大学将会走上与东京帝国大学相似的发展道路。我相信，只要条件成熟，明治政府将会设立更多的帝国大学（最终日本本土有七所，海外殖民地有两所。——译者注），从而为更多渴望进入最高学府的日本学子提供学习的机会。

帝国大学的学生需要自筹学费（每人每年 25 圆）。学生在入学时须一次性缴纳一笔 2 圆的入学金。理科与工科大学的学生每年则还须额外缴纳一笔 10 圆的实验物料使用费。为了帮助那些无力负担学费的学生，东京帝国大学建立了一套奖学金贷款制度，为寒门子弟提供了莫大的帮助。

专业技术教育

帝国大学的各个分科大学开展的高等专业技术教育固然十分重要，但为了让那些未来有志于投身产业实务领域但却没有机会进入大学的日本人也有机会接受高质量的理论教育与实务培训，日本政府还兴办了许多专业技术学校。甲午战争以后，日本政府越发注重专业技术教育，并且在过去的十年中取得了长足的进步。目前，东京、大阪和京都各有一所高等工业学校。此外，全国范围内还有许多更加基础和更为侧重实务的专业学校。1892 年以来，日本国立、公立和私立专业技术学校的增长情况详见表 5-3 所示。

表 5-3　专业技术学校学生数量的变化（1892—1902）

	工业学校	农业学校	商业学校	商船学校	徒弟学校	补习学校	总计
1892 年							
学校数	5	12	11	/	?	?	28
学生数	714	191	1,629	/	?	?	2,534
1900 年							
学校数	18	56	38	4	22	150	288
学生数	1,605	5,040	8,269	319	1,642	8,850	25,725
1901 年							
学校数	21	79	41	5	25	221	392
学生数	1,993	7,778	9,842	533	1,528	12,992	34,666
1902 年							
学校数	25	102	50	7	32	629	845
学生数	2,590	9,847	11,370	715	2,192	30,882	57,596

　　如果要对不同的专业技术学校及其具体工作进行进一步介绍，恐怕还需援引更多的数据。不过，我们在此只需查看 1903 年的统计数字就已经能够大致了解日本在专业技术教育方面所取得的进步（详见表 5-4 所示）。

表 5-4　专业技术教育机构的现状（1903 年）

	学校数量			学生人数	毕业生人数	经费（円）	国库补助（円）
	国立公立	私立	总计				
工业学校	23	2	25	2,590	417	508,700	62,330
徒弟学校	31	1	32	2,192	469	125,799	29,230
甲种农业学校	55	2	57	7,146	1,919	1,031,697	110,090
乙种农业学校	47	2	49	2,701	572	154,435	
甲种商业学校	34	7	41	9,882	1,021	611,300	53,210
乙种商业学校	16	1	17	1,488	573	48,395	
甲种商船学校	7	0	7	715	93	83,407	13,820
补习学校 工业学校	42	1	43	3,042	479	17,564	16,573
补习学校 农业学校	482	21	503	22,933	1,804		
补习学校 商业学校	69	13	82	4,880	504		
补习学校 商船学校	1	0	1	26	6		
总计	807	50	857	57,595	7,857	2,581,297	285,253

　　专业技术学校旨在对从事工商业的技能工匠与其他专业人员进行必需的从业培训。主要课程包括修身（道德）、算术、几何、化学、制图以及其他与手艺实务直接相关的课程。但是，如有必要，修身之外的任何课程都可以被剔除，或仅仅列为选修课。修业期限从六个月至四年不等。各地学校可依据实际情况灵活安排授课时间，也可选择在周日或晚间进行授课。为了不断完善专业技术学校自身的师资力量，东京帝国大学的各个分科大学还设立了专门的教师培养所，各种各样的独立培训机构也先后建立。

艺术 / 音乐教育

　　王政复古与明治维新的诸番事变打乱了日本原有的艺术教育安排。维新后的一段时间里，纯粹的日本美术行业饱受冷遇，从业人数骤减，行业环境岌岌可危。在过去，大部分的艺术工匠都是基于内心的热爱以及作为日本人的念想而挥洒画笔；但如今，他们从事艺术行当却主要是图个养家糊口，创作的作品也多是迎合西方买家口味的"商业之作"。不过，经过了一段时期的蛰伏，日本艺术复兴的萌芽已经破土而出，各种教育机构与团体也开始不断涌现。

由于我在第九章中将会专门讨论日本艺术，因此有必要先介绍一下几个至今仍在运作的重要艺术教育机构。

明治政府曾经多次尝试以一种相对稳妥的方式重新建立日本的艺术教育机构，但始终未能成功。1886 年 9 月，文部省组织一个调查团前往欧美，研究西方的美术教育方式与美术学校架构。调查团于 1888 年返回日本，东京美术学校随之建立（1889 年正式建校。——译者注）。自那以来，东京美术学校几经改革与调整，如今的办学成效显著，发展态势良好，是日本艺术教育之重镇。学校教授绘画、设计、雕刻、建筑（目前已取消）和工业技术，旨在培养日本年轻人成为职业艺术家或绘画教师。除去为期一年的预科，其他专业的修业年限均为四年。

日本民间兴办了许多艺术教育机构，其中最重要的就是创立于 1898 年 10 月的日本美术院，创始人为冈仓天心（KAKASU Okakura）[18]。我在后续章节中将会频繁引用他的著述。相较于公立美术院校，作为私立机构的日本美术院在秉持让美术更贴近日本理念的同时，也在努力传播和发展西方艺术。这的确是一项极具挑战性的任务，因此我们也不必因为其没有完全实现预期目标而感到惊讶。

现在，日本民间已经有了不少学徒人数众多的私人画塾。就绘画流派来说，这些机构有的教授传统日本画，有的教授西洋绘画，有的兼授两者，实在是一番颇为有趣的景象。如此看来，或许我们可以见证东西方价值理念在日本艺术上率先实现融合。现在，许多公立和私立教育机构都致力于帮助人们将美术技艺应用于各个产业。日本宫廷对于发展日本传统美术也给予了大力支持，皇室对于杰出艺术家进行的官方表彰更是极大地推动了日本艺术产业的进步。

日本音乐有着悠久的历史，在发展的过程中也吸收了不同的音乐元素。1879年，有意普及音乐教育的文部省派出了一个调查组赴欧美各国进行调研。1887年10月，东京音乐学校正式开校。最初的课程包括修身、声乐、钢琴、管风琴、琴筝、三味线、特殊乐器、和声学、音乐理论、音乐史与音乐教学方法论。历经多次调整，东京音乐学校逐步形成了目前的教育课程体系，共有预科、本科、研究科、师范科和选修科五大类课程。本科的课程并不局限于所学专业，而是为学生安排了非常完整的音乐通识教育。每一位学生都可以选修专业以外的课程。

在所有的私立与公立音乐教育机构之中，只有东京音乐学校能够提供系统化的音乐教育。不过，民间也有各种音乐团体和协会可以向大众提供多样化的音乐教育。东京音乐学校的工作人员与其中的大多数也都保持着固定联系。因此，除了东京音乐学校所提供的科班音乐教育，日本民众还有其他接受音乐教育的机会。此外，还有由音乐家组成的专门研究机构。比如，宫内省的"乐部"负责指挥演奏皇室仪典所需的雅乐，陆海军也有各种各样的军乐队。近年来，日本的上流社会越来越重视音乐教育，几乎所有的学校都把唱歌和音乐纳入了通识教育的必备一环。

专门/特殊学校

日本各地还设有许多面向专业领域与特殊人群的专门学校。比如东京外国语学校、东京商船学校、东京高等商业学校以及陆海军相关学校。我们在后文中也会对其中的几所进行介绍。尤其值得关注的是政府为感官障碍人士所开办的学校。早在 1880 年，东京就设立了面向失明与听障人士的专门教育机构——"训盲院"，后改称"训盲哑院"，为感官障碍人士提供了极富成效的教育课程。面向失明人士的一般课程有国语、算数、会话和体操；专业课程则有音乐、针灸和按摩。面向听障人士的一般课程包括朗读、习字、作文、算术、笔谈和体操；专业课程则有绘画、雕刻、木工和缝纫。这所学校的毕业生用自己随后的人生证明，感官障碍人士也能以体面的方式谋生。

教育统计概要

以上就是我对日本国民教育体系进行的大致梳理。如果想要描述得更为细致，那么本章的篇幅怕是远远不够。不过我相信，表 5-5 中的有关数据应该能够帮助读者理解日本国民教育的最新进展（1900—1901）。其中，国立学校由文部省直接管辖；公立学校由各都府道县管辖，同时受文部省监督；私立学校由文部省授权个人开办并经营。限于篇幅，我同样无法对所有教育机构的财务情况一一进行说明。不过，通过表 5-6 中的相关数据，我们就足以瞥见一二。表 5-7 中的数据则反映了日本高等教育机构的相关支出。这些数据都表明，日本人普遍认为在教育上花钱是一项收益丰厚的国家投资。

表 5-5　学校种类的分类统计（1900—1901）

	学校数量				教官/教员人数				学生人数				毕业生人数			
	国立	公立	私立	总计	国立	公立	私立	总计	国立	公立	私立	总计	国立	公立	私立	总计
小学校	2	26,485	369	26,856	31	91,767	1101	92,899	1,124	4,622,930	59,544	4,683,598	318	736,907	8,580	745,805
盲聋哑校	1	1	9	11	15	15	25	55	231	196	194	621	14	8	12	34
师范学校	/	52	/	52	/	958	/	958	/	15,639	/	15,639	/	7,323	/	73,23
高等师范	2	/	/	2	110	/	/	110	803	/	/	803	180	/	/	180
中学校	1	183	34	218	22	3,067	659	3,748	321	64,051	13,943	78,315	40	5,584	2,163	7,787
高等女学校	1	44	7	52	19	525	114	658	306	9,746	1,932	11,984	91	1,832	637	2,560
帝国大学	7	/	/	7	345	/	/	345	5,684	/	/	5,684	1019	/	/	1,019
高等学校	2	/	/	2	291	/	/	291	3,240	/	/	3,204	633	/	/	633
特殊学校	3	4	41	48	128	81	734	943	968	1,447	10,985	13,400	138	210	1,687	2,035
专业学校	9	265	23	297	238	1382	137	1,757	1,730	23,599	2,126	27,455	349	4,406	249	5,004
其他学校	/	122	1,195	1,317	/	90	4273	4,363	/	4,817	80,117	84,934	/	721	15,783	16,504
总计	28	27,156	1,678	28,862	1,199	97,885	7,043	106,127	14,407	4,742,425	168,841	4,925,637	2,782	756,991	29,111	788,884

表 5-6 主要教育支出（1900—1901）

	经常支出 （円）	特别支出 （円）	总计 （円）
文部省本省	392,813	1,377,612	1,770,425
地震调查委员会	28,094	/	28,094
国际测地委员会	14,333	/	14,333
中央气象台	36,910	/	36,910
纬度测定观测所	4,898	/	4,898
附属研究机构	2,027,398	/	2,027,398
府县师范学校校长薪资	53,167	/	53,167
地方学校视察费、督学费	161,469	/	161,469
专门教育补助金	249,984	/	249,984
初等教育补助金	1,487,637	/	1,487,637
总计	4,456,703	1,377,612	5,834,315

表 5-7 高等教育机构的教育支出（1900—1901）

	常规支出 （円）	专项支出 （円）	总计 （円）
东京帝国大学	882,167	67,062	949,229
京都帝国大学	326,342	101,253	427,595
高等师范学校	157,287	/	157,287
女子高等师范学校	83,824	4,932	88,756
札幌农学校	58,737	2,500	61,237
高等商业学校	54,346	/	54,346
第一高等学校	127,581	/	127,581
第二高等学校	83,721	2,659	86,380
第三高等学校	103,473	/	103,473
第四高等学校	78,673	/	78,673
第五高等学校	122,768	13,713	136,481
第六高等学校	20,041	10,000	30,041
山口高等学校	37,830	3,083	40,913

（续表）

	常规支出 （円）	专项支出 （円）	总计 （円）
东京工业学校	85,286	36,392	121,678
东京外国语学校	55,574	/	55,574
东京美术学校	57,704	/	57,704
东京音乐学校	29,010	/	29,010
大阪工业学校	50,377	7,000	57,377
东京盲哑学校	12,255	1,498	13,753
帝国图书馆	23,577	/	23,577
总计	2,450,573	250,092	2,700,665

各种团体组织

日本还有许多并不直接开展教学活动的教育团体，它们同样为日本人的思想进步与民智开化做出了贡献。类似的教育团体遍布日本各地，其宗旨多是为了普及教育，激发国民的求知欲。这些团体会举办各种讨论与演讲，定期发行记载团体活动内容的刊物，从而扩大本团体观点的影响力。同时，它们也会编撰教科书、组建教师团体、举办教育展览等。

今天的日本已经有了众多致力于实现和维护行业利益的科技、产业学会或协会（我在后续章节中将会提及其中最具影响力的几个）。这些组织所发表的"会报"详细记载了其下成员所取得的卓越成绩。不少大学及相关机构的科学论文集即便拿来与欧美大学相比也不遑多让。许多大型图书馆在日本各地拔地而起，欧美出版的最新刊物在日本人之中很受追捧。

1879年，为了普及自然科学，振兴人文科学，日本仿照法兰西学士院设立了东京学士会院[19]，由文部省管辖。学士会院致力于推动国民教育，成员皆是功勋卓著的学界长者，总人数不超过 25 人。会长由天皇任命，新会员则需在现有成员推荐的基础上通过投票产生。会员根据各自的研究志趣刊文著述，相关内容发表于"会报"——《东京学士会院杂志》。1903 年，学士会院共收到社会捐赠的书籍 10 卷、期刊 378 本和各类报告 40 份。

私立教育机构

数据显示，日本民间的各级教育机构如今已经颇具规模。近年来，国立与公立教育机构所提供的教育服务已经渐渐无法满足国民飞速增长的求知欲。其结果就是，部分国民教育活动开始逐步交由民间或个人承担。一些社会人士也希望拥有比公立学校更大的教学自由，并创办了一些至今仍颇具影响力的民间教育机构。就我看来，这种发展方式是值得鼓励的。私立教育机构不仅丰富了国民教育的开展方式，也为高素质人才培养领域引入了良性竞争。

在这些私立学校之中，最具影响力的当属东京的庆应义塾、早稻田大学和京都的同志社，这些学校身上均带有各自创立者、历史起源和教育理念所赋予的鲜明特征。它们与公立的政府专门学校一样，都是推动日本文明进步的先驱。

庆应义塾[20]，正如其名，成立于庆应年间（1868 年），是现存所有公立和私立高等教育机构之中历史最为悠久的一所。其创始人福泽谕吉（FUKUZAWA Yukichi）[21]是日本近现代史上最为著名的人物之一。福泽先生不仅是一位教育家，更是一位理论家与哲学家，堪称日本传播西方思想之第一人。任何希望理解当下日本所发生一切的人都应该细细研读福泽先生的人生历程与经典著作。

庆应义塾培养了许多现今身居要职的政治家和公职人员，对于日本的国家演化与国民进步也起到了重要的推动作用。庆应义塾现由三部分组成：大学部、普通部（相当于中等学校）和幼稚舍（相当于小学校）。大学部下设四个学科，即理财科、法律科、政治科和文学科。目前共有超过 2000 名在校生与 3318 名毕业生。

早稻田大学[22]创立于 1882 年，由日本最为杰出的政治家之一大隈重信伯爵及其追随者所创。学校现由大学部、专门部和高等预科组成。大学部下设三个学科，即政经学科、法律学科和文学学科；专门部下设六个学科，即政经学科、法律学科、行政法学科、国文汉文学科、历史地理学科、法制经济及英语科；此外还设有大学院。目前，专门部共有 2000 多名毕业生与 3000 多名在校生。

京都的同志社成立于 1875 年，创始人是新岛襄（NIIJIMA Jo）[23]。新岛早年曾在美国接受基督教的洗礼与教育。同志社最初名为"同志社英学校"[24]，后来还增设了神学校、女学校和预备校。1883 年，学校进一步扩容，并将更名为"同志社大学"一事提上日程。可是，新岛的中途离世（1890 年）导致了同志社更名进程暂时搁浅。目前，同志社的几个高等学部已经改称为专门学校，其中就包括同志社高等学部哈里斯理科学校（Harris Science School）、同志社高等学部文科学校以及同志社高等学部政法学校（1904 年废止）。此外，学校的附属机构还包括上面提到的神学校、女学校（相当于中等学校），以及普通学校、图书馆、护理学校和附属医院。目前，同志社共约有 1000 名毕业生，其中的一些人已经成为虔诚的基督徒。我想，这无疑是受到了新岛崇高品格和自我牺牲精神的感召。其他不少人也已经在政治和文学等领域崭露头角。

除去上述的高等教育机构，日本还有许多其他的私立大学也能提供法律学科、经济学科和政治学科等方面的教育。比如明治大学、东京法学院大学（后改称中央大学）、法政大学、日本大学、专修学校（后改称专修大学）等。另外，也有医学、理科和药学等专门学校。在专攻国学和教育学的教育机构中，国学院[25]和私立哲学馆（后改称东洋大学）最负盛名。不仅如此，佛教界也参与其中。东本愿寺与西本愿寺分别创立了"真宗大学寮"（大谷大学的前身。——译者注）与"大学林"（龙谷大学的前身。——译者注）。这两所大学不仅在建学初衷与教学设施上别具一格，而且也标志着宗教复兴运动与智识活动在日本佛教界的兴起。

我认为，当今的日本人理应感谢那些基督教传教士，因为如果没有他们，日本的教育发展之路恐怕会走得艰难许多。刚才我已经介绍了京都的同志社，而在日本与西方接触的早期，许多西方传教士同样为日本的国民教育付出了巨大的精力与时间。如今，日本的国民教育体系已然建立，早就不再像过去那般需要依靠传教士来开展教育普及工作，但是，他们中的一些人依然矢志不渝，受他们教育、影响的学生人数也相当可观。有一些学生选择成为虔诚的基督教徒，许多人的生活方式与人生理想也多少受到了基督教义的塑造。

道德教育与宗教教育

从初等教育到高等教育，日本的每级学校都设有与"修身"（道德）相关的课程[26]。但是，除了宗教学校，其他教育机构都没有采取宗教教义的形式来开展道德教育。在这个问题上，许多刊物和书籍都进行过大量探讨，可谓众说纷纭。在此，我打算援引杰出的思想家，同时也是同志社首届毕业生的横井时雄（YOKOI Tokiwo）[27]在一篇文章中的相关论述，相信足以帮助我们了解日本道德教育的现状：

　　　　学校如何进行道德伦理教育？这依然是日本教育者当前最

需要解决的课题。在过去十五年乃至更长的时间里，我们有过诸多尝试，如将《论语》等汉学典籍作为蓝本，又比如主张以天皇的道德敕语为教材。但是，这些都不足以彻底解决这个重大的教育问题。私以为，其中有两个最大的难点：一乃如何处理宗教与教育之间的关系；二乃学校应该开展什么样的道德教育。这些问题本质上都是这个国家快速变化的社会现实的精神投影。

在宗教框架下开展世俗化教育是当前最通用的做法。但是，私以为，吾等教育思想之先行者应认真考察如下问题：世俗教育是否真的必须完全脱离宗教乃至采取反宗教的方式？正如迄今为止我们所目睹的那样。就像曾经担任文相的森有礼子爵（Viscount MORI Arinori）所总结的那样，"我不知道过去几年主宰日本教育界的理念究竟正确与否，即学生们的头脑必须保持空白以远离宗教思想，直至他们拥有独立判断的能力。但是，如今的问题在于年轻人的头脑是否能在保持完全空白的同时还不受宗教偏见的影响。这就好比如果不种植有用的植物，花园就会长满杂草"。这一政策似乎造成了以下的现实结果，即为了摆脱偏执或迷信，受教育者须以牺牲道德理想和知识深度为代价实现两者之间的平衡。

日本的教育主政者在教育中所强调的宗教分离主义似乎同时也带来了肤浅和市侩。如果失去了塑造正义的不朽价值，失去了浸润于思想的崇高理想，军武的荣耀和国家的辉煌便成为激发青年雄心壮志的唯一动力。我们又怎么能指望学校教育有所成效呢？

我个人从不认为日本的国民教育应该完全交由佛教徒或基督教传教士来负责，又或是将世俗与宗教那无休止的争论带进讲堂。我相信，世俗教育的确应该脱离宗教系统或远离宗派团体，但是倡导宗教与教育进行分离并不一定等同于反宗教，也不一定意味要刻意敌视某一种宗教。

横井先生的上述观点以及其他报纸期刊上所进行的讨论都表明将宗教完全排除在学校教育之外并不能彻底解决日本道德系统重构所面临的难题。对此，世界各国的教育家们都会持续予以关注。再者，东西方的宗教思想究竟可以在多大程度上达成协调统一？我相信这是未来最有趣同时也是最重要的议题之一。

教育成果

上文关于日本教育机构的概述已经表明，日本近来所取得的各种进步是离不开其坚实的国民教育基础的。一方面，政府带头兴办、扶持和奖励各种教育机构；另一方面，国民也充分接受着这些政府与民间教育机构所提供的教育服务。举国上下很快就意识到，无论是成就自我还是报效国家，社会成员都有责任用知识来武装自己，以便更有效地履行新生国家所赋予他们的责任。此外，就像德国那样，日本也在大力发展高等教育（higher education，日本的"高等教育"大约相当于高中。——译者注），因为"中等学校"的文凭不仅在求职时具有相当的含金量，而且持有人还有权以自愿服役的方式，将通常为期三年的兵役缩减为一年。

我将在后续章节讨论明治维新各领域所取得的进展之时进一步介绍日本国民教育的现实成果。日本人不仅仅满足于吸收西方知识，而且积极投身于各种独创性研究，从而扩大了自身的认知边界，在科学、历史和哲学等领域均收获了极其重要的成果。不过，我们须知，身处这样一个万事万物都处于激变之中的过渡时期，日本寻求新知的最初目标主要是出于国家发展之需要，尤其是在自然资源开采领域。当然，这也实属情理之中。

在 1903 年召开的不列颠协会南港会议（Southport meeting of the British Association）上，协会主席以《智识力量对于历史的影响》（The Influence of Brain-Power on History）为题，分析了一国为其国民所提供的高等教育与其在全球竞争格局中所处位置之间的密切关系，可以说是有理有据，令人信服。此外，与会的天文学家诺曼·洛克耶（Sir Norman Lockyer）爵士在对英美德三国的大学教育设施进行详细比较研究之后表示：

> 但是，令我们感到惊讶的是，比起硬件设施上的改善，日本在"开启民智"方面所作的努力更是非同凡响。这种努力并非是遭遇战争的后知后觉，而是未雨绸缪的主动为之。而今，我等不列颠人面临的问题在于，究竟是应该坐等灾难来袭之后效法普鲁士和法兰西，还是应该跟随日本，为即将到来的激烈产业竞争做好"智力努力"的万全准备？

在本章中，我已经简要陈述了日本为建立一套完整的国民教育体系所作的坚决努力。在后续章节中，我将列举更多实例，以表明深思熟虑的教育规划究竟可以为国家的前景带来何等深远而直接的影响。

如今，许多日本人对于法律、经济和政治研究分外感兴趣。这无疑是因为这些内容有助于让他们在国家政府中拥有一席之地。日本政府在新近披露的一份报告中对此作出了如下解释：

> 在日本，许多国民热衷于学习法学和政治学这样的抽象理论学科。究其原因，无外乎他们已经意识到了这些学问对于生活在立宪政体之下的自己是何等的重要与必需。但是，若想更

为深入地解释这一现象，我们至少还需要一个更具说服力的理由。那就是吾国国民始终高度重视的"治国济民"思想。在百年来研读汉学典籍的过程中，"治国济民"的概念早已深深植入了日本国民的精神世界。这种概念是如此根深蒂固，以至于几乎成为日本人国民性的一部分，而正是这一思想推动着那些最具前途的年轻人投身于法学与政治学等学科的学习。

不过，如今的日本人也已经认识到，任何通过片面追求技术教育和物质增长来"治国济民"的尝试终究只会加快使其走向破灭的脚步，而仅仅为了培养契合国家机器需要的官僚阶级的教育则更是完全无视了实现国民福祉所必需的真正重要因素。正如一位知名的日本作家不久前所说的：

> 任何脱离具体社会情境的教育都不可能取得成功。为了彻底解决那些迫在眉睫的教育问题，针对民族学、社会学和进化论的研究都是极有必要的。

日本现在面临的诸多问题是其他所有工业国都曾面对过的。我希望，日本人所构建的国民教育体系能为西方国家提供一些可效法之榜样，并进一步探索将产业发展成果惠及社会各个阶层的可行之道。

主要参考文献

所有近期出版的日本研究著作几乎都谈及国民教育问题，但通常都是零章散句，浅尝辄止。最近，日本文部省在圣路易斯万国博览会上（即世博会。——译者注）披露了一份完整的官方报告，其中详细介绍了日本国民教育的现状与举措，极具参考价值。同时，文部大臣每年的报告书也很值得一读，读者可以从中了解相关议题的最新进展。若想了解日本各大教育机构的详细情况，则可以参考相关的年表、章程等资料。此外，福泽谕吉的《福泽谕吉自传》、大隈重信伯爵的演讲录与著作、其他教育领域人士的著作，以及新闻报刊上所登载的讨论也都值得我们加以研究。

译者注释

1. 幕末，日本民众的识字率达到 60％—70％，同时期欧洲民众的识字率仅为 20％—60％，其中法国甚至不足 10％。参见宗泽亚：《明治维新的国度》，北京联合出版公司 2014 年版，第 195 页。

2. 假名在日语中的作用类似于汉语拼音，最重要的一个功能就是表音，用来标注汉字的读音。直至今日，衡量一个日本人"国语"水平的高低，一项重要指标就是汉字的掌握情况（是否能读准写对），类似于中国人所说的"识字多不多"。

3. 1872 年，日本"学区制"分布如下：全国分为 8 个大学区。每个大学区有大学 1 所，下辖 32 个中学区；每个中学区有中学 1 所，下辖 210 个小学区，每个小学区有小学 1 所。即全国共 8 所大学、256 所中学、53,760 所小学。1873 年后，大学区调整为 7 个。参见宗泽亚：《明治维新的国度》，北京联合出版公司 2014 年版，第 196 页。

4. 〔日〕新渡户稻造：《武士道》，朱可人译，浙江文艺出版社 2016 年版，第 55 页。

5. 出处同上。

6. 《学制》的内容主要由学区、学校、教员、学生和考试、学费等五个部分组成，共 109 章。1873 年增添了关于海外留学生规则和专门学校等内容，二者相加，总共 213 章。1872 年，除《学制》外日本还颁布了两份文件：以太政官布告形式发布的《有关奖励学业的告谕》和以文部省名义发布的《撤销府县旧有学校，按照学制重新设立学校（13 号通知）》。这三份文件的颁布和实施，标志着日本近代教育体制的初步建立。

7. 大卫·默里曾于 1873—1874 年任文部省视学官。

8. 1872 年的《小学教则（抄）（明治五年九月八日文部省布达番外）》规定：小学分为上下二等，就读下等小学的学龄为 6 岁至 9 岁，上等小学的学龄为 10 岁至 13 岁，总计 8 年。资料来源：http：//www. mext. go. jp/b＿menu/hakusho/html/others/detail/1318005. htm。

9. 参见《学制百年史（资料编）》之"学校系统图"，载于日本文部科学省网站，https：//www. mext. go. jp/b＿menu/hakusho/html/others/detail/1318188. htm。

10. 维新初期，明治政府将江户时期的藩校、乡校、寺子屋（类似于中国古代的私塾）转变为明治小学校，但是政府初创、财力紧张，只能在推进教育过程中征收学费，学费于是反而成为普及教育的巨大障碍。

11. 1871 年起实行的日本货币单位，100 钱＝1 円。

12. 1872 年，日本首个教师培养机构——师范学校在东京设立。1873 年，大阪、宫城等 6 大学区也建立了公立的师范学校，因此东京的师范学校改名为东京师范学校，后来又改称东京高等师范学校、东京教育大学，是如今筑波大学的前身。中国近现代教师培养学校名称中的"师范"二字，最早就是参考了日本明治时期的翻译。

13. 根据 1896 年的《高等学校令（明治二十七年六月二十五日勅令第七十五号）》，各所"高等中学校"统一改称为"高等学校"。高等学校是为了那些想要进入帝国大学的学生所开办的预科学校，主要教授专业科目。

14. 根据《帝国大学令》，帝国大学由大学院与分科大学组成，大致类似于今天大学的研究生院与各个学院。"分科大学"是在特定历史时期的特殊称呼。1919 年颁布《大学令》之后，分科大学制废止，重新设立"学部"，一直沿用至今。

15. 开成所是江户幕府于 1863 年设立的教育研究机构，主要研究西洋教育。随着幕府的解体，开成所也一度关闭。1868 年，开成所与医学所一起为明治政府接受，国立的"开成学校"投入使用。

16. 1868 年，明治政府接受了江户幕府所辖的三大教育机构：昌平坂学问所（亦称"昌平寮"）、开成所、医学所（以研究西洋医学为主）。1869 年，三大教育机构合并为"大学校"，学校负责人为"大学别当"（可以作校长理解），由松平春狱出任。这三所学校后来就分别成为"大学本校""大学南校""大学东校"。

17. 根据最初设想，工学校由小学校与大学校两部分构成。前者进行工学基础教育，类似于预科；后者则进行工学的专门教育。但是，由于小学校的教师团队组建过程不顺利，因此，首任工学头山尾庸三与自己的旧识——休·M.马西森进行商谈，随后作为岩仓使团副使的伊藤博文正式与马西森进行合作，为学校在英国招聘师资。

18. 冈仓天心（1863—1913），明治时期著名的美术家、美术评论家与教育家，享有"明治奇才"的美誉。冈仓的艺术理念带有极强的民族立场与亚洲一体观念。他强调东方文化艺术的优越性与日本文化艺术的重要性，其首创的"亚洲一体论"使其作为日本国粹派理想主义者而闻名于世。相较于福泽谕吉的"脱亚入欧论"，冈仓提倡以"东方的精神观念深入西方"。

19. 东京学士会院创立于 1879 年，是今天日本学士院的前身。初代成员有 21 人，会长为福泽谕吉，会员包括西周、加藤弘之、中村正直等知名学者。

20. 1858 年，福泽谕吉于江户筑地铁炮洲开设兰学塾。1868 年，改称庆应义塾。1890 年，成立大学部，分设文学、理财、法律三科。

21. 福泽谕吉（1835—1901），日本近代著名启蒙思想家、杰出的教育家、私立大学庆应义塾大学的创立者。福泽堪称日本近现代的启蒙老师，毕生从事著述和教育活动，形成了富有启蒙意义的教育思想，对传播西方资本主义文明、发展日本资本主义起了巨大的推动作用，因而被日本称为"日本近代教育之父""明治时期教育的伟大功臣"。其代表著作《西洋事情》《劝学篇》《文明论概略》《脱亚论》在当时的日本几乎是人人必读。

22. 早稻田大学的前身是 1882 年 10 月 21 日创立的东京专门学校。1902 年 9 月 2 日更名为早稻田大学。1905 年开办中国清朝留学生部（1910 年结束）。早稻田大学是最早接受中国留学生的学府。近代中国的许多名人，如宋教仁、廖仲恺、陈独秀、李大钊都曾在早稻田大学学习。

23. 新岛襄（1843—1890），明治时期的教育家。新岛在 1864 年偷渡出国，是第一个在欧美获得学位的日本人。新岛在美留学期间皈依基督教，回国后，年仅 31 岁的他以其先进的教育理念开办了日本历史上第一所基督教大学——同志社大学。新岛秉承良心理念教育，希望每一位学生都能怀揣良心走出校门。1880 年新岛为平息学潮在朝会上用木杖抽打自己的身体而感化了学生，成为全世界教育学界的典范。

24. 同志社英学校主要教授日语，当时在临时校舍中，只有两名老师、八名学生。

25. 国学院是今天国学院大学的前身，1882 年设立。1920 年据《大学令》升格为大学，1948 年实行现行学制。今天，国学院大学的文学部、神道文化学部等均处于全日本前列。

26. 不同层级学校的"道德"相关课程名称不尽相同，小学校的为"修身"，中学校为"伦理"，高等学校也为"修身"。

27. 横井时雄（1857—1927），日本牧师、报业家、编辑，曾经担任通信官员、众议院议员，是同志社大学第三任校长。其父是明治时期著名儒学家横井小楠。

第六章　陆军与海军

国家演化与陆海军的再编

就本书的写作目标而言，我在本章中只会将日本的陆海军作为国家演化的背后动因加以考察，而不会对其具体的组织架构进行详细介绍。就像在其他领域一样，日本政府对于国防问题的态度也是随国内外环境的变化而调整的。长期以来，武士阶级的存在使得日本国民产生了这样一个习惯性的假设，即总是存在这样一个阶级，他们人生的主要目标就是在国家需要之时进行战斗（这即是说江户时代的日本人几乎没有为国服役乃自身义务的类似概念。——译者注）。维新之后，中央政府在国防上所面临的最核心问题就是如何统合国内所有的军事与战争资源。

那时，国际政局对于日本政府决策所造成的影响尚且有限。因此，陆军就成了日本政府进行军备强化的首选。而后，随着日本与欧美列强的关系日趋紧张，明治政府才逐渐意识到了建设强大海军的重要性。实际上，直到甲午战争爆发之时，日本海军的战舰依然全部需要进口。

但是，甲午战争结束之后，欧洲列强（法国、俄国、德国。——译者注）的种种行径仿佛是让日本人有了切肤之痛，他们终于清醒地认识到：一个国家若想得到他国应有的尊重，那就必须用足够的实力来夺取。如此看来，完善的国民教育体系本身并无法自动实现这一目标，日本若想与西方列强平起平坐，最行之有效的方法就是掌握强大的军事力量，如此才有可能在必要之时贯彻自己的主张。

扩充军备之目的

这种理念可以为日本近年来所发生的一些变化，尤其是陆海军军力的充实提升提供一种颇为有力的解释。日本发展陆海军既非出于扩张领土的野心，甚至也非出于追求战争的荣光，但是，日本在充分吸收西方技艺、科学技术和产业模式的同时，却也更加坚定了以平等之姿与独立之态跃居世界舞台前列的决心。

就我们所看到的事实而言，如果一个东方大国不将很大一部分的财政收入用来打造极具破坏性的军备武器，那么就没有跻身世界列强的可能。对于西方文明而言，这种客观事实无疑是个令人悲伤的注脚。这些海量的金钱原本可以极大地改善国民的整体生活水平。近来远东的诸番事变已经清楚地证明，如果日本没有在过去的25 年中全力提升国力（尤其是军事力量。——译者注），那么今日已然身处险境。

此外，日本的政治家们也认识到，全球的贸易中心不仅正在向亚太地区转移，而且在可以预见的将来，这里注定成为风云际会之所在。因此，日本理应担起应负之责，从而应对这场即将深刻影响亚太地区所有国家的巨大变革。

旧陆军与新式军队之引入

在封建旧时代，各藩大名都有自己的军事力量，即我们统称为"武士"的战斗集团。这种军事组织形式在幕府数百年的统治岁月中几乎没有发生过根本性的变化。但是，王政复古与明治维新打破了这种固化结构，而国家发展也亟需一种全新的军事制度。拥戴天皇的明治政权之所以能够倒幕成功，很大程度上是借助了日本国民对于天皇圣名所抱有的崇敬感。虽然这种道义上的感召曾经促使萨摩、长州和土佐三大藩族的大名们带头奉还版籍，但是时过境迁，如今日本确实亟须建立一支统一的国家军队。只有如此，新生的明治政权才能真正拥有掌控大局的力量。

因此，萨摩、长州和土佐作为坐拥最强战力的三大雄藩都被要求向中央政府上交一定数量的军队。这些部队被调往东京，组成了完全由天皇直接掌握的新帝国陆军的核心部队——"御亲兵"。随后，其他藩族也陆续上交了各自的藩属部队。明治政府更雇用外国军官来教授西式的操练方法与战略战术。不久，明治政府就拥有了一支人数可观、装备西洋武器、接受西式训练的新陆军。

不过，明治政府很快又发现一个重要问题，即若想真正坐稳江山，那就必须从日本民众的心中抹除这样一种感觉：三大雄藩才是新日本的缔造者与守护者。于是，1873 年 1 月，明治政府正式引入以"国民皆兵"为原则的征兵制。征兵制的实施在事实上终结了武士阶级对于军事力量的统治。这无疑也是后来导致萨摩叛乱乃至西南战争的重要原因。

西南战争虽然招致了巨大的财政困难与内战灾祸，但也在客观上锻造、锤炼了帝国陆军，使其真正成为覆盖全体国民与各个阶级的国家机器。不过，由于农工商三大阶级已经被排除在军事体制之外长达几个世纪，因此，在征兵制实行之初，日本国民一度普遍认为从事农工商职业者勇武不足，不可一战，但后续诸事最终打消了他们的这种疑虑。如今，所有年满二十的男子都必须为国服役，而这支强制征召形成的日本陆军，无论是对内镇压还是对外作战，都表现出值得信赖。

随着新型军队组织一起被引入日本的，还有来自法国的军事教官团队，他们为明治政府建立新军制，设计新战略，提供了至关重要的帮助。在一些专门的军事领域，还活跃着少量的英国与德国教官，不过他们也即将退出历史的舞台。如今的日本已经能够自行挑选与培养军事人才并将其送往欧洲留学，待到他们学成归国，便会被委以相应的职务，从而将西方最新的技术与理念应用于日本军队。就组织体系与作战效率而言，日本军队有能力与世界上任何一支军队一较高下，我想这一点毋庸置疑。但是，我们须知真正武装他们的却是深植于其精神世界的不屈精神与顽强斗志，无论是对外作战还是保卫国家，这种精神的推动作用都远非表面的战果与数字所能表达。

陆军构成

正如我先前所说，本书无意对日本军队的组织架构进行详细介绍。因为在我看来，强大的军事力量并非日本国家近代化演化的终极目的，而只是演化进程中的一个重要手段。当然，我在此仍须给出一些基本信息。

目前，日本帝国陆军共有四种服役方式，分别为：（1）为期三年的"现役勤务"（即现役。——译者注）；（2）为期四年又四个月的"预备役"，即第一后备军；（3）为期五年的"后备役"，即第二后备军；（4）四十岁之前的"国民兵役"[1]。此外，还有两种"补充兵役"。"第一补充兵役"征召那些体检过关但因负责征兵工作而免于服役的成年男子，服役年限为七年又四个月；"第二补充兵役"征召那些满足服役条件，但因为各种原因并没有通过上述五种服役方式入伍的成年男子，服役年限为一年又三个月。服役年限过后，以上士兵均转服"国民兵役"。设置"补充兵役"的目的在于补充现役部队的人员短缺，但在和平时期，这种责任仅由"第一补充兵役"的现役士兵承担，而且仅招募那些参加征兵检查不满一年的成年男子，而在转服"国民兵役"之后，士兵就无须继续接受专门的军事训练。

每年接受征兵检查的总人数超过 43 万，其中有 6 万多人通过"现役勤务"服役，有超过 13 万人通过"补充兵役"服役。1896年，即甲午战争终战后的次年，日本陆军开始进行改编，直至 1905年完成。完成改编之后，日本陆军在和平时期的军力为 15 万人与 3万匹战马，在战时则可以进一步扩充至 50 万人与 10 万匹战马。

天皇是陆海军的总司令官（即"大元帅"），也是在法理意义上唯一拥有军事统帅权的人。天皇在最高顾问机构"元帅府"的辅佐下，通过陆军参谋本部与海军司令部指挥军队、调兵遣将。为了确保各级将校都具备相应的工作能力，日本陆军还开设了专门的教育机构。其中，等级最高、最为重要的教育机构名为"陆军大学校"，这里专门培养未来的高级将校与参谋要员。此外，根据不同兵种还设有其他各类军校。布林克利上校对此非常有发言权，据他所言：

　　日本陆军将校身上集中体现了日本军人的最鲜明特征。如果以欧洲陆军将校的收入为参照标准，日本陆军将校的俸禄只能用微薄来形容。他们生活得十分简朴，由于营房里没有专用的宿舍，因此军官通常需要自行解决住宿问题，许多人都在营外与家人同住。如果值勤时需要在军营内就餐，军官也得自行准备便当。他们的制服样式朴素、成本低廉，也不会像许多西方军官那样身着便服。由于没有大笔花销或是奢侈爱好，一心奉公且几乎没有军饷以外的收入，他们的生活简直节俭到了极致，以至于像是在进行一场与自身欲望的战斗。日本陆军将校之所以能做到献身军旅而别无所求，正是因为一身军官制服所赋予的高度荣誉感。因此，他们之中也极少有人会被爆出债务缠身或是花天酒地的丑闻。

1902 年年初，日本陆军和平时期的兵种与将校人数详见表 6-1 所示。

表 6-1　日本陆军和平时期的兵种与将校人数（1902 年）

兵种	兵役种类			
	现役	预备役	后备役	总计
将校	110	27	10	147
宪兵	91	54	27	172
步兵	4,427	1,654	873	6,954
骑兵	421	95	28	544
炮兵	1,519	239	98	1,856
工兵	474	98	42	614
辎重兵	252	73	34	359
会计员	712	307	168	1,187
军医	932	526	128	1,586
兽医	148	45	27	220
军乐队	7	/	/	7
总计	9,093	3,118	1,435	13,646

1879 年，陆军在东京和大阪建立了制造小型火器、弹药以及

附属装备的大型炮兵工厂（即日后的"兵器厂""造兵厂"）[2]，工厂生产设备齐全，生产效率颇高。东京目黑、京都板桥和群马县的岩鼻地区也都建有火药工场（即"板桥火药制造所""岩鼻火药制造所"等。——译者注），其中生产的特殊火药威力惊人。大阪炮兵工厂则负责生产火炮、枪支以及相关武器的弹药。该厂在宇治设有"火药工场"，在门司也设有"兵器厂"。陆军在东京近郊的千住一带还建有一家专门生产军用毛纺制品的大型制绒所（即"千住制绒所"。——译者注）。

新建制的日本陆军在镇压萨摩叛乱（请参考之前的章节）的各大战役中饱受炮火的洗礼。最终的战果表明，一支募兵而成的新式武装力量完胜传统的武士精英。封建制度解体后，日本所进行的三场海外作战证明了新式军队具有强大战力。在这些行动中，日本海军也都有参战。因此，在介绍这三大战役之前，我们需要简单了解一下日本海军。

近代化海军创设

虽然近代化的日本海军直到幕末才得以成形，但是日本的海上武装力量却是历史悠久。这足以证明日本人自古就不乏勇于进取、敢于冒险的海军战士。虽然德川幕府闭关锁国的二百多年扼杀了无数日本人关于海洋的壮志雄心，但是早在1185年，就有日本国内的不同势力为争夺统治权而进行海战的记录（平家和源氏的"坛之浦之战"。——译者注）。到了中世之时，海战更是不止一次地决定了日本统治权的最终归属。

历史上，日本对中朝两国沿海进行过多次海盗式的掠夺。1594年，这种行动达到了最高峰，当时，太阁丰臣秀吉率领50万日军渡过对马海峡，攻入朝鲜半岛。尽管幕府用严刑峻法将国民禁锢在海岸线上，但是那些沿海而居的渔民和沿岸航行的船员本身就极富冒险精神，只要给予机会，多加操练，他们无疑能够成为远洋航行的个中好手。

幕末，西方人的出现直接促成了日本近代海军的创设。第十三代将军德川家定（TOKUGAWA Iesada）在商议最初的和亲条约时就已经意识到，如果日本想要在西方列强的威压之下坚守立场，令其对自己平等视之，那就必须拥有一支强大的海军。

1862 年，幕府开始了一系列前期筹备工作。共有 11 名年轻人被送往荷兰学习西方海军的组织架构与操练理论。其中一位就是他日官拜明治政府海军卿的榎本武扬（Admiral ENOMOTO Takeaki）[3]。1865 年，幕府雇用法国海军工程师着手建造"制铁所"（造船所），为如今规模巨大的"横须贺海军工厂"奠定了硬件基础。[4]同时，在英国海军教官的帮助下，海军学校[5]的创设工作也在稳步推进。其中的代表人物是海军上将特雷西爵士（Sir Richard Tracey，时任海军中校）。但是，维新初期的各种动乱中断了学校的建设。不久后，这些外国教官也都各自回国。

1858 年，日本拥有了史上第一艘蒸汽舰船。这是一艘排水量400 吨、原名为"帝国"（Empire，日方命名为"蟠龙"）的英式小型风帆蒸汽船。这是埃尔金伯爵与金卡丁伯爵詹姆斯·布鲁斯与幕府商议签订《日英修好通商条约》时代表维多利亚女王赠送给幕府将军的。在榎本武扬一行人留学荷兰之时，幕府向荷兰订购了一艘木制帆船型巡防舰。这艘名为"开阳丸"的巡防舰排水量为 2000吨，装有 400 马力的蒸汽引擎与 26 门火炮，留学生们也正是乘坐这艘船返回日本的。

榎本回国后被授予幕府海军副总裁的职位。不过，虽然名为"海军"，但是旗下仅有七艘装备过时的舰船：一艘原名为"鹰"号（Eagle）的木制"外轮船"（原属英国海军，参加过 1853—1856 年的克里米亚战争，幕府命名为"回天"）；六艘同样落后于时代的蒸汽运输船。

榆本是一名坚定而热忱的"佐幕派"，他在维新动乱之中竭力捍卫幕府政权，贯彻着自己对于德川将军的忠诚。在这一时期，他曾有两员得力干将。这两位后来都成了我在工部大学校的同事，我们一起为明治政府做出了诸多的贡献。一位是现在的驻英公使林董子爵，另一位则是历任工部省工部大书记官、工部大学校校长、驻清公使、驻朝公使的大鸟圭介（Baron OTORI Keisuke）[6]。可以说，我的日本历史第一课就是 1873 年在开往日本的船上由林董子爵所教授的，他的讲述深入浅出，极富趣味。

但是，我不便在此详述，只能简言一二。据林董子爵所言，他与榆本之所以选择"佐幕"，绝非是反对天皇亲政的政治体制。在他们看来，那些以萨摩藩、长州藩领袖为代表的"倒幕派"不过只是为了一己私欲，妄图取代幕府将军自立为王罢了。

如今我们对于榆本对抗"倒幕派"的始终已经十分熟悉。当时，"倒幕派"们通过交涉，从美国政府紧急购入了一艘原名"石墙杰克逊"（Stonewall Jackson）[7]的铁甲舰（日方命名为"铁甲"，后改名为"东"）。尽管这艘铁甲舰的排水量只有 1200 吨，武器方面也只配有一门 254 毫米口径的主炮与其他小规格火炮，但在当时，此等配置已经足以称得上是威力巨大。因此，"倒幕派"的海上力量才能对榆本等"佐幕派"率领的"老朽"舰队实现碾压式胜利。1869 年 6 月，榆本一党选择投降。至此，为期一年有余的"戊辰战争"正式宣告终结。

东京海军操练所开设

国内局势终归太平之后，明治政府进而开始建立国家海军。第一步就是在东京开设一所大规模的海军士官培养学校以及配套的营房。1869 年 10 月，"海军操练所"在东京筑地开设，次年更名为"海军兵学寮"。1873 年 8 月，也就是我抵日后的第三个月，以阿奇博尔德·道格拉斯海军中校（Commander Archibald Douglas，现已为海军上将、爵士）为团长的英国海军顾问团一行 34 人来到日本，开始担任海军兵学寮的教官。此后的数年间，在该顾问团的帮助下，海军兵学寮在训练海军士官与下士官兵方面取得了累累硕果。当时在兵学寮接受训练的学生如今都是日本海军的将帅与高级士官，许多人都在各项对外作战中立下了赫赫战功。

到了 1876 年，劳伦斯·P. 威廉海军中校（Commander Laurence P. William）和托马斯·H. 詹姆斯上尉（Lieut. Thomas H. James，现供职于日本邮船会社伦敦分社）也加入了学校的教官队伍，负责教授舰队运动战术与远洋航海技术。当时，威廉中校指挥学生们乘坐的练习舰"筑波"，成功远航至澳大利亚、印度与美洲西海岸。这也是他们首次在世界舞台亮相。此次远航极大提振了日本海军士官们的自信。如今，日本的舰队早已可以轻松远航至世界任何港口。

在此，我必须专门提及阿尔伯特·乔治·霍斯上尉（Lieut. Albert George Hawes），他为草创时期的日本海军贡献良多，培养了许多杰出的海军士官。1870 年，霍斯上尉以兵部省雇用的英国海军第一人的身份来到横滨教授炮术。1871 年，在他的建议下，明治政府又雇用了布林克利上校。同样也是在他的努力下，日本海军组建起了海军海兵队（后改称"海军陆战队"）。如今，他们齐整的军容无论到哪里都会赢得称许，连当世最好的海军部队也将日本海军视为旗鼓相当的对手。霍斯上尉对此可谓功莫大焉。

日本海军扩充武器装备的脚步曾经一度放缓。这主要是因为明治政府认为彼时的当务之急在于训练操控船舰、管理海兵的将官。直到 1877 年，明治政府才下定决心购置近代战舰。那年，由英国建造的日本首艘铁甲舰"扶桑"在泰晤士河下水。该舰由原英国海军造船长官爱德华·里德爵士（Sir Edward Reed）设计并指挥建造，排水量为 3,700 吨，装备有可实现侧舷齐射的中央炮台。不久之后，相同的造船所又建造了两艘排水量为 2,200 吨的小型重装铁甲舰，名为"金刚"与"比叡"。

但是，甲午战争爆发时的日本海军还远称不上强大，因为舰队中尚没有一艘主力战列舰。不过，日本海军至少拥有众多机动性强、火力凶猛的重装巡洋舰。

海外作战

在第四章讨论近代日本重大事件之时，我曾提及日本自封建体制瓦解后所进行的三次海外作战。第一次是 1874 年的出兵台湾；第二次是 1894 年的甲午战争；第三次是 1900 年出兵清王朝中国镇压民间的反帝灭洋暴乱（外国列强借口义和团事件所引发的八国联军侵华。——译者注）。

如果读者需要了解三次海外作战的详细过程，可以参考专门的史书。眼下我们需要讨论的是三次作战如何影响了日本的国家演化与国民生活，以及日本的军事力量是如何让西方列强承认日本所发生的变化。这些不仅体现在日本所采用的西式军事体制上，更体现在国家演化与国民生活的方方面面。正因如此，日本才有底气主张自己应该享有与其他列强同等的国际地位。

日本海军出兵台湾之时，日本的国内环境十分紧张。对外征战也确实起到了巩固陆军根基，强化海军实力的作用。此外，陆海军的行动也为日本海上商船队注入了一剂强心剂，因为随着海上商贸体量的不断增大，海军的护航必不可少。

日本入侵台湾得手让清政府意识到，不可轻视日本。英国驻清公使威妥玛（Thomas F. Wade）的从中斡旋让两个国家最终没有直接爆发战争。日本政府同意撤军，但是清政府必须向日本政府支付 50 万两白银（约 10 万英镑或 67 万円）的战争赔款。

甲午战争之后续影响

1894—1895 年的甲午战争是日本历史上的划时代事件，对国家演化与国民生活的方方面面都带来了深远的影响。先前，我们已经大致介绍了战争爆发的时代背景，读者如需了解详细过程，可参考专门史书。

在回溯这场战争的时候，我们不免抱有疑问。因为哪怕是对日本再有信心的人，在考虑到清王朝中国那庞大的兵力与资源时，也无法不对最终的战果存有疑虑。但是，在近代战争之中，相较于最先进的战争机器、最先进的战略战术，仅靠军队人数上的优势显然不足以取胜。我们没有理由指责清军作战怯懦，更不应该抨击他们贪生怕死。因为如果清军能有相应的武器装备与得力将领，他们本足以和任何国家的军队抗衡。近代英国陆军的改革者沃尔塞利子爵加内特·约瑟夫·沃尔斯利（Garnet Joseph Wolseley, 1st Viscount Wolseley）这样的知名权威也认同此种观点。

1894 年 9 月 17 日，日本联合舰队与北洋水师在朝鲜北境的鸭绿江的黄海入海口发生大规模海战。最终，日本海军击败了北洋水师。黄海海战不仅证明了日本海军的实力，更令各国列强认识到，将来在处理任何国际政治问题之时都需要将日本纳入考量。黄海海战的胜利让日本在事实上掌握了华北战场的支配权。不久之后，清政府不得不同意与日本签署《马关条约》。

甲午战争以后，除去原有的"经常费"项目，日本陆海军的预算开支中还多了一项名为"第 1 期扩张计划"的支出内容（详见表 6-2 所示）。

表 6-2　甲午战争后的第 1 期陆海军扩张计划

单位：（円）

陆军		海军	
沿岸炮台建设费	14,071,893	造舰费	47,154,576
武器整备修缮费	17,334,890	武器制造费	33,751,162
武器制造费	8,486,766	建筑费	13,870,506
炮兵工厂扩张费	2,949,105		
建筑费	479,577		
总计	43,322,231	总计	94,776,244

这些"临时费"项目的时间跨度为七年（1896—1902）。但是，未等"第 1 期扩张计划"正式收官结束，"第 2 期扩张计划"又已启动。计划的主要内容还是进一步扩充陆海军军备（详见表 6-3 所示）。

表 6-3　甲午战争后的第 2 期陆海军扩张计划

单位：（円）

陆军		海军	
沿岸炮台建设费	6,460,520	造舰费	78,893,399
营房等建筑费	19,363,746	武器制造费	33,176,329
武器制造费	9,854,538	各类建筑费	6,254,990
不足补填费	2,679,790		
总计	38,358,594	总计	118,324,718

由此一来，算上包括上述两个扩张计划在内的"临时费"，日

本海军扩张的必要总支出预计高达 3.6 亿円。但是，某些项目的实际支出更是远远超出了预期。据统计，在甲午战争期间与战后，日本在扩充陆海军上的总花费约为 4 亿円（约 4,000 万英镑）。

日本海军现状

今天，这两期扩张计划中的建设目标都已经达成。日本也因此拥有了这样一支强大的近代海军：攻守兼备、实力均衡、机动性强、在实际航速和作战半径上均有上佳表现，相比世界上任何同等规模的海军都不逊色。日本的海军舰艇大多都在英国建造，负责承接这些订单的主要是泰晤士河、克莱德河、泰恩河沿岸以及北部工业城市巴罗因弗内斯的诸多造船所。其中大部分的建造工事都由我在工部大学校的学生们负责监督。我也很高兴能与他们在英国再度相见，重温往日情谊。1902 年年初的日本海军人员组成详见表 6-4 所示。

表 6-4　日本海军人员组成（1902 年）

级别	兵役种类			
	现役	预备役	后备役	总计
将官	47	22	14	83
上级士官	639	22	60	721
下级士官	1,060	23	70	1,153
少尉候补生	330	/	/	330
特务兵曹长	631	10	54	695
兵曹长	5,802	163	/	5,965
水兵	22,036	4,036	1,793	27,865
军校学员	834	/	/	834
总计	31,379	4,276	1,991	37,646

根据日本海军的最新报告（1902 年），正在服役与预备役的舰

船总吨位为 252,180 吨，总功率为 459,599 马力（详见表 6-5 所示）。除了表 6-5 中所列，日本海军还有通报舰、补给整备舰等其他舰种。其中就包括 60 多艘（总吨位为 4,675 吨）各种规格的水雷艇。自上述报告发布以来，日本海军的水雷艇数量一直在持续上升。

表 6-5　日本海军舰艇的舰种、数量与吨位（1902 年）

舰种	数量	吨位
一等战舰	6	86,399
二等战舰	2	11,112
装甲巡洋舰	6	58,778
二等巡洋舰	9	38,518
三等巡洋舰	5	14,078
海防舰	10	18,215
一等炮舰	2	3,557
二等炮舰	14	8,013
驱逐舰	13	3,957

　　日本海军拥有数量众多的造船所和兵工厂，国内还设有四大军港基地，即所谓的"海军镇守府"[8]。其中历史最悠久的是位于横滨附近的"横须贺镇守府"，最初由法国海军的工程师与建筑家在四十多年前共同修建，而后逐步扩建至今天的规模。战略位置最重要的则是濒临濑户内海的广岛县"吴镇守府"。那里不仅有设备齐全的造船所与泊量可观的军港，还有一个可以制造大口径钢铁炮弹与大型近代化后装式大炮的先进兵工厂。近年来，位于九州长崎县的"佐世保镇守府"的战略意义与日俱增。由于地处日本西南，与中国大陆隔海相望，倘若有朝一日两国擦枪走火，佐世保镇守府无疑将会起到至关重要的作用。位于京都府北部，滨临日本海的"舞鹤镇守府"直到 1901 年才正式开设，目前仍处于建设阶段。

　　日本海军在东京还有一个生产体系完备的兵工厂，能为海军生产所需的军备器械。东京的海军"下濑火药制造所"[9]更能大量生产极具威力的高性能炸药。该制造所因工部大学校出身的海军技师下濑雅允（SHIMOSE Masachika）博士而得名。

只要对日本海军稍加研究就不难发现，一方面，在同等规模上，日本海军堪称全球武装最为到位的海上力量；另一方面，士官与军士的勇猛精干也能保证日本海军在必要之时完成捍卫日本权益之使命。

海军士官培养

为了说明日本人制订计划时的细致周全，执行计划时的彻底到位与随机应变，我在此不妨对日本海军的士官培养情况作简要介绍。

正如前文所说，日本海军的士官培养体系是以英国海军为蓝本调整与改进而来的。可以大致分为以下五个部分：

（1）江田岛的海军兵学校[10]负责招录军校学员并提供成为士官所需的一般教育；（2）对兵学校毕业的海军少尉候补生与刚任职后的海军少尉所进行的教育；（3）为海军中尉和大尉在陆上和舰上更好履职所进行的教育；（4）东京的海军大学校负责对上级士官进行教育；（5）横须贺的水雷学校和炮术学校等负责对士官进行专门教育。

每一类别的课程体系都非常完整，训练、给养和军服所需的全部费用均由政府专项资金提供。海军兵学校的申请入学者需接受体检与必备知识的测试，从而择优录取。兵学校的修业年限为三年，主要在学校进行集中学习，也有在学校专属辅助舰艇上所进行的实训。学习内容包括：物理、化学等自然学科，机械操作、航海术、炮术等执行作战任务所必备的技能。此外，还安排有国际法、民法、海军史等基础性课程。兵学校的学员在通过毕业考试之后就可以成为海军少尉侯补生。

海军少尉侯补生接受教育的场所有两个：特别训练舰与正规在列舰。目的是教会他们如何将军校所学应用于真实战场，并为他们履行下级士官职责积累经验。当完成特别训练舰的训练任务之后，这些少尉侯补生将会正式成为海军少尉，并被分配至各艘正规在列舰进一步接受实地训练。他们会在上级士官的监督下履行自己作为下级士官的职责。通常情况下，除了安排炮术长、水雷长、航海长进行专业指导之外，其所属舰船的舰长还会选择一名资深的上级士官对其进行带教。

当一名海军少尉晋升为中尉和大尉之后，虽然已经无须再参加专门的训练课程，但是士官教育却并没有就此止步。舰长通常会根据这名中尉或大尉的专业职责与能力特点，布置一篇研究海军理论或现实问题的"年度论文"。各地军官提交的论文在经过海军上级士官批阅之后会集结成册，印刷分发至所有舰艇和海军军营。此外，还会不定期举行有关海军科学和实践最新成果的特别讲座。

士官中成绩特别优秀者还有机会进入东京的海军大学校深造。课程的种类与内容会根据学生的实际目标而进行调整，这与格林尼治的皇家海军学院（Royal Naval College）的专门课程非常相似。

除此以外，承担士官再教育任务的还有炮术学校、水雷学校等特殊学校。另外，每当海军引进新式武器，或是有了新的科学发现，又或是训练方式需要进行调整，海军也会将各个领域的士官从各地招至一处进行集中培训，从而掌握新知技能，以便他们返回各自军中后向同僚与下属进行传达与教授。日本海军所取得的巨大成功显然不是一时走运，而是长期系统训练与将官兵士勇敢无畏的共同作用结果。

义和团事件中的日军表现与外界评价

1900 年夏天，由于义和团运动的兴起，天津和北京的外国人居留地一度处于危险境地。一方面，欧美与中国相去甚远，无法第一时间组织起高效的救援行动；另一方面，日本与中国隔海相望，同时还拥有一支有战斗力的陆海军。但是，日本政府深知，如果贸然介入势必引起西方列强的猜忌。因此，直到欧美各国明确表示需要日本驰援，日本政府才正式出兵相助。一个陆军师团（共 2.1 万人）被紧急派往北直隶海湾[11]（即渤海湾。——译者注），师团从大沽口登陆，与其他七国组成联军，共同向北京进发。当时，各国的观察员都认为日军的驰援在事实上挽救了各国公使馆被围困的危局。

在此次行动中，日本政府与西方国家政府保持高度一致。在这些国家看来，日本并未借着派兵参与联合行动的名义，或是利用距离中国更近的优势，就试图为己谋求特殊利益，因此也就找不到对日本出兵的"潜在企图"进行质疑的理由。

左右远东局势之日本陆海军

通过上述史实，我们可以清楚地发现，日本陆海军不仅能够影响日本的国内形势，更能左右远东的整体格局。

就许多方面而言，日本与英国非常相似。两国都由岛链组成，面积与人口也非常接近。日本与亚洲大陆的地理位置就像是英国之于欧洲的翻版。近年来，太平洋地区逐步成为世界上最重要的商业地带，而日本比英国在地理上离得更近。日本人很快就认识到，英国的海外贸易不仅有赖于大型商船队的来往运输，而且更离不开海军舰队的保驾护航。在这一点上，日本亦是如此，而且对于建设强大海军的需求更为迫切。基于这种认识，日本从好些年前就开始大力发展商船贸易，从而握紧了国际贸易的权柄。

现在，世界各个主要国家都与英日有贸易往来。同时，两国都通过打造强力海军而迅速增强了国家的综合实力。日本海军更是已经成为足以改变远东政治版图的一股重要力量。不仅如此，日本陆军的数量更为可观、装备更加精良，具备极强的作战能力。不过，扩充陆海军势必耗费大量的国家税收资源。眼下，日本所面临的一个重大问题就在于如何在不影响财政和产业健康发展的前提下，最大限度地强化国防力量。

然而，我们也必须认识到，这就是日本跻身国际社会所必须付出的代价之一。虽然不得不支付高额的国防开支令人感到有些无奈，但这终究是势在必行之举。布林克利上校对此说道：

> 如果有谁告诉今天的日本人，他们之所以能够赢得西方列强的另眼相看，仅仅是因为在和平的艺术与学术领域取得了长足的进步，那简直就是无稽之谈。但是，二十年前的日本人却一度深以为然，并以之为目标进行了不懈的努力。但无情的现实终究还是让他们彻底打消了这种天真的念头。日本人现在已经明白过来，只有表现出能打仗且能打胜仗的真实国力，欧美诸国才会真正尊重他们。
>
> 起初，日本人认为可以通过实现文明开化来洗去自己身上那落后愚昧的烙印。然而，虽然他们在这方面取得了不小的成功，但是世界各国却似乎视若无睹。另外，半个世纪以来，日本在倾力构建工业社会中取得了一些成就，但也未获得所有列强认同。不过，经过耗时不到一年的甲午战争，日本却让西方

列强不得不正视其实力。这一现实扰乱了日本人对于成为"时代弄潮儿"所需资格的既定判断，这与他们日后转而主张全力扩充军备有着莫大的关系。

虽然我并不乐意看到日本因形势变化大笔大笔地支付军费，但我也不难理解日本政府为何会采取此种政策。如果只是从军事角度来分析，哪怕是再挑剔的批评家也会承认日本陆海军的战斗力。曾任海军兵学寮英语教官的张伯伦教授在长期近距离观察日本海军之后曾这样说道：

> 我们必须表达自己对于日本海军，以及日本这个军事强国的钦佩和信任。但是，我们可能无须对他们的舰艇与造船技术多加评判，而只需要在游历日本各地、查阅相关文献、结交不同人群之后，站在一个外国人的立场上真正去欣赏日本这样一个独特的存在，即一个能够塑造兼具"知性"与"士气"战士的强大国家。在我看来，任何想要在日本领海进行挑衅的企图都绝非明智之举。

日本陆海军的战斗力证明了日本人不仅有能力将西方科学技术活用于海军建设，而且能以武士精神团结全体国民。在这种精神的鼓舞下，日本军人甚至可以为了个人名誉或国际荣光而毅然赴死。从这种意义上看，日本陆海军所拥有的近代化武装不过是种为人所用的"道具"，"大和魂"（Yamato Tamashi）才是日本陆海军真正的力量之源。

主要参考文献

　　布林克利上校在《英国百科全书（补充卷）》中详细介绍了日本陆海军的历史发展情况。原英国驻日领事、现伦敦大学日语教授约瑟夫·亨利·朗福德（Joseph Henry Longford）在 1903 年 9 月号的《十九世纪》（*Nineteenth Century*）上发表的《日本海军的崛起》（Growth of the Japanese Navy）一文中对日本海军进行了饶有趣味的讨论。弗雷德·T. 简（Fred. T. Jane）所著的《日本帝国海军》（*Imperial Japanese Navy*）收录了许多日本海军的计划书与照片，书中更附有日本海军各舰艇的详细介绍。山胁春树在《二十世纪初的日本》中给出了日本陆海军的各项统计数据，并对其历史沿革与组织架构进行了详细介绍。沃林顿·伊斯特莱克（Warrington Eastlake）与山田德明（YAMADA Yoshiaki）合著的《英雄的日本：日中战争史》（*Heroic Japan：A History of the War Between China ＆ Japan*）则详细记载了日军在甲午战争中的各种作战行动。

译者注释

　　1. 当时日本的现役陆军服役时间为 3 年，现役海军服役时间为 4 年，现役与预备役统称"常备兵役"。

　　2. 1897 年，日本为了扩充军备，废止了过去设立的炮兵本署与分署，创设了陆军兵器厂，在东京、大阪、门司、台湾各设一本厂。1903 年，大阪等本厂都搬回东京本厂。

　　3. 榎本武扬（1836—1908），江户幕府和明治政府重臣、政治家、军事家、外交官、化学家、建筑家，海军中将、正二位勋一等子爵，被称为"近代日本的万能人"。早年就学于昌平坂学问所、长崎海军传习所，后留学荷兰。归国后，被幕府任命为海军指挥官，在戊辰战争中率旧幕府军占领虾夷地（北海道），自立为虾夷共和国总裁。箱馆战争败北后投降，入狱服刑两年。明治政府军主帅黑田清隆极力促成赦免榎本武扬，并推荐其在明治政府中任职。先后任驻俄特命全权公使、外务大辅、海军卿、驻华特命全权公使，参与了缔结日俄《库页岛千岛群岛交换条约》等一系列重要历史事件。内阁制实行后，历任递信大臣、文部大臣、外务大臣、农商务大臣。榎本还创立了东京农业大学、东京地学协会、电气学会、殖民协会、兴亚会、东邦协会、建筑学会等。

4. 1865 年，江户幕府勘定奉行小栗忠顺进言建设制铁所，横须贺制铁所由此建立。江户开城后明治政府接受，纳入海军省管辖。直至今日，该设施仍作为在日美军的海军设施。

5. 1869 年，海军操练所在东京筑地建立；1870 年改称为海军兵学寮；1876 年改称为海军兵学校（1923—2018 年筑地市场曾是东京最著名的海鲜市场，被称为"东京厨房"，2018 年 10 月，筑地市场正式搬迁到约 3 公里外的丰州市场）。1888 年搬迁至广岛县江田岛。

6. 大鸟圭介（1833—1911），日本近代著名技术官僚、外交官。1873 年进入陆军省任职。先后担任工部权头兼制作头及工学头、工部技监、工部大学校校长及元老院议官。1886 年兼学习院院长。1889 年出任驻清特命全权公使。1893 年转任驻朝鲜特命全权公使。大鸟也是日本发动甲午战争的重要人物之一。

7. "石墙杰克逊"本名托马斯·乔纳森·杰克逊（Thomas Jonathan Jackson），堪称美国内战期间南方最著名的将领，曾领导南方联邦军多次战胜联邦军，若以战绩为评估标准的话，杰克逊可能是有史以来美国最伟大的将军。他有名言曰："战争是所有罪恶的总和。"

8. "镇守府将军"最初是奈良时代至平安时代所设的一个令外官，专门负责军事管理。到了近代，镇守府成为日本在沿海战略区域设置的海军组织，负责一定区域的海军防务。1876 年，日本设置了东海和西海两个镇守府。东海镇守府设在横滨，1884 年转移到了横须贺；西海镇守府当时尚未设立，后来设了长崎。1889 年，吴镇守府和佐世保镇守府建立。1901 年，舞鹤镇守府建立。于是，日本海军就有了横须贺（神奈川县）、吴（广岛县）、佐世保

（长崎县）、舞鹤（京都府）四大镇守府。1905 年，日本海军还在中国旅顺设立旅顺口镇守府，1914 年废止。

9. 下濑火药是日本帝国海军技师下濑雅允所研发的一种改良炸药。其性质十分敏感，7800 米/秒的猛烈爆炸所引起的化学反应会产生 3000 度以上的高温冲击波，炮弹更会在瞬间分解为 3000 多片碎片，威力十分惊人，能够对舰船表面造成极大破坏，同时产生对人体有害的化学物质。日俄战争期间，日本海军将其投入实战，给俄国波罗的海舰队造成了致命打击。日本陆军也称其为"黄色火药"。

10. 日本海军兵学校、海军机关学校、海军经理学校是旧日本（二战结束前）海军三大学校。日本海军兵学校堪称与英国皇家海军兵学校、美国海军兵学校并驾齐驱的世界最大海军兵学校之一。

11. "北直隶"最初是明代称呼直隶于京师的地区，是明朝行政区划的一种，大致相当于北京市、天津市、河北省大部分以及河南省、山东省的小部分地区。为区别于直隶南京地区的南直隶，亦称"北直隶"，简称"北直"。清初，改北直隶为直隶省。直到 20 世纪早期，渤海湾一直都被称为"直隶海湾"或"北直隶海湾"。

第七章　交通与通信

改善交通与通信之必要性

日本人在决定引入西方的生活方式时就已经意识到，无论是出于发展产业还是稳定政局，改善交通与通信手段都乃当务之急，而其中要务就在于修建覆盖全国的铁路网络。

1873 年，当我抵达日本之时，这个国家还只有一条从东京新桥至横滨的 18 英里（约 29 公里。——译者注）短途铁路，这还是 1872 年 10 月 14 日刚刚由天皇在一片喝彩声中亲临现场开通的。当时还身在不列颠的我也在《伦敦新闻画报》（*Illustrated London News*）上看到了相关报道，这也是日本这个国家最初给我留下的印象。但是，我无论如何也没有想到，自己会在不久之后远赴日本，承担起为这个国家培养铁路等交通与通信设施建设者的重要任务。

工部大学校的毕业生们在所有为日本经济、工业和政治带来巨大变革的社会部门中都占有一席之地。我很想多谈谈他们的具体工作，但这还得留到其他场合。在此，我只能对那些推动日本成功跻身国际舞台前列的重要发展进行简要的介绍。也许有人认为，日本为实现这一目标而在某些方面付出了极其昂贵的代价。但是，没有付出就无法进步，这是显而易见的。因此，随着日本国内各项事业的不断发展，周遭环伺的欧美列强也愈发虎视眈眈，都迫不及待地想要借日本发展之机扩大其在远东的势力范围。

封建制度下的日本交通

在封建时代，日本的交通和通信手段都相当不完备。事实上，这也是当时的掌权者有意为之，旨在人为加大各地区交流往来的难度。这是因为在幕藩体制之下，各藩都拥有较大的经济与政治自主权，中央政府对各藩领地内的日常事务很难加以控制。因此，历代德川幕府将军与封建贵族总是十分关注那些穿越深深峡谷，跨过无桥河流的上京要道，通常还会派出一定数量的人马驻守在那里。

因此，当时的日本人如果想从京都走"官道"[1]去江户，那就不得不先后经过两大"关所"。一是在离开京都之后，需要通过设在山路上的"箱根关所"；二是在抵达江户之前，需要再经过设在山顶的"碓冰关所"。如果有人试图绕道而行，从而避开关卡哨所，那么一旦被捕就会以死罪论处。同时，各地大名还承担着维护藩内道路与桥梁、提供马匹与渡船的责任。

旧时日本的许多官道看上去就像是不列颠的旧式马车路，主要用于各藩大名和侍从前往江户朝见幕府将军（所谓"参勤交代"。——译者注）。上文其实已经提到了其中最著名的两条官道，即"东海道"[2]与"中山道"。东海道是连接京都与江户的沿海（太平洋）官道，中山道则因贯穿中部山岳地带而得名。相较于东海道，地位较为次要的官道还有位于加贺与越中之间的"北陆道"。此外，还有其他几条相对次要的官道（如"山阴道""山阳道"

等。——译者注）。所有的官道上都设有名为"本阵"[3]的驿站，供大名及其家臣、幕府的官差留宿。维新之后，这些在过去象征着身份与地位的专用设施早已不复过往的荣光与熙攘。

大约在 17 世纪初，江户与京都之间就已经建立起了正规的运输服务体系。幕府还出台相关法令，对人力与马匹运输（即所谓的"飞脚"与"荷马"。——译者注）的收费标准进行规定。后来，大坂（明治之后改称"大阪"，下文统称"大阪"。——译者注）的商人开始提供至江户的陆路运输服务（主要是货物与书信），并逐渐将业务范围扩大至全国。[4] 各大主要港口之间的海运贸易也日益繁荣起来，但是此类贸易掌握在由漕运从业者所组成的"同业组合"手中（日语中的"同业组合"意义相对广泛，泛指行会、工会、联合会等。——译者注），形成了实际意义上的行业垄断。

改善交通的相关举措

维新初期，日本的交通与通信仍然处于相对原始的状态。明治新政府决心下大力气建设交通网络，这不仅是为了将国家连为一体，更是为了借此机会大力发展经济。为此，除了修缮道路，明治新政府还计划敷设铁路、建造汽船，引入包括电信在内的各种近代化通信手段。这些自然都是王政复古之后的全新产物，而对于改善交通与通信的需求更是直接推动了工部大学校的创立。

起初，工部省聘请了大量外籍专家来指导建设相关工程。但随着工部大学校毕业生实践经验的不断积累，加之在其他学校或海外进修的日本人越来越多，原先由外籍专家所承担的工作大部分都转由日本人负责，而土木工程的相关作业更是几乎全由日本技术人员自己完成。当然，最初他们也犯了不少错误，但是平心而论，明治维新时期的日本在交通与通信手段上所取得的非凡进步的确令人瞠目结舌。

道路的修缮与建设

在封建时代，日本人外出旅行的方式十分有限，他们只能从步行、骑马或乘坐"驾笼"（可以大致理解为轿子。——译者注）中进行选择。驾笼像是一个带有轻质顶篷的大竹篮，并有一根长杆贯穿其中。驾笼前后各有一人，他们会将长杆扛在肩上，从而将其整个抬起。虽然如今这种东西只有在地势险要的山区运送人或物资时才会使用，但是在旧时的日本，驾笼可是城乡通行的主要交通工具。一般而言，大名或富人乘坐的驾笼会比平民的看上去更为豪华，从而彰显主人的尊贵身份，但是从构造上说却没有什么本质的区别。如今，"人力车"（类似于黄包车。——译者注）已经取代了驾笼，成为最为人所熟知、应用范围更广的基础性交通工具，是日本民众日常出行的首选。这种轻便、小型的两轮人力车在日本历史上可以找到好几个相似的原型产物，不过多数人还是将它的发明权记在了一位名叫戈布尔（Goble）的美国传教士的名下。

到了明治年间，不同地区之间越发需要有更为便利的交通手段来彼此连接。于是，日本政府首先将工作重点放在了道路建设上面。随后，古旧的街道得以全面修缮，过去需要蹚水而过的河流浅川上也架起了桥梁。为了方便牲畜载具的运输与人力车的通行，明治政府还新建了许多重要官道，各地方政府则会在尽可能节省费用的前提下完成具体的修建工作。

近年来，虽然日本的道路建设取得了阶段性进展，但是就整体路网而言，仍旧存在大量有待修缮之处。或许铁路与海运的蓬勃发展是造成日本政府对道路建设相对没有那么上心的原因。毕竟，在明治年间的日本，道路运输已经不再是物资运输的第一选择。不过，造型各异、用途多样的自行车与汽车的出现无疑会大大加快日本道路的建设速度，从而对铁路网络起到更好的延伸与补充。

建设铁路的高涨热情

来自英国的李泰国（Horatio Nelson Lay）[5]是第一个提出在日本修建铁路的人。1869 年，李泰国从清王朝中国来到日本，他向明治政府提议由自己作为英国资本家的代理人，为敷设铁路提供贷款。这条由东京至大阪且途经横滨的铁路共需贷款 100 万英镑（约488 万円），年利率为 12％，本金则需要在 12 年内还清。日本政府将拿出铁路建成后的一部分收益作为贷款担保，同时英国资本家还将拥有通商口岸所产生外贸关税的留置权（即享有优先以日本海关税收清偿债务的权利。——译者注）。

从李泰国提出的贷款要求来看，他不仅想要成为新成立的铁路会社的总负责人，而且所有技术人员与外国工匠也必须由他挑选，更有权进口一切建设所需的物料。1870 年，由他挑选的埃德蒙·莫雷尔（Edmund Morel）来到日本，出任工部省铁道寮的初代首席建筑师（技师长），随后更多的下属工作人员相继被招募而来。这支新生的队伍立即开展了一系列测量与调查的基础性工作，并最终决定首先敷设横滨至东京的铁路。1870 年年底，日本的首条铁路正式动工。

但是，从结果来看，李泰国的融资工作并未取得成功。日本政府也据此解除了原有的借款合约，最终转由英国东方银行（Oriental Bank）[6]为日本的铁路建设提供贷款。在接下来的几年中，日本铁路建设所涉及的所有财务工作都是在东方银行的管理下进行的。W. W. 卡吉尔（W. W. Cargill）以银行代表的身份在工部省铁道局任职，对铁路建设进行指导。后来，莫雷尔不幸早逝，曾经荣获三等印度之星勋章（CSI）[7]的维卡斯·博伊尔（Vicars Boyle）因而接替成为新一任的首席建筑师。身为英国皇家学会特别会员的威廉·波拉博士（Dr. William Polar）则担任了技术顾问。

这条铁路一度建设得十分缓慢。主要原因有两个：一是经费调拨不到位；二是日本政府决定利用此次修建铁路的机会，大力培养日本本土的技术人员。

起初，工部省雇用的外国技术人员多达两百多名。不过，随着工部大学校毕业生们羽翼渐丰，加之在其他学校或国外接受训练的专业技术人员陆续加入建设队伍，外国技术人员的人数不断减少，原先主要由外国人负责的建设工作也逐步交到了日本人的手中。目前，依然工作在日本铁路建设一线的外国技术人员已经屈指可数。

日本铁路建设简史

如前所述，1872 年的日本只有一条从东京（新桥）至横滨的 18 英里（约 29 公里）铁路。日本政府原计划沿着中山道修建一条从东京出发，途经京都、大阪，直到神户的铁路线。但是，由于这条线路途经崇山峻岭，开山凿路需要耗费极大的人力财力，因此政府最终转而选择沿东海道修建铁路。在外国工程师的监督下，神户至京都段的修建工作进展得很缓慢。由于工部省全权负责铁路工程建设，因此日本的铁路业在最初采取的完全是一种"官营"的运作模式。

1885 年，伴随着日本近代内阁制度的建立，工部省被撤销，新设立的"铁道局"则成为内阁的直属机构。1890 年，铁道局改称"铁道厅"，转由内务省管辖。1892 年，铁道厅脱离内务省，成为新设立的"通信省"的下设机构，同时恢复"铁道局"的机构名称。

在此期间，沿东海道而建的"东京—京都"铁路干线的施工进度十分缓慢。在这种情况下，鉴于国民很早就认识到了铁路建设对国家发展的重要意义，加之本土技术人员已经可以自力更生，日本政府觉得是时候采取一种更为高效的建设方法了。于是，民营公司开始被允许参与日本的铁路建设。

民营铁路公司"日本铁道"[8]称得上是日本民间资本参与铁路建设的先行者。1881 年 11 月，获得明治政府拨款（2000 万円）的日本铁道正式成立，同时也获得了"东京（上野）—青森"铁路线（简称"东森线"。——译者注）的建设授权。不过，考虑到新成立的公司很难准确计算建设成本与相关支出，更加无法预估通车后的客运量及投资回报，日本政府因此承诺将会向日本铁道提供一定数额的补贴，同时表示愿意尽可能地为建设工作提供便利。就这样，东森线的建设很快就驶上了正轨。日本铁路民营化的序幕也由此拉开。自那之后，民营铁路网开始在全国范围内迅速铺开。

等到甲午战争结束之后，日本人修建铁路的热情已经几乎演变成了一种狂热，这一幕像极了 19 世纪二三十年代的大不列颠。当时的日本人提出了海量的铁路建设方案，但是其中的大多数都不切实际。因为，多数人都并不是真心想要为国家修建铁路，而只是想借此机会投机赢利，从而在那些倒霉的投资者身上大赚一票。

虽然日本政府在完成"东京—京都"线的修建之后仍以"官营"模式对其进行管理与维护，但是自从东森线竣工以后，日本的大部分铁路都由民营公司所修建。同时，为了促进蛮荒北境的工业建设和农业开发，日本政府大力推动北海道的铁路网络建设，并取得了明显的成效。当然，此举在很大程度上也是出于政治与军事的考量。

对于官营铁路的民营化，日本社会曾有过诸多议论，但是也没能拿出一个确切的解决方案。从报纸舆情来看，人们强烈认为铁路应由政府直接掌控。这不仅是因为军事上的原因，更是为了发挥铁路的最大效用，以更好地促进国家的普遍利益。

铁路的运用与投资收益

至于日本铁路的建设、运用与投资情况，在此我仅提供主要的数据以供参考（详见表 7-1、7-2 所示）。

日本铁路的标准轨间距为 3 英尺 6 英寸（约 106.7 厘米），轻轨铁路的标准间距则为 2 英尺 6 英寸（约 76.2 厘米）。车型与数量会根据不同线路的具体状况进行调整。随着铁路产业的发展，运输能力自然也随之不断提高。根据最新披露的官方报告，日本铁路车辆与运营里程之比为 33.5 个火车车头/每 100 英里、112.5 节客运车厢/每 100 英里和 492.3 辆货运车厢/每 100 英里。1902 年年初，日本的铁路建设总投资额为 346,877,284 円，其中官营铁路投资额为 127,167,852 円，民营铁路投资额为 219,709,432 円。

表 7-1　日本铁路分布状况（1901—1902）

	区域（平方英里）	人口	里程数（英里）	每 100 英里拥有里程数（英里）	每 10000 人拥有里程数（英里）
本州	86,329	34,196,471	3,165	3.67	0.93
九州	13,771	6,586,682	425	3.07	0.65
北海道	30,123	1,003,751	360	1.16	3.58
四国	6,858	2,961,714	75	1.09	0.25
全日本	137,081	44,748,618	4,025	2.94	0.90

注：1 英里≈1.61 公里，1 平方英里≈2.59 平方公里。原书采用英制单位，因为涉及数字较多，换算成常用计量单位可能出现偏差，所以保留英制单位表述，同时注明换算关系。

表 7-2　官营与民营铁路的建设情况（1872—1903）

年份	运营里程数					
	官营铁路		民营铁路		总计	
	英里	链	英里	链	英里	链[9]
1872	18	00	/	/	18	00
1873	18	00	/	/	18	00
1874	38	27	/	/	38	27
1875	38	27	/	/	38	27
1875—76	38	27	/	/	38	27
1876—77	65	11	/	/	65	11
1877—78	65	11	/	/	65	11
1878—79	65	11	/	/	65	11
1879—80	73	22	/	/	73	22
1880—81	76	37	/	/	76	37
1881—82	100	38	/	/	100	38
1882—83	114	63	/	/	114	63
1883—84	125	51	63	00	188	51
1884—85	125	51	80	63	206	114
1885—86	167	62	129	76	297	138
1886—87	208	64	165	77	373	141
1887—88	244	40	293	24	537	64
1888—89	445	19	406	38	851	57
1889—90	550	49	525	22	1,075	71
1890—91	550	49	848	43	1,398	92
1891—92	550	49	1,166	40	1,716	89
1892—93	550	49	1,320	26	1,870	75
1893—94	557	49	1,637	77	1,925	126
1894—95	580	69	1,537	33	2,117	102
1895—96	593	22	1,679	75	2,272	97
1896—97	631	62	1,800	09	2,431	71

（续表）

年份	运营里程数					
	官营铁路		民营铁路		总计	
	英里	链	英里	链	英里	链[9]
1897—98	661	65	2,282	37	2,943	102
1898—99	768	37	2,642	57	3,410	94
1899—00	833	72	2,802	49	3,635	121
1900—01	949	69	2,905	16	3,854	85
1901—02	1,059	48	2,966	48	4,025	96
1902—03	1,226	64	3,010	64	4,236	128

注：1 英里≈1.61 公里。

正如日本政府先前所承诺的，民营铁路公司所获得的股息红利非常可观。较大规模的公司每年能获得 10%—12% 的投资分红，较小规模的也很少会低于 5%。1901 年，明治政府在铁路业上的全年净收益为 24,965,370 円，其中，官营铁路的净收益为 8,418,128 円，民营铁路的净收益为 16,547,242 円。铁路客运量与货运量都在飞速增长，且仍有很大的提升空间。根据最新统计，日本每人每年平均使用铁路出行仅有 2.39 次，平均出行距离仅为 40.5 英里（约 64.45 公里）。每人每年平均携带的货物重量仅有 0.3 吨，平均运输距离尚不足 16.4 英里（约 26.39 公里）。

通信省铁道局局长犬冢胜太郎[10]（INUZUKA Katsutaro）在研究了上述数字之后表示：

这些数字让人明白，日本国民尚未充分享受到铁路建设带来的福利。为了能让国民以最低廉价格更大限度地使用铁路，我等一方面要更好地向国民解释使用铁路的好处，另一方面要充分运用最新的研究成果，改进铁路设施和运输方式，使之更好地惠及全体国民。

由此可见，虽然日本当前的铁路建设已经可谓成绩斐然，但其巨大的发展潜力却令人更加为之期待。

铁路法规的制定

随着时间的推移，日本政府先后制定了一系列铁路法规，以下作简要介绍。

在 1872 年 10 月首条铁路正式通车以前，日本政府先于 4 月颁布了关于铁路业的一般守则（即"铁道略则"。——译者注），后来还曾多次进行修订与增补。1879 年，政府又出台了针对官营铁路的一般守则与关于铁路犯罪的惩罚条例，并于 1883 年将上述两项法规的适用范围进一步延伸至民营铁路。此外，还有关于特定路线建设与贷款的专门规定。1887 年，首部关于民营铁路的法规《私设铁道条例》公布。1900 年 3 月，《铁道营业法》与《私设铁道法》（当年 10 月 1 日施行）正式出台。关于《私设铁道法》，我们需要特别关注以下几点内容：

（1）除非通过支付现金，否则不得获得股份。

（2）除非股东大会作出决定，并经相关大臣批准，否则不得特许或租用铁路，或将铁路的管理权委托给第三方。

（3）铁路公司不得发行债券，但经相关大臣批准，已缴清股本不少于 1/4 的除外。

（4）经相关大臣批准，铁路公司可以其名下铁路及附属设施为抵押进行举债，但不得将其用作抵押权的标的。

（5）铁路债券和贷款的总额不得超过实缴资本的总额。

（6）任何公司不得申报股息，除非每年应付债券和贷款的本金和利息已从收益中扣除。

（7）除经特别批准的情况外，标准铁轨宽为 3 英尺 6 英寸（约106.7 厘米）。

（8）出于公共利益，相关大臣可下令修改税率。

（9）三等座的票价不得超过每英里（约 1.6 公里）2 钱。

（10）铁路公司有责任按照法律法规的规定，在战时、平时供陆海军使用。

（11）给予铁路公司的授权满 25 年之后，政府保留购买该公司及其所有附属设备的权利。

修缮河道

明治政府高度重视修缮河道与治理水患，也为此投入了大量资金。比如在最近的国家财政预算中，治水工程共获拨 3,220,000 円。日本的内陆河道纵横交织，很难实现有序管理，河床地形变化多样，极易造成严重水患。政府修缮河道的本意是为了治水，但是，许多经过疏通与改造的河道倒也成了运输货物与旅客的不二之选。因此，一些大型河道的交通运输功能变得越来越重要。

衰退的海运

早期记录表明，日本的海上贸易不仅发生在国内港口之间，远航海外亦是古已有之。但是，在 1612 年，由于一部分在日外国人的政治图谋，加之基督教传教士的不当传教激发了民众的狂热情绪，幕府将军德川家康正式下令全面禁教，驱逐基督教教士，推倒教堂，并强制要求一般信众彻底弃教。在实施了一段时期的宗教迫害之后，1641 年，随着德川幕府第三代将军德川家光（TOKUGAWA

Iemitsu）将所有荷兰商人困足于离岛，日本的全面禁教达到了顶峰。

为了更加彻底地贯彻自己的法令，德川家光下令摧毁所有能够出海远航的船舶，只允许制造用于近海航运的中小型船。虽然为了进行海防，幕府还是允许新建了一些船只，但往往做工粗糙，难以适用。那些由商人的平底帆船改造而成的"战船"，连远航能力尚不具备，更不要说对外作战了。因此，在被西方列强强制打开国门，签署通商航海条约之前，日本一直都没有真正意义上的海上商船。

近代日本商船队的创设与发展

1869—1870 年，明治维新开启，天皇重掌大权，新政府一方面出台蒸汽邮船规则与商船规则，一方面再三发表声明，明确任何公民都有权拥有不限数量的西式船只，而且政府也会对海运业的从业者予以充分保护。在接下来的一段时间里，日本人一度买入了很多过时乃至即将报废的二手船。不过，他们很快就反应过来，有些看似便宜的东西实则毫无用处。于是，日本人决心自行建造真正可用的海上商船。

1872 年，"日本国邮便蒸汽船会社"成立，三年后更名为"邮便蒸汽船三菱会社"。1882 年，"共同运输会社"成立。1884 年，"大阪商船公司"（简称"大阪商船"）成立。这两家公司都是由政府出资建立的。1885 年，经过几年的激烈竞争，邮便蒸汽船三菱会社与共同运输会社在明治政府的劝说下正式合并，组成全新的"日本邮船会社"（简称"日本邮船"）。日本最大的航运公司也由此诞生。

甲午战争之后，明治政府先后颁布《航海奖励法》与《造船奖励法》。通过实施给予大型钢铁汽船厂"奖励金"等海运振兴政策，日本的航运业和造船业进入了高速发展期。1896年6月，"东洋汽船会社"（简称"东洋汽船"）成立。日本在打造海上商船队方面所取得的成功，也是我称日本为"东方的大不列颠"的原因之一。1870年以来日本航运业的发展情况详见表7-3所示。

表 7-3 日本保有舰船总吨位的历年变化情况（1870—1901）

年份（截至年末）	蒸汽船		帆船		总计		和式帆船	
	数量	总吨位	数量	总吨位	数量	总吨位	数量	总石数
1870	35	?	11	?	46	?	?	?
1871	71	?	31	?	102	?	?	?
1872	96	?	35	?	131	?	18,640	3,312,281
1873	110	?	36	?	146	?	22,693	3,835,402
1874	118	?	41	?	159	?	22,673	3,766,221
1875	149	?	44	?	193	?	21,260	3,577,853
1876	159	?	51	?	210	?	19,919	3,397,183
1877	183	?	75	?	258	?	18,964	3,251,425
1878	195	?	123	?	318	?	19,135	3,333,406
1879	199	?	174	?	373	?	19,285	3,254,759
1880	210	?	329	?	539	?	19,092	3,273,709
1881	298	?	379	?	677	?	17,638	3,032,345
1882	344	?	428	?	772	?	17,331	2,930,842
1883	390	?	419	?	809	?	16,149	2,655,763
1884	412	?	402	?	814	?	16,427	2,798,780
1885	461	95,975	509	57,292	970	153,267	17,006	2,854,632
1886	460	100,112	688	60,328	1,148	160,440	16,757	2,786,818
1887	486	115,395	798	64,416	1,284	179,811	17,194	2,851,247
1888	524	129,836	896	67,529	1,420	197,365	17,878	2,969,695
1889	563	141,805	843	57,624	1,406	199,429	18,796	3,216,158
1890	585	150,058	865	54,989	1,450	205,047	19,375	3,302,385
1891	607	154,749	832	53,387	1,439	208,136	18,589	3,153,210

（续表）

年份 （截至 年末）	蒸汽船		帆船		总计		和式帆船	
	数量	总吨位	数量	总吨位	数量	总吨位	数量	总石数
1892	642	165,764	780	49,085	1,422	214,849	18,205	3,069,816
1893	680	176,915	746	48,303	1,426	225,218	17,209	2,878,462
1894	745	273,419	722	46,959	1,467	320,378	17,300	2,876,131
1895	827	341,369	702	44,794	1,529	386,163	17,360	2,960,887
1896	899	373,588	644	44,055	1,543	417,643	17,612	3,066,128
1897	1,032	438,779	715	48,130	1,747	486,909	19,097	3,320,284
1898	1,130	474,307	1,914	170,894	3,044	645,201	19,099	3,049,035
1899	1,221	510,007	3,322	286,923	4,543	796,930	18,479	2,713,646
1900	1,329	543,365	3,850	320,571	5,179	863,936	18,796	2,785,114
1901	1,395	583,532	4,020	336,436	5,415	919,968	19,758	2,921,565

注：1884 年以前的汽船与帆船总吨位不明。和式帆船的载量单位为"石"（Koku）[11]，1 石约等于 0.278 立方米。本表中只统计吨位超过 50 石的日式帆船。

目前，日本提供远洋航运的邮船公司共有三家，即日本邮船、大阪商船与东洋汽船。以下进行简要介绍。1885 年，当邮便蒸汽船三菱会社与共同运输会社刚刚合并为日本邮船之时，日本船只所承担的国际贸易体量非常有限，远洋航路也只有三条，即"横滨—上海""长崎—符拉迪沃斯托克（即海参崴）""神户—仁川"。日本邮船成立以后，新开通了日本至中国华北的营口与天津的定期航线。1892 年，为了满足日本国内飞速发展的棉纺织业的需要，日本邮船又开通了至印度孟买的新航线。

1894 年甲午战争爆发之时，日本邮船共为日本政府提供了 57 艘运输船（总吨位超过 13 万吨），为赢得战争胜利做出了极大贡献。甲午战争结束以后，日本邮船的海运贸易规模得到了空前的扩张。公司总资本高达 2200 万円，并在英国建造了多艘新船。1895

年 3 月，公司旗下船只进行了第一次欧洲航行，试航结果非常令人满意，神户与欧洲之间的定期航线也由此开通。1896 年 8 月和 10 月，至北美与豪州（即澳大利亚）的航线也陆续开通。欧洲、北美、豪州和孟买这四条航线都是日本邮船应日本政府要求而特意开通的。欧洲航线与美国航线每两周发船一次，豪州航线和孟买航线每月发船一次。此外，日本邮船的业务范围覆盖中日朝三国的所有主要港口，目前运营的定期航线总长度为 44,418 英里（约 71,069 公里）。

大阪作为关西的贸易中心，必须要与神户、长崎、四国、九州等地的重要港口以及自身周边的岛屿建立起联系。为此，1884 年 5 月，大阪的一些大船东联合创立了大阪商船。在成立初期，大阪商船仅仅从事近海航运，直到 1891 年和 1892 年，"大阪—釜山"和"大阪—仁川"航线的先后开通才使其真正开始涉足远洋航运。1896 年，开通至台湾地区的定期航线。1898 年，开通往返于中国长江沿岸港口的定期航线（"上海—汉口"航线。——译者注）。1899 年，开通至华南地区港口的定期航线。在随后几年中，大阪商船又先后开通了多条至朝鲜各港口的航线，从而极大便利了中日朝之间的海路交通，同时也改善了日本近海的航运服务。如今，大阪商船普遍被认为是远东最重要的航运公司之一。甲午战争爆发之时，大阪商船也为日本政府提供了 30 多艘船只（总吨位 12,500 吨）。目前，其运营的定期航线总长度为 19,727 英里（约 31,748 公里）。

东洋汽船也是日本在甲午战争之后扩建计划的产物之一。虽然始创于 1896 年，不过东洋汽船直至 1898 年年底才正式开展业务。公司最初计划开通"纽约—巴库"（巴库为阿塞拜疆首都，盛产石油。——译者注）的定期航线，但最终未能实现，于是转而开设了"洛杉矶—上海—香港"的航线，现在视情况每月发船一班或两班。

1892—1902 年的日本大型商船队发展情况详见表 7-4 所示。

表 7-4 日本大型商船队的发展（1892—1902）

年份	1000—2000 吨	2000—3000 吨	3000—4000 吨	4000—5000 吨	5000—6000 吨	总数	总吨位
1892	39	10	2	/	/	51	86,459.12
1893	43	11	2	/	/	56	95,748.43
1894	46	29	9	2	1	87	183,672.28
1895	58	40	13	2	1	114	242,910.45
1896	64	45	14	2	1	126	265,696.02
1897	69	47	14	2	1	133	321,978.85
1898	68	44	16	2	1	131	357,086.00
1899	65	47	17	3	1	133	382,399.74
1900	70	52	17	3	1	143	410,537.41
1901	74	56	17	3	2	152	443,723.46
1902	81	60	17	4	2	164	469,950.00

一项针对日本商船队的调查表明，海洋贸易已经成为日本国家演化与国民进步过程中最引人注目的特征之一。过往的历史也清楚地告诉世人，日本将会以西方的大不列颠为榜样，将自己打造成为一个强大的海洋国家。

目前，日本开放的通商口岸共有 30 个，即横滨、神户、长崎、箱馆、新潟、夷（今属新潟县佐渡岛两津）、大阪、清水、武丰（今属爱知县知多）、四日市、系崎（今属广岛县三原）、下关、门司、博多、唐津、口之津（今属长崎县）、三角、严原（今属长崎县对马）、佐须奈（今属长崎县上原）、饰磨（今属兵库县姬路）、那波（今属兵库县相生）、浜田（今属岛根县）、境（今属鸟取县境港）、宫津（今属京都府）、敦贺、七尾、伏木（今属富山县）、小樽、钏路和室兰。为了维持这些往来繁忙口岸的秩序，1898 年，日本政府颁布了一项名为《港湾取缔规则》的法令，将横滨、神户和长崎的港口纳入管理范围，两年后门司港也纳入其中。

灯塔的修建

1866 年 6 月，尚未交出政权的德川幕府根据与英法美荷四国缔结的《改税约书》（Tariff Convention）第 11 条的规定，同意在通商口岸的附近区域建造西式灯塔和其他航路信号标识。英国驻日公使巴夏礼爵士对此事非常感兴趣，他将有关情况上报给了英国政府。英国贸易局（Board of Trade）在调配一座灯塔设备运往日本的基础上，委派合适人选赴日指导幕府进行修建，同时协助建立完整的航标使用制度。来自北爱丁堡灯塔委员会（Commissioners of Northern Lights，Edinburgh）的 D. 梅西鲁斯（D. Messrs）和 T. 史蒂文森（T. Stevenson）为此前后奔走，这两位工程师设计并监督制造了运往日本的灯塔设备。在获得英国贸易局的许可之后，理查德·布伦顿受邀出任总工程师，他与其他熟练的灯塔工匠以及看守人一起远赴日本。

1868 年 8 月，布伦顿抵达日本。工部省在横滨弁天设立了"灯明台机械方"（灯塔的管理机构。——译者注），并任命布伦顿为"机械方头"（可理解为灯塔的负责人。——译者注）。在日八年期间，布伦顿在观音崎、野岛崎、潮岬、佐田岬等日本沿海要地主持修建了大量灯塔和其他航路信号标识。日本的近海航运也因此变得相对安全。从那时起，日本沿海的灯塔数量大大增加，到今天都甚至称得上是灯火通明。根据不同的修建者以及维护管理方，日本的航路信号标识可以分为三类。到了 1901 年年末，日本共有航路信号标识 239 个，其中 162 个由中央政府建设管理，51 个由地方自治体（日本的地方自治体指的是除去中央政府的区域行政机构，主要分为两级，即府道县与市町村。——译者注）建设管理，16 个由民间建设管理。

电报的普及与电话的引入

1854 年，二度前来叩关的佩里赠送给德川幕府将军一些西方的机械装置，其中就包括两套摩尔斯电报机，虽然它们之后也未曾被真正地使用过。我在前文中已经说过，当时的幕府政权正处于一片内忧外患之际，那时，无论是公家还是平民都无暇研究这些西方的先进玩意儿。这些设备最终就只能被遗忘在仓库的一角，独自蒙尘生锈。

直到 1870 年 1 月 26 日（旧历明治二年十二月二十五日），日本才有了第一条电报线路，这时距离佩里来航已经过去了十七年的时间。这条电报线路是由布伦顿负责修建的，东京与横滨之间从此有了全新的连接方式。在最早的时候，作为一种新技术产物的电报备受无知民众的抨击。很多人认为电报是一种巫术。由于破坏电报线的行为屡见不鲜，因此连保护电报都绝非易事。不过，日本政府决意大力发展电报事业，并不遗余力地扩大电报的覆盖范围与通信质量。不久以后，日本国民就认识到了电报所带来的便利，也就不再采取破坏行为。

电报网络慢慢敷设到了全国各地，但是由于缺乏明确的规划，加之建设过程和设备本身都存在不少问题，那时的电报经常发生故障。在抵达日本后不久，我迫切希望建立一个完善的电报网络的想法给时任工部大辅山尾庸三留下了深刻的印象。在我的提议下，日本政府邀请北不列颠铁路公司（North British Railway Company）的爱德华·吉尔伯特先生（Edward Gilbert）和另外一名经验丰富的辅助人员共同赴日，为日本电报网络的建设与扩张进行指导。他们的工作也在较短时间内就收获了成效。如今日本的电报网络已经能够高效稳定地运行。

1877 年的西南战争充分证明了电报通信的重要作用。政府军也因此拥有了更大的战场优势。次年，借着天皇巡幸全国的契机，更多的电报局相继开通，工部省"电信中央局"也于同年 3 月正式开业。至此，覆盖全国各大主要城市的电报网络基本形成。日本也在 1879 年 1 月正式加入国际电报联盟（International Telegraph Union）[12]，日本的国际电报业务随之开启，日本的电报网络也日趋完善。

在电报网络不断扩展的过程中，处处活跃着工部大学校毕业生们的身影。他们不仅参与修建设施，而且还负责培养操作员和熟练工，大大推动了电报在日本普及的速度。最近披露的一份报告指出：

简言之，日本所掌握的线路铺设和设施修建的技术知识已经达到相当水平。无论是应用最新科技，还是培养专技人员，日本电报业的发展水平已经可以与任何西方国家媲美。

这一说法显然是站得住脚的。除了国内各地，日本还在朝鲜的釜山、汉城和仁川都设有电报局。目前，日本国内约有电报局 2200 家，而各地使用电报的需求还在飞速增加。估计再过不久，日本所有的邮政局都能纳入电报网络。在一些人口比较稠密的地区，比如九州和四国地区，大约每 1,248 平方公里就有一个电报局。同时，日本的电报网络也充分应用了电气科学的最新成果与先进设备。日本自 1869 年以来的电报业发展情况详见表 7-5 所示。

表 7-5　日本电报网络的发展情况（1869—1903）

年份	电报局数量 （个）	线路长度 （英里）	线缆长度 （英里）	电报数量 （封）
1869	2	8	8	?
1870	4	19	19	?
1871	4	19	19	19,448
1872	18	160	185	80,639
1873	28	354	536	186,448
1874	34	433	1,325	356,539
1875	47	637	1,590	525,930
1876	51	672	1,626	690,162
1877	68	947	1,946	868,970
1878	97	1,310	2,828	1,037,884
1879	112	1,518	3,211	1,659,702
1880	155	1,722	4,037	2,041,372
1881	169	1,871	4,666	2,585,663
1882	185	1,990	5,116	2,978,763
1883	195	2,056	5,496	2,678,860
1884	213	2,216	5,803	2,723,613
1885	216	2,243	5,921	2,670,311
1886	219	2,265	5,948	2,540,928
1887	231	2,346	6,209	2,647,536
1888	251	2,452	6,723	2,842,331
1889—1890	311	2,574	7,275	3,675,802
1890—1891	408	2,900	8,218	4,316,366
1891—1892	524	3,244	9,245	4,728,728
1892—1893	633	3,557	10,052	5,466,095
1893—1894	716	3,836	10,388	6,556,109
1894—1895	762	3,983	11,070	8,359,774
1895—1896	787	4,044	12,408	9,410,985

（续表）

年份	电报局数量（个）	线路长度（英里）	线缆长度（英里）	电报数量（封）
1896—1897	1,125	4,903	15,659	11,099,150
1897—1898	1,259	5,872	19,158	14,296,378
1898—1899	1,272	6,127	21,500	15,188,008
1899—1900	1,450	6,534	25,302	14,496,130
1900—1901	1,651	6,999	28,606	16,789,543
1901—1902	1,856	7,361	31,170	16,596,806
1902—1903	2,190	7,628	33,584	17,635,461

注：1 英里≈1.61 公里。

1877 年的某一天，我收到了一套从伦敦送来的电话设备。这让我欣喜万分，要知道，这时候距离电话被正式发明出来才过去一年。[13]这也是电话首次传入日本。我在工部大学校办公室与工部省之间接起了电话线，首次进行公开通话测试的时候，许多人涌进了我的办公室，争抢着想要一睹究竟。

随后，其他的一些短距离通信设备也逐渐被引入日本。但是直到好多年之后，电话才成为一种真正意义上的公共通信工具。1888年，日本架设起了第一条长距离电话线，起点是东京，终点则是热海。这条电话线后来又从静冈延伸至了大阪，目前运行情况良好。在过去的十年里，日本的电话通信得以快速发展。现在人们已经可以随心所欲地使用电话，无论是用于商务还是社交。

邮政事业的发展

在日本引发巨大变革的各种通信方式之中，邮政通信的作用最为明显，覆盖范围最为广泛。时至今日，日本的邮政通信已经相当发达。

旧时的日本就存在着非常初级的邮政通信事业。正如我先前所说，17世纪初的德川幕府已经建起了相关的邮政通信体系。[14]起初，邮政通信仅限于公务之用，并不向一般民众开放。不过，后来商人们依样画瓢，也推出了类似的服务。然而，这种以人力为主（即所谓的"飞脚"。——译者注）的邮政运输不仅耗时甚久，而且寄送的成功率难以保证。这种颇为原始的邮政制度就这样运行了两百多年。

明治维新之后，日本社会所经历的巨大变革促使明治政府相信，如果想要兼顾效率与收益，那就绝不能将邮政业务完全交由民间企业来经营。因此，邮政事业就正式成为一项官营事业。1871年3月，明治政府发布布告，标志着新式的邮政体系正式投入运行。同年5月，"东京—大阪—京都"的邮政业务开启，并在次年延伸至长崎。很快，邮政网络就覆盖了全国各个港口与海湾。

1877年6月，日本加入了万国邮政联合会（International Postal Union，即今天的"万国邮政联盟"）。从那时起，日本就以西方国家的邮政发展水平为目标，不断努力赶超。1882年，《邮政条例》公布。1885年，通信省设立。1902年6月20日，在日本加入万国邮政联合会25周年纪念日之际，通信省举行了一次大型的庆祝活动，回顾了过去四分之一个世纪所取得的成就。

曾经有一段时期，日本是世界上邮资最便宜的国家。这或许是因为当时日本实行银本位，因此自然会受到世界白银贬值的影响。1873年，日本的国内信件（不超过7.5克）邮资为市外2钱（约0.5便士）、市内1钱（约0.25便士）；明信片则是市外1钱，市内5厘。1899年4月，邮资大约上涨了50%。国内信件（不超过15克）邮资为3钱，明信片则是1钱5厘。寄往万国邮政联合会成员国的邮资则一律为10钱。

除了寄收货物与信件，日本的邮政体系还有储蓄功能。1902年年底，日本的邮政储蓄系统已经相当完备。全国共有2,363,335

位存款人，存款总额为 27,196,802 円。邮政汇款和小包裹收寄是邮局最主要的业务。过去十年普通邮件的数量增长情况详见表 7-6 所示。

表 7-6　普通邮件的数量增长情况（1892—1901）

年份	信件（封）	明信片（张）	报纸和杂志（份）
1892	7,499,639	133,260,804	50,829,871
1897	148,254,148	287,069,246	88,266,273
1901	190,951,188	436,673,345	139,116,263

　　在日本，负责处理"死信"（dead-letter）的部门的工作往往十分轻松。因为，对于日本人而言，在信封背面写上寄信人姓名和地址的做法已经是一种普遍的习惯。但是，在世界上的有些国家，这种做法才刚刚开始流行。如果读者有机会详细研究日本的邮政体系，就可以更加清楚地了解日本在各个方面所取得的进步。

　　以上，我们对维新后的日本在交通与通信事业上所取得的发展进行了简要介绍。交通与通信手段的改善不仅促使日本从一个个孤立的封建藩国凝聚成为一个有机的统一国家，而且更是实现产业发展与贸易繁荣的必要因素。我们将在下一章中继续讨论其中最重要的内容。

主要参考文献

　　工部省和通信省的报告中有许多关于交通与通信发展的统计数字，非常值得一读。大藏省的《财政经济年报》（*Financial and Economical Annual*）、内阁每年公布的《日本帝国统计摘要》（*Résumé Statistique de l'Empire du Japon*）中也有不少重要的参考内容。读者可以在山胁春树的《二十世纪初的日本》的第七章中找到本章最需要的数据。英美两国驻日领事的报告中则记载了日本每年在交通与通信领域所取得的进展，其中还包括几份关于铁路与航运的特别报告。此外，那些对日本铁路、航运、电报发展进行概述的最新外国书籍也都具有一定的参考价值。

译者注释

1. 明治之前，日本采用所谓"五畿七道"的行政区划。"五畿"指京畿区域内的五国，即山城国、大和国、河内国、和泉国和摄津国。京畿之外的其他领土则仿中国唐制，共分为七道，即东海道、东山道、北陆道、山阳道、山阴道、南海道和西海道。这七道中皆建有同名的官道，构成了交通路网。七道之间还存在大路、中路、小路的等级差别，间接代表着该区域的繁荣程度。"五畿七道"制度自奈良时代开始实施，直到明治初期的废藩置县。但是，部分道名仍沿用至今，比如日本新干线的"东海道·山阳新干线"。

2. 德川家康上台后，幕府以江户为起点修建了五条交通要道，形成了一个发散的交通路网。东海道与中山道皆通往京都。前者由江户向南，沿海岸线往西；后者向北，经过内陆山区后抵达京都。另外三条则以终点命名，分别为甲州街道、奥州街道和日光街道。

3. "本阵"是江户时代设置的专门旅社，类似于中国古代的驿站。本阵专供大名、旗本、幕府公差等官家旅途过夜，原则上不允许平民使用。

4. 1872 年，东京设立了陆运元会社，以东京、大阪、京都（即"东海道三都"）为中心，在各地的街道河岸进行联网，建立一个个"飞脚问屋"。1873 年，太政官宣布，允许加盟陆运元会社的私人公司参与运输。1875 年，陆运元会社更名为"内国通运会社"，铁道货运也纳入其中。

5. 李泰国（1833—1898），曾担任大清海关第一任总税务司。此人在华劣迹斑斑，曾迫使清政府签订中英《天津条约》，把鸦片称作"洋药"，列入税率表等。

6. 东方银行为英国政府特许银行，前身为西印度银行。总行设于印度孟买，1845 年改名为东方银行，总行迁至英国伦敦，在香港也设有分行。1847

年在上海设立分行，是上海最早出现的一家银行，也是中国第一家现代商业银行。该行在上海的中文名称为"丽如银行"。该行早期的在华业务主要是汇兑，包括自身买卖汇票和充当供求双方汇票的中介者。1892 年，因放款和投资不慎而倒闭。

7. 印度之星勋章由英女皇维多利亚一世于 1861 年设立，其授予对象是为英帝国在印度做出过杰出贡献之人。它共有三个等级：大司令骑士勋章（Knight Grand Commander，GCSI），司令骑士勋章（Knight Commander，KCSI）、同袍勋章（Companion，CSI）。

8. 日本铁道是日本第一家民营铁路公司。1881 年 8 月 1 日，以岩仓具视为首的华族决定发起成立日本铁道。同年 11 月 11 日，随着《设立特许条约书》的下发，公司正式成立，初代社长为吉井友实。今天，东北本线、高崎线、常磐线、东日本旅客铁道（JR 东日本）所运营的线路多为日本铁道所修建。

9. "链"（Chain）是一个英制长度单位，1 链约等于 20 米。

10. 犬冢胜太郎（1868—1949），曾任内务省和通信省官员、府县知事、众议院议员、贵族院议员。

11. "石"是日制度量衡的容积单位，用来衡量日本船的装载量。1 石≈0.278 立方米。

12. 1865 年 5 月 17 日，法德俄意奥等 20 个欧洲国家的代表在巴黎签订了《国际电报公约》，随后建立了国际电报联盟。1906 年，德英法美日等 27 个国家的代表在柏林签订了《国际无线电报公约》。1932 年，70 多个国家的代表在西班牙马德里召开会议，将《国际电报公约》与《国际无线电报公约》合并，制定《国际电信公约》，并决定自 1934 年 1 月 1 日起正式改称为"国际电信联盟"。

13. 1876 年，亚历山大·格拉汉姆·贝尔（Alexander Graham Bell）发明了电话。

14. 江户幕府有一套以驿站制度为核心的基础设施体系，承担通信、交通、运输等功能，不过并不对一般民众开放。1868 年，明治政府颁布《站递规则》，1871 年发布《创立陆运社许可》。东海道各站陆运元会社相继创立，象征着日本近代化邮政制度的开端。

第八章 产业发展

西方产业的引入

封建体制瓦解之后，各种西方产业在日本一度发展缓慢。彼时的明治新政府正埋头于改革行政机构与整合财政收入，因而无暇思考如何重建日本的产业体系，而且在当时的日本，几乎也没人拥有引入西方产业的资本或知识。

随着政局日趋稳定，一些西方专家先后受雇来到日本，指导相关产业的具体工作，但是他们所起到的作用终究有限。一部分新兴产业由以工部省为代表的政府机构直接操盘，[1]另一部分则转交民间个人负责。很多时候，日本人不得不为自己的这种选择付出相当大的代价。比如，不少日本公司所托非人，没有找对外籍专家的情况比比皆是；又比如，时常会有新兴产业因为脱离地方经济实际而半路夭折；再比如，有的日本企业家在自身经验本就不足的前提下还要逞强硬上，最终难逃失败之命运。

可以说，日本人在产业发展上所取得的进步是用一次次的苦涩体验所换来的。随着时间的推移，各项新兴产业慢慢驶上正轨，特别是当那些先在国内高等学府学习西方技术，而后留学海外、积累实务经验的年轻学子回国之后。1880 年以后，各项产业的发展势头日益向好，各类新兴企业相继建立，日本产业进入了整体上的蓬勃发展时期。当然，这其中也不乏有些企业一心投机，从而根本无法实现经济收益的情况。

1894—1895 年的甲午战争不仅是日本政治史上的划时代事件，同时也是日本经济史和产业史上的分水岭。战争的胜利仿佛给全体日本国民注入了兴奋剂，他们在各个领域的活跃极大地推动了日本产业的整体发展。

日本传统产业的现状

虽然西方新兴产业的发展势头迅猛，尤其是在大城镇近郊，一座座近代化工厂相继拔地而起。但是，我们无法就此断言旧日本的传统产业都已销声匿迹或是彻底改头换面。诚如斯塔福德·兰塞姆先生在《过渡时期的日本》中所言：

> 如果那些造访过当今日本的近代化工厂的人有机会读到约翰尼斯·J. 赖因（Johannes J. Rein）教授那极富思想性的著作——《日本产业》（Industries of Japan），他们就会惊讶地发现，自己在现实中看到的日本和在书中读到的国家是截然不同的。虽然这并不意味着赖因教授所悉心描绘的那些日本传统产业已经被彻底扫进了历史的故纸堆，但是在过去的这些年里，与那些美轮美奂、久负盛名、令人过目难忘的日本传统手工艺品一起闯入世人眼帘的，还有那些本质上代表着进步但却缺乏艺术美感的工厂烟囱，以及那些依据欧美最平庸设计所修筑的难看工坊。
>
> 对于那些想要愉悦身心、提升认知的访日游客，我建议他

们去了解一下赖因教授笔下的那些日本传统产业。因为无论是否能够夺人眼球，那些美好的事物始终都在那里，安然自若、非比寻常。他们也可以去观摩七宝烧²、刺绣、米席和雕刻的制作过程，把玩那些古董、玩偶、绘画和手工织物。虽然我始终相信，如果旧日本注定要步入消亡，正如我们经常被告知的那样，那么固有的传统产业势必首当其冲。但是，这些美好的艺术品依然存在于当世之日本，而且也理应传之后世。

传统产业的生产方式

我将在第九章详细讨论日本艺术产业（art industries）³的未来发展可能。但是，鉴于日本的传统产业目前仍颇具规模，相关制品在日本工业总产出中仍占据较大比重，我不妨在此先介绍一二。

在德川幕府治下的265年里，日本国内总体上是一副波澜不惊的太平模样。各藩大名们倾力扶持和保护领地内的制造业，对于那些创造极具美感的工艺品的手工业更是奖励有加。在江户时代，由于天下太平，那些乱世里用来征伐杀戮的时间和精力全都投入了手工技艺的比拼之中。产业竞争更是极大提升了日本手工业制成品的质量。

不过，品相最好的手工艺品通常都不会用以售卖，而只供实际使用或作馈赠礼品。日本的一流工匠并不信奉"时间等于金钱"这样的效率至上主义信条，他们会将自己的全部情感与技艺倾注于作品之中。每当灵感奔涌，他们便会随心所欲地进行创作，倘若感到疲惫，他们也会毫无顾虑地选择休息。正因如此，他们才能真正享受到劳动所带来的乐趣，他们创造的每一件作品才能成为集高超技艺、雅致脱俗、新奇趣味于一体的独特存在。身份所带来的荣誉感促使日本工匠们始终在追求极致与完美。在他们眼中，哪怕碧玉微瑕，也终究难登大雅之堂。

日本工匠通常会有自己的小作坊，或是与几个合得来的伙伴合作经营。正因为有了藩主大名的支持，艺术产业得以代代相传。父辈会将技艺手法教给儿子或养子，又或是在家族谱系内进行传承。从艺术角度来看，日本工匠几乎是在一种接近完美的条件下进行创作。他们与评论家、同行之间也都保持着良性竞争，而且总能让自己或多或少地吸收那些激发自身艺术创作灵感的纯洁、诗意与优雅。

于是，我们也就不难理解，为什么在只与荷兰人打交道的江户时代，日本仍然能有一批又一批的艺术制品经由长崎远销欧洲。时至今日，这些艺术制品仍被认为是最能代表日本艺术的杰作。因此，江户时代被誉为日本艺术的黄金时代自然也在情理之中。今天，相比起日本，反而是欧洲的博物馆中收藏着更多江户时代的艺术代表作。

在江户时代，土生土长的日本传统艺术产业遍及全国各地。当然，某些地方因为特产而更为世人所熟知。有些地方盛产丝绸、麻、棉等纺织面料，也有些地方盛产制作陶瓷器具所需的高品质黏土（即高岭土。——译者注）。

产业环境的变化

伴随封建体制衰败而来的经济社会动荡极大破坏了日本传统美术工艺产业的整体环境，甚至连大量的配套产业也随之遭殃。那些志趣纯粹的工匠们更是陷入了空前的困境，许多人丢失了饭碗，也有人被迫另谋生路。待到维新大局已定，售卖与盈利又早已取代了美感与愉悦，成为艺术产业的主要生产目的。其结果就是，相关作品的技艺与格调不复过往，粗制滥造之物遍及大街小巷，就连艺品的创作取向上也不得不迎合外国人的审美。

不过近年来，这种情况已经大为改善。如今的日本工匠们又重新具备了生产出高水平作品的能力。可是，虽然这些作品也堪称佳作，但从纯粹的艺术理念来说，这种借助近代工场体系制造出来的产品终究少了一丝过往的神韵。

虽然这种应用于各大产业的近代工场体系正在不断侵蚀许多传统家庭小作坊的业务领域，但是就整体而言，农产一体的产业形态仍然存在。农夫及其妻子、家人会利用农闲从事手工业生产，在这种情况下，他们并不会与大型工场发生直接竞争。因此，尽管日本工商业的组织化与专业化程度越来越高，但是这种产业形态可能依然会存在相当长的一段时间。不过，随着其在社会经济体系中的日渐式微，最终也难逃被时代所淘汰的命运。

日本的工场体系建设已经大有所成。各种近代化的工场在全国遍地开花，很多大城镇已经成为举足轻重的工业重地。比如东京，高耸林立的烟囱和大片大片的制造工场令其远近闻名，不过它们散布在一个很大的区域里，因此并不像在其他地区那样集中突出。又比如大阪，这个城市越来越像一个真正的工业中心，以至于有些英格兰人谓之为日本的曼彻斯特。类似地，苏格兰人谓之为格拉斯哥，法兰西人谓之为里尔，德意志人谓之为汉堡，美利坚人则谓之为芝加哥。不过，就像兰塞姆先生所说：

> 我当然能够理解人们为什么会有这样的比喻，但是大阪完全不像这些城市中的任何一个，而且以后也不会。因为在我看来，日本人个性刚毅，他们绝不会照搬我们西方的已有做法。这在他们建设近代工业的过程中亦是如此。

我认为他的这些评论是值得我们牢记的。

木材需求与供给政策

日本国民生活与产业领域的巨大变革催生了越来越庞大的木材需求。可以说，无论是生产制造，还是土木工程，各个领域都离不开木材。此外，每年还有很多木材被出口到中国和朝鲜。这就让人们越来越关注林业的发展。为了更好地满足国家发展所需，明治政府不仅采取措施来阻止对现有的森林进一步砍伐，而且引入了最先进的方法来提高森林的自然生长能力。

根据明治政府 1901 年公布的最新数据，日本的森林国土覆盖面积为 23,087,365 町[4]，覆盖率达 59％。其中，13,125,320 町为国有林，2,091,755 町为皇室御用林，78,702,060 町为民有林。由于各地的土壤和气候条件不尽相同，因此林区内的树木种类十分丰富。其中，针叶林占 21％，阔叶林占 25％，阔叶与针叶混合林占 49％，剩余 5％的地区则是少林与无林区。

日本林业的近代化

建筑业与工业对木材的巨大需求一度导致对森林肆意无度的砍伐。近年来，明治政府已经有所行动，出台了明确规定且严格付诸实施。就这样假以时日，日本森林的整体面貌将会彻底改变，林业产出也将得到极大提升。在现行制度下，农商务大臣拥有对国有林和森林一般事项的最高监督权，其领导下的山林局则负责对森林进行科学养护与有效管理。经过近年来的严格监管，日本林业的整体状况已经大为改善。

这种改善在很大程度上要归功于林木养护教育。日本不仅有提供最完整林木养护教育的东京帝国大学农科大学，也有提供林业高等教育的札幌农学校和岩手县盛冈高等农林学校。这些学校都致力于培养兼具科学知识与实务经验的林业专门人才，只有这样才能在毕业之后真正承担起管理和改善森林的责任。明治政府会为林业专业的毕业生提供较好的工作岗位，学生们在校期间也热衷于开展林木养护类的研究。此外，还有其他相当于"中等学校"的农林学校，负责培养辅助林业专家的实务型森林管理人才。

明治政府已经出台了不少保护森林的法令与布告，而在我们列举日本所取得的各种进步时，农商务省所做的贡献绝不应该被忽视。日本人向来以亲近森林而闻名，甚至在很多人眼里，日本人的爱国热情与美学修养在很大程度上要归功于森林对他们日常生活的影响。

矿业和冶金

日本人很早就认识到，西方的不列颠之所以能在世界舞台上占据中心位置，很大程度上是因为其拥有丰富的矿产资源，尤其是作为所有制造业必需品的煤炭与铁矿。因此，日本人决心尽快开发本土的矿产资源。虽然日本境内的矿产资源比较有限，但是好在日本拥有不少位置优越的港口，非常便于同清王朝中国进行贸易，从而以低廉的价格进口各种丰富的原材料。

我们很难断言日本的矿业究竟起源于何时。但是，从现有史料来看，早在 7 世纪至 8 世纪，日本各地就已经开始开采黄金、银、铜、铁、煤和石油等资源，不过当时的开采规模还十分有限。然而，自从明治维新以来，几乎所有种类的矿业都得到了极大的发展。表 8-1 列举了 1886 年以来日本各种主要矿产的开采总量，表 8-2 则给出了日本 1901 年主要矿产的总值。

表 8-1　主要矿产的开采情况（1886—1901）

年份	金（匁）[5]	银（匁）	铜（匁）	铁（贯）[6]	锑（斤）[7]	锰（斤）	煤（吨）	石油（石）	硫磺（斤）
1886	123,888	8,982,577	16,290,325	3,669,054	3,994,209	669,775	1,374,209	40,113	10,745,414
1887	138,838	9,498,097	18,439,613	4,071,546	2,589,971	517,113	1,746,296	30,303	17,968,462
1888	167,788	11,396,894	22,290,711	4,851,851	2,039,985	1,348,294	2,022,968	39,605	31,659,766
1889	204,939	11,458,127	27,090,181	5,347,931	2,911,988	1,566,731	2,388,614	55,871	27,460,321
1890	193,763	14,091,754	30,192,447	5,603,481	2,164,995	4,319,131	2,608,284	54,399	34,499,523
1891	192,560	15,645,273	31,721,799	4,616,785	3,780,810	5,372,025	3,175,844	55,983	36,548,417
1892	186,805	16,063,426	34,544,539	5,031,466	2,305,433	8,363,750	3,175,670	72,893	34,142,610
1893	196,372	18,469,285	30,025,201	4,535,305	2,748,895	26,737,715	3,319,601	94,145	39,814,386
1894	209,509	19,209,527	53,186,229	5,182,463	2,618,551	22,240,739	4,268,135	151,986	31,257,166
1895	239,041	19,272,544	31,856,887	6,879,306	2,805,729	28,520,061	4,772,654	149,497	25,884,250
1896	256,519	17,156,666	33,464,615	7,299,579	2,237,615	29,893,267	5,019,690	208,400	20,863,373
1897	276,427	144,784.85	33,982,217	7,464,364	1,951,068	25,701,496	5,188,157	231,220	22,636,870
1898	399,145	16,118,242	35,039,592	6,296,225	2,061,829	19,162,323	6,696,033	280,742	17,202,173
1899	446,716	14,978,060	40,459,709	6,151,033	1,568,462	18,893,440	6,721,798	474,406	17,062,186
1900	566,535	15,681,595	42,182,353	6,624,447	716,477	26,384,526	7,429,457	767,092	24,064,196
1901	660,653	14,598,749	45,652,927	18,680,043	911,462	27,115,884	8,945,939	983,799	27,580,478

表 8-2 主要矿产的产出价值（1901 年）

种类	单位	产出	价值（円）
金	匁	652,356	3,261,780
银	匁	14,174,489	2,055,301
铜	斤	45,652,927	16,252,442
铅	斤	3,004,983	246,409
镴	斤	23,422	13,749
铁	贯	18,680,043	2,947,684
——生铁	贯	14,686,901	2,041,465
——铍	贯	335,551	32,884
——熟铁	贯	412,246	172,319
——钢	贯	3,245,445	701,016
硫酸铁	斤	4,690,270	27,782
二氧化硅	斤	17,187	1,633
水银	斤	1,250	1,688
锑	斤	911,462	134,814
——精锑	斤	714,276	117,856
——硫酸锑	斤	197,186	16,958
锰	斤	27,115,884	108,464
煤炭	吨	8,945,939	30,592,971
——生煤	吨	8,811,903	30,207,203
——无烟煤	吨	86,554	230,407
——天然煤	吨	47,482	155,361
褐煤	吨	9,740	16,343
石油	石	983,799	2,278,418
硫黄	斤	27,580,478	386,127
黑铅	斤	146,495	17,433
总价值			58,343,038

在封建时代的日本，人们只能使用非常原始的方法采矿和冶金，但现在他们却可以使用最新型的采矿机械与冶金装置。德川幕府末期（1867 年），威尔士人伊拉斯谟·高尔（Erasmus Gower）将炸药引入日本，并在佐渡的金银矿进行实地试爆。与此同时，美国人拉斐尔·庞佩利（Raphael Pumpelly）也开始用炸药开采北海道渡岛半岛的游乐部铅矿。1868 年，佐贺藩藩主与一位叫托马斯·格洛弗（Thomas Glover）的苏格兰人一起在藩内的高岛开凿出了一条欧式竖井。著名的高岛煤矿从此正式投入生产。直到今天，高岛煤矿依然在为许多造访日本的船只提供燃料补给。

维新之后，明治政府开始独立在佐渡岛（新潟县）、生野（兵库县）、院内（秋田县）、阿仁（秋田县）、小坂（秋田县）、釜石（岩手县）和大葛（秋田县）开采金属矿产；在高岛（长崎县）和三池（福冈县）开采煤矿，相关工作皆由日本政府直接管理。开采工作全程使用西方技术，雇用西方工程师。

随着工部大学校毕业生和其他留学生渐渐具备了掌控大局的能力，日本的采矿冶金业开始步入高速发展期，民间矿业公司的兴起就是一个绝佳的例证，虽然整个过程难免有磕碰，但整体态势良好。随着开采规模的不断扩大，明治政府逐渐将旗下的直营矿场交由民间公司打理，民间开采也逐渐成为主流。

日本出产的铜矿不含杂质，品质上乘，正是电气相关产业所需。这也是日本工场体系下的手工业广泛引入电器以及电力产业得以高速发展的要因。从表 8-1、表 8-2 的数字可以看出，明治政府越来越重视金银矿的开采，硫黄的开采量也很大且多应用于化学工业。石油产业也正在稳步发展。起初，日本的石油钻井完全依靠手工作业，直到 1890 年，"日本石油会社"引入美国制造的挖掘器械，并成功开掘新潟县尼濑町（现在的"出云町"）的一号油井（深度 528 米）。借助自动钻井设备及其他改良后的设备，日本的石油产业得以迅速发展。同时，日本的煤炭产量也在激增，而且还大有潜力可挖。这对于日本的工业发展至关重要。

钢铁的生产更是各种工程的命脉所在。尽管日本的铁矿石储量颇为可观，但仅靠本土的产量还远不足以实现钢铁业的大发展。因此，认识到了这一点的日本开始想方设法从他国进口。就像在其他产业一样，日本始终与清王朝中国保持着紧密的联系，这不仅是为了确保原材料的供应，更是为了开拓工业制成品的销路。

明治政府在福冈县的若松港（现为北九州港。——译者注）一带建立了颇具规模的"官营八幡制铁所"（即炼钢厂。——译者注），同时还与清政府签订了优先从中国购买铁矿山与铁矿石的契约。1901年，官营八幡制铁所正式架起高炉，炼出了近代日本的第一块钢铁。若松港位于九州北部，地理位置优越，距离另一个贸易重镇——门司港仅有10英里（约16公里）。制铁所通过支线与九州铁路干线相连，同时毗邻日本产量最大、价格最低廉的筑丰煤田。此外，制铁所还可以充分利用板柜川的丰富水资源，每天能够提供200万加仑（约7570升）的用水。

官营八幡制铁所由三大厂区构成，即生铁厂、炼钢厂、轧钢厂。生铁厂中设有焦炉和高炉；炼钢厂中设有贝塞麦转炉、平炉和铸钢车间；轧钢厂则配备了大、中、小型的棒材轧机、箔轧机和大中型轧钢设备。此外，制铁所还设有中央泵站、中枢电站、修理厂、铸铁厂、模型间和锅炉车间、锻铁炉、化学和机械实验室。每一个厂区都配有相应的机械和设备，而且都是产自德国的最新款。

官营八幡制铁所在设计上细致周全，在规模上也是颇具雄心。但遗憾的是，经营者并没有充分考虑到制铁所取得实际收益所必需的经济条件。相关工程的成本已经远超出预算，虽然这时的日本已经能够独立炼钢，但自行生产的成本却远远高于直接进口。日本政

府本应以较小规模的制铁所为试点，在积累一定经验后再逐步扩大
生产规模。不过毋庸置疑的是，虽然日本在这方面走了弯路，但这
些工程终究会对日本的工业发展产生积极的影响。高昂的生产成本
不过只是为此所交的一部分学费罢了。

土木工学与机械工学

　　正如我在第七章中所说，如今的日本技术人员在统称为土木建
筑的各个相关领域里早已经能够独挑大梁。他们能够独立修建公
路、铁路、桥梁、港口和造船所，不仅能做到造型美观，而且还可
以有效控制成本。日本政府不断派遣最有前途的青年人远赴海外，
学习最高水平的建造技术、引入最新的设施装备，从而确保日本的
各项工程都能走在时代前列。同时，日本国民也时刻关注着欧美列
强在各个领域的一举一动。

　　日本在机械工学的各个领域也都取得了长足的进步。1873 年，
在我抵日之时，东京、横滨、神户和长崎已经有了规模较小的机械
工场。不过，当时的工场还不足以安排机械工学的学生进行实习，
相关设施也还远不齐全。同年 12 月，在我的指导下，工部省在东
京赤羽的大型机械工场——"赤羽制作所"（次年改称"赤羽工作
分局"。——译者注）正式破土动工。后来，工部大学校的大多数
学生都在此进行过长时间的学习。作为开展实务教育的重要场所，
赤羽制作所在培养工学专技人才的过程中发挥了不可替代的重要
作用。

　　我坚持要求工学各相关专业的学生在确定专攻领域前先在工
场进行一段时间的实习。渐渐地，他们也认同了这种预备训练对
自己未来发展的积极作用。在此，我想对赤羽制作所的负责人乔

治·S. 布林德利（George S. Brindley）那卓有成效的工作给予高度评价。

目前，明治政府各省旗下拥有铁路、造船和海运等各类公司以及陆海军相关的各类工场。就整体而言，这些工场设施完备，成效显著。全国各地也有不少规模各异、效率不俗的民间工场。这些工场不仅可以生产常用的机械装置，就连工场专用的引擎、锅炉、水泵与照明设备也不在话下。几乎所有在日本建造的船舶用的都是国产的发动机和锅炉，有些则是依据西方的设计图纸，由日本工场仿制完成。此外，日本的工场还可以自主生产发电机、电动机和各类电器配件。

全国的轨道电车里程正在稳步增加。其中，进口电车、进口组装电车、国产电车不一而足。尽管当前的日本仍有相当一部分机械与设备需要仰仗进口，尤其是在急需之时，但只要时间允许，日本人通常都会在本国的工场中进行生产。

铁路工场主要用于铁路车辆维修，不过神户的工场已经成功制造出了几台新型的火车头。1896 年成立于大阪的"英日火车制造合资会社"也新造了不少火车头与车厢。此外，横滨兴建专门生产火车头与各类车厢的大型工场的计划也已经浮出水面。根据最新披露的报表显示，日本在 1899 年生产的机械设备总值为 4,175,144 円。

造币局的开设与新货币的铸造

维新之后，作为最早被引入日本的西方产业之一，铸币业同样也称得上是大获成功。1866 年 6 月 25 日，幕府代表水野忠精与英法美荷代表签订《改税约书》。其中的第 6 条规定，日本政府要在一定条件下建造一个货币铸造所。明治政府原计划从英国政府手中购买一座位于香港地区的造币局，但是由于英国政府不久之后就将其关闭而未能成行。1869 年 3 月，明治政府决定在大阪兴建隶属于大藏省的造币机构，并于同年 8 月与英国东方银行签订了货币铸造的相关条约。受明治政府委托，东方银行任命原香港造币局局长、陆军少校托马斯·金德（Major Thomas Kinder）[8] 为日本造币业务的总负责人，同时辅以几位工程师，派他们前往日本指导大阪造币厂的建设与业务。1871 年 4 月 4 日，使用英国进口造币设备的大阪造币寮举行了盛大的开业仪式，各国代表均应邀出席。日本自此统一了全国的铸币工作。

大阪造币寮得到了许多英国专家的指导。其中比较知名的有：技术顾问兼试验分析师 E. 狄龙（E. Dillon），学士、英国化学协会特别会员；技术顾问 W. 高兰（W. Gowland），英国化学协会特别会员、伦敦皇家理科大学冶金教授、化学家和冶金学家；技师 R. 麦克拉根（R. MacLagan）。他们为草创时期的造币寮贡献良多。根据最新的造币局局长报告（1903 年 3 月 31 日），造币局一切运转正常，成果令人满意。1902 财年（1902 年 4 月至 1903 年 3 月底），日本政府共发行 10 元金币与 50 钱银币 5,351,126 枚，总币值达 38,300,563 円。在 1901 财年，日本政府共发行金银镍铜四种材质六种面额的钱币 21,354,919 枚，总币值达 15,903,726 円。此外，在 1902 财年，造币局还为台湾银行铸造了 668,782 枚银元的银行准备金。

总的来说，造币局是全日本屈指可数的重要设施。值得一提的是，大藏省在东京王子地区还设有大型的印刷工场——"大藏省印刷局"，专门负责印刷日本银行券、印花和证券。可以说，日本早就具备了自行发行货币的能力。

造船业与海运业的发展

我在第七章中已经简要介绍了近代日本商船队的创设与发展，在此就对造船业及其他海运相关产业的具体信息作进一步说明。《格拉斯哥先驱报》（*Glasgow Herald*）的特派员提供了1902年日本各大造船所的生产情况报告，这有助于我们了解日本造船业的发展现状（详见表8-3—表8-5所示）。

表 8-3　各大造船所的生产情况（1902 年）

	汽船		总吨位	总指示马力[9]	指示马力
	数量	总吨位			
横须贺海军工厂	5	3,940	4,413	24,400	25,075
吴海军工厂	8	1,710	3,420	30,400	10,000
佐世保海军工厂	3	270	270	3,600	3,600
三菱合资会社	6	14,940	14,561	13,040	12,265
川崎造船会社	8	5,218	3,280	13,389	4,450
大阪铁工所	5	3,518	1,582	2,650	2,688
小胁造船所	1	1,628	1,526	1,500	1,100
藤永田造船所	3	1,382	523	1,035	280
其他造船所	20	2,805	5,457	1,982	4,662
总计	59	35,411	35,032	91,996	64,120

注：包括 11 艘帆船共 640 吨。

表 8-4 各海军工厂的生产情况（1902 年）

横须贺海军工厂				
舰名	舰种	吨位[10]	指示马力	舰籍
音羽	三等巡洋舰	3,000	10,000	日本政府
速鸟	三等巡洋舰	380	6,000	日本政府
朝雾	三等巡洋舰	380	6,000	日本政府
其余两艘	水雷艇	180	2,400	日本政府
	合计	3,940	24,400	日本政府
吴海军工厂				
舰名	舰种	吨位	指示马力	舰籍
雁	一等水雷艇	152	4,200	日本政府
宇治	炮艇	646	1,000	日本政府
青鹰	一等水雷艇	152	4,200	日本政府
鸠	一等水雷艇	152	4,200	日本政府
燕	一等水雷艇	152	4,200	日本政府
云雀	一等水雷艇	152	4,200	日本政府
雉	一等水雷艇	152	4,200	日本政府
鹭	一等水雷艇	152	4,200	日本政府
	合计	1,710	30,400	
佐世保海军工厂				
舰名	舰种	吨位	指示马力	舰籍
不明（3 艘）	一等水雷艇	270	3,600	日本政府

注：佐世保海军工厂的新干船坞中还设有停泊一等战列舰的浮箱式坞门。

表 8-5 各民间造船所的生产情况（1902 年）

三菱合资会社长崎造船所				
船名	船种	吨位	图示马力	船籍
儿岛丸	联络船	220	320	下关
玉目丸	联络船	220	320	下关
新潟丸	货船	2,100	1,200	东京

（续表）

船名	船种	吨位	图示马力	船籍
荣光丸	客船	1,900	1,500	东京
日光丸	客船	5,500	6,500	东京
锡兰丸	货船	5,000	3,200	东京
	合计	14,940	13,040	

川崎造船会社神户造船所

船名	船种	吨位	图示马力	船籍
平壤丸	轻甲板汽船	1,208	1,185	大阪
香川丸	轻甲板汽船	614	949	大阪
爱媛丸	轻甲板汽船	614	955	大阪
不明（2 艘）	二等水雷艇	178	2,400	日本政府
鸿	二等水雷艇	152	3,500	日本政府
鹢	二等水雷艇	152	3,500	日本政府
大成丸	辅助三桅帆船	2,300	900	东京
	合计	5,218	13,389	

大阪铁工所

船名	船种	吨位	图示马力	船籍
天翔丸	汽船	528	350	大阪
光轮丸	汽船	750	500	大阪
湘江丸	浅吃水船	935	750	东京
沅江丸	浅吃水船	935	750	东京
礼文丸	蒸汽船	370	300	小樽
	合计	3,518	2,650	

小胁造船所（品川）

船名	船种	吨位	图示马力	船籍
第 26 观音丸	木制汽船	1,628	1,500	品川

藤永田造船所(大阪)				
船名	船种	吨位	图示马力	船籍
第 13 中田丸	木制汽船	580	450	不详
改春丸	木制汽船	112	85	不详
生田丸	汽船	690	500	不详
	合计	1,382	1,035	
小野造船铁工所(大阪)				
船名	船种	吨位	图示马力	船籍
第 7 共同丸	木制汽船	548	440	德岛
空造船所(大阪)				
船名	船种	吨位	图示马力	船籍
宇和岛丸	木制汽船	464	482	不详
岸本造船(大阪)				
船名	船种	吨位	图示马力	船籍
神祐丸	木制汽船	415	330	岸和田
中条造船所(土佐)				
船名	船种	吨位	图示马力	船籍
珠宝丸	木质帆船	147		高知
开通丸	木质帆船	159		高知
	合计	306		
浦贺船渠会社(神奈川)				
船名	船种	吨位	图示马力	船籍
第 2 浦贺丸	蒸汽拖船	173	200	浦贺
不明(1 艘)	疏浚船	14	50	浦贺
不明(2 艘)	泥沙搬运船	52	/	浦贺
	合计	239	250	

（续表）

宫川造船所（大阪）				
船名	船种	吨位	图示马力	船籍
天盐川丸	木制汽船	180	150	大阪
石川岛造船所（东京）				
船名	船种	吨位	图示马力	船籍
不明（1艘）	客船	52	/	不详
不明（6艘）	游览客船	122	/	不详
	合计	174		
中村造船所（大阪）				
船名	船种	吨位	图示马力	船籍
大成丸	木制汽船	164	130	不详
大久保造船所（大阪）				
船名	船种	吨位	图示马力	船籍
昌运丸	木质帆船	160	/	大阪
福井造船所（大阪）				
船名	船种	吨位	图示马力	船籍
宽永丸	木制汽船	155	200	神户

注：横滨船渠会社入渠维修了超过100艘舰船，并开展了很多坞外维修工作。

日本最重要的民间造船所是三菱合资会社长崎造船所，目前已经具备建造总吨位超 6,000 吨船舶的能力。如果从已经下水的舰船来判断，其设计能力与工艺水平已经不输欧洲的同行。长崎造船所拥有各种精良设备，码头可供远东最大体量的舰船停泊。其他重要的民间造船所还有川崎造船会社神户造船所、大阪铁工所、东京的石川岛造船所以及东京湾入口处的浦贺船渠会社等。这些民间造船所现在都可谓实力不俗。

最重要的官营造船所则有三家：东京湾的横须贺海军工厂、濑临濑户内海的吴海军工厂、九州西岸的佐世保海军工厂。与民间造船所形成鲜明对比的是，这三大海军工厂的主要任务在于维修和养护，建造新船并非其主业。不过，横须贺海军工厂与吴海军工厂还是参与了三等巡洋舰的建造工作。目前，三等巡洋舰以上级别的海军舰船都交由外国造船所建造，主要是英国的造船所。尽管如此，这三所海军工厂都拥有大型干船坞及维修所需的全套设备，一旦战事爆发，它们立刻就能发挥作用。此外，无论民营还是官营，上述这些造船所也都还有大量的承包企业，在此不作累述。

海运业与造船业的奖励

甲午战争之后，深刻认识到航运业与造船业重要性的明治政府于 1896 年 3 月颁布了《航海奖励法》与《造船奖励法》。根据《航海奖励法》，凡从事国际航运或港口贸易的日本帝国臣民，或者与帝国臣民共同经营的合伙人或股东，如其所拥有的商事会社的日籍船舶总吨位达 1,000 吨，最高航速达 10 节，皆可按航行里程与船舶吨位领取政府的奖励金。

根据《造船奖励法》，凡从事造船业的帝国臣民，或者与帝国臣民共同经营的合伙人或股东，如其所拥有的造船工场（符合通信大臣所定资质）累积造船（铁船或钢船）总吨位达 700 至 1,000 吨，可以领取每吨 12 円的奖励金；如超过 1,000 吨则可以领取每吨 20 円的奖励金。此外，每 1 马力可以领取 5 円的额外奖励金。

自这两部奖励法实施以来，日本海运业与造船业的发展势头一时无两。最近，在日本造船协会总会的一次会议上，通信省管船局局长内田嘉吉（UCHIDA Kakichi）在致辞中表示，《造船奖励法》实施六年以来，日本新建钢铁船舶的总吨位高达 86,000 吨（毛重），总功率则高达 71,000 马力。

我在第七章曾提及明治政府每年会为三大汽船会社的重要航线提供奖励金。详细情况如下：

（1）日本邮船会社

• "横滨—墨尔本"航线。共有排水量 3,500 吨、航速 16 节的蒸汽轮 3 艘，每月发船。奖励金为 53,600 英镑。运营合同有效期为 1901 年 4 月至 1906 年 3 月。

• "横滨—孟买"航线。共有排水量 3,000 吨、航速 10 节的蒸汽轮 3 艘，每月发船。奖励金为 18,200 英镑。运营合同有效期为 1901 年 4 月至 1906 年 3 月。

• 欧洲航线。共有排水量 6,000 吨、航速 14 节的蒸汽轮 12 艘，隔周发船。奖励金为 272,800 英镑。运营合同有效期为 1900 年 1 月至 1909 年 12 月。

• "香港—西雅图"航线。共有排水量 6,000 吨、航速 15 节的蒸汽轮 3 艘，每月发船。奖励金为 66,700 英镑。运营合同有效期为 1901 年 11 月至 1909 年 1 月。

（2）六条邮政航线

• "横滨—上海"航线。共有排水量 2,500 吨、航速 14 节的蒸汽轮 3 艘，每周发船。

• "神户—中国北方"航线。共有排水量 1,400 吨、航速 12 节的蒸汽轮 3 艘，每周发船，冬季除外。

• "神户—朝鲜—中国北方"航线。有排水量 1,400 吨、航速 12 节的蒸汽轮 1 艘，每月发船。

• "神户—符拉迪沃斯托克"航线。有排水量 1,400 吨、航速 12 节的蒸汽轮 1 艘，每月发船。

• "神户—小樽"航线。共有排水量 1,400 吨、航速 14 节的蒸汽轮 12 艘，东线每月发船 10 班，西线每周发船。

• "青森—室兰"航线。共有排水量 700 吨、航速 10 节的蒸汽轮 3 艘，每天发船。

以上六条邮政线路的奖励金总额为 56,100 英镑。运营合同有效期为 1900 年 10 月至 1905 年 9 月。

（3）东洋汽船会社

• "香港—旧金山"航线。共有排水量 6,000 吨、航速 17 节的蒸汽轮 3 艘，每月发船。奖励金为 103,400 英镑。运营合同有效期为 1900 年 1 月至 1909 年 12 月。

（4）大阪商船会社

• "上海—汉口"航线。共有排水量 2,000 吨、航速 11 节的蒸汽轮 3 艘，每周发船 2 班，冬季每 2 周发船 3 班。奖励金为 25,000 英镑。运营合同有效期为 1898 年 1 月至 1907 年 12 月。

• "汉口—宜昌"航线。共有排水量 1,500 吨、航速 10 节的蒸汽轮 2 艘，每月发船 6 班，冬季每月 4 班。奖励金为 11,200 英镑。运营合同有效期为 1899 年 1 月至 1907 年 12 月。

• "神户—朝鲜"航线。共有排水量 700 吨、航速 10 节的蒸汽轮 2 艘，每 3 周发船。奖励金为 3,100 英镑。运营合同有效期为 1900 年 10 月至 1905 年 9 月。

此外，日本邮船会社还拥有多条中国内河航线，东洋汽船会社则掌握多条日本海运航线。前者获得的奖励金为 5,900 英镑，后者则为 14,000 英镑。明治政府每年为上述航线提供的奖励金总额高达 630,000 英镑。

棉纺织业的急速发展

棉纺织业是明治维新之后发展最为迅猛的产业之一，同时也是与英国发生同业竞争最为直接与激烈的领域。日本棉纺织业的发展情况与分布状况详见表 8-6 与表 8-7 所示。

表 8-6　棉纺织业的发展（1888—1901）

年份	纺织工场数	投资总额（円）	平均每日使用纺锤数	原棉和皮棉量（贯）	棉线生产总量（贯）	废棉（贯）	废棉线（贯）
1888	24	？	113,856	1,807,066	1,593,103	140,986	16,025
1889	28	？	215,190	3,859,464	3,358,042	311,971	51,971
1890	30	？	277,895	5,962,484	5,132,588	598,651	88,565
1891	36	8,715,510	353,980	8,995,293	7,689,938	823,003	232,371
1892	39	9,103,237	103,314	12,240,788	9,997,208	906,116	304,851
1893	40	11,271,005	381,781	11,531,307	10,666,744	1,178,059	298,466
1894	45	13,308,030	476,123	17,179,774	14,620,008	1,816,333	191,017
1895	47	16,392,058	518,736	21,771,346	18,437,011	2,423,361	251,879
1896	61	22,860,709	692,384	24,803,618	20,585,485	2,915,950	328,159
1897	74	36,414,728	768,328	32,068,243	26,134,120	3,706,510	1,177,099
1898	77	42,342,082	1,027,817	42,544,656	32,163,239	4,980,687	558,409
1899	83	33,023,317	1,170,327	42,962,406	43,052,402	4,923,207	587,343
1900	80	35,908,512	1,144,027	38,323,770	32,419,641	3,889,848	786,457
1901	81	36,690,567	1,181,762	38,681,886	33,115,829	4,092,460	477,364

表 8-7　棉纺织业的分布状况与年产额

府县名	年产额（円）
东京府	2,278,953
京都府	821,880
大阪府	12,264,578
兵库县	4,954,766
奈良县	1,114,763

（续表）

府县名	年产额（円）
三重县	2,380,858
爱知县	2,242,658
冈山县	3,743,899
广岛县	912,591
和歌山县	791,763
香川县	363,557
爱媛县	704,740
福冈县	1,681,073

日本的近代棉纺织业发迹于鹿儿岛。1867年，萨摩藩藩主岛津忠义建立了藩营"鹿儿岛纺绩所"，所中配有一套装有6,000个纱锭的英国制动力纺织设备。在英国技术人员的指导下，萨摩藩率先走上了机器纺织的道路。三年之后，另一家名为"藩营戎岛纺绩所"的西式纺织工场在和泉国堺二番目设立。1872年，在东京近郊王子町附近的泷野川村，鹿岛万平（KASHIMA Manpei）在三井组的协助下建立了近代日本第一家民间西式纺织工场"鹿岛纺绩所"（共有纺锤600个）。在我抵达日本之时，日本棉纺织业的整体情况大致就是如此。[11]

又过了些年，工部大学校的一些毕业生远赴英国学习棉纺织机械的建造和操作，待到他们学成归国，日本棉纺织工场的数量终于迎来了增长的高峰。如今，日本的许多棉纺织工场无论是在组织体系还是设备规模上都能与英国一较高下。总体来说，如今这些棉纺织工场都已经实现了经济收益，不少还能做到每年10%—20%的股票分红。不过也有一些运营得磕磕碰碰，部分原因是未能做好财务规划，也有部分原因是因为产能过剩，而市场尚未成熟。最新的报告显示，日本棉纺织业上半财年的平均股息率为6.2%，下半财年则为 3.5％。但是，这种平均数值所能传达的信息十分有限，因为各个企业的业绩在很大程度上是由经营能力、实际业绩、区域状况等条件综合决定的，因此不应该拿削峰填谷的平均股息率去衡量。

原棉供应是日本棉纺织业面临的一个关键问题，业内人士对此无不高度关注。一个颇为明显的事实是，虽然速度还不快，但是日本国内的棉花种植规模的确正在逐渐萎缩。这主要是因为日本本地棉花的纤维长度要比进口棉花的短得多，因此并不是纺织的首选原材料。

从全球范围来看，英属印度、中国、荷兰、埃及和美国才是原棉的主要出口国，其他东方国家基本都是进口为主。加之由投机行为和其他原因所引发的价格波动更是一个非常棘手的问题，这就引发了人们对优化日本棉种必要性的广泛关注。近年来，日本农民一直致力于引进和种植南美陆地棉（upland cotton），目前已经取得了很大的进展。但是，最大的瓶颈在于日本适合种植陆地棉的土地非常有限，因此日本人势必要放眼全球，从而为他们当前最重要的产业找到一个更为可靠安定的原料产地。

历史悠久的养蚕制丝业

据说，日本的养蚕技艺与传统可以上溯至神话时代。但无论如何，养蚕业自古就是日本国内的重要产业。明治维新以后，随着西方科学和应用技术的引入，养蚕业在产业近现代化过程中的作为越发凸显。1901 年日本养蚕业的基本情况详见表 8-8 所示。

表 8-8　养蚕业概况（1901 年）

养蚕农家（户）	2,475,819
蚕卵纸（枚）	3,856,683
蚕茧数量（石）	2,526,181
蚕卵纸生产农家（户）	18,138
生丝生产者（人）	421,941
生丝产量（斤）	10,972,981
生丝出口量（斤）	8,697,706

　　通过表 8-8 中的数字，相信我们不难看出，养蚕业已经成为日本屈指可数的重要产业。事实上，生丝已经成为重要性仅次于大米的本土产品，在对外出口方面也是独领风骚。我们甚至可以将生丝称为日本外贸收支均衡的稳定器。

　　在封建时代，缫丝（即所谓的"抽丝剥茧"。——译者注）是农业的一项副业，基本通过家庭手工的方式进行，使用的工具也颇为原生态。1872 年，为了提高出口生丝的品质，明治政府在一位名叫保罗·布鲁纳特（Paul Brunat）的法国技术人员的指导下，于上州（今群马县）富冈町建立了一个制丝场（"官营富冈制丝场"。——译者注），还专门从法国进口了 300 台最新型号的蒸汽动力纺丝机。自那以后，以此为范本的民间机械制丝场相继建立，生丝产量也随之大幅提升。

　　不过，日本的制丝业绝不只有大型的生产工场，如今，连过去那些满足于手工抽丝的从业者也开始尝试坐在机械前、脚踩踏板、手摇卷筒地抽丝剥茧。于是，同业产品的质量开始在整体提升的基础上渐渐得到统一，出口竞争力也随着产业集群效应的产生而得以大幅提升。根据 1900 年的政府报告，机械缫丝总量为 6,193,869

斤，缫车缫丝量为 4,779,575 斤。共有机械缫丝工场 2,072 家、缫丝机 122,116 台，共有使用缫车的家庭工场 597 家、缫丝机 55,022台，每家工场的雇员都超过 10 人。

表 8-9 列举了 1900 年日本的主要纺织品与产值，从中可以判断这些产品对于整个纺织产业的重要程度。

表 8-9 主要纺织品与产值（1900 年）

产品种类	产值（円）
生丝	86,233,957
绢丝	4,296,883
棉线	73,619,589
丝织品等	166,936,604
丝帕	4,318,553
棉织物	122,652,764
丝棉混织物	20,275,823
麻织物	2,851,981
羊毛织物	5,034,720
其他(大约)	20,000,000
配套产业	
——麦草织物	2,926,127
——帽子	424,321
——洋伞	2,918,085
——铺垫物(草席、坐垫等)	3,039,795

印刷业与新闻出版业的兴盛

动力印刷机也是日本近现代化进程背后最强大的动因之一。印刷机不仅可以用来普及有益知识，也可以用来引导国民就事关国家繁荣的议题进行讨论，而且还能在出于国防、教育、产业和贸易所需之时用以团结国民。印刷业如今正在成为日本最为重要的近代产业之一。根据最新报告，日本共有印刷企业 108 家，总资本达2,121,956 円。付梓的报纸、杂志和书籍可谓数不胜数。

日本报业的急速发展自然也就成了顺理成章之事，这种发展势头之迅猛足以吸引任何关注日本近代发展之人的目光。三十多年前，日本全国几乎没有一份像样的报纸或刊物[12]，而如今，全国范围内公开出版的报刊可能多达 1,000 种以上。这一数字不仅意味着印刷规模之大，更加意味着新闻媒体的影响力之广。订阅日报的费用从每月 25 钱到 50 钱不等。

许多刊物的办刊水准颇高，无论是报道选题还是言语修辞都可圈可点。但也有一些刊物的品位叫人不敢恭维，不仅刻意迎合读者的恶趣味，内容也严重缺乏可信度。就像在其他国家一样，新闻报业在日本很多时候也是一门生意，拓宽民众眼界、提升国民素质并不是从业者们的唯一追求，为了提高销量而歪曲乃至捏造事实的情况也不在少数。

布林克利上校对此有如下评论：

> 新闻报业在受过教育的日本人眼中原本就是一项没有什么社会地位的行当。虽然这些"知识人群"或许已经认识到了新闻报业可能为政治领域带来的影响，但却还是习惯性地看不起新闻报业的从业者。所谓的"民意"同样也靠不住，种种限制使得其在日本几乎无法发挥理想中的"抑制力"作用。除去新闻报业，日本国民感到不满却又隐而不发之事还有很多。

不过，话虽如此，有一件事情却是确切无疑的，倘若没有新闻报业，近代的日本绝对不会是现在这般模样。幕末，在日本刚刚开放数个通商口岸之时，除了少数令人尊敬的新闻报业典范，大多数西方人兴办的报纸杂志在报道日本之时往往都会基于一种狭隘的自我中心立场，对日本人的态度更是极不友好。在明治维新这样一段重要的历史时期，各种充满恶意的新闻报道简直比比皆是。倘若此般事件发生在其他国家，该国政府绝对会封杀相关出版物并将始作俑者驱逐出境。

现在，西方报纸杂志的态度更为理性，过去不绝于耳的吹毛求疵之声也渐渐消散。虽然一旦事出必要，这些外国媒体还是会毫不犹豫地对日本进行批判，但是多数的外国新闻从业者已经开始理解日本人，也对他们所取得的进步给予高度评价。

日本人不仅写作、出版了许多刊物和书籍，而且还将数量众多的欧美佳作译成了日语。书商自由地进口各种西方书籍，日本人进而可以了解到世界上每一个领域的最新动态。在日本，技术人员与科学家比一般英国人更熟悉英国刊物的情况也不在少数。

化学工业与杂货工业

日本现在有门类齐全的化学工业与杂货工业，其中的多数都十分成功。最重要的相关产业有：硫酸、硫酸钾、磷酸钠、玻璃、水泥、火柴、酿酒和蒸馏、烟草、制皂、制革、制糖和制砖等。在机械制造业方面，除去常见的相关产业，还有诸如钟表、电气照明、电动机、电话机与电报机等先前已提到的较大规模的设备制造业也同样值得我们关注。现在，日本人对于生产西式服装、鞋靴和家具已经驾轻就熟，相关产业更是分量颇重。

简而言之，你很难找到一种日本人毫无建树的"西式"制造业。日本人显然不会满足于自给自足，他们渴望成为英国这样的制造业大国。因此，日本进行本土化生产的目标不仅是为了满足迅速增长的国内人口的生活需要，更是着眼于用"日本制造"抢占世界市场，尤其是远东市场的份额。在此，我仅援引新近发布的行业报告，展现一些重要制成品的年产值（详见表 8-10 所示）。食品的相关数据则将放在第十一章中进行介绍。

表 8-10　主要化学与日用制品的年产值

品类	产值（円）
硫酸	5,594,92
肥皂	794,823
火柴	5,886,388
硫酸钾	260,968
磷酸钠	867,910
洋纸	7,001,111
和纸	13,985,437
皮革	2,592,412
玻璃器	1,493,044
水泥	2,372,266
铜器	1,106,907
陶瓷器	6,873,693
七宝烧	315,676

建筑业

维新之后，日本国民生活的种种变化自然也为建筑业带来了显著进步与巨大变革。"建筑"已经不再局限于建造工场、公共设施、商业店铺之需，而是已经延伸至个人住宅领域。在我所谓的"过渡时期"，新造的日本建筑常常体现出一种多元的混搭风格（即所谓的"拟洋风"[13]。——译者注）。当然，也有人对这种风格不屑一顾，认为所谓的"拟洋风"既非和风也不洋式，显得有些不伦不类。

纵观维新初期的日本建筑，其中的不少公共建筑样式美观，十分气派，设计师也因之声名鹊起。很多工场设施坚固耐用，十分符合修建的初衷。一些大城镇的主要街道还依据欧式风格进行了改建。不过，只有少数富人才会选择将"洋馆"作为自家宅邸，而且还会在宅中另修传统的日式房屋以作"别馆"。多数日本人的住房仍是"安普请"建筑[14]。这一是因为日本地震频发，这种建筑可以免去倒塌后重建的麻烦；二是因为当时还缺乏修建更为坚固房屋的手段。

官营工场

表 8-11 给出了政府直接管辖的官营工场名录。我们从中不难看出当时的日本政府究竟有哪些高度重视的工业领域。

表 8-11 官营工场一览表

工场名称	所在地	业务内容	使用动力机关数量
千住制绒所	东京千住	军用毛呢外套、毛巾、毯子	蒸汽机关 8 台
横须贺海军工厂	神奈川县横须贺市	舰艇建造与维修	同上 27 台
佐世保海军工厂	长崎县东彼杵郡佐世保市	舰体与舰艇用蒸汽机关、锅炉	同上 7 台

（续表）

工场名称	所在地	业务内容	使用动力机关数量
吴海军工厂	广岛县吴市	战舰、鱼雷艇、蒸汽机关、锅炉、锻造钢铁、钢铁制品、制图	同上 17 台
东京制造工场	通信省所在地	电报机、电话机	同上 2 台
横滨工场	神奈川县横滨市	灯塔相关设备	同上 2 台
东京炮兵工厂	东京	火炮组件、步枪、子弹	数据不详
大阪炮兵工厂	大阪	火炮、弹药	蒸汽机关 17 台
造币局	大阪	货币、奖章	同上 16 台
横须贺海军工厂造兵部	神奈川县三浦郡浦里地区	武器	同上 2 台
佐世保海军工厂造兵部	长崎县东彼杵郡佐世保市	武器	同上 4 台
陆军门司兵器制造所	福冈县门司市	武器	同上 2 台
吴海军工厂造兵部	广岛县吴市	武器、弹药	同上 31 台
通信省铁道作业局新桥工场	东京	铁路车辆、机械、工具的制造与维修	同上 4 台
通信省铁道作业局神户工场	神户	同上	蒸汽机关 6 台
通信省铁道作业局长野工场	长野县上水内郡芹田	同上	同上 1 台
东京炮兵工厂板桥火药制造所	东京板桥	火药	不详
东京炮兵工厂目黑火药制造所	东京府荏原郡目黑地区	同上	不详

（续表）

工场名称	所在地	业务内容	使用动力机关数量
东京炮兵工厂岩鼻火药制造所	群马县群马郡岩鼻地区	同上	不详
大阪炮兵工厂宇治火药制造所	京都府宇治郡宇治地区	同上	蒸汽机关3台
东京疫苗制造所	东京	疫苗	/
大阪疫苗制造所	大阪	同上	/
大藏省印刷局制纸工场	东京府北丰岛郡王子地区	公债券、可兑换银行券、付款单、邮票、各种申请书	蒸汽机关10台
陆军中央粮食制造所	东京	牛肉罐头	同上1台
陆军省陆地测量部制图课制图所	东京陆军参谋本部所在地	地图	石版印刷机1台
大藏省印刷局印刷部	东京	邮票、明信片、印花税票等	蒸汽机关3台
大藏省印刷局活版印刷部	东京	政府官报、法令、官员名录等	同上2台

制造业群像

就本书的写作目的而言，我们只需对日本制造业进行整体性把握，而无须对每个产业进行详尽说明。表 8-12 给出了雇员 10 人以上的制造工场与制造企业的数量。从中可以看出，1899 年，没有配备电力发动机的工场数量与前一年相比有所下降。原因有二：一是采矿业的作业场并未纳入统计；二是随着技术的普及，已经有越来越多的工场得以装备电力发动机。表 8-13 给出了日本制造企业的数量、资本总额和已缴资本额及储备金。很明显，相关指标基本都在逐年递增。

表 8-12　雇员 10 人以上的制造工场及企业数（1896—1899）

年份	工场数量		合计	企业数量
	有电力发动机	无电力发动机		
1899	2,763	3,788	6,551	2,253
1898	2,003	4,067	6,070	2,164
1897	1,971	4,346	6,317	1,181
1896	1,967	4,403	6,370	1,367

表 8-13　制造企业数量与资本总额（1890—1900）

年份	数量	资本总额（円）	已缴资本额（円）	储备金（円）
1900	2,544	216,766,903	158,851,730	17,697,540
1899	2,253	222,673,634	147,783,280	13,467,802
1898	2,164	183,657,046	122,066,653	11,642,993
1897	1,881	165,232,633	105,381,106	7,581,535
1896	1,367	143,617,530	89,900,900	7,404,980

电动机数量与各类资本规模都表明，日本的制造企业正处于高速发展时期。相关的制造工场大致可分为以下五类：

（1）纺织工场。涉及如生丝、纺纱、织布、制绳。

（2）机械工场。涉及如机械制造、造船、附属品制造、铸件。

（3）化学工场。涉及如陶瓷、瓦斯、造纸、涂装、制革、炸药、药品、肥料等。

（4）杂货工场。涉及如酿造、制糖、制草、制茶、谷物去壳、制面粉、碳酸饮料、制作甜点、腌制蔬果、胶版印刷和活版印刷、纸器、木器和竹器、羽毛制品、麦草织物、漆器等。

（5）特殊工厂。涉及如电气与冶金。

五类工场的具体数据详见表 8-14 所示。

表 8-14 各类工场数与雇员数（1899 年）

A. 使用电力发动机		
	工场数	马力	雇员数
纺织工场	1,921	32,094	196,723
机械工场	208	4,274	18,412
化学工场	190	8,349	12,966
杂货百货	348	5,220	18,425
特殊工场	36	12,194	33,766
总计	2,703	62,131	280,292

B. 不使用电力发动机		
	工场数	雇员数
纺织工场	1,803	50,394
机械工场	157	4,205
化学工场	650	25,625
杂货百货	1,065	27,391
特殊工场	113	5,002
总计	3,788	112,617

劳动时间与工资

工场熟练工的每日标准劳动时间为 12 小时，有时也会延长至 16 或 17 小时；棉纺工场为 12 小时，日班和夜班皆然；制丝工场为 13—14 小时；动力纺织工场为 12 小时；手工编织工场通常为 12—15 小时，不过，根据不同季节也有延长至 16—17 小时的情况；造船所、车辆和机械工场等较大规模的制造业企业则更为规律，每日标准劳动时间通常为 10 小时，偶尔也会有 1—2 小时的加班。

制造企业的劳动工资一般按日结算，不过也有相当一部分企业选择按月结算。工资通常每月或每半月支付，但是也存在半年或一年才支付的情况。制丝工场普遍采用计件工资按月支付，不过也有工场选择按年支付；棉纺织工场领取日薪的人数约占工人总数的40%，领取计件工资的人数则约占60%；造船所、机械工场和其他类似工场的工资通常按日结算，不过也有少数熟练工领取计件工资；火柴工场普遍采用计件工资。一般而言，越是工作量可以精确计算的工场，采取计件工资的情况越是普遍。

在棉纺工场和纺织工场，成年男工的日薪约为30钱，女工则约为20钱；在造船所和机械工场，工人的日薪通常为50钱或60钱，熟练工则可以超过1圆；在火柴工场，普通女工的日薪只有12—20钱，女童工则从5钱到13钱不等；在制烟工场和印刷工场，普通女工的日薪为20钱，男工则从40钱到50钱不等。1887年、1897年和1901年的日本工人平均工资详见表8-15所示。

表 8-15　不同时期的日本各行业工人平均日工资

工种	1887 年（円）	1897 年（円）	1901 年（円）
木匠	0.224	0.434	0.593
泥瓦匠	0.225	0.436	0.590
石工	0.250	0.474	0.670
锯木匠	0.205	0.430	0.580
屋顶铺木工	0.205	0.420	0.540
屋顶铺瓦工	0.243	0.469	0.640
制砖工	？	0.483	0.440
制垫工	0.218	0.387	0.513
制门、屏风工等	0.211	0.396	0.560
裱褙匠	0.215	0.380	0.535

（续表）

工种	1887 年 （円）	1897 年 （円）	1901 年 （円）
细木匠	0.209	0.388	0.553
木屐匠	？	0.318	0.420
制鞋匠	？	0.384	0.505
制造火车车厢匠	？	0.352	0.498
裁缝（和服）	0.189	0.305	0.453
裁缝（洋服）	0.399	0.461	0.620
染工	0.173	0.287	0.305
铁匠	0.217	0.394	0.488
漆匠	0.205	0.362	0.503
烟草切割工	0.171	0.353	0.473
印刷排字工	0.223	0.287	0.395
园艺匠	？	0.404	0.568
男纺织工	0.127	0.225	0.293
女纺织工	0.074	0.150	0.193
其他日结零工	0.160	0.290	0.399

这些数字不仅反映了日本工人工资正在上涨的客观事实，而且也昭示了这样一种趋势，即不同工业国家的同工种工人的工资将会日益趋同。随着近代工业体系的进一步全球化，这种趋同态势将会愈发明显。不过，我们须知，工资绝不是衡量生产成本高低的精确指标。通常来说，高工资对于企业而言反而更为经济。因为支付高工资表明工人具备较高的智识水平，从而更有可能实现生产效率的提升。当欧美人对东方国家以"不正当"的廉价劳动力提升其在世界市场的竞争力而感到担忧的时候，我希望他们能够想起这一事实。

产业教育的充实

我在第五章中已经对日本的国民教育体系进行了整体介绍。维新之后，各级国民教育或多或少地影响了日本的产业发展。尤其是近年来，明治政府越来越重视相关产业学科的建设，各帝国大学的理工系分科大学与专技类的高等教育机构更是培养出了众多产业界的有为之才与领军人物。

不过，正如我先前所说，为进一步向学徒和年轻技工普及专业知识与传授科学通识，明治政府向各地的工业专门学校与实业学校下拨了大量补助金，地方政府和社会个人也会有不定期的拨款和捐赠。为了照顾那些白天要工作的人，有许多小学校在夜间专门开办了"商业学校"与"补习学校"。这些做法正在逐步成为日本国民教育制度的重要组成部分。

以上这些措施使得过去盛行的学徒制几近消失。如今，类似的制度仅存在于手工编织、陶器制作和印染等传统产业。在一些规模较大的工场、机械工场和造船所，也会有工头或班长负责带教年轻技工，以帮助他们了解工作方法与相关细节。

可是，就像在其他国家一样，随着劳动分工制度在全行业尤其是在机械工业领域的飞速普及，过往那种全方位的学徒制正在被专技学校的培训课程与工场的实务训练所取代。不过，就实际效果来看，这种新型的训练体系的实务部分依然欠缺火候，新生代的专技人员距离真正独当一面仍需假以时日。因此，如何更好地将理论教育与实地训练相结合仍然是那些志在相关产业的年轻人最需要解决的课题之一。

各种类型的技术团体

　　除去专门的教育机构，日本还有相当数量的科学研究团体，它们极大地推动了日本的产业进步。其中最早创办的就是"工学会"（后改称"日本工学会"），它创办于工部大学校首届学生毕业之际，我对此也是倾注了心力。我参照英国土木工程师协会（British Institution of Civil Engineers）、苏格兰造船与轮机工程师协会（Institution of Engineers and Shipbuilders of Scotland）的有关文件起草了日本工学会的学会章程，并对自己认为必要之处进行了修改与调整。

　　令我感到高兴的是，我的老朋友山尾庸三子爵就任工学会的初代会长并连任至今。在任期间，他为工学技术乃至整个产业发展都做出了非比寻常的贡献。山尾子爵为人低调、甘于奉献，或许他称不上是日本政界的头面人物，但作为一名始终致力于振兴日本的仁人志士，他的姓名理应为世人所知晓。

　　根据工部大学校的学科体系，我在工学会也设立了相应的部门。不过就像在英国那样，专业领域各自成立团体已经是大势所趋。机械学会、电气学会、工业化学会和造船协会已经相继成立，各自开展着丰富多样的学术研究活动，还出版了一系列极富价值的会报与纪要。此外，还有许多其他的技术团体，每个团体都会聚焦一个特定领域。这些团体的建立与活动不仅有利于各行业收集与交流与行业利益相关的重要信息，而且在加强行业合作与同行友谊方面也发挥了十分重要的作用。

日本人独创的特许制

维新之后，日本人很早便认识到鼓励发明创造的必要性。1871年5月，日本政府颁布了《专卖略规则》，这也是日后《特许法》（日语"特许"亦有"专利"之意。——译者注）的前身。但是，这项致力于保护发明的专项规则在实施中遭遇了极大阻力，因而在翌年三月就被迫废止。

在此后的十二年里，虽然日本政府一直努力以各种形式鼓励发明创造，但是却始终没有形成保护发明家的专门制度。直到1884年，为防止不正当的出口竞争，政府专门出台了《商标条例》，确立了商标的十五年专用权。1885年，政府又颁布了《专卖特许条例》，首次明确了七项相关的特许事项。

根据现行制度，包括特许权、注册商标、注册图案在内的相关事项均由农商务省下辖的特许局负责。特许局会依据规定流程，对申请特许的对象进行审核，从而确定是否授予特许权。特许局还负责对代办申请特许业务的"特许事务所"（patent agents）进行监督。截至1902年年末，日本共有登记在册的特许事务所193家。特许局共收到特许申请24,412项，其中5,500项已获批；共收到注册图案申请4,694项，其中1,277项已获批；共收到注册商标申请28,925项，其中18,200项已获批。

相较于英国，日本的特许制更接近美国。如果非居留日本的外国人想要申请"特许状"（类似于专利书。——译者注）或是注册商标与图案，那就必须委托其在日代理人提交特许申请书。在特许局批准申请之后，申请人必须指定一位新代理人进行后续接洽，并代为处理所有可能的民事或刑事诉讼。如果在六个月内未能确定新代理人且无正当理由，已经取得的特许状、注册商标或图案就会自

动失效。特许状须在授予之日起的三年内投入使用，若三年内未产
生使用记录，或是特许权拥有者在自身不使用且无正当理由的情况
下拒绝第三方提出的合理转让或使用申请，特许权也将自动失效。

上文有关特许申请的数字已经足以驳斥日本人缺乏创新能力的
论调。就以机械工学为例，各个国家所设计的机械在主体上几乎都
是相同的，区别主要在于为了适应不同场景所作的细节调整。在这
个方面，日本技术人员从来不逊于人。为了适应日本的实际使用情
况，他们不仅对西方机械进行了改良，而且在许多方面都展示出了
很强的创新能力。

日本人在陆海军装备上所进行的改造更是其创新才能的有力证
明，海军舰艇更堪称其中的最佳例证。在建设近代化海军的过程
中，他们毫无保留地接受西方人的指导，同时又走出了一条属于自
己的发展道路，创建了一支在装备上独具特色的舰队。日本海军对
英国设计建造的舰艇进行了多点改造。如今，日本海军最新舰艇所
具备的许多特点获得了各国的一致肯定与钦佩。

在那些显著提升日本海军战斗力的改造与创新中，值得一提的
有曾担任吴海军工厂厂长的山内万寿治少将（Rear-Admiral
YAMANOUCHI Masuji）的新型炮架、宫原二郎技术中将
（Engineer-Admiral MIYAHARA Jiro）的宫原式水管锅炉、下濑雅
允博士的无烟高性能火药、伊集院五郎中将（Vice-Admiral IJUIN
Goroh）的新式导火线、小田喜代藏大佐（Commander ODA
Kiyozo）和种子田右八郎造大监（Captain TANEDA）的漂浮水雷
等等。这些新发明的武器装备具有极高的实战价值，甚至可能会诱
发未来战争方式的革命性变化。

日本陆军也在效仿西方军事组织的基础上，自行研制出了许多
新式武器，培养出了不少本土的军事技术专家。比如由村田式步枪

改良而来的有坂式步枪[15]就被证明比欧洲制造的来复枪具有更强的威力。不仅是在军事技术领域，日本人在一般科学领域也都显示出了很强的独创性与行动力。化学领域的高峰让吉博士（Dr. TAKAMINE Jokichi）[16]、细菌学领域的北里柴三郎博士（Dr. KITAZATO Shibasaburoh）[17]以及许多其他领域的杰出人物的研究成果都证明，日本人不仅能将现有知识充分应用于实践，而且同样具备拓宽知识边界的创新能力。在此，我想自豪地补充一句，高峰博士和下濑博士都是工部大学校的毕业生。北里博士则出身于东京大学医学部。

最近，我收到了曾在工部大学校任教，现在东京帝国大学工科大学教授机械工学的查尔斯·D. 韦斯特（Charles D. West）的一封来信。他在信中这样写道：

我想有必要就日本人的创新能力说些什么。虽然这的确是一个很难有定论的话题，但对于有些人认为日本人毫无创新能力的观点，我是完全不同意的。我们必须记住这样一个道理：只有极少数人才具备实现百分百独创设计的能力。正如古语所说："发明家乃天生，而非造就。"（Inventor nascitur, non fit.）[18]不过，如果只是想要作出一个设计，那么任何稍微有点天分之人都可以在接受专门训练后实现这一点。日本人自然也不例外。但是，纯粹的发明与设计之间并不存在泾渭分明的边界，这也就为中等程度的创新能力提供了施展的空间。

实际上，我们所接触到的绝大多数机械，无论多么复杂精密，都是由一个个具备中等程度创新能力的设计者在模仿前人的基础上逐步改进和完善而来的。因此我以为，要求日本人必须立即停止上述这种过程的言论是完全没有道理的。更何况，有些日本人所设计制造的东西已经完全可以算是自己的独创了。

如果再回想下创新思潮与实践备受打压的封建时代，同时参考日本人在明治年间所取得的成就，我想我们应该大度地承认，今时之日本已经具备成为一个伟大工业国所必需的一切特质。

产业博览会

为促进产业和制造业的发展，日本政府曾多次举办全国性的产业博览会，同时也曾伺机赴海外参展。1877 年，首届"内国劝业博览会"[19] 在东京上野公园举办。我承担了机械展区的布展工作，除了民间企业生产的机械设备，我还将工部省赤羽工作分局的几台机械设备（工部大学校的学子们参与制作）也搬到了展览会场。当然，彼时日本所能进行展示的机械工学成果还比较有限。

后来，第二、第三届劝业博览会也相继在东京举办，相比起首届展会，此时的日本已经充分吸收了西方的先进技术，各种展品已经叫人目不暇接。1895 年，第四届劝业博览会在京都举行。1903年，第五届劝业博览会在大阪举行。大阪博览会是日本最近一次全面展现学习西方所取得的技术成果，吸引了众多来自世界各地的参观者，因此也算得上是一次国际性的博览会。当然，展出的欧美产品并不算太多，不过，许多定期为日本供货的外国厂商还是都带来了最新的样品。以下是一段记录展会见闻的新闻报道，不仅能有助于我们快速了解博览会上的主要展品，而且也可以从中得知博览会的发展简史：

仅仅就在三十年前，日本上下都找不到可以被称为"工场"的类似设施，日本人对于诸如铸铁工场和机械工场之类的事物更是闻所未闻。鉴于这一点，在大阪内国劝业博览会上展出的日本机械无疑是叫人惊叹的。我们可以在这里找到织绸机、制垫机、电动机、发电机、燃气与石油发动机、机关车、电气工具、工作机械、皮带装置、火柴制造机、消防用具、精米机、大型蒸汽挖土机、油罐、制皂机、印刷机、大型起重机、制茶机械、大型矿山机械以及许多小型机械。这些日本制造的机械设备无不令人赞赏，每一种都极具实用性。

日用杂货展区也有许多值得一看的展品。有不同风格、用途多样的各种麦草织品；有用"绞染"[20]而成的各色漂亮衣料；有用哔叽面料（serges，一种精纺呢绒。——译者注）编制而成的毛线织物；还有丝织品、物美价廉的棉被与毛巾、不乏艺术品位的瓷片屋瓦、排水管和防火砖等。你还能找到各种日本生产的饮料，有成车装的各类啤酒与清酒（著名的本土酒饮），足以满足参观者的润嗓提神之需。

日本十二家厂商独立或合作制造的各类钟表也是展会上的一大亮点，它们不仅造型美观，而且价格低廉。瓷器类展区则陈列了极富艺术感的花瓶、盘盆、茶具等展品。日本制造的鞋靴也颇受欢迎。其他展出的日本本土制品还有：竹制家具、置物架、壁炉装饰架、防火屏风、贝壳纽扣、纸制灯笼、优质丝毯、披肩、纸、樟脑、油、肥皂、各色味增酱油与调味料、各色丝绸、蕾丝丝绢、金丝银线、亚麻制品、帐篷粗布、象牙工艺品、门窗铰链、漆器银饰、手术器械、钢琴等乐器、自行车、体操器具与体育用品、显微镜、照相机、气压计和几乎所有品类的教学用具。

日本的农产品也给人留下了深刻的印象。有大米、烟草（卷烟或天然烟草叶）、蚕、各种蚕蛹、茶叶、酸橙、砂糖、毛皮、木材、珍珠、珊瑚、鱼干等。此外还设有各县特产展区，有蘑菇、茶叶等地方特产。从农业试验所的展区来看，无论哪一方面的工作都堪称完美，的确是令人感佩。[21]

日本除了在国内举办产业博览会，还先后参加了在维也纳、费城、芝加哥、巴黎、圣路易斯举行的数届万国博览会（World's Fairs，即后来的世博会。——译者注），参加的其他各种专业展会更是数不胜数。

产业法规的制定

农商务省下设的"商工局"负责管辖所有与制造业相关的事项，具体事项则由该局的"工业科"直接负责。工业科的工作内容包括：为改进制造业与制品质量进行试验；确定工场的修建位置与实地施工；控制锅炉；雇用工人与学徒以及处理相关的救济与教育等问题。

为更好地应对近代工场体系急速发展所派生出来的各类问题，商工局工业科还下设了一个"临时工场委员会"，负责对工场与工人有关的事项进行调查研究。不过，纵然日本政府已经起草了不少工场管控的对策措施，但是迄今仍未将其中的任何一项正式上升为法律。1884 年，农商务省向各府县传达了第一份"同业组合准则"，旨在鼓励中小工商业从业者结成"同业组合"。根据准则，"组合"应该在工资制定、工人雇用、产品定价等方面发挥规制功能，杜绝粗制滥造。此后，准则几经修订，适用范围也逐渐扩大。

1901 年 2 月，农商务省又颁布了在地方设立民营工业实验机构（即"工业训练学校"）的相关规则，旨在进一步促进制造业发展，提升工业制品的品质。同时，农商务省还采取了一系列措施，将包括锅炉控制在内的一系列工场与工人相关的规制任务从工业科转移至地方当局。

行业团体与劳动组合日趋成形

随着日本的工商业界出现越来越多的股份公司与有限责任公司，一种普遍见于当今其他先进工业国的特点也开始逐渐显现，那就是逐渐成形的所谓"组合组织"，即同业企业和个人出于维护自身利益的目的而结社抱团。日本首个与西方产业有关的"劳动组合"就是1882年结成的"纺纱联合会"。虽然这个行业团体后来几经改组，但是时至今日仍在开展活动。

纺纱联合会负责处理所有关乎纺织行业共同利益的事项。比如，派遣贸易商与专家到印度孟买考察棉花市场的动向或原棉生长状况；又比如，与日本邮船会社签订从孟买进口原棉的合同。此外，纺纱联合会还会制定工资与劳动条件的共同标准，从而避免同业间的不公平竞争。

在今天的日本，几乎每个重要行业都会通过某种形式的行业团体，实现维护自身利益的目标。根据最新的报告，目前日本共有类似的同业组织近两百个，产业体系的组织化萌芽似乎也正蕴含其中，这让人不由得对其后续发展充满兴趣。

与此同时，为了维护自身权益，劳动者们也开始团结起来。因为他们很快就发现这样一个残酷的事实：随着雇佣方的日益组织化，如果自己依然无所作为，那么必然会遭遇更加不公平的对待。如前所述，在封建时代的日本，各行各业就有其"职人组合"。如今，在旧式职人组合仍然存在的基础上，类似于西方劳动组合的组织也在渐渐成形。劳动者罢工的现象已经不再罕见，不少发生在欧美的劳动问题也开始在日本冒头。

在日本，西方式的劳动组合还包括 1897 年结成的"铁工组合"、1898 结成的"日本铁道矫正会"与"活版工同志恳话会"（次年更名为"活版工组合"）、1899 年结成的"进德会组合"（后改称"日本料理人组合"）等。其中的一些组合已经颇具声势，甚至已经具备了在一些劳动争端中实现产业群体诉求的能力。不过，目前接受过西方技术训练的日本劳动者人数还很有限。因此，我们不难想象，劳动组合在日本仍然有着巨大的生长空间。

但是，组合成员们所考虑的已经不仅仅是如何组织运动，而是正在探寻建立一种既无须进行罢工，也无须进行劳资协调的"协同组合组织"。全国各地都开始出现一种可以称之为"生活协同组合"的组织。劳动问题研究者们也认识到了设立生产协同组合与生活协同组合的可能性。

日本劳工运动的壮大在很大程度上要归功于一位名叫片山潜（KATAYAMA Sen）[22] 的年轻社会改革家。片山曾旅居美国十二年，对大洋彼岸的社会问题进行过深入研究。1897 年，片山在东京神田三崎町开设了日本第一家"邻保馆"[23]——"金斯利馆"（Kingsley Hall），并以之为据点开展自己的社会改良运动。如今，英国也有几处类似于金斯利馆的社会福利机构，同时也是各种社会活动与社会调查的中心。

片山还是《劳动世界》（*Labour World*）的主笔。该报被认为是日本劳动阶级的机关报，凡是对远东社会问题感兴趣的研究者都应该仔细阅读。包括劳工问题在内的种种社会问题的出现是日本为西化所必须付出的代价之一，而我更感兴趣的是日本人将会如何解决这些问题。

被疏远的外国雇员

日本人的确在多个产业领域都取得了显著进步，他们效法欧美产品的能力也很强，但是，即便是最坚定的亲日派也会认为：由于在自己尚不能独当一面之时就着急甩开了被称为"外国雇员"的西方顾问，因此，日本人在许多领域都已经为自己的经验不足而付出了高昂的代价。

这种坚持自力更生的态度固然值得钦佩，但是我们不应忘记，雇用专业经验丰富的外国人来发展日本新兴产业这件事本身既无碍于个人名誉，也无损于国家尊严。如果知人善任，他们（西方顾问）所能发挥的实际价值远高于其工资所得。

前文中曾多次出现的布林克利上校显然算是一位亲日派，但他在这个问题上也持一定的批评态度：

> 我在参观日本工场时常常发现工人错误操作机械。许多工场虽然雇员众多，但是非但没有提升工作效率，反而还拖了后腿。当时的日本工业企业普遍还缺乏欧美成功企业所特有的精确、规律和较真等特点。成功的要素总是相似的，但一个方面的成功往往意味着另一方面的相对失败。在我看来，日本人的这种失败并不是因为能力不足，而是缺乏标准与经验。绝大多数的日本人根本不了解什么是高度组织化的工商业企业。他们不仅没有实际接触过企业，甚至都未曾感受过真正的商业氛围。

布林克利上校还以铁路和邮政为例来论证自己的批判性观点：

日本人长期以来总是先实地勘探，再订立规划，然后尝试自己修建铁路、驾驶火车、管理交通。这样的尝试如果能获得成功，那自然值得称许。但是，如果参照西方的标准，日本在处理、转运和运送货物等方面依然存在很大问题，铁路出行的舒适度也有待大幅提升。

日本的邮政体系亦是如此，既有一些令人称道之处，也有不少难如人意之点。如果日本人能够坦率地向那些熟悉更高标准的外国专家求教，这些问题很快便可以得到解决。但遗憾的是，虽然日本人在吸收西方文明最佳成果方面是如此坦荡开明，但他们却不愿选择最有效的方法去学习如何应用。

日本陆海军的高效率和组织性无疑给人留下了极其深刻的印象。但是，正如布林克利上校所说，为了打造强大的近代陆海军，日本人既可以照着西方舰船的模型，仔细研究每一个细节，也可以虚心坦诚地向法国与德国的军事专家求教。但是，在制造业和贸易领域，他们对于西方范本的研究与学习只是流于表面，在此过程中也未曾想要与外国专家进行合作。在布林克利上校看来，日本人对此所持的态度可以从两个方面进行理解：一出于法理，二出于情感。

从法理上看，日本与外国签订的条约禁止西方人在居留地之外拥有房产或从事商业活动。因此，外国人既不可能独资开办工场，也不可能与本土的制造业者共同经营。从情感上看，日本人对证明自身能力的渴望已经近乎病态。这些都导致他们过早地中止了与外国雇员的合作。加之日本修改条约的诉求屡遭西方国家的漠视，其国民对于西方人的成见更是积重难返。如此一来，西方人也就彻底失去了与日本人进行产业合作的机会。

不过，布林克利上校也表示，现在已经有越来越清晰的证据表明，日本人这种反噬自身的疑虑与封闭正在被更加豁达开放的态度所取代。然而，与此同时，日本依然深深执念于所谓的"自力更生"，从而导致他们拒绝接受那些本可以带来巨大帮助的西方援手，反而要在缺乏科学指导的情况下，费尽千辛万苦才能勉强达到自己的预设目标。

日本产业法规与外国人地位

外国人在日本的法律体系尤其是产业相关的法规之中应该享有何等地位？这是个十分现实的问题。1903 年 1 月，增岛六一郎博士（Dr. MASUJIMA Rokuichiro）[24] 在纽约州律师协会（New York State Bar Association）会议上发表过一个相关主题的演讲，在此对其中的核心内容摘录如下：

> 在日外国人的个人权利在以下这些方面受到限制：日本土地和船舶所有权、矿山经营权、日本银行或横滨正金银行[25] 的股权、证券交易所会员与经纪人、从事涉及出入境的业务、领取政府给予的海运或造船奖励金。一家外国企业若想拥有日本船舶，就必须将公司总部设在日本。无限责任公司（"合名会社"。——译者注）的全体员工、合资公司或股份合资公司的无限责任全体员工、有限公司的全体董事都必须是日本国臣民。除此之外，外国人能与日本人一样，合法持有由自己或与日本人共同创建的企业的股份，也可以从事其他任何制造业或商业活动。
>
> 外国人可以缔结长期土地租约，并可以在租借土地上种植树木或修建永久性建筑。他们也可以同日本地主进行商议，从而极大延长租借契约期限，乃至接近于半永久，比如一千年。

这种土地所有权被称为"地上权"（superficies，源自罗马法。——译者注），它很像英国的长期土地租赁合同（long English lease），唯一的区别在于地上的树木或建筑物在租赁期满时不会归还给地主，地主只享有以当时价格进行优先购买的权利（即"先买权"。——译者注）。对于外国人而言，若想在实际意义上永久拥有日本的土地，最可行之法就是先让一位日本人成为自己的"被动受托人"（bare trustee），再以这位受托人的名义购买土地，从而确保地上权能在自己期望的期限内得到有效保障。

虽然外国人无法以个人名义在日本独自开采矿山，但他可以将一家以矿山作为抵押物的企业注册为日本法人，这样一来，这家企业就将具备开采矿山的资格。这种操作的理论依据如下：日本法人企业显然具备开采日本自然资源的资格。那么，只要一位外国人自己是一家日本法人企业中的一员，那么即便这家企业全是由外国人组成，也不会对其已经具有的矿山开采资格造成影响。

只有有限责任公司才能运营铁路或市内有轨电车，因此必须从有关当局处获得特许权。虽然铁路公司不得将铁路作为给债权人的担保（pledge），但可以在所有权不发生转移的前提下进行抵押，基本可以理解为所谓的"非占有质权"。日本的担保大致相当于英国的"抵押契约"（hypothecation）。不过两者的区别在于物件本身的所有权是否发生即时转移，债权人是否无条件地拥有抵押物。在日本，非占有质权并不意味着所有权或进入权（entry）的转移。日本铁路法规中的这一项规定内容显然不对外国资本家们的胃口。没有足够的保障自然难以吸引充足的投资。已经有人多次尝试修改相关法律内容，但目前尚未获得成功。从事银行、保险、海运等行业的外国企业可以在遵守所属国与日本签订的条约以及日本相关法律法规（如企业分部与负责人必须进行登记）的前提下进行经营活动。

民间法人（civil corporations）主要有两类：一种类似于相关合作者所组成的集合体；另一种则更像是财产的集聚体，很接近英国法律所定义的信托法人，是出于宗教礼拜、艺术、慈善、教育或其他公益目的所建立的非营利法人。不过，这种法人只有在获得有关当局的许可之后才能设立；营利性企业在设立上则可以自行其是。在西方，由民间个人成立的企业或信托财产并没有享受到日本同行那样的权利和特权。外国法人在日本法庭上也难有立足之地，几乎无法以当事人的身份围绕自身利益提起诉讼。正如之前某个无限责任公司诉讼案中所表现的那样，外国企业若想在日本获得法律保护，那么唯一的方法就是外国企业的法人以公司一员的身份，通过个人名义出庭。

如果外国人想与日本人合伙经营，最佳的选择就是成立合资有限公司，外国人自身则作为一名公司成员承担与经营业务相关的无限责任。为了在股份公司掌握话语权，外国人必须自持或找人代持一半以上的股票，而且未经董事会的允许，他们也无法随意处置手中的股票。从现行法律来看，以日本法人形式经营企业的好处在于可以在实际意义上拥有土地，同时也享有与日本国臣民同等的权利。

日本产业如何吸引外资？这是目前一个备受关注的问题。在此之前，日本人已经把相当大的一部分流动资金投入了技术开发与一般企业。事与愿违的是，不仅当前的运营难以维系，后续发展所需的资金更是捉襟见肘。为吸引外商投资，日本社会各界给出了各种提案。虽然也有外国的资本家因此赴日投资，但是数量依然十分有限。

日本政府在处理外国资本流入的问题时需要慎之又慎。当前，各个工业国都越来越受到资本家的支配，这不得不叫人警醒。资本家在日本造成的许多问题甚至比日本刚刚摆脱封建体制时所面临的更为糟糕。有"社会达尔文主义之父"之称的赫伯特·斯宾塞（Herbert Spencer）在去世前几年曾致信日本记者。他在信中就曾着重指出过这一问题：

> （其一，）日本不仅应该禁止外国人拥有土地，而且连土地租约也该取消。只允许外国人以年租户的身份在土地上居住。（其二，）所有日本政府拥有或经营的矿山都应将外国人排除在外。不过，此举很有可能挑起欧美人与日本政府间的矛盾。西方列强也有可能以此为借口向日本派驻军队，从而实现欧洲相关产业从业者所谓的"诉求"。因为这些"文明国家"的"文明人"一直都喜欢将在他国的代理人视作自己的分身。其三，我强烈建议日本将沿海贸易握在自己手中，并禁止外国人牵涉其中。从海外进口的商品可以适当交由日本人分配，而不是都由外国人经手。但是，倘若真要如此，怕是又会挑起争端，甚至可能招致列强的入侵。

我个人以为斯宾塞的这些建言有些过于激进与极端。在我看来，日本有的是机会来吸引外资。流入的外国资本不仅可以帮助日本实现发展，而且也能为外国资本家带来安全且丰厚的回报。无论我们对资本与劳动的未来关系持有何种观点，考虑到日本目前仍处于"过渡时期"的基本事实，因此应该尽量避免政策上的"急转弯"。眼下，真正需要我们格外关注的并不是资本家能从日本赚到多少钱，而是日本国民的福祉是否能够得到真正改善。可以预想的是，伴随日本国民公共意识（social spirit）的增进，财富的所有形式势必发生许多根本性的变化。事实上，由中央政府和地方自治体所支配的财富规模正在迅速扩大。

世界各国的有识之士无疑也对日本将要如何面对上述问题极为关注。我以为，在我们对日本人所采取的应对行为横加批判之前，不妨先试着换位思考，试想如果自己面临此等状况又将作何举动。对于日本人来说，他们不仅应该吸取西方国家在经济社会发展过程中所学到的教训，更要时时以本国的历史为鉴。

一份刊载于《东京日日新闻》（*Tokyo Nichi Nichi Shimbun*，即今天的《每日新闻》。——译者注）的最新报告披露了外国人在日兴建和经营企业的投资金额（详见表 8-16 所示）。

表 8-16　外资投入的行业与金额

	资本金额 （円）	已缴资本 （円）
啤酒酿造业	600,000	450,000
机械业	2,290,000	229,000
煤油业	24,000,000	16,500,000
生丝业	1,850,000	1,850,000
运输业（陆运、海运）	132,340,000	130,400,000
日用杂货业	2,401,333	2,401,000
代理业	50,000	50,000
原料供应业	1,500,000	1,300,000
银行业	23,750,000	23,750,000
商业公司	17,245,000	17,245,000
保险业	5,000,000	3,750,000
报纸、印刷业	227,000	2,270,000
批发业	780,000	780,000

不光是财大气粗的外国资本家，还有中小投资者同样为日本企业注资不少，他们同时还持有各种股票。

日本人的通商与产业野心

表 8-16 所列举的事实与数字表明，日本已经在相对较短的时间里实现了产业的极大发展。不过显而易见，日本人的野心还远远不止如此。就在不久之前，日本产业与经济领域的权威媒体——《时事新报》（*Jiji Shimpo*）刊登了一篇发人深省的文章。我对其中的核心内容摘要如下：

> 近年来，人们很喜欢谈论已经成为一个工商业国家的日本的未来发展动向。对于这个问题，本报以为首要之举就在于让全体国民（从事农业生产的乡村群体以外）普遍认同"工商业乃国家财富之基"的核心观念。初看之下，我们国家拥有推行这一政策的有利条件。可问题在于，我们在实际中究竟能推进到何种程度？
>
> 虽然不同国家会根据各自情况采取不尽相同的经济制度，但所有工商业国家在政策取向上都具备三个共同特征：（1）利用进口原材料制造产品；（2）使用进口粮食供养国民；（3）依靠进口获取对外结算利息与一般商业利润，同时确保这两部分始终大于出口总额。我们可以参考一下《1901 年英国贸易报告》（British Trade Report for 1901）中的有关数据（详见表 8-17 所示）。

表 8-17　英国主要进口商品情况（1901 年）

进口(£)	
粮食与酒类	224,763,000
原材料	137,355,000
工业制成品	93,609,000
其他杂货	66,511,000
合计	522,238,000
出口(£)	
粮食与酒类	15,626,000
原材料	33,777,000
工业制成品	207,966,000
其他杂货	20,976,000
合计	278,345,000
出口与进口比值(%)	
粮食与酒类	6.9
原材料	25.0
工业制成品	222.0

　　我们可以从中观察到，一方面，英国的粮食与酒类、原材料进口额超过了其进口总额的 3/5；另一方面，工业制成品的出口额占其出口总额的 2/3。粮食与酒类的进口额约为其出口额的 15 倍。当一个国家的经济基础在于工商业而非农业之时，进出口呈现出这种状态自然也是情理之中。

　　上述三个指标同样也可以用来考察现在的日本。由于我国的贸易统计尚不完全，而且也未对原材料与制成品进行区别计算，因此无法开展与英国的比较研究。但是即便如此，下列数据依然足以帮助我们大致了解日本的经济状况。

根据 1901 年的统计数据，日本全年出口总额为 252,349,000 円，全年进口总额为 214,929,000 円。其中，粮食出口总额为 28,125,000 円，进口总额为 7,502,000 円，即是说，粮食出口占日本出口总额的 11.1%，占日本进口总额的 3.5%。这些数据已经足以说明这样一个事实：日本依然没有放弃在粮食上主要依靠自给自足的经济原则。不仅如此，在我们考察其他产品之后，这种情况就更加清晰。

在出口方面，日本的四大出口商品，即精炼铜、生丝、丝织品和煤炭的出口额为 100,270,000 円，约占国家出口总额的一半。在进口方面，除了价值 50,000,000 円的皮棉以外，大部分进口商品都是铁路车辆、铁、钢、铁制品与煤油。这意味着我们国家目前仍是一个原料出口国与制成品进口国。这也和英国这样的典型工商业国家形成了鲜明对比。

因此，我们目前之所以大力生产工商业的基础产品，是因为国家目前的经济状况需要我们这么做。虽然有那么多的文章和演讲始终都在呼吁将日本建设为一个工商业国家，但我们必须承认这样一个事实，即当前的日本还远称不上是一个成熟的工商业国家。

我希望，日本不会为了追求利益最大化而盲目效仿以英国为代表的西方发展模式。最为重要的一点在于，日本人应该认真思考如下问题："一味专注于所谓的'匠心良品'（souls of good quality），是否就必然能够带来丰厚的利润？"要知道，近代以来，欧美诸国的整体社会环境似乎既并不利于培养精益求精的匠人精神，也不利于塑造卓越的身心状态。相比于 19 世纪初开启工业化进程的英国，日本在 20 世纪初所面对的世界经济形势早已经今非昔比。我希望，西方国家已经遭遇的社会经济问题能对日本有所警示：对于物质发展的过度痴迷并不会自动带来最好的国民福祉。

主要参考文献

　　研究日本产业的文献可谓汗牛充栋。但是我认为，普通读者只需阅读赖因教授的《日本产业》就已足够。关于日本发展西方产业的历史，目前尚未形成系统的研究成果，我们可以先从日本政府各省的公报、英美驻日公使的报告书以及在日发行的英文报纸中寻找资料。山脇春树在《二十世纪初的日本》中给出的统计数字极具参考价值，同样需要查阅的还有日本内阁与大藏省发布的年报。斯塔福德·兰塞姆在《过渡时期的日本》一书中的许多论述也非常值得一读，对产业技术细节感兴趣的读者还可以参考他在《工程师》杂志各刊号（1897—1898 年）上的文章。欧内斯特·克莱门特（Ernest Clement）的《近代日本概览》（*Handbook of Modern Japan*）一书中也记载了大量有价值的信息。各个产业的详细数据与具体细节很难在一般出版物中找到，感兴趣的读者最好自行调研，或是从行业人士处获取，同时进一步查阅科学期刊与相关技术学会的报告，以帮助理解。

译者注释

　　1. 日本产业革命的核心词是"殖产兴业"，是明治政府"富国强兵"理念的重要组成部分，大致有四大方面的政策：一是由工部省和内务省分别指导重工业和轻工业；二是设立官营模范工厂，以官营推动民营；三是振兴军事工业；四是开发北海道，派遣开拓使，实施屯田兵制度。

　　2. "七宝烧き"是日本对金属珐琅器的统称。15 世纪，明代景泰年间，中国人的珐琅技艺达到巅峰，明朝人根据年号将所制珐琅金属器称为"景泰蓝"。日本工匠在仿制景泰蓝时，不经意间烧制出了一种胎质更薄，如玉石般釉彩的器物，谓之"七宝烧"。由于烧制工艺源于中国的景泰蓝，故又有"日本景泰蓝"之称。这种烧制技法的特征在于在铜、银等金属表面烧上玻璃质釉。由于材料珍贵，技法复杂，"七宝烧"一般多由王公贵族或大型寺庙使用。

3. 日文版在此处将"art"译为"美术"。但译者还是选择译为"艺术"。因为在近代，日本人最初是将"fine arts"译为"美术"，用来统称一般所有的艺术形式，而将"art"用来指代绘画、雕刻等造型艺术则是更为近世的事情了。所以，译者以为，这里译为"艺术"更为符合当时的历史语境。

4. "町"既是日本的距离单位也是土地面积单位。1891 年规定 1.2 公里为 11 町，1 町约为 109.09 米；120 公顷为 121 町，1 町约为 0.99 公顷；1 町为 10 段、3000 坪。

5. "匁"是日本尺贯法下的重量单位，1 匁等于 3.75 克。

6. "贯"是日本尺贯法下的重量单位，同时也是钱币单位。1 贯等于 3.75 千克，明治时代 1000 钱为 1 贯。

7. "斤"是日本尺贯法下的分量或重量单位，通常 1 斤等于 600 克。

8. 托马斯·金德（1817—1884），1863 年被任命为香港造币局局长，后为明治政府雇用，担任大阪造币厂厂长。

9. 原文为"I. H. P."，即 indicated horse power，意思是正常情况下舰船的输出马力。

10. 原文为"Displt"，即 displacement。

11. 日本棉纺织业的草创阶段有所谓的"始祖三纺"：由萨摩藩出资创立的"鹿儿岛纺绩所"（1866 年 5 月部分开业）、"堺纺绩所"（1870 年 12 月开业）、由鹿岛万平与鹿岛宇之吉父子个人出资创立的"鹿岛纺绩所"（1873 年开业）。

12. 日本近代史上最早一批的日刊日文报纸是 1870 年创刊的《横滨每日新闻》、1872 年创刊的《东京日日新闻》、1874 年创刊的《读卖新闻》与 1879 年创刊的《朝日新闻》。

13. "拟洋风"建筑指在保留日本人传统室内文化风格的基础上，尝试融入西洋建筑的外形要素，创造出象征日本近现代文明开化的和洋混合式建筑。

14. "安普请"建筑主要是指那些修建简易、用材轻质的建筑，基本都为木建筑。日本古代的建筑在汉唐建筑文化的影响下，主体多为梁柱木质结构，西洋建筑早期多为砖石建筑。整体而言，日本古代建筑是组装式的，而西洋建筑则是堆砌式的。日本建筑受惠于天然木材，西洋建筑则受惠于石材堆砌技术。维新之后，封建等级制度被废弃，住宅不再受身份等级约束，民众可以根据原材料自由设计建造自己喜欢的建筑。

15. 有坂式步枪一般通指由日本陆军军备设计师有坂成章（陆军中将、炮兵大佐）设计的系列步枪，其中代表为三十年式步枪，即所谓的"有坂步枪"，后经其弟子南部麟次郎中将改良，成为著名的"三八式步枪"。

16. 高峰让吉（1854—1922），日本科学家、实业家。1879 年，他以应用化学系头名从工部大学校毕业。1900 年，他成功地析取出激素结晶体，并命名为"肾上腺素"。

17. 北里柴三郎（1853—1931），日本医学家、细菌学家，被称为"日本细菌学之父"，曾与埃米尔·阿道夫·冯·贝林（Emil Adolf von Behring）一起被提名 1901 年首届诺贝尔生理学或医学奖。北里是许多重要机构的创始人，如庆应义塾大学医科创始人兼初代科长、日本医师会创始人兼初代会长。

18. 原句为拉丁古谚语，即"Poeta nascitur, non fit"，意为"诗人乃天生，而非造就"。此处应是作者的朋友进行了化用。

19. 首届内国劝业博览会共有 16,172 人参加展会，共展出物品 84,353 件。展会自 1877 年 8 月 21 日至 11 月 30 日举办，共接待参观者 454,668 人。

20. 在日本纺织印染行业，绞染是一种古老的靛蓝染色技术，起源于江户时代早期，在西方具有非常高的知名度，受到许多人的喜爱。绞染与传统染色工艺的不同之处在于，它在染色前就预先对布料进行包括捆扎、缝合、折叠、夹捆、压制、扭曲等物理方式的防染处理，每一种方式都能在布的表面创造出漂亮而非凡的视觉设计。加之不同材质的面料特性和技法的不同，使其具有无限可能的效果和未知的美感。

21. 引自瓦尔特·J. 巴拉德（Walter J. Ballard）的《日本与美洲》（*Japan and America*）一书。

22. 片山潜（1859—1933），日本共产党创建者、社会主义者、马克思主义者。片山家境贫寒，无力读书，1880 年才考入冈山师范学校。毕业后因为无力支付赴东京求学的学费，他开始在一家小印刷厂当印刷工，一面做工，一面自学，亲身感受到了资本家对工人的剥削和压迫。1884 年，片山赴美勤工俭学，先后进入马里维尔学院、格林内尔学院和耶鲁大学等高等学府深造。1895 年，片山回国。后投身于工人运动，并参加了日本社会民主党和社会党的组织领导工作，宣传日本式社会主义思想。1921 年移居苏俄，1922 年指导创立了日本共产党。片山反对帝国主义干涉中国革命，"九·一八"事变后，他还领导日本人民进行了反对日本帝国主义侵华的斗争。1933 年病逝于莫斯科，斯大林、加里宁、野坂参三等 14 人护送其灵柩至红场，其遗体安葬在克里姆林宫的红墙下。

23. "邻保馆"是一种始创于明治时期的地区社会福利机构，有些类似于今天的社会救助站。机构旨在为区域的常住居民及劳动者提供生活帮扶、知识普及、法律援助等服务，从而在一定程度上改变劳动者所处的贫困状况。

24. 增岛六一郎（1857—1948），日本近现代律师、教育家、日本中央大学创立人之一。早年留学英国伦敦，曾在著名的中殿律师学院学习法学。1884 年回国后开办法律事务所，是当时少有的拥有英国大律师资格的人。

25. 横滨正金银行是东京银行（今为三菱日联银行）的前身，于 1880 年成立，总行在横滨。

第九章　传统工艺与艺术产业

日本艺术的价值

在那些真正的"亲日派"看来，明治维新之后，日本人利用西方先进知识与经验发展工商业，打造战争军备的才能与活力确实令人感佩。但是与此同时，被时代巨变所冲淡的日本人所特有的那种艺术特质则更叫人心痛。要知道，日本之所以能够成为国际舞台上的独特存在，这种特质功莫大焉。

如果一切美好之事终将被激烈的生存竞争逼入此般境地，那么这个世界又将会变得多么索然无味。为实现产业发展，欧洲诸国一度付出了艺术衰退的巨大代价。因此，欧洲人在近些年一直试图找回那些往昔的艺术之美。就当前的社会经济条件来看，艺术是否能够完全焕发往日的光芒是个人或国家在实现进步发展过程中所必须面对的一个问题。

封建时代的日本艺术

在封建时代，每一名日本工匠或多或少都是一位艺术家。也就是说，他们每个人都通过作品来展现自身独有的气质。手工业是如此，在本身就富有美感的工艺行当则更为突出。这种强烈的艺术氛围在很大程度上是由封建时期的社会经济状况所决定的。

在江户时代初期，各地大名主要依靠武勇来为藩族赢得名誉与声望。但是，随着人们开始习惯幕府治下的安稳岁月，过去的武力较量渐渐失去用武之地，各式各样凝结着地方手艺与审美的"藩特产"开始成为各藩展现特质、区分彼此的主要载体。一时间，各藩之间比拼工艺技艺的良性竞争蔚然成风。各地藩主们除了会互赠特产工艺品以示友好外，还会定期将一些佳品杰作献给江户的将军与京都的宫廷。如此一来，大名就成为工艺行当的赞助者与庇护人，艺术家与工匠成为大名家御用人员的情况更是不在少数。

虽然艺术家与工匠不太可能大富大贵，但是财富从来就不是他们的目标。对他们而言，能够在劳动中找寻到快乐，同时还有足以满足基本生活需要的薪水，这已经足矣。彼时，诸如"时间就是金钱"这样的观念还远未流行。艺术家与工匠可以全心全意创作，尽情挥洒才智，如此创作出来的作品往往都会带有创作者自身个性的深刻烙印。

日本艺术的特质

如果想要准确理解日本艺术的真谛，那就必须实实在在地在日本生活上一段日子，细细感受那里的氛围。传统的日本绘画与西洋绘画大相径庭，它更像是一首令人触景生情的诗篇，诗中之景简约淡雅，表达之情丰富细腻。

一般而言，比起那些秋毫毕现的画作，日本艺术鉴赏家们更偏爱天然去雕饰的简约之风。因此，日本画家在创作中往往会尽可能地避免单方面沉浸于自身的情感体验，他们希望实现的是让自己的画作激发观画者的同情共感。

对于这个问题，一位精通日本艺术的评论家曾经如此说道：

（日本画是）透过人之灵魂对自然本质的惊鸿一瞥。它是一面镜子，照映出人心中看似流动不居，实则恒久不变的幻梦。日本画带来的触动程度与观画者本身的情感深度成正比。

东方人向来深知这种蕴藏于极简之中的深邃力量，日本人更是奉其为绘画的基本要义（canon）。要想真正理解日本画，你就不能只是像看一张毫无生气的风景照片那样地一扫而过，而是必须将其当作一种寓情于景的诗篇来细细欣赏。绘画的特点正在于可以给予不同人以别样的观赏体验。

就像我们西方人觉得长诗是一种充满矛盾的艺术题材，而日本人则会认为一幅色彩满溢、内容庞杂（full picture）的绘作是创作者应该为之自我检讨的俗物。如果一个人在真正领略过远东绘画的素朴之美后再凝神细看西方人所偏爱的色彩艳丽的"完美之作"（finished one），很可能会产生一种不快的饱腹感，仿佛刚刚在宴会上吃撑了那样。

欧美影响下的日本艺术

我在此并不打算长篇累牍地讨论日本艺术的具体特质。我们只需记住，上述引言不仅适用于日本绘画，而且也适用于瓷器、漆器、青铜器、丝绸物等日本工艺品。近年来，虽然也有不少质量上乘的日本工艺品远销海外、畅行西方，但它们终究只是迎合西方审美的产物，既无法表达真实的"匠心"，也无法真正代表日本艺术。

日本工艺品尤其是装饰品在欧美颇具市场。从总体上看，日本艺术对于欧美装饰艺术的影响力正在不断扩大，但是就目前而言，日本艺术对西方艺术的影响力恐怕仍很有限。归根结底，日本与西方的艺术理念存在根本性不同。带有些许日本风情的西方装饰艺术品尚且让人可以接受，但是如果日本艺术真的以逢迎欧美人的喜好为要，那么无异于主动丢弃了自己的灵魂。

随着幕府的倒台，艺术工匠们的静好岁月也随之烟消云散。许多人匆忙间踏上了自食其力的新谋生之路，不仅如此，由于当时的国内市场一片混乱，他们又不得不产出一些迎合西方审美要求的权宜之作，从而度过明治初年的艰难时光。所以，也难怪有人会将这段时期称为日本艺术的"假货时代"（brummagem period），其结果就是迎合外国人恶趣味的低俗工艺品一时泛滥成灾。

西方艺术学校的开设与日本传统艺术

抵日后的一两年里，我将大部分时间都用于筹办工部大学校和建设与之相关的产业工程，因此几乎无暇关注日本人生活中的艺术要素。后来我之所以开始对日本艺术感兴趣，还得归功于明治政府兴办西式艺术学校的建议。

当时，每个叫得上名的西方大国都极力想要在他们所谓的"日本文明开化"（civilizing of Japan）事业中插上一脚。美国人在教育领域上颇有话语权；英国人在海军建设和土木工程上更具影响力；法国人善于操练陆军；德国人则精通医学。工部大学校仿佛就是微观版的英国，英格兰、苏格兰和爱尔兰等地大学的毕业生组成了我们的教师队伍。

意大利人认为艺术领域乃其专长，因而强烈要求明治政府建立一所教授西方艺术理念与技法的学校。出于方便考虑，明治政府决定在开设工部大学校的同时开设"工部美术学校"。当时，我也曾就此事进言。我并非反对开设西方艺术学校与教授欧洲艺术，但是我真诚地希望人们能够做些什么来防止日本艺术中的美好之物逐渐步入消亡。[1]

我的老朋友佐野常民（SANO Tsunetami）[2]也非常关注这一问题。他于 1879 年创立新式艺术团体"龙池会"（后改称"日本美术协会"。——译者注）并出任会长，旨在帮助日本艺术界度过混乱时期，开展过各种促进日本传统艺术复兴的运动。[3]佐野以及其他有识之土理应得到日本民众的感谢，正因为他们的努力，如今的日本艺术人才辈出，不逊往日的优秀作品不断涌现。接下来，日本还需要不断改善有利于艺术家潜心创作的经济与社会条件。

明治时期的日本艺术界曾经流行过一段时间的西化风潮，不过近年来，所有称得上是艺术家的人都有着一个共同的宏大目标，那就是尽可能地寻回日本艺术的过往真义，大力复兴那些封建时代的艺术匠心与技艺手法。

对西方艺术的批判

日本美学家、思想家冈仓天心（OKAKURA Kakasu）为复兴旧时的日本艺术精神倾尽心血，并就此完成了意义非凡、影响深远的名著——《东洋的理想》（*The Ideals of the East*）[4]。在此书中，冈仓先生对将欧洲艺术引入日本的尝试有如下评价：

> 我们所接触到的欧洲艺术其实正处于低潮时期，这个时候的欧洲艺术界，颓废美学还在大行其道；德拉克洛瓦[5]（Delacroix）还未揭开明暗画派（Academic Chiaro-oscuro）的厚重帷幕；注重光线与色彩的米勒（Jean-François Millet）和

巴比松画派[6]（the Barbizons）还未得到画坛承认，拉斯金（John Ruskin）[7]还未诠释前拉斐尔画派（Pre-Raphaelite）高雅的纯粹。正是在这个时候，日本开设了官立美术学校（Government School of Art），聘请了意大利教员，开始尝试模仿西方艺术。因此，日本自最初就陷入了在黑暗中摸索的困境，而这种模仿更是给日本艺术套上了矫揉造作（mannerism）的枷锁，阻碍了它在今天的进步。不过，如今明治时代的个人主义已被激活，生活中亦处处可见多元化的思维方式，因此，无论是传统的保守主义，抑或是激进的全盘欧化主义，在艺术上都不可能满足于按部就班的发展方式。当明治时代已经走过第一个十年，内战的伤痕也已基本平复，一群充满热忱的艺术家开始努力探寻日本艺术的第三种表现形式，他们进一步深挖日本古典艺术的可能性，努力了解并热爱能够带来共情的西方艺术作品，尝试在新的基础上重塑日本民族艺术。其基本原则乃是"忠于自我的生活"（Life to Self）。

理想的复活

我以为冈仓先生所言极是。不过，令人颇为欣慰之处在于，如今的我们已经不再需要担心日本的传统艺术会被欧洲艺术牵着鼻子走乃至被完全取代。今天的问题在于，如何为日本艺术的真正繁荣兴盛创造经济条件。

正如我在第五章中介绍国民教育时所说，日本政府在东京上野建立了官立东京美术学校，随后冈仓先生则在东京近郊的谷中创建了日本美术院。但是，从实际结果来看，日本艺术家们的技艺手法并非来自学校的刻意训练，而是来自大家前辈们的言传身教。这些艺术大师会竭尽全力培养最有前途的学徒。日本美术院每两年举办一次日本画展，这毫无疑问是日本当代艺术的盛事。作为主要组织者，冈仓先生对日本美术院的工作有如下评价：

> 美术院派视自由为艺术家的最大特权。这个自由通常是指不断进步、自我发展的自由。艺术既非理想也非现实。模仿，无论是模仿自然、过往巨匠，尤其是模仿自己，就个性实现来说无异于自杀。所谓个性，就是指在人生、人类以及自然的壮观舞台上，无论经历悲剧还是喜剧，都能以扮演一个独一无二的角色而感到欢欣。

如果想要领悟日本艺术最高杰作所蕴含的生命力，那么没有什么是比阅读冈仓先生的名著《东洋的理想》更好的选择了。

亚洲人的生活与理想

我们当前的讨论目标并不是日本艺术理想的详细组成或各种艺术品的创作过程这样的具体问题，而是要在这个变动不居的时代里明晰艺术在日本社会中所处的方位，思考真实艺术永久存续的可能性以及它对日本国家发展究竟意味着什么。诚如冈仓先生所说：

> 生活简朴的亚洲人与今天使用蒸汽、电力的欧洲人形成了鲜明对照，但我们不必为此自惭形秽。传统的亚细亚贸易至今仍然存在，那里有手工业者和行商，有乡村城镇的市集和吉祥节日的庙会。他们摇摆着满载当地物产的扁舟，穿梭于河流上下。他们来到深宅大院，铺开丝绸布匹或宝石珍品供大家闺秀亲自挑选购买。当然，今后的商贸形式自会有所变化，但亚洲

人万不可轻易放弃自己的理念，否则精神的消亡将带来巨大的
损失。正因为遵循于此，我们才能把先人世代留传下来的各种
工艺、装饰美术保存至今。如今，如果我们将它们抛弃，那么
不仅会失去各种精密的手工艺品，同时还会剥夺无数手工业者
的劳动喜悦，扼杀他们独具个性的艺术想象力以及历史悠久的
劳动文化。因为亚洲人的精神世界是人们通过亲自纺线织布、
缝制被服、建设家园所构建起来的。

东洋的理想

冈仓先生坚持认为，正是因为对自己有所认知，日本才能重获
新生，才能在其他东方国家都被（西方国家的）狂风暴雨倾覆之时
毅然挺立。他始终在不遗余力地倡导，只有自我意识的觉醒才能帮
助亚洲重现往日那种历经风雨而不动如山般的强大。他在《东洋的
理想》一书中开宗明义地阐明了理解全书主旨的要义：

> 亚洲是一体的。喜马拉雅山脉，仅仅是为了强调亚洲所拥
> 有两个伟大的文明体系，即拥有孔子天下大同理想
> （communism of Confucius）的中华文明，与拥有吠陀个人主义
> （individualism of the Vedas）的印度文明，才以茫茫雪山为屏
> 障，分隔开了两者。但它并没有因此阻挡亚洲诸民族为弘扬终
> 极博爱所做的不懈努力。亚洲人正是靠着对这种博爱的执着追
> 求，创造了世界上所有的大型宗教，并使之成为今天亚洲诸民
> 族共同的精神文化遗产。这也是将亚洲民族与地中海及波罗的
> 海沿岸诸民族区别开来的重要标志。换而言之，前者追求的是

人生之理想，后者则更热衷于钻研技术，讲究手段方法等。[8]

这些颇有神秘色彩的词句揭示了东西方人在精神世界上的根本差异。当我们在解释过去、理解当下或预判未来之时，必须要将其铭记在心。

一般而言，东方人具有一种广义上的宗教精神，而他们也会恪守并践行自己的信仰。西方人的思维与行动方式在本质上则更趋向于物质主义（虽然也不乏例外），他们中的大多数人在一心追寻谋生之法的同时，却难免将树立人生之意义抛在脑后。陈述基督教教义的名著——《威斯敏斯特小教理问答》（*The Westminster Shorter Catechism*）[9]以这样一个问题开篇：

人的首要目的是什么？

在如今的西方，这个问题的答案在很大程度上已然流于一段与现实生活无甚关系的文字。一周中有六天用来对金钱顶礼膜拜，只有礼拜天才会在教堂驻足一两个小时，偶尔再为一些为弥补资本主义社会天然缺陷而设计的慈善机构捐点小钱，这就是大多数欧美富裕阶层人士所谓的"信仰生活"的现状。

艺术与经济条件

有些富人的宅邸还设有私人画廊或小型美术馆，但是对于他们来说，那里陈列的绘画作品不过就是一件件安全的增值投机物品，只不过是满足自己低俗虚荣心与展示欲的花哨手段。在这样的大环境影响下，真正的艺术很难生长。虽然偶尔也有少数极具个性的艺术家能在腐坏的当代竞争体系下超脱其上，自成一派，但这需要他们天生就具备极强的自制力，这样才不会贱卖自己的才能，给那些不值一提的富人们画些 1000 英镑一张的肖像画。

也许有读者会有疑问：这一切又与日本艺术有什么关系呢？答案无他。以上案例就是想说明这样一个基本事实，即一个国家的国民艺术水平在很大程度上取决于该国的社会与经济条件以及赋予国民生活动力的理想。因此，社会各领域的艺术家与工匠都应该高度关注社会改革及其相关问题，因为社会改革可能会创造出让他们得以自由彰显个性的机会，而没有这种个性就不可能产生真正的艺术。

除非日本的艺术家能够重新拥有旧时封建制度下的那种自由，除非日本国民能够始终将国家进步之理想铭记在心，不然日本艺术很难逃离衰败的命运。这确实是摆在日本艺术界面前的两大考验。对此，我坚持认为，无论出于经济目的还是艺术价值，日本人都必须保持自身在艺术和艺术作品上的独特气质。

日本人在艺术上的造诣为自己在国际上赢得了独特的地位。我认为日本不该让自己局限于为世界其他国家制造古玩，日本艺术在为国家进步贡献艺术元素，为其他国家补充艺术形式等方面依然大有可为。

日本艺术的现状

可是，纵然冈仓先生抱有崇高的艺术改革理想，他创办的日本美术院也为此付出了诸多努力，但是我们并不能就此断言当代的日本艺术家们已经成功地将他的艺术理想转化为了现实作品。他们似乎仍在东西方的理念与方法之间挣扎。《日本每日邮报》的一位艺术评论家对日本美术院近期在东京举办的画展作出如下评价：

虽然画展上也有不俗之作，但整体上却给人一种这样的观感：相较于上一届并未取得什么实质性的进步，甚至还出现了倒退的迹象。这或许是因为此次展出的并非纯粹的日本画，这些画作是将东西方艺术融合在一起的试验性产物。这也是多年来备受关注的一项工作。因此，想要确认这项工作是否真的取得了进步，我们就必须找到这场"东西联姻"的"结晶"，即某种独具魅力的艺术作品。但是，我们在这场画展上却并未找到这样的东西。

日本艺术家们似乎依然未能在这样的融合东西的作品中"找到"自己。他们仍在探索一件尚未被发现的事物，尽管不时也有精致、浪漫或充满诗意的灵感涌上心头，但他们既无法言说，也不能绘之于画布。他们仿佛身处于一片雾气笼罩的土地，热情也即将在迷雾中散尽，若想走出困境，唯一能够依靠的只有自己手中的画笔。

有时，他们的画作令人赞赏，构图十分均衡，主题也令人印象深刻，但真正的败笔在于色调单一，沉闷而缺乏焦点。有时，观画者仿佛刚刚随着画作进入一个缥缈幻境，那里天宽地广、震撼人心，但旋即就被一些不成熟的模仿者才有的条条框框给破坏了意境。

但是即便如此，这些画作中也蕴含了一种难以言说之物，仿佛是一种处于萌芽期的非凡观念。因此，为了它的茁壮成长，也有必要采取相关措施。当然，我们目前还不能对它们进行精准定义，一旦可以做到，那么距离成功也就不远了。不过，虽然当前的情况不尽如人意，但希望依然存在。日本美术院的画展是每一个心系日本艺术新流派发展或日本绘画艺术未来的人都应该来看看的。尽管我无法断言画展上是否能有抓住你心灵的杰作，是否能有不落俗套的佳品，但至少还是能够找到不少发人思考的作品的。

日本的近代金属工艺品一直维持着较高的水准。不过，虽然该产业取得了许多令人瞩目的进展，但在整体上仍处于过渡时期。作为实用工艺品领域的代表，"有线七宝烧"（七宝烧中的一种，因器皿上镶有贵金属烧制成的装饰线条而得名。——译者注）虽然自古有之，但直到19世纪的后25年，它才摇身一变成为无与伦比的高档工艺品。熟知七宝烧工艺的布林克利上校对此有过这样的评论：

> 我们从未想过日本会有在装饰工艺领域领跑世界的一天，恐怕连他们自己也未曾有过这样的念想。但在现实中，他们确实做到了。

在陶器领域，尽管当代烧制的瓷器仍比不上封建时代的肥前、九谷出产的陶器杰作，仍逊色于萨摩、京都出产的彩陶佳品，但是近年来的确也不乏佳作问世。在维新后相当长的一段时间里，世间充斥着海量迎合西方审美所炮制的庸品，大多数都与传统的日本艺术理念截然相悖。不过近年来，随着中国陶瓷器理念的再次盛行，日本的制作工艺与品位也都有所提升。

在漆器领域，虽然高质量的制品也不难寻觅，但是由于欧美对采用旧时图案与工艺的廉价仿制品的需求与日俱增，日本的漆器工艺在整体上很难维持过去的顶尖水准。同样是在应用工艺品领域，日本纺织品的品质则实现了极大的进步，大量做工精细、色彩缤纷的纺织品层出不穷。此外，还有一种被称为"根付雕刻"[10]的艺术品，虽然现在已经没有多少人关注，但在封建时期曾经取得过极高的艺术成就。如今，多数的根付雕刻艺术家们都转而创作其他更重要的雕刻作品，诞生了不少品质更胜以往的杰作。从雕刻的其他几个领域，诸如日常用的金银器等装饰工艺品来看，日本不仅实现了西式工业与贸易上的巨大发展，而且也证明了日本的工艺美术制品完全可以重现过往的优秀水准。

为了提升日本各领域从业者的生活水平，我们理应继续这样的发展态势，但所有真正了解和热爱日本的人士都会同意布林克利上校的观点：

> 如果只是因为狂热的激进派认为唯有彻底埋葬过往传统方能跻身强国行列，从而导致日本国民的不凡审美天赋、出色艺术本能和杰出表现能力都无法得以施展，实在是一种莫大的遗憾。

日本如今之所以能够跃居国际舞台前列，为世界各国所认可，正是因为它在国民生活的方方面面都取得了令人惊愕的成绩。我真诚盼望日本能够永葆那些令自己卓尔不群的宝贵特质。

与印度艺术之比较

出生于孟买、通晓印度艺术与东方诸事的乔治·伯德伍德爵士（Sir George Birdwood）著有《印度工业艺术》（*The Industrial Arts of India*）一书。书中有许多同样很适用于当前日本工业艺术的观点。我认为，所有能够影响日本未来发展之人都应仔细研读这部著作。限于篇幅，在此我仅摘录以下内容：

> 最令人感到忧虑的就是正在大规模引入印度的各种机械。机械究竟会给艺术产业带来什么？我们参考一下欧洲先前的情况便可知晓什么艺术制品可以交由机械完成，什么必须手工制

作。但是，如果出于某些经济考量，印度逐步采用机械来制造其不凡的传统手工艺品，那无疑会引发一场产业革命。如果缺少可靠的产业指导、清晰的舆情导向以及普遍接受的高雅取向，这场革命势必会让印度的传统艺术产业及其日常的实际应用陷入同样的混乱。这种混乱正是破坏英国、欧洲西北部各国和美国三代以来的装饰艺术以及中产阶级品味的罪魁祸首。

相较于欧美各国，将机器引入印度可能会造成更大的社会和道德危害。目前，印度的各项产业遍及全国，虽然分布最广的手工编织业在与曼彻斯特的纺织工场的不平等竞争中每况愈下，但我们依然可以在印度的各个村庄找到自古流传的传统手工业。

在对这些传统手工艺品的制作方法进行介绍之后，伯德伍德爵士总结如下：

我并不想贬低机械在当代文明中所发挥的作用，但是机械终归只应是人的仆人，而非人的主人。机械并不能为人创造生活的美好与欢乐，而只能替人承担生活中的苦役。无论在英国还是印度，机器就应该恪守为人服务的本分。在英国，随着大众品味的提升与见识的增长，当机械被排除在外，工业艺术品成为专属于缜密头脑与灵巧双手的领域之时，全社会的财富分布将会更加均衡，劳动阶级工作的社会影响力将会与日俱增，他们会不断加强自己的劳动技能和文化修养，从而增进"市民"对于在政治与社会议题上的话语权，最终引领整个国家向超一流国家迈进。如此一来，欧洲人终将学会品味生活中的满足感与幸福感，一如曾经的希腊人与罗马人以及今日的东方异教徒所感受到的那样。

日本工业艺术的未来

机械究竟应该在现代生活中发挥什么样的功能？这是每个工业国家都会面临的难题。西方世界的许多社会弊病都与工作的极端单调乏味脱不了干系，也是大多数人在人生追求上奉行低级趣味、物质至上与感官刺激所致。与此相反，在旧时的日本，不仅工作种类丰富多样，工作内容也别有生趣，甚至多少还带有一些艺术性。彼时，时间并不等同于金钱，作为艺术产业庇护者的封建领主不断鼓励各领域的从业者创造出更高品质的产品，同时大力褒奖艺术工匠。

就目前的状况来看，外国市场在很大程度上代替了过往封建领主所扮演的庇护者角色，但是海外需求时断时续，而且呈现出一种品味劣化的不利趋势，即让最好的艺术工匠们也加入到生产艺术价值寥寥、只为换取钱财的产品的队伍中去。长此以往，日本艺术品的真谛将屈从于增值获利的淫威，西方人的审美喜好也永远比日本工匠的艺术创作原则更有影响力。

为了防止这种情况的发生，一个最重要的做法就是将艺术工匠们组织起来，从而确保他们不仅能够凭借一流作品获得优厚报酬，而且更能保证作品始终具备较高的品质。因为倘若没有后者，再多的努力也终将徒劳无功。不仅如此，艺术工匠们必须得到规模日益扩大的富人群体的帮助。这些富人应该像真正的爱国者那样，主动担负起过去大名们扶持艺术产业的责任，让工匠们能在自由的环境中，心无旁骛地挥洒灵感、书写个性。

此外，中央政府与地方自治体也应该充分鼓励人们发挥在公共建筑装饰等方面的艺术才能。毕竟，最高的艺术形式总是从某种共同体主义中生长出来的。日本的神社寺庙以及中世纪的欧洲教堂就是这种形式的绝佳例证。

这样就可以有一批工匠摆脱靠艺术品糊口的窘迫。这些人对于国民艺术的普及与工艺品出口欧美都能产生很大的影响。到那时，或许真的只有曾经旅居日本，热爱日本艺术、理解艺术家理想之人才能真正欣赏到日本艺术之美。话虽如此，市场对于装饰与实用型艺术品的需求依然高居不下。日本的漆器、陶器、青铜器、丝织品等工艺品仍然有巨大的生产空间，因为几乎每个国家都有现成的市场。

出于过去与日本的种种缘分，我自然急切盼望它能充分利用西方的科学与机械来生产近代生活的必需品，为民众提供便利。但是，如果在与他国激烈竞争中失去了自身独有的艺术与个性，这对于日本来说无疑是一场灾难。虽然其他国家在纺织品、机械器具和化学制品方面也具备与日本竞争的实力，但我相信没有一个国家能够取代日本在工艺品生产领域的独特地位。如果日本艺术产业能够沿着正确的路线发展，每个国家都可能会对其产品抱有兴趣。这不仅有利于艺术的发展，而且也有助于推动东西方思想的融合。在我看来，这才是世界真正实现进步所必需之物。

主要参考文献

有不少关于日本艺术产业的著作是用英语和其他外语写成的。其中，张伯伦教授的《日本风物志》收录了有关日本各艺术产业的短篇文章，极具参考价值，也是本章最为重要的参考书籍之一。布林克利上校在《英国百科全书（补充卷）》中的相关论述堪称目前最好的日本产业简史。欧内斯特·克莱门特的《近代日本概览》（第十六章）则给出了一个非常清晰的大纲，并列出了相关的书籍清单。本章还参考了以下著作：赖因的《日本产业》；W. 安德森的（W. Anderson）《日本绘画艺术》（*The Pictorial Arts of Japan*）；布林克利的《日本：历史·艺术·文学》（*Japan, Its History, Art, and Literature*）和《日本与中国》（12卷本）；乔治·奥兹利（George Audsley）与詹姆斯·鲍斯（James Bowes）的《日本陶艺》（*Keramic Art of Japan*）；马库斯·休斯（Marcus Huish）的《日本与日本艺术》（*Japan and Its Art*）；约瑟夫·康德（Joseph Conder）的《日本庭园的艺术》（*Landscape Gardening in Japan*）。冈仓天心的《东洋的理想》是研究日本艺术的必读书，书中提供了大量真实且有趣的信息，深刻揭示了艺术与日本人生活、思想之间的关系。

■ 译者注释

1. 工部美术学校创立于 1876 年，雇用的教师全部来自意大利，学生总人数不超过 60 人，旨在进行纯粹的西方艺术教育。学校下设画学科与雕刻科。学校的办学过程并不是很顺利，先有意大利教师因西南战争所导致的财政危机而辞职回国，后有画学科学生不满新任教师而退学。随着明治政府对日本艺术教育进行重新评价，国粹主义渐渐抬头。1883 年 1 月，工部美术学校被废校。

2. 佐野常民（1823—1902），佐贺藩武士、政治家、伯爵、日本红十字会的创始人。曾先后担任农商务大臣、大藏卿、元老院议长等职务。

3. 龙池会曾在巴黎举办过两次"日本美术纵览会"。就艺术理念而言，龙池会依然颇为守旧，虽然组织过各种对外介绍日本传统绘画新作品的活动，但是从根本上说，它并不热衷于探寻日本绘画全新发展的可能。

4. 中文译本也有译为《理想之书》。

5. 德拉克洛瓦（1798—1863），法国浪漫主义画派的典型代表，被誉为"浪漫主义的雄狮"，注重运用浓烈的色彩，笔触狂放甚至狰狞，代表作为《自由引导人民》《希奥岛的屠杀》。

6. 巴比松画派是 1830—1840 年在法国兴起的乡村风景画派，由于主要代表画家都住在巴黎南郊的枫丹白露森林附近的巴比松村而得名。代表画家有柯罗、米勒等人，他们以写实手法表现自然风景，力求在作品中表达出艺术家对自然的真诚感受。

7. 约翰·拉斯金（1819—1900），英国作家、艺术家、艺术评论家，维多利亚时代艺术趣味的代言人。代表作品有《建筑的七盏明灯》《建筑与绘画》等。

8.〔日〕冈仓天心：《东洋的理想》，阎小妹译，商务印书馆 2018 年版，第 1 页。

9. 教理问答是基督教常用的教义宣讲方式。《威斯敏斯特小教理问答》（简称《小教理问答》）是在 1647 年英国威斯敏斯特会议中产生的，同年 7 月为苏格兰大议会采纳，同年 9 月由英国议会审查批准，直到今天一直为改革宗教会广泛使用。它既可作为教导孩童和初信者的指南，也是信徒研究神学最好的入门书。

10. "根付雕刻" 大致可以理解为挂件或坠子雕刻，常用于印盒或烟盒的装饰，常见雕刻材料有黄杨木、象牙、珊瑚、玛瑙等。

第十章　商业与贸易

封建时代的日本贸易

为了让读者能够更好地理解当下日本的商贸状况，我认为有必要对旧时的日本商业史略作介绍。

现存最早的日本商贸记录可以追溯到公元 3 世纪，当时一切都还处于非常原始的状态。到了封建时代，法令规范层出不穷，官僚做派相当盛行，极大妨碍了商业的自由发展。有些法令既古怪又荒谬，但多数规则制定的背后都有这样一种原则：方便统治阶级控制人民劳动所得乃第一要务。

日本与中朝两国的商贸往来可谓历史悠久，研究不同时期的三国贸易关系不仅有助于我们理解当前的形势，更能帮助我们理解日本人的所思所想。在旧时的日本，几乎所有的进口商品皆由政府官员经手，他们在货物到港时进行估价，随即再以高价转卖给民众，其中的差价就收入国库。从这种意义上说，政府才是那时候唯一的外国商品进口商与批发商。

日本的国内商贸活动有一个鲜明的特点，即存在一种称为"株仲间"[1]的同业组织。通过该类组织，幕府在实际上控制着国内所有的贸易行当。商人阶层，尤其是江户和大阪的富商巨贾，几乎都是借助"株仲间"才逐渐积累起了巨额的财富，逐步养成了奢靡的习惯。不少"株仲间"旗下的一方富贾有恃无恐、独断专横，遇事常常蛮不讲理，久而久之，社会上下怨声载道。1841 年，由于认为"株仲间"乃物价高企之元凶，幕府一方面颁布法令，解散了国内所有的"株仲间"组织；另一方面尝试推行贸易新政，全民皆可自由经商。但是，由于更为合适的新制度迟迟未能出台，国内商品流通的混乱局面又久久难以平息。1851 年，幕府在大幅减少过往特许经营"独占权"的基础上，重新恢复了"株仲间"体系。一种相对有利于公共利益的商贸体系从而得以确立下来。进入明治年间，新政府继承了江户幕府遗留下来的"株仲间"体系并一度尝试进行改造，但是效果差强人意，最终于 1871 年宣布废除该制度。观察新的时代条件究竟能为"株仲间"这样的旧时组织带来何种程度的变革确实不失为一件有趣之事。但是，就像其他工业国家那样，随着市场体量的不断扩大，日本的商贸活动也逐渐呈现出寡头垄断与强强联合的态势。

新形势的影响

王政复古所引发的一系列剧变令明治初年的日本对外贸易一度陷入莫大的窘境。究其原因，乃是当日本开国之后，国内金本位制下的白银[2]与欧洲流通的白银存在较大的差价所致，加上由之引发的国内商品大幅涨价，日本国内的整体经济环境就变得更加困难。多数商品价格的涨幅都超过了 300％，有些甚至高达 400％。这种通胀给日本国民的日常生活造成了极大困难，他们自然就将这笔账记到了西方人和新兴市场的头上。

一方面，日本国内的生产商从国外买家那里获得了有些匪夷所思的报价，从而大赚了一笔。起初，日本主要出口海产品、生丝和茶叶，虽然日本国内的商人要克服困难才能把货物运达国外目的地，但是由此产生的利润往往高达40％—50％。另一方面，法国突然爆发的新型蚕病导致出口的丝织品数量大不如前，日本的丝绸出口由此迎来了千载难逢的发展良机。此外，日本茶叶也很对美国人的口味，出口总量巨大，直到今天还是日本出口至美国的最主要商品。

日本的对外贸易体量曾经一度增长缓慢，但随着国家行政水平的提升，通信手段的进步，以及西方产业技艺的普及，日本外贸总额的增速越来越快。不过，如果一个国家在整体上仍是一个进口国，那么其外贸增速的上限就是可以预期的。这种瓶颈几近无解，除非出口相应数量的其他种类商品，否则对外贸易就难以为继。如上文所述，日本最初能够出口的仅有农水产品和相关原材料，直到今天，这些商品在日本的出口总量中仍然占据相当比重。不过现在，日本不仅还能出口传统的本土产业制品，连西方产业制品的出口量也已颇具规模。

国家的财政金融状况随之得以迅速改善，1885年正式施行的现金支付（specie payments）[3]更是对贸易产生了非常显著的影响。我将在第十五章中对有关的财政金融举措作进一步介绍。我们在此仅需知道，这种支付方式对用黄金结算（因为黄金是当时的国际通用结算货币。——译者注）的日本国内进口商而言极为不利。因为相较于白银，黄金正在不断升值[4]；由于白银的相对贬值，日本国内消费者购买商品所需要支付的纸币也越来越多。如此这般，做生意在很大程度上变成了一种赌博。直到这些不稳定因素都消散之后，日本的对外贸易才得以步入正轨，从而逐渐实现高速增长。

日本的自然资源也还有非常大的开采空间。随着对外界了解的不断深入，正在崛起的日本一代无疑会更加渴望建立更加密切的对

外贸易联系。有些日本商人甚至认为，日本将在较短的时间内成为
远东地区的贸易枢纽，而日本的地缘位置与近期的经济发展似乎也
佐证了这种论调。

对外贸易的发展

自维新以来，日本的对外贸易实现了极为惊人的发展。表 10-1
展示了日本在维新后的 35 年中的进出口贸易总额。

表 10-1　维新后日本进出口总额的变化情况（1868—1903）

年份	出口总值 （円）	进口总值 （円）	合计 （円）
1868	15,553,437	10,693,072	26,246,509
1878	26,988,140	32,874,834	59,862,974
1888	65,705,510	65,455,234	131,160,744
1892	91,102,754	71,326,080	162,428,834
1897	163,135,077	219,300,772	382,435,849
1901	252,349,543	255,816,645	508,166,188
1903	289,502,442	317,135,517	606,637,959

日本出口的主要商品有：生丝（数量最多）、羽二重（一种纯
白纺绸。——译者注）、棉纱、火柴、花式草席、茶叶、樟脑、海
产品、铜、煤炭等。生丝和羽二重深受美国和法国客户的青睐，出
口总量与总额都十分可观。日本产的棉纱主要销往朝鲜、中国内地
与香港地区；火柴与煤炭主销英属印度、中国内地与香港地区；草
席销往美国等国；海产品主销中国内地与香港地区；铜主销中国香
港地区、德国等。表 10-2 列举了日本在 1901—1903 年的出口商品
种类与总额。

表 10-2　日本出口商品的种类与总额（1901—1903）

种类	1901 年 （円）	1902 年 （円）	1903 年 （円）
饮料、食品			
——茶叶	8,854,326.70	10,484,017.06	13,935,252.71
——稻谷	7,037,432.00	6,822,574.61	5,170,066.60
——海产	6,983,959.17	6,200,083.77	7,073,322.69
——其他	5,250,132.88	5,222,161.15	6,254,803.11
小计	28,125,850.75	28,728,836.59	32,433,445.11
服饰、衣料	2,442,764.28	2,860,393.64	3,473,566.74
医药用品、化学制品、染料涂料	6,576,367.39	6,150,748.92	7,323,165.52
金属、金属制品	15,821,272.72	12,796,450.65	18,329,564.35
油、蜡	1,709,550.98	2,486,913.71	2,387,970.17
纸、纸制品	1,659,300.54	1,785,588.03	2,053,337.12
毛皮、贝壳、动物壳角等制品	1,035,811.05	1,106,701.48	1,645,231.42
各种纺织原料			
——丝绸	109,137,139.33	113,954,108.23	113,701,393.80
——棉花	28,029,194.55	27,110,732.59	399,28,259.47
——其他	1,186,072.56	1,333,975.25	1,475,576.26
小计	138,352,406.44	142,398,816.07	155,105,229.53
烟草	1,748,492.52	2,365,792.83	2,127,580.38
杂品	51,943,691.35	54,994,774.57	61,092,533.01
合计	249,415,508.02	255,675,016.49	285,971,623.35
再出口	2,934,035.08	2,628,048.38	3,530,819.16
总计	252,349,543.10	2,58,303,064.87	289,502,442.51

　　日本进口的商品也是五花八门，其中数量最多的有：机械、铁制品、石油、砂糖、原棉、棉织品和羊毛制品。从货源地来看，日本从美国和俄国进口铁器；从德国、中国内地与香港地区进口砂

糖；从美国、中国香港地区和英属印度进口丝棉；从英国与德国进口棉织品；从英国、德国、比利时和法国进口羊毛制品。在进口的机械中，最重要的是火车机车与纺织机械，前者主要从英国和美国进口，后者则主要从英国进口。官营和私营造船所所需的建设物料多数仍从英国进口，电气器械类的设备则主要从美国进口。表 10-3 列举了日本 1901—1903 年进口商品的种类与总额。

表 10-3　日本进口商品的种类与总额（1901—1903）

种类	1901 年 （円）	1902 年 （円）	1903 年 （円）
武器、钟表、仪器、工具、机械	16,738,946.87	12,114,322.79	13,219,740.01
饮料、食品	7,505,181.24	8,713,970.72	15,157,962.48
服饰、衣料	1,351,432.23	1,327,499.86	1,374,489.71
医药用品、化学制品	5,527,045.17	7,183,082.87	6,712,050.93
染料、绘具、涂料	5,358,605.68	6,682,354.93	7,728,656.24
玻璃、玻璃制品	1,395,458.08	1,836,906.61	1,424,995.19
谷物、种子	18,797,209.96	26,223,165.35	67,113,444.91
动物壳角、象牙、毛皮、动物壳角等制品	2,977,177.62	3,076,050.94	3,271,610.66
金属、金属制品			
——铁、钢铁	19,998,203.56	18,768,763.12	21,918,767.65
——其他	5,416,198.19	5,067,933.76	5,822,309.94
小计	25,414,401.75	23,836,696.88	27,741,077.59
油与蜡	16,361,561.67	16,699,976.12	13,929,044.24
纸或文具	3,216,852.810	4,947,869.61	4,855,425.63
砂糖	33,527,463.44	14,486,234.75	21,005,629.87

（续表）

种类	1901 年 （円）	1902 年 （円）	1903 年 （円）
各种纺织原料			
——棉花	74,798,478.79	96,949,588.48	81,371,230.99
——羊毛	11,848,457.50	14,304,534.09	16,316,073.55
——蚕丝	1,542,489.04	2,456,977.79	1,940,493.59
——亚麻	1,665,692.75	2,102,936.89	2,072,927.24
——其他	844,803.44	1,055,722.61	1,203,269.52
小计	90,699,921.52	116,869,759.86	102,903,994.89
烟草	121,090.75	995,976.25	1,117,858.34
葡萄酒、白酒与烈酒	698,243.18	695,790.14	769,236.90
其他进口商品	25,784,684.12	25,629,785.28	28,302,362.38
总计	255,475,276.09	271,319,442.96	316,627,579.97
再进口	341,368.61	411,815.59	507,937.95
进口总计	255,816,644.70	271,731,258.55	317,135,517.92

日本主要贸易国或地区的变化

表 10-4 给出了 1903 年世界各国或地区对日本的进出口总额。

表 10-4　各国或地区对日本的进出口总额（1903 年）

区域	对日出口 （円）	对日进口 （円）	合计 （円）
亚洲			
中国内地	64,994,179.64	45,458,057.42	110,452,237.06
英属印度	8,086,798.15	69,894,197.28	77,980,995.43
中国香港	29,724,694.19	1,739,726.91	31,464,421.10
朝鲜	11,761,494.01	8,912,151.23	20,673,645.24
安南与其他法属领地	197,776.14	15,579,626.87	15,777,403.01

（续表）

区域	对日出口 （円）	对日进口 （円）	合计 （円）
荷属印度尼西亚	912,419.44	10,842,779.85	11,755,199.29
俄国（亚洲区域）	2,239,986.85	8,267,652.09	10,507,638.94
英国海外定居点	7,108,700.78	1,323,441.26	8,432,142.04
菲律宾	1,675,519.18	3,421,553.53	5,097,072.71
暹罗	73,625.93	3,726,279.77	3,799,905.70
小计	126,775,194.31	169,165,466.21	295,940,660.52
欧洲			
英国	16,544,523.98	48,736,758.13	65,281,282.11
法国	34,279,115.90	5,107,913.28	39,387,029.18
德国	5,185,658.49	26,958,976.67	32,144,635.16
意大利	11,003,607.19	311,020.99	11,314,628.18
比利时	487,173.13	7,578,590.99	8,065,764.12
奥匈帝国	981,290.36	3,676,995.08	4,658,285.44
瑞士	264,738.22	2,187,954.19	2,452,692.41
俄国	1,125,250.84	291,558.70	1,416,809.54
荷兰	224,043.00	814,705.93	1,038,748.93
瑞典	518.00	290,697.19	291,215.19
西班牙	67,593.58	101,191.43	168,785.01
土耳其	105,959.37	2,044.52	108,003.89
丹麦	29,447.71	18,002.12	47,449.83
挪威	1,727.56	19,804.99	21,532.55
葡萄牙	998.80	17,999.26	18,998.06
小计	70,301,646.13	96,114,213.47	166,415,859.60
美洲			
美国	82,723,985.61	46,273,870.93	128,997,856.54
加拿大与英属美洲领地	2,923,539.73	499,039.86	3,422,579.59

（续表）

区域	对日出口 （円）	对日进口 （円）	合计 （円）
墨西哥	72,222.27	1,638.95	73,861.22
秘鲁	12,012.18	18,088.84	30,101.02
小计	85,731,759.79	46,792,638.58	132,524,398.37
其他			
澳大利亚	3,352,465.57	1,199,935.25	4,552,400.82
埃及	322,664.42	2,401,598.46	2,724,262.88
夏威夷	2,253,782.63	6,218.48	2,260,001.11
小计	5,928,912.62	3,607,752.19	9,536,664.81
其他国家	486,791.18	782,185.32	1,268,976.50
不明地区	278,138.48	673,262.15	951,400.63
合计	289,502,442.51	317,135,517.92	606,637,960.43

通过与其他来源的数据进行比较，我们可以发现日本从英国（包括其海外殖民地）进口的商品占其进口总额的比例变化情况如下：1883年占比半成以上；1890年占比约为33％；1898年占比不到25％；1899年占比约为20％；1900年占比约为25％。1898—1900年，英国商品占日本进口总额的比重仅仅比1883年略高一点。同一时期，作为英国在国际贸易中的直接竞争对手，德国进口商品在日本进口贸易总额中的占比从大约5％上升到了10％；1883年，美国（以及加拿大）的这一数字则从原先的大约11％上升到了20％以上。

最近几年以来，美国已经成为英国国际贸易主导权的有力竞争者。单从1896年的数据来看，美国出口至日本的煤油、小麦粉、皮革和烟草等商品已经对英国构成了实实在在的挑战。如今，美国出口日本的商品更包括各种机械、科学机器、学术用具、金属制品、轨道、铁路桥梁建材、鞋靴、服装、棉布乃至煤炭等自然资源。在过去，这些出口至日本的制品都曾被认为是英国的专属。法国对日本出口的拳头产品是羊毛薄花呢，占其对日出口总额的62.5％，反观英国的生产商则尚未涉足该领域。因此，目前两国对日出口的贸易竞争还被局限在很小的范围之中。

相较以前，英国（包括海外殖民地）的对日贸易总额仅仅增加了1.5倍，然而德国与美国却增长了10倍以上。我认为这种现象绝非偶然，日本要做好今后长期应对这种常态的准备。对此我不作过多评述，且引用曾任英国驻日领事的约瑟夫·亨利·朗福德先生所言予以说明：

> 虽然美德两国在对日贸易上的成功大体上可以归结为以下几点原因：两国生产商热衷于生产日本所需、广告宣传卓有成效、代理商家热情又不乏细致的经营，但我们无论如何都不能忽视这样一个重要前提，即拥有将两国制品由产地运输到日本的各种近代化运输设备。

不过，若论近年来日本外贸的最显著特点，还是当属对亚洲各地进出口总量的迅猛增长。以1881年为例，无论是贸易体量还是总额，欧洲都是日本最大的商品进口地，其次才是美洲和亚洲。但是到了1901年，这种排序发生了反转，亚洲跃居第一，美洲和欧洲则退居二三，亚洲同时还是日本制品的最大出口地，欧洲与美洲次之。

从1881—1901年的20年中，日本对亚洲各地的出口总额增长了17倍；对欧洲的出口总额增长了4.6倍；对美洲的出口总额增长了6.8倍；对澳大利亚和其他国家或地区的出口总额也超过了3.2倍。同一时期，日本对亚洲各地的进口总额增长了14倍；对欧洲的进口总额增长了4.5倍；对美国的进口总额增长了23.6倍；

对澳大利亚与其他国家或地区的进口总额增长更是超过 356.8 倍。因此，对于日本而言，扩大对亚洲各地，尤其是对中朝两国进出口贸易的重要性显而易见，同时这也是日本外交政策的重要考量。

日本贸易赤字的缩小

自从开放通商贸易以来，日本的贸易逆差日益加剧，国内正币（specie，主要是银币。——译者注）不断外流。眼下，日本的大部分流动资本都投入了各项工程，由于可以产生效益的工程还十分有限，因此并没有太多可用于开发新产业的富余资金。

不过，日本的贸易赤字并没有账面数字显示得那么大。甲午战争结束后，日本获得了清政府约 3,200 万英镑的战争赔款，其中约有 1,866 万英镑被用于日本国内发展。1898 年，日本又在伦敦金融市场上售出了价值约为 433 万英镑的债券，并将所收钱款寄回东京。此外，日本还有通常未被纳入统计的其他贸易收入，虽然这部分收入在整体收入中并不显眼。其一是日本商船队所挣得的运输费；其二是日本通商口岸向入港的国外船只出售煤炭、食品、饮料所获得的收入，这部分收益并未计入贸易盈余；其三是 7 万海外移民或是汇款或是带回日本的现金。除此之外，还有面向外国游客的旅游业收入。据估算，每位外国游客平均会在日本花费大约 200英镑。

因此，如果将上述内容全部纳入贸易统计，那么日本看似巨大的经常性收支赤字也会减小不少。日本的高额贸易赤字绝不会一直维持下去，因为日本的大部分进口制品都将可以成为出口制品的一部分（如先进的制造设备。——译者注），从而使贸易收支趋于平衡。

主要商品价格持续上升

不过，贸易等多方面的条件变化同样导致日本国内的商品价格大幅上涨。我们在讨论外贸对国民收入和社会状况造成的影响以及欧美与东方国家的未来竞争时，都必须考虑到这一事实。技术人员的工作就是让所有工业国的经济发展条件能够尽可能地趋向同一水平。我认为，在比较各国经济情况时，"工资率"并不是一个理想的评价指标，"实际生产成本"才是。对于近代工业而言，从业人员技术、企业组织化程度、最新科技与机械的应用数量是判断企业经营状况的最重要因素。

表 10-5 列出了 1887—1901 年日本国内各种商品的均价。从中可以看出，米、酒、煤炭和燃料的价格在 14 年中增长了不止一倍，其他商品价格也都有大幅上涨。

表 10-5　主要商品均价的变化（1887—1901）

种类	单位	1887 年（円）	1892 年（円）	1897 年（円）	1901 年（円）
米	每 1 石	4.71	7.00	11.81	11.47
麦	同上	2.36	3.31	4.88	4.07
大豆	同上	4.07	5.06	7.92	7.43
食盐	同上	1.19	1.46	3.17	2.01
酱油	同上	8.29	9.38	13.33	18.12
酒	同上	13.93	14.24	24.20	31.48
茶叶	每 100 斤	26.09	28.66	35.52	38.65
烟草	同上	8.48	10.91	17.88	35.08
国产白糖	同上	8.77	9.26	12.55	12.47

（续表）

种类		单位	1887 年（円）	1892 年（円）	1897 年（円）	1901 年（円）
进口白糖		同上	7.75	8.07	10.00	10.76
国产红糖		同上	6.18	6.47	9.11	9.37
进口红糖		同上	5.02	5.57	6.67	8.12
国产皮棉		同上	18.52	18.89	23.87	27.55
进口皮棉		同上	16.64	17.75	21.46	25.74
国产棉纱		同上	31.04	26.95	31.08	57.00
进口棉纱		同上	30.83	28.58	37.51	54.48
白棉布		每 1 反[5]	0.31	0.31	0.37	0.38
进口灰衬衫布料		每 1 釜[6]	?	2.48	31.00	4.03
生丝	上等品	每 100 斤	?	?	?	?
	普通品	同上	?	?	682.00	706.00
	下等品	同上	?	?	?	?
绸缎		每 1 反	2.58	2.80	4.46	4.50
麻		每 100 斤	20.45	19.66	27.99	30.27
国产生铁		每 1 贯	0.23	0.26	0.42	0.50
进口生铁		同上	?	?	0.33	0.32
煤油、石油		每 1 箱（含 2 罐）	2.02	1.81	2.31	2.86
煤炭		每吨	3.36	3.86	6.91	6.81
燃料		每 10 贯	0.11	0.13	0.24	0.25
木炭		同上	0.26	0.38	0.73	0.84
肥料	沙丁鱼干	同上	1.58	1.74	3.08	3.26
	鲱鱼油渣	同上	?	2.24	3.22	3.55
	菜籽油渣	同上	?	?	1.85	1.82

商业与贸易的振兴之策

　　为了促进商贸的繁荣，日本人充分引入各种欧美组织与机制并灵活加以运用。虽然日本人自古就有使用商业票据进行商业活动的习惯，但直到近现代，日本才建立起了以西方为样板的"票据交换所"（clearing house）。首开先河的是于 1879 年 12 月开业的"大阪交换所"。1887 年 12 月，东京票据交易所附属交换所也开始从事票据交易业务。随后，神户、横滨、京都的商业票据交换所先后开设。这些以伦敦和纽约票据交换所为蓝本建立起来的机构为日本商业和金融业的顺利发展做出了极大的贡献。

　　虽说从封建时代开始，日本就存在着履行后世"商业会议所"职能的工商业团体，但直到 1890 年《商业会议所条例》的公布，这些团体才算是完成了向近代化组织的转型。1891 年，东京、大阪、名古屋、金泽、京都等地的商业会议所相继设立。今天，日本各地共有商业会议所 58 个，开展着各种推动工商业振兴的活动。除了日本本土，朝鲜的汉城、釜山、木浦、元山和仁川等地的日本人居留地也都设有商业会议所。

　　1896 年 10 月，日本政府成立了作为经济政策咨询机构的"农商工高等会议"。这个由中央政府各省长官与实业界代表共同组成的机构的最初目标是商议甲午战争后的贸易振兴政策。不过，到了 1897 年，为了更好地处理国内的一般经济问题，日本政府对农商工高等会议的组织架构进行了调整。1896—1898 年，高等会议先后召开三次，围绕采用金本位制等议题建言献策。

　　多年以来，日本政府源源不断地派遣省厅负责官员与相关委员会委员前往海外调研他国的贸易实态，重点研究如何加大日本制品的对外出口力度。除去政府当局官员，各个行当的商业代理店、制造企业的学徒、有外贸从业经验的研究者也因为类似的理由被派往海外学习。相关的旅费与生活费由各地的商业会议所全部或部分承担。

日本政府在国内各地设置了 38 个物产展示场，极大地推动了商业与产业的振兴。日本的一部分驻外公使馆也设有类似的物产展示设施。农商务省围绕日本的产业问题发布了极具参考价值的报告书，详尽分析了日本产业与外国市场的关系以及日本制造的现状。此外，日本驻各国的公使会定期向政府提交报告，商业代理店与制造企业学徒的海外工商业调研报告也会公开出版。

同业组合与产业组合

至于封建时代就已经存在的工商业者的同业组合（如"株仲间"。——译者注），其中的一部分在明治维新后复活，并根据当代的通商与产业要求进行组织改制与业务拓展，现在其中的多数都已经具备相当的经济影响力。受此影响，农业从业者也结成了自己的同业组合——"农会"。据最新统计，日本共有 112 个农会。

1897 年，日本政府出台规范同业组合的新法《重要输出品同业组合法》，迈出了同业组合立法的第一步。该法订立的初衷在于应对部分从业者用次品出口的恶行，鉴于这种行为给各个行业所造成的巨大损害，此次立法予以规范极具现实意义。三年后的 1900 年，明治政府又出台了《重要物产同业组合法》，基本构建起了以防止粗制滥造、强买强卖，维护市场秩序为宗旨的同业组合法律体系。

自从同业组合相关法律施行以来，一大批与近代工商业相伴相生的同业组合与产业组合不断涌现。这些组合的主要职责在于维护组合成员利益与推动产业健康发展。就像其他国家的类似组织一样，虽然日本的同业、产业组合确实起到了不少积极作用，但也不乏出于利己主义而对民众普遍利益造成损害的种种行为。但是无论如何，这些组合终将在日本未来的产业发展中发挥举足轻重的作用，所有的研究者都应予以密切关注。

修改关税之举措

我将在第十六章中介绍日本政府为修改关税而与欧美列强进行的种种周旋。1858 年，根据江户幕府与美荷俄英法这五国签订的"安政五国条约"附带的贸易章程，日本可以征收 10％的从价关税。但是在 1865 年，在英美法荷四国的重压乃至于武力威胁之下（即下关战争。——译者注），日本同意将关税率下调至 5％。

不过，这所谓的 5％关税率也只是名义税率。因为在将从价关税转换为从量关税之后，江户幕府对进口商品实际征收的平均税额甚至还不足其在起运港时价值的 2.5％。根据 1866 年签订的《改税约书》，日本将在 12 年后恢复行使关税自主权，在此期间可以大幅提升进口税率。

虽然在 1897 年 3 月公布的新关税确定方法中仍然残留着不少片面的协定税率要求，但是至少将进口商品划分为了三大类别：征税品、免税品和违禁品（dutiable goods, non-dutiable goods, and prohibited goods）。征税品采用从价关税，税率介于 5％至 40％之间，共分 16 个等级。这种征收体系存在着一个标准费率，比如对一般精制品征收 20％的关税，其他产业制品的税率则以此为标准进行上下浮动。具体来说，明治政府对天然作物、科学机器、原材料、机械类、半成品、日常消费品等商品征收低关税，对奢侈品、酒类、烟草等商品征收高关税。新关税自 1899 年 1 月起征收。

自那以后，或是出于扩大财政收入，或是为了鼓励产业发展，这套关税确定方法又几经修订。现在，日本对各种进口烟草与酒类的课税都很高，而国家垄断产业与火柴制造所需的原材料、人造肥料与天然肥料则均予于免税。我们可以在帝国议会（Imperial Diet）[7]1899 年通过的关税法中找到上述规定。这部关税法可谓开启了日本关税制度的新时代，标志着日本正式迈上了通向关税自主之路（日本完全恢复关税自治要到 1911 年。——译者注）。过去诸多受他国掣肘的事务如今都可以由日本政府自行决断了。

日本商人的社会地位与商业道德

只要我们想想日本商人在江户时代"士农工商"社会阶层中所处的最低等级，就不难理解西方人在通商之初对日本商人的商业道德所抱有的种种非议。其中的多数都是因为日本商人一心逐利而毫无底线的行径所致。为了谋求富贵，这些老奸巨猾的商人奔走于各个通商口岸的外国人居留地，确实有不少人攫取了巨额的财富。

近年来，日本商人的风评大有好转。工商业从业者的社会地位与职业声望较之过往也有了极大的提高，他们也在竭尽全力提振行业的商业道德水平。但是，过往之恶评一时终归难以洗去，许多西方人也依然将日本商人视作不讲诚信之徒，他们的切身体验在很多时候也确实可以作为佐证。

诚然，今天的日本仍有不少缺乏商业道德的无良商人。但是，对于所谓的"日本商人天然不如其他国家商人那么讲诚信"的论调，我始终持怀疑态度。在此我可以断言，如果在日经商的外国人能够保持做生意本就需要谨慎的态度，那么在日本做生意并不会比在其他国家更困难。最近，一位通晓日本诸事的评论家在 1902 年10 月的《季度评论》（*Quarterly Review*）中如此写道：

　　整体而言，日本的国民是讲信用的。日本政府向来都会严格履行做出过的每一项承诺。即使是在官员缺乏经验，贸易骗局时有发生的对外通商早期，日本政府也总会扛起那些本无须由自己承担的责任。对于一些历史悠久的日本老字号，我们更是可以像相信那些最具信誉的英国企业那样相信它们。根据笔者长期的旅日经验，日本商人并不逊色于英国商人。笔者也见证了许多家佣、工匠和劳动者在各种场合所表现出的真诚品质。日本的警察完全称得上是廉洁自律。铁路乘务员或邮递员更是会将收取"小费"视作一种侮辱。

　　就我看来，那些看上去最讲究商业道德的国家也并不应该沾沾自喜。因为最为罪恶的商人有时未必就是那些将逐利嘴脸暴露于众之辈，反而有可能是那些表面上谨言慎行、受人尊敬之人。这些人游走于法律的"十字路口"，还总是能以牺牲那些更为恪守道德规范的竞争对手为代价，让自己的腰包鼓起来。

在日外国商人之地位

　　外国人在日本的地位是个非常令人感兴趣的话题。在此我们必须承认，外国商人是日本对外贸易的主力军。在日的外国商人既是日本卖家的代理商，也是外国买家的中间人。无论是作为进口者还是出口者，他们的知识、经验和资本对于日本的商业贸易发展都大有助益。

　　近年来，我们眼见着不少外国商人平地起高楼（虽然很少有人守得住财富），但是随着形势的发展，外商之间的竞争日趋激烈。这就让本土商人有了坐收渔翁之利的机会，外商到手的利润也因此大大缩水。不过，目前外商与日商依然处于一种不太稳定的状态。

在我看来，随着教育水平的提高与经商经验的积累，对外贸易的天平会逐渐向日本人倾斜。我想，任何有判断力的人都会同意布林克利上校的观点：

> 从某种程度上说，日本有（掌握贸易主动权的）野心是相当自然之事。换作是在美国或英国，如果国家外贸事务的话语权掌握在一个外来群体手里，那么本土人必然会竭尽所能地抢回来。很显然，每个国家都希望在不借外来之手的前提下独立开展商业贸易，而且西方国家也不可能会拱手让一群外国人来执贸易之牛耳。日本人显然亦是如此。

统计数字表明，日本商人争夺本国外贸主导权的努力已经初见成效。1888 年，日本商人经手的外贸金额仅占总额的 12％，而仅仅过了一年，这一比例就上升到了 25％。但是，在布林克利上校看来，日本在未来很难维持这样的增长速率。他认为，日本商人若想真正取代当前外国中间商的位置，首先应该要做的反而是与西方人建立起亲密互信的关系。就目前来看，日本商人显然还有很长的一段路要走。

过去，如果日本人在兴办企业或开展实业的过程中雇用外国人，那么势必会招致强烈的非议。其中，在日的外国媒体对于这种做法的批判尤甚。不过，现在他们的看法已经趋于理性。外国人也开始承认，日本人想要紧握贸易主导权的"雄心"有其正当的理由，也是时代发展的必然产物。

1903 年 3 月 20 日，作为横滨历史最为悠久的外国报纸之一的《日本公报》（*Japan Gazette*）围绕该议题发表了一篇时评。文章对近年来日本外贸情况的变化进行了分析，观点在总体上说是客观理性的。我在此引述如下：

我们只有通盘考量、刨根问底，才能更为接近事情的真相。首先，日本制造业的壮大与大幅增长的国内需求相伴而生，而且这种内需仍有较大的增长空间。若问为何，乃因供求规律总由持续进步之文明所决定，即文明越是发展，需求越是增长，绝无满足之时。

比如，在五十年前，一个日本人会认为六件和服够穿一辈子，而如今怕是一年就要新做六件。过去，他不得不穿着价值两三分钱的草鞋（waraji）从横滨步行去江户，一年还只能去一次。现在，他每个月都能去，还会想方设法地将一件件身边之物尽快淘汰换新。他之所以这样做是因为只有这样做才划算，如今，消费所带来的回报要比过去快得多。因此，所有商品的消费都在增加，而且必将持续下去。如此一来，日本人就和美国人一样，再也无法离开进口。

诚然，日本贸易的性质已然发生变化。在某些领域，一部分外国人正在受到日本人的排挤，甚至可能还会被剥夺生计，从而不得不另谋他路。对于那些缺乏适应能力、不思进取、没有远见的外国人，这无疑是种毁灭性的打击。我们确实看着一家家外国老字号商馆被迫停业，但这只能证明这些商馆缺乏进取精神与商业意识。这样的事情在全世界随处可见，但总有人能在这样的环境下生存下去。

欧洲企业在印度实现蓬勃发展绝非不可能，虽然印度自主发展产业的决心与力度还胜于日本。目前，印度已经完全停止从兰开夏郡（Lancashire）进口某些棉织品，而是转而进口纺织机械。印度人想要自行生产那种过去只有兰开夏郡才能生产的优质纺织品。但是即便如此，印度的市场也还是一如往常地向白人商人开放。

英国的企业依然活跃于法国、德国、比利时等国。英国本土也有来自全球各地的企业在做着大笔的生意。很显然，无论是在更为广阔还是相对单一的贸易领域里，没有任何一个国家可以做到完全排除他国的竞争。由此看来，那些在日外国商人关于日本人从他们口中夺食的抱怨论调更是不值一驳。

当然，一个国家的基本贸易应由本国国民掌握，这本是天经地义之事。哪怕某些领域一度由外来者所控制，也是无法持久的。商人之所以不在本国做生意而是远赴国外淘金，唯一正当的理由就是他们能当地人所不能。

如果有些白人真像他们自己所标榜的那样有过人之处，那就不会因为其他民族想要和他们抢生意而惶惶不安。如果日本人在某一商业领域能够有足够出色的表现，甚至足以与西方人竞争，那就该轮到西方人去开动脑筋，开辟一个日本人只能努力追赶但却无法并驾齐驱的新领域。对于在日的外国人而言，总是惦记着那些日本人得心应手、表现优异的商业领域，可不是什么值得夸耀之事。

主要参考文献

布林克利上校的《日本与中国》与木下绘太郎（KINOSHITA Eitaro）的《日本商业的过去与现在》（*The Past and Present of Japanese Commerce*）给出了许多封建时代日本商业贸易的有用信息。山胁春树的《二十世纪初的日本》与日本大藏省的年报则收录了日本外贸的详细数据。英美两国的驻日领事报告也值得所有对日本商业感兴趣之人进行研究。还有一些专题报告也极具参考价值，能够帮助读者快速了解相关政府部门的大致工作内容。比如，哈珀出版社出版的"世界贸易丛书"中由 J. 莫里斯（J. Morris）执笔的《日本与其贸易》（*Japan and Its Trade*）对本章的写作就非常有帮助。

不过，本章议题所参考的书籍和报告很快就都会过时。若想了解最新进展，请务必查阅最新的资料。读者还可以阅读相关的日报，上面会有对当前重要事件的跟踪报道，还有关于影响日本贸易有关条件的探讨。

■ 译者注释

1. "株仲间"是江户时代工商业从业者在幕府和各藩特许下所成立的同业组合。最初，统治阶层出于管制国内商品流通所设立的组织称为"御免株"；由下层商人通过缴纳"冥加金"而获得统治阶层认可的则称为"愿株"。

2. 从事实上看，日本在江户时代实行的货币制度是金银复本位制。维新之后，由于金币的外流和墨西哥银元（即所谓的"鹰洋"）的流入，虽有金本位之名，但实际上实行的却是银本位制，而且还是以外币鹰洋为本位的变质币制。1871年明治政府制定《新货币条例》，规定采用金本位制，规定以含有相当于1美元的纯金含量1.5克的1圆金币作为本位货币，但在实际运作中却因为缺少足够的黄金储备而无法实现。由于银价急剧走跌和全球普遍采用金本位的趋势日益明朗，日本于1893年10月成立了以贵族院议员、陆军中将谷干城子爵为首的包括明治政府高官、帝国大学教授、国会议员、财阀代表等要人组成的币制调查会，研究讨论币制改革问题。结果在采用金本位还是维持银本位的问题上出现了严重的分歧。据计算，要实行金本位制，必须要大约2亿圆的黄金储备。就连主张实行金本位制的人也对这个天文数字望而生畏，转而认为金本位制要实行，但不一定立刻实行，待凑足了"金准备"款额再说。甲午战争之后，日本得到了清政府高达3亿圆的巨额赔款，黄金储备的难题便一举解决了。1897年3月，明治政府制定了新货币法，确立了金本位制，同年10月1日开始实施。

3. 1885年5月，日本银行发行了最早的日本银行兑换银行券，这是以1圆银币作为货币单位的兑换银券，基本上可以理解为纸币或者现金。

4. 造成这种情况的原因有二。其一，在日本采用银本位制的时候，西方正处于金本位制全面铺开的时候，在 1873 年德国追随英国采用金本位制之后，各主要资本主义国家都陆续采用金本位制。其二，由于世界白银产量的相应增大（在墨西哥发现了大量白银矿），全球范围内的白银价格产生了较大的回落。金银比价从 1871 年的 1∶15.6 增长到了 1876 年的 1∶17.9、1881 年的 1∶18.2、1886 年的 1∶20.8、1892 年的 1∶23.7、1896 年的 1∶30.7。白银价格低落刺激了银本位制国家向金本位制国家的商品输出，但是也有汇兑行情的激变影响贸易的不利一面；还出现了从金本位制国家进口的商品价格变贵的情况。这对于需要从欧美引进先进机械设备的日本而言是十分不利的。

5. "反"是日本的布帛长度单位，1 反＝9—10 码（1 码＝91.44 厘米）。

6. "釜"是日本的长度单位，1 釜＝20 反。

7. 1889 年，日本颁布《大日本帝国宪法》，"帝国议会"也由之成立，其存续时间是从 1890 年 11 月 29 日的第 1 届议会至 1947 年 3 月 31 日的第 92 届议会。

第十一章　粮食供给与农水产业

人口与粮食供给

通过梳理日本在明治年间实现的各种工商业发展成果，我们很高兴地看到日本对最为古老，同时也是最为重要的产业农业给予了高度关注。在不断提升的农业技术、作物产量以及教育水平的共同作用之下，日本的人口也随之进入了高速增长期。

每当有地方发生歉收，或是粮商与农民进行投机之时，日本就需要从国外进口相当数量的粮食。不过，在通常情况下，为满足一般国民所需而进口的粮食数量大致上与出口数量持平。近年来，五岁以上日本人的大米以及其他农产品的人均供给量始终在保持增长，由此我们可以推断日本国民的平均生活水平正在得到改善。

封建时代的日本农业

研究日本之所以高度关注农业生产的原因是一项非常有趣的工作。17世纪初，决意推行锁国政策的江户幕府面临着这样一个问题：究竟要如何依靠相对较少的耕地养活正在迅速增加的人口？不仅有幕府禁止民众进行海外移民或对外贸易，持续两个半世纪多的太平岁月更是完全没有过往战乱所自带的"消除过剩人口"的功能。其结果就是，农耕技术越来越得到重视，农民也实现了社会阶级的提升，一跃成为"士农工商"中仅次于武士的第二阶级。

在这样的社会基本条件下，日本农民的个性得以塑造，技艺得以磨砺，独立性得到发展。日本农村地区有着承担自治功能的许多村落组织，农民一边过着简朴愉快的生活，一边享受着经济繁荣的福利。由于主政者的关爱有加，农民们对地方领主也颇为忠诚。

根据亚瑟·梅·纳普（Arthur May Knapp）在《封建日本与近代日本》（*Feudal and Modern Japan*）一书中所说，封建时代的日本农民会因为自己能够每年纳贡（粮食）而发自内心地感到自豪与高兴。他这样写道：

> 大多数国家的国民都认为年贡是一种强制的负担，是对国民辛劳所得的一种掠夺。但是，大多数日本人对此却抱有着截然不同的看法，似乎在他们看来，年贡不仅不是一种负担，而且还是一份为国尽忠的义务，若能切实履行这份义务，无论如何都是值得自豪的。到了每年的交粮时节，每个农民都会将年贡米送至"村役人"的仓库接受审查。那里既没有忧愁的气氛，也没有愤慨的叹息，反而更像是一个热闹欢快的市集。每个人都在向他人展示自己最好的年贡米。对于一个农民来说，如果他上交的稻米不被"村役人"所接受，或是被判定为不符合市场售卖标准，无疑会是一种耻辱。稻米品质与收成最好的农民则会获得奖励。此举极大激发了农民的生产积极性。在他们的眼里，年贡米关乎自身名誉，是不容玷污的珍贵之物。[1]

通过这段引述，我们有理由相信，所谓的"武士道"精神已经渗透到了日本国民生活的方方面面，国民所做的一切都发自于为国尽忠的赤诚之心，而非单纯利己的狭隘之私。

维新后的粮食不足

维新后的激增人口与西方产业的引入曾经让日本的粮食供给一度捉襟见肘。有些外国评论家认为，由于日本正处于一个由农业国向工业国快速转变的过渡时期，这就导致其在很大程度上不得不依赖于从他国（比如英国）进口粮食。这种观点不无道理。但是，在我查阅了日本农商省的统计数字之后，我个人以为日本当前的粮食进口压力尚且可以承受。

明治政府很快便意识到了充分开发国土资源的必要性。此举不仅是出于社会与经济发展的考量，毫无疑问更受到爱国精神（西方人经常称之为排外与自私）的驱使。我始终将这种爱国精神视作日本实现国家进步的主要动因。换而言之，日本人的爱国之心直接表现为对国家能以独立平等之姿跃居世界舞台前列的无比渴望。

与此同时，不仅是人口的增加，经济的普遍繁荣与财富在较贫穷阶层间的分配也导致了粮食需求的快速增长。许多过去满足于以黍麦为食的人，现在一日三餐都想吃精米了。但是，仅仅还在不久以前，日本国内市场上的精米多数都需要进口。

木材亦是如此，工学技术的进步与各种土木建筑的开建很快便使木材供应陷入严重短缺。正如第十章所讨论过的，棉纺织业和羊毛织物业在如今的日本整体产业中十分吃重。但是，作为原材料的生棉与羊毛却全都需要依靠进口。由于以这两大产业为代表的诸多新兴产业的日益勃兴，原本从事粮食生产的农村人口开始向二次产业大量转移，日本因此也不得不从他国进口粮食以保证国内的粮食供给稳定。

改善农业之举

日本本土的面积约为 38,555,229 町步（约 382,082 平方公里），但是适合耕种的土地只有 6,120,519 町步（约 60,654 平方公里），其余都是无法耕种的丘陵或山区。由此计算，可耕地其实只占日本总面积的 15.9%。

大米是日本人的主食，国内大部分耕地也都是稻田。稻田通常位于不适合种植其他作物的潮湿低地。由于佛教不提倡食用兽肉，加之地形特征所限，开展小规模的农业生产就成了日本人较为现实的选择。因此，日本的农业在本质上是种植业，几乎与畜牧业绝缘。

如上文所述，近年来，随着日本全面应用西方的农业科学与技艺，日本出口的农产品数量已经有了相当幅度的增长。不过，这部分增加的产出主要由两部分构成：一部分来自新开垦的耕地，另一部分则来自通过调整布局与灌溉设计而提升产量的既有耕地。从近期发展来看，每家农户扩大自有耕地的趋势仍会持续，农户之间合作进行灌溉与农耕的做法也会继续推进下去。

日本的气候特征复杂多变，这就势必要求日本人根据不同的地域气候条件运用与之对应的农业生产方法。从国家的角度来看，这种状态倒是颇有益处。大米等一般作物是日本最为常见的农作物。其他农产品则需因地制宜，有些地区适合养蚕，有些地区适合栽种茶叶，另一些地区则适合生产砂糖。

不过，畜牧业永远不会成为日本农业的支柱产业。由于铁路、有轨电车、海运及其他交通运输手段的普及，人们无须再为了拖曳载重而饲养家畜。绝大多数日本人满足于米饭、蔬菜和鱼类的一日三餐，肉食从来都不是他们的第一选择。因此，无论是过去还是未来，农业与水产业始终都会居于日本最为重要的产业之列。1886—1901 年的日本主要农产品产量详见表 11-1 所示。我们可以从中瞥见日本近年来的农业发展情况。

表 11-1　日本主要农产品的产量变化情况（1886—1901）

年份	大米（石）	大麦（石）	大豆（石）	马铃薯（贯）	红薯（贯）
1886	3,719,1424	16,033,960	？	？	？
1887	39,999,199	15,852,044	3,253,790	28,382,572	561,407,587
1888	38,645,470	15,311,658	？	？	？
1889	33,007,566	15,316,897	？	？	？
1890	43,037,809	10,723,107	？	？	？
1891	38,181,405	18,098,471	？	？	？
1892	41,429,676	15,951,146	3,110,655	40,491,431	568,371,606
1893	37,267,418	16,636,588	？	？	？
1894	41,859,047	19,822,000	2,943,478	44,273,903	495,948,701
1895	39,960,798	19,537,840	3,163,683	44,220,605	711,813,132
1896	36,240,351	17,340,466	2,999,490	44,220,605	725,942,023
1897	33,039,293	18,005,490	3,100,973	58,528,287	663,391,590
1898	47,387,666	20,462,053	3,108,708	34,088,550	716,956,146
1899	39,698,258	19,335,952	3,410,693	64,594,705	661,444,862
1900	41,466,734	20,391,673	3,562,176	71,775,433	756,935,532
1901	46,914,943	20,640,207	4,069,619	73,682,653	711,639,519

茶叶的栽种

　　日本种茶业的发展也十分引人注目。不过，很长一段时间以来，日本只有富人阶层与神官僧侣方能喝上茶。随着时间的推移，饮茶逐步朝着一种兼具优雅气质与复杂程序的仪式演变，并最终成为一种规范社会礼仪与增进彼此友谊的完整定式，在社会生活中发挥着重要作用。

　　随着日本打开国门，美国对于日本茶叶的进口需求量可谓一日千里。目前，茶叶已经成为仅次于生丝的日本第二大出口品，占据出口总额的 20%。日本出口的茶叶多数都销往美国与加拿大，而一些红茶与砖茶则出口至俄国的西伯利亚地区。1891 年与 1900 年的日本国内茶叶消费量与出口量详见表 11-2 所示。

表 11-2　茶叶的总产量、出口量、国内消费量

年份	总产量	进口量	合计	出口量	国内消费量
1891	44,352,488	65,618	44,418,106	39,923,999	4,494,107
1900	45,576,175	113,985	45,690,160	32,240,147	13,450,013

　　注：单位：斤。1 斤^2＝600 克。

　　从过去一段时期的数据来看，日本茶叶的产量与出口量都呈现出增幅放缓乃至下降的趋势。这主要是因为海外市场日渐饱和，竞争对手不断涌现之故。但是与此同时，日本国内的茶叶消费量却出现了大幅增长，这表明日本国民的整体经济状况已经大为改善。明治政府为振兴制茶产业倾尽心力，不仅提供补助金，为改善茶叶品质采取各种措施，而且还向行业人士提供外国市场的有关信息。地方自治体也纷纷效仿，全力为茶农与制茶业者提供帮助，努力振兴日本制茶业。

砂糖、酒、啤酒、烟草

能够证明日本人饮食水平改善的不仅只有消费量不断增长的茶叶和大米。如今，日本人越来越嗜好消费砂糖、酒、啤酒和烟草等过去餐桌上的奢侈食品。在最近的年份中，我只找到了 1900 年的统计数字，详见表 11-3 所示。

表 11-3 嗜好品消费总值（1900 年）

种类	消费总值(円)
砂糖	6,216,206
酒	108,328,650
酱油	23,782,840
啤酒	2,809,874
烟丝	135,122,893
卷烟	5,528,600

土地之上的投资与劳动力

日本现有耕地有 600 多万町步，每年的农作物总产值约为 10 亿円，其中大米产值约为 4 亿円。以此推算，日本的耕地总价约为 70 亿円。

农业发展所需资金主要被用于以下几个方面：修建农场建筑（并不十分昂贵）、购买农具、饲养家畜、购买肥料与饲料。日本人在土地施肥方面颇有心得，总是能够尽可能地节约肥料。过去，日本人主要使用人类的粪便作为肥料。不过近年来，本土或进口的其他种类肥料越来越普及。化肥制造业称得上是日本目前最具活力的化学工业，包括过磷酸钙在内的磷酸肥与氮肥的产量都十分可观。

就像在其他国家那样，通过牺牲贫困阶层利益，日本的富裕阶层对社会各领域的掌控能力变得越来越强大。这就导致了谋生手段单一的农民很有可能会被手握庞大资源的制造业者或商人吞没。因此，明治政府设立了专门的银行，以便于在必要时为那些希望开发土地或依靠其他方式改善生活的农民提供资金。

1896 年 4 月，《日本劝业银行法》颁布。翌年 8 月，持有 1,000 万円资本金的日本劝业银行（Japan Hypothec Bank）开业，其宗旨在于为农工业发展筹措必要资金，提供包括不动产抵押借贷以及面向公共团体的无抵押借贷业务。同年 11 月，以静冈县农工银行的特许开设为起点，各地相继开设了类似的农工银行。截至 1900 年，除去北海道，各府县共设有 46 所农工银行。农工银行旨在为中下层农民提供务农资金，同时也会为农业团体发放贷款。此外，还有专营小额贷款的信用组合（也是产业组合的一种。——译者注）。这种信用组合有点类似于德国的国民银行（People's Banks）。上述金融机构对日本农业的振兴起到了很大的推动作用。

我们很难精确统计日本从事农业的总人口。据估算，1900 年日本共有 480 万农户，即 2,800 万的农业总人口。换言之，农户数量约占日本立户总数的六成。

政府的农业振兴之策

除去第五章中提到的东京帝国大学农科大学等农业教育机构，

明治政府还想了很多其他的办法来推动农业的发展。比如，农商务省于1893年在东京等地创办了九所"农事试验场"，旨在研究与改良相关的农业技术。又比如，各地先后开设了"农学校"，向农家子弟与农业从业者传授农业基础原理、测量法、气象学、物理学、化学、博物学、兽医学、马蹄铁安装等知识。此外，各地还会举办农业讲习会，兴办养蚕训练学校、茶叶试验场等用于调查研究的专门机构。

日本政府格外关注繁育、改良农耕马匹，这与其说是为了发展农业，不如说是出于军事用途。虽然畜牧业在总体上取得了一些进展，但正如上文所说，它并非日本农业的首要产业。此外，日本政府在培训兽医与蹄铁工、生产奶制品、储存肉类、饲养家禽和蜜蜂等方面也都下了不小的力气。总而言之，日本近年来在几乎所有农业领域都实现了较大的进步。

农民在务农之余甚至还开始尝试各种副业。在某些时候，他们花在零工杂活与正规农活上的时间几近均等。这即是说，他们既是田间劳作的农民，也是制作产品的手工业者。不过话虽如此，他们生产出来的制品还是远远无法与工厂制造的相竞争。

农业立法

明治政府在农业立法方面同样做了大量的工作。比如，1899年，经过帝国议会的同意，日本政府颁布了《农会法》，翌年2月又颁布了《农会令》。根据《农会法》，作为农事改良团体而设立的农会每年可以获得由农商务大臣下拨的15,000円补助金。《农会令》则对农会的管辖区域、组织架构与职能权限作了具体规定。迄今为止，各府县的农会已经颇具规模，其中不少在郡、市、町、村还拥有下设机构。在不久的将来，这些农会必然会对日本的农业发展带来深远的影响。

1900年3月，日本政府又颁布了一项关于信用组合（Credit Guilds）的《产业组合法》。不过，由于该法施行时间尚短，现在谈论其实际效果还为时过早，但其重要性却是不言而喻的。其实早在《产业组合法》正式出台之前，日本就已经存在相当数量的相关组合，其中一些甚至可以追溯到江户时代末期。这些组合是时人根据当时著名的农政学家、思想家二宫尊德（NINOMIYA Takanori）[3]倡导的"农村复兴策"所建立的。可以说，各种农业相关法律极大调动了日本人从事农业生产的积极性。

鲜鱼与海产

鱼类与海产一直是日本人日常饮食的重要组成部分。鉴于日本列岛的地理位置、周边海域的洋流状况，加之植被茂密的海岸线上有大量可用来躲避暴风雨的内凹地带，日本在各个方面都称得上是一个理想的渔业国家。因此，日本约有90万个从事渔业或水产业的立户，从业总人数超过300万，渔船总数超过40万。这实在是一组令人震惊的数字。

近年来，随着人口的稳步增长与通信手段的持续改进，日本国内对鱼贝等水产品的需求量开始明显攀升，来自海外的出口需求更是加快了这一趋势。1894—1901年的日本渔业捕捞产值与水产加工品产值详见表11-4与表11-5所示。

（单位：円）

表 11-4　日本渔业捕捞产值的变化（1894—1901）

年份	种类								
	沙丁鱼	鲣鱼	乌贼	鲭鱼	金枪鱼	鰤鱼	鲷鱼	虾
1894	3,501,795	1,719,765	994,573	652,802	747,382	836,725	1,369,032	494,973
1895	4,848,263	1,966,019	1,038,471	857,874	935,307	1,006,373	1,617,655	597,071
1896	4,595,022	2,407,828	1,605,910	1,069,663	1,312,700	1,048,636	2,214,377	648,982
1897	4,888,262	2,754,442	1,795,343	1,299,612	1,482,383	1,112,112	2,609,187	806,855
1898	5,195,855	3,404,265	1,787,827	1,475,716	1,386,834	1,098,463	2,695,830	876,128
1899	6,526,385	3,931,974	1,355,615	1,934,091	1,278,391	1,678,633	3,316,733	1,095,485
1900	7,275,614	4,347,887	1,562,951	2,158,976	1,755,392	2,219,435	4,109,802	1,345,340
1901	7,005,466	3,112,745	1,787,886	1,845,456	1,754,362	2,006,971	3,258,490	1,381,108

表 11-5　日本水产加工品产值的变化（1894—1901）

（单位：円）

年份	乌贼干	沙丁鱼干	沙丁鱼串	鲣鱼干	寒天[4]	鲱鱼干	鱼油渣滓	沙丁鱼干（肥料用）	精制食盐
1894	1,540,533	505,081	585,039	1,552,582	317,265	858,284	5,812,765	543,058	3,483,078
1895	1,267,519	692,558	605,653	1,920,701	337,236	993,970	5,572,516	837,033	3,866,674
1896	1,776,339	686,747	900,402	1,796,137	5,581,061	191,625	6,722,253	948,064	7,620,616
1897	1,780,028	619,838	1,211,687	2,974,448	658,705	1,793,227	7,786,060	935,909	10,104,771
1898	2,050,234	683,900	1,172,284	2,951,907	675,711	1,332,322	5,428,040	790,972	8,218,514
1899	2,043,540	963,933	1,449,832	3,376,668	866,530	1,355,054	7,358,146	832,854	7,542,942
1900	2,465,004	941,603	2,138,777	4,881,303	1,153,003	1,204,332	7,058,117	1,400,319	9,388,694
1901	2,789,474	750,783	1,608,324	3,642,408	1,068,463	2,342,534	7,218,455	767,832	8,707,340

日本近年来产出的食用或工业用海藻的年均总值约为 85 万元，在日本近海捕获的鲸鱼的年均总值约为 22 万元。此外，日本还在千岛列岛沿岸捕猎海獭，在北太平洋和日本海捕猎毛皮海豹。以前这些动物大多交由外国人进行狩猎，不过近来由于有了政府的奖励，日本渔民捕获这些珍贵海洋毛皮动物的热情大涨，成果也相当令人满意。

政府的水产业振兴之策

日本人已经将最新的科学方法应用于水产业。目前，他们正在沿岸海域与内陆淡水水域进行大规模的鱼类养殖，政府也以各种方式给予鼓励和资助。在封建时代，渔民若想拥有特定海岸的捕捞权就必须支付一定的费用，但是如今，任何符合从事海洋捕捞资格的渔民都可以自由地进行捕捞。

明治维新初年，日本政府在宣布废除收取海岸使用费的同时也将相关渔场收归国有（即 1875 年 2 月起施行的"海面官有制"。——译者注）。尽管日本政府希望借此彻底清理旧有的渔场制度（即"海面借区制"。——译者注），但在新政推行之后，日本各地的渔场先后陷入一片混乱，因此政府又不得不恢复了旧有制度与传统做法。

1886 年，农商务省颁布《渔业组合准则》，希望借助江户时代以来渔场惯行的组合规约来进行管理。但是，他们很快发现，这套简单的准则实在不足以应付各地渔村之间频发的渔场属地纷争。这种情况直到 1902 年《渔业法》颁布（次年施行）才有所好转。

1897 年 4 月，《远洋渔业奖励法》颁布。依据该法，从事远洋渔业的大型渔船（无论蒸汽船还是帆船）可以根据其吨位与船员数量获得日本政府的奖励金。最新报告显示，适用于该法的深海渔船共有 22 艘，总吨位为 2,042 吨，一年共获得奖励金 28,035 円。

早在维新之前，日本渔民就已经在朝鲜半岛海域进行捕捞；维新之后，相关从业人数更是大大增加。1883 年和 1890 年，日本政府两度就保护日本渔民与朝鲜当局进行交涉，希望能够形成保护日本渔民的规范守则。1897 年，这些日本渔民在釜山结成组合。从 1900 年起，日本政府每年都为其提供资助。

相较农业与商业，水产与渔业的教育普及则相对滞后。1899 年，位于东京驹场的东京农林学校新设了水产学科，但是在翌年学校被并入东京帝国大学的同时被废止。为普及水产知识与技术做出最多贡献的当属"大日本水产会"于 1889 年开设的"水产传习所"。后来，这一机构由农商务省接手，更名为"水产讲习所"，即东京水产大学的前身。除此以外，社会上还有不少与水产渔业相关的组合与公共团体。不过，无论是全国性还是地域性组织，都毫无例外地对水产业的振兴与规范起到了积极的推动作用。

扩大粮食进口

尽管农商务省想方设法地改善农业经营和提高农业产量，但是根据 1903 年的贸易情况来看，粮食供给很快就会成为一个重大问题。对此，我们只需查看一下 1903 年的政府贸易报告便可知晓。1903 年，日本的大米产量十分喜人，为各种粮食的收成之冠。长此以往，日本原本很有可能一举摆脱进口粮食依赖，真正实现自给自足。但是，农民们急于弥补前些年困难时期所蒙受的损失，私下囤积大米，哄抬大米价格。这就导致了日本政府为满足国内需求，反而不得不从英属印度、荷属印度尼西亚、缅甸、暹罗与朝鲜进口大量大米。

但是，日本潮湿的气候极易导致大米变质，长期囤货居奇更是异想天开。随着政府开始大量进口大米，原本意图待价而沽的日本农民发现自己正陷入一场英国农民与地主也曾进行过的进口粮食之争。不过，农民和商人的投机行为仍然时有发生，今后我们在研究日本粮食供给时也必须考虑到这一要素。此外，日本现在每年都要消耗相当数量的外国食材，鉴于这些食材可能在较长的一段时间里都无法实现本土生产，因此它们多少也会对日本的粮食供给造成影响。1903 年日本的谷物与种子进口额详见表 11-6 所示。同年，日本砂糖的进口总额为 21,005,629 円，其他食品与饮料的进口总额为 15,157,962 円。我们在研究可能影响日本未来外交政策的因素时，粮食供给显然应该被考虑在内。

表 11-6　谷物与种子的进口额（1903 年）

种类	円
大豆	6,369,081
其他豆类	1,624,331
大米	51,960,272
棉花种	829,017
芝麻种	373,113
小麦	4,767,838
其他谷物与种实	1,189,789
合计	67,113,441

主要参考文献

日本农商务省的报告总结了日本农业的最新发展，值得我们认真加以研究。山胁春树在《二十世纪初的日本》的第二部分对日本的农业与水产渔业的发展也有概述。日本方面已经发表了大量的专题论文与报告，从业人士们应该会特别感兴趣。日本为参加 1900 年巴黎万国博览会所出版的系列书刊也非常值得一读。如果想要了解日本粮食进出口的详细数据，可以参考大藏省发布的《日本帝国对外贸易年度报告》（Annual Returns of the Foreign Trade of the Empire）。

▆ 译者注释

1. Arthur May Knapp, *Feudal and Modern Japan*, Vol. 1, L. C. Page & Company, 1897, p. 84.

2. 此处的"斤"为东亚古制单位，惯称"司马斤"，即 1 斤＝16 两＝600—605 克。今天的日本、新加坡、越南等地依然采用"司马斤"作为计量单位。

3. 二宫尊德（1787—1856），江户时代后期的农政学家、思想家，一般史书多以"金次郎"称之。他出身于农家，一生致力于村藩的改革和复兴。他所倡导的"农业复兴策"的主要内容有：对领主收取年贡的权力进行限制，改善农业生产的条件，以及制定以农民勤俭生活为核心的《报德仕法》。二宫尊德以神道、儒学、佛教的思想创立"报德教"，主张以实践之德报天、地、人的"三才"之德，强调从宿命论出发的勤劳、节约、忍耐和禁欲的生活态度。

4. "寒天"又名洋菜、冻粉、燕菜精、洋粉等，是一种从海洋植物（主要是红藻）中提取出来的胶体，形状与口感接近果冻或布丁，具有高黏度、透明度和溶解性。

第十二章　殖民政策与移民

人口压力

如前章所述，虽然日本的农水产业已经取得了较大发展，但是与日俱增的人口对粮食生产与供给所造成的压力也已经开始逐步显现。日本，这个东方的大不列颠，现在正在经历其西方本家在19世纪初也曾经历过的相似历史阶段。卫生、社会和经济条件的改善是近年来日本人口急速增长的主要原因。在先前的一些年份中，日本每年的新增人口数量已经多达四五十万，这也迫使明治政府不得不着手应对人口激增所造成的问题。

正如一位颇具影响力的日本学者最近所说：

> 日本在扩大宜居版图方面已经尽力做到了最好，几乎所有的国内土地都已经有人居住。但是即便如此，明治政府发现还是必须更进一步。在现实与政策需求的驱使下，日本并未选择维持过去那种偏安一隅的闭关政策，而是抓住一切机会抢占陆地上那些他国尚未立足的宜居地区，并且还偏爱那些气候宜人、物产丰富的土地。

这位学者为了论证自己的观点，还列举了其他国家的例子。当然，这些建议的适用范围十分有限。毕竟，绝大部分陆地都已经有人捷足先登，剩余的无人区又多是无法满足最低生活需要的贫瘠之地。更重要的是，倘若所有国家都奉行此法，那么地球上的每一寸土地很快都会为人所占据。

但是，就眼前的情况看来，日本尚且可以承受人口增长所带来的压力。人口增长极大促进了日本国内各种产业的繁荣发展，有些地区甚至还面临着农业和其他产业劳动力短缺的状况。毫无疑问，这些产业的从业人数还会继续增加，产业规模也将持续扩大。或许日本可以尝试效仿英国，通过大量进口粮食来养活国内的庞大人口。

但是，仅仅加大进口也有其局限性，而且从国家视角来看，此举是否明智、是否操之过急都有待进一步商榷。我们看到，日本政府已经清醒地认识到了问题所在，日本人一方面不断改进农业技术，另一方面则努力开发更多的耕地。但是即便如此，日本国民依然普遍认为，日本必须以英国为模版，将自己打造成一个大工业国，让日本制造畅销全球，特别是远东。于是乎，日本政府近年来越发关注开发国家边境区域与对外殖民等问题，尤其是移民至中国与朝鲜[1]，这势必会影响日本的外交政策。

日本并没有严格意义上的殖民地[2]。所谓的殖民区（colonial settlements）主要是在日本国内（比如虾夷地。——译者注），处于中央政府的直接支配之下。从这个意义上说，日本在海外尝试的所谓"殖民"，更像是"移民"（immigration），即将国内的一部分过剩人口转移到海外一些人口相对稀疏的其他区域[3]。日本在中国、朝鲜和夏威夷都有较大规模的移民定居区，在暹罗和其他国家也有较小的类似区域。

在某些方面看来，日本对国内移民区所施行的行政管理模式非常特殊。因此，我们有必要对日本政府为实现人口转移与自然资源开发所采取的一些措施进行讨论。

北海道开拓使的设置

明治初年，虽然日本人口的年增长量尚不明显，但出于政治上的考量，刚刚成立不久的明治新政府便于 1869 年 8 月在虾夷地设立了名为"开拓使"的行政机关，鼓励国民移居至此并进行资源开发。

虾夷地的原住民名唤"阿伊努人"（Ainu）[4]。阿伊努人的活动范围曾经遍布日本列岛，但是随着西南地区的日本人不断北进，他们渐渐被逼入了列岛的东北地区（主要是北海道、库页岛和千岛群岛。——译者注）。等到了 18 世纪早期，阿伊努人被内陆人彻底征服，无奈只得囿于北虾夷地（即库页岛。——译者注）。然而，日本内地的"殖民者"依然源源不断地涌入虾夷地。王政复古之前，虾夷地事务一直由幕府官员管辖。

1868 年的戊辰战争之中，幕府海军副总裁榎本武扬上将拒绝将幕府旗下舰艇交由"官军"，他率领幕府舰队北上虾夷地，据守于箱馆附近的五棱郭，并宣布成立"虾夷共和国"，与明治政府分庭抗礼。但是，翌年 6 月，这个区域性政权仅仅存在 125 天之后就被迫投降了。明治新政府很快便在虾夷地设立开拓使，继而改"虾夷地"为"北海道"，意指北部围海之地区，正式纳入日本版图。明治新政府进而将北海道分为 10 个县，并对资源开发作出了一系列部署。

在设置开拓使之前，北海道的重要性主要体现在渔业方面。当然，如果从地理位置上看，其在国际政治博弈中的地位自是不言而喻。可以说，掌握北海道就能控制东部海域，深谙此理的俄国人一直试图将这片区域纳为己有，但是他们入侵北海道的图谋被日本的对外开国所扼杀。然而，日本人绝不可能忘记俄国人先前的斑斑劣迹。因此，明治政府尽快开拓北海道的努力带有极强的政治目标。如果仅从扩大财政税收的角度进行考察，怕是无法准确理解此举的重大意义。

为了开发北海道的农业，明治政府聘请霍勒斯·凯普伦（Horace Capron）出任开拓使最高顾问，还雇用了许多美国人来指导农业经营与农业教育。在这些外国雇员的建议下，明治政府在建设示范农场和基础设施上投入了大量资金。但是，官员们很快就认识到，倘若是为了巩固新生政权，那么强化军备，尤其是建设强力海军无疑将会更有效果，尤其是在他们发现许多农业和移民实验收效甚微之后。1882 年，明治政府废止开拓使。自那以后，北海道的地区政府历经多次改组，终于在 1886 年设置了管辖全道的北海道厅。

屯田兵制度

我们在此略去北海道厅开设后的种种细节，但是有必要对"屯田兵"[5]制度稍作介绍。根据 1874 年制定的《北海道屯田宪兵设置条例》，承担驻防任务的士兵及其家人需要迁居至北海道，在做好军务的同时还需从事农业生产。但是，从军事和农业发展的角度来看，屯田兵制度效率低下、收效寥寥，最终于 1904 年被废止。如今，为了抵御俄国入侵，北海道一直有陆军师团常驻，日常也会进行移民、农水产业开发等工作。

北海道农水产业之改善

"札幌农学校"创立于1867年，设立之初衷在于为北海道开拓事业培养农学等领域的专业人才。美国教育家威廉·史密斯·克拉克博士（Dr. William Smith Clark）[6]出任农学校的"教头"（类似于本书作者亨利·戴尔在工部大学校的职务。——译者注）。此外，该校的许多农业指导人员都曾在东京帝国大学农科大学学习，也多有留洋经历，他们希望能将自身的研究成果应用于北海道的农业开垦。虽说北海道的气候条件实在不利于农业发展，但是在这些技术人员的指导下，土地产出和渔业产量都大有提升。鱼类加工罐头成为当地的支柱产业，其他海产品也是增产明显，年生产总值颇为可观。

北海道铁路网、矿业及其他

为了开采北海道的自然资源，明治政府设计了相当完备的铁路网络建设计划，其中相当一部分线路是由我的朋友（也是我曾经的学生）京都帝国大学土木工学教授田边朔郎博士（Dr. TANABE Sakuro）负责监督建造的。北海道煤矿铁路会社[7]在开采北海道矿产资源的过程中发挥了重要的作用，如今也还运营着夕张煤矿等大规模矿场。北海道不仅煤炭储量丰富，其他矿产资源也甚为可观，其中就包括银、锰、硫和石油等。各个矿山均创造了大量的就业岗位。

现在，北海道的综合产业体系已经初步建立，成果令人欣喜。札幌的啤酒业已有近三十年的发展历史，在全日本具有极高的知名度。[8]造纸业正在蓬勃发展，许多较小规模的产业也开始勃兴，特别是与渔业、海产品与农产品相关的产业。为了满足海运需求，促进对外贸易，日本政府在函馆修建了一个干船坞以及其他相关的贸易配套设施。

简言之，北海道将来会和日本其他地方一样，在不依靠政府特别援助或是人口移民的前提下进行开发。至于是否能够成功则取决于北海道的经济发展和实际操作。

移民北海道的人口

尽管明治政府为鼓励国民移居北海道而出台了各种各样的奖励政策，但是却收效甚微。这在很大程度上要归结于北海道的寒冷气候和相对孤立的位置。不过，随着交通通信手段的改进与产业资源的开发，选择移居北海道的日本人确实在增加。1868—1901 年北海道的人口变化情况详见表 12-1 所示。

表 12-1　北海道的人口变化情况（1868—1901）

年份	人口	年份	人口
1868	58,467	1895	678,215
1872	111,196	1896	715,172
1877	191,172	1897	786,211
1882	239,632	1898	853,239
1887	321,208	1899	803,413
1892	509,609	1900	810,111
1893	559,959	1901	800,102
1894	616,650		

日据时期的台湾

甲午战争结束之后，作为停战讲和的条件之一，清政府于 1895 年将台湾岛割让给日本，台湾地区由此进入日据时期。但在接手台湾地区之后，日本人却发现自己面临着诸般困难。

台湾过往的历史十分有趣。在此我需要援引他人论著，比如前美国驻台湾地区领事达飞声（James W. Davidson，又译为"礼密臣"）的《台湾岛的过去与现在》。达飞声目前正在清王朝中国的安东（即丹东。——译者）担任领事。在此，我仅对日据时期台湾的历史进行概述。

台湾岛盛产茶叶、樟脑、砂糖、水果和各种蔬菜，矿产储量也十分丰富，尽管具体数字尚无从得知。日本人占据的台湾并非一片和平之地。一方面，岛上的高山族人依然控制着相当大的区域，明治政府显然必须对此进行处理；另一方面，岛上还有许多受到爱国主义所激励的汉族人，他们经常发起针对日本统治者的抵抗运动。

无论对于哪个国家来说，统治这样的台湾地区都是一件极端困难之事。日本亦是如此。在日据台湾早期，由于整体施策不当，加之部分地方官员缺乏统治能力，日本在台当局一度陷入困境。但是，日本人正在尝试克服这些问题，在 1898 年赴台任第四任总督的儿玉源太郎陆军中将（Lieut-General KODAMA Gentarou）[9]与民政长官后藤新平博士（Dr. GOTOH Shimpei）的施政下，台湾总督府的统治能力与工作效率有所提升，官员的不当行径也逐渐销声匿迹。

在台湾地区的日本人

在 1895 年开始的日据时期之前，台湾岛上没有一个日本居民。进入日据时期之后，最早登台的一批日本人本身素质也不是那么理想。他们中的大多数都是抱着探险的目的来台，而且在岛上各处引发了一系列的纠纷。岛上多变的气候、恶劣的卫生条件加上自身的肆意妄为导致不少日本人客死岛上，很多人一找到机会就迫不及待地回国了。

等到岛上局势大体稳定，随后赴台的日本人的素质就有了大幅提升。日本商人派出代理人留守台湾，研究台湾各地的贸易现状与未来可能。科学家和技术人员登岛勘探，为研究和开发自然资源进行调查。各行各业的商家小贩也趁势进入各个城市，各种店铺陆续开门迎客。

起初，由于卫生条件恶劣，岛上日本居民的死亡率一度高企，但随着住房和卫生设施的改善，事态得到了控制。关于这个问题，上文提到的戴维森有过如下的评论：

> 如果能够保持居住区的基本卫生，尽可能居住在两层以上的楼房，保证空气流通与光照，注意营养摄取，同时做好烈日下的防晒，那么即使是生活在湿热的台湾，同样也可以保持健康。我在岛上生活了六年，从未生过病，想来在这方面还是有一定发言权的。

1900 年，台湾共有居民 2,690,387 人。其中，日本人约有 4 万，比起 1899 年增加了近 8,000 人。在台日本人的职业分布与人数情况详见表 12-2 所示。

表 12-2　在台日本人的职业与人数

行业	男性	女性	合计
公务员	5,214	697	5,911
教育工作者	116	30	146
农民	54	11	65
制造业者	2,255	230	2,485
商人	4,458	3,597	8,055
体力劳动者	1,260	146	1,406
无职业者	165	84	249
其他	3,912	2,832	6,744

除了一部分富裕的农场经营主，普通的在台日本人从事农业的积极性并不高。不过也正因如此，他们并不会与岛上的中国人发生产业竞争，而中国人不仅对从事农业活动驾轻就熟，而且早已适应了台湾的炎炎烈日。因此，台湾不太可能吸引大批的日本本土农民来岛工作。除去上述缘由，还因为岛上的大部分耕地已被中国人所掌控。

但是，台湾真正缺少的是工匠、监工、店员及一般劳动者、专业技工与熟练工。目前，在台工作的日本人已经遍及岛上各个城市与村庄。在日据台湾初期，妻儿很少跟随丈夫共同赴台。不过，移居台湾的日本家眷人数越来越多，在台的日本女性数量也在增加，虽然整体的男女比例仍然大于三比一。考虑到台湾人口的持续增长与整体生活条件的改善，戴维森如此写道：

综合来看，如今的日本人似乎都认为定居台湾是值得的。

台湾总督府的殖民行政

台湾与澎湖列岛的行政工作完全由日本中央政府负责，岛上也没有可以代表本地居民的行政机关。根据规定，除有特别规定，日本本土法律并不适用于台湾。台湾总督为当地最高行政首脑，掌握最高行政权力。其他主要行政官员还有负责辅佐总督的民政长官[10]、陆军参谋以及首席参事官。他们有权根据总督府的管理需要颁布相应的命令。总督府命令在经天皇敕裁后正式拥有法律效力。

由民政长官指挥的民政局由总务、法务、财务、交通、农务、工务以及公共事业等部组成，每部都配置了足够人数的公职人员。台湾总督府将全岛行政区域进行划分[11]，并在各地设置了许多称之为"町役场"的地方性行政机构，功能与日本本土的町役场类似。

过去，在清政府治下，台湾只有 2 所由加拿大与英国长老会传教士兴办的学校，而且也只有富裕阶层的子弟才有能力支付其高昂的学费。进入日据时期之后，明治政府致力于发展岛内教育。目前，全岛有 120 所招收台湾儿童的初等教育机构——"公学校"，其中的多数校舍都为全新修造。当然，改变也是需要时间的。

除了已经建成的初等学校，台湾总督府还兴办了若干的专门学校。其中最重要的就是隶属于设施先进的中央医院的"台湾医学校"（创立于 1899 年。——译者注）。台北县还建有与农事试验场并设的农林学校，此外还开设了不少工业学校与实业学校。几乎每个村庄都有一所旧式的中式私塾，台湾总督府对此听之任之。多年来，加拿大与英国长老会在岛上开展了许多颇有成效的教育工作，如要了解其中细节，可以参考专门的出版物。我曾经的学生托马斯·巴克利（Thomas Barclay）就是英国长老会的一位传教士。

1896 年，在帝国议会承认台湾总督府的律令制定权之后，首任台湾总督桦山资纪（KABAYAMA Sukenori）发布的首个律令就是《台湾总督府法院条例》，从而在岛上正式建立起了以高等法院为首的各级法院（裁判所）体系，并任命了专门的裁判官与检察官。经过努力，过去那些犯罪横生、混乱失序的地区如今已是秩序井然。正如上文所说，由于日本政府高度关注环境卫生，台湾的公共卫生条件也得到了极大的改善。[12]

台湾交通、通信网的建设

日本人极大地改善了岛上的通信手段与交通网络。他们修筑新路、整修旧道，目前共有数千公里的道路正在修建之中，资金投入可谓巨大。

台湾史上的第一条铁路由清政府于 1893 年修建完成。虽然日本人在刚占领台湾时就白得了约 100 公里的铁路干线，但这条铁路的实际运营情况却十分糟糕，根本无法提供令人满意的铁路运输服务，本就有限的列车甚至完全达不到正常行驶的要求。于是，台湾总督府不得不对大部分线路进行重修。

起初，铁路由军队控制，直到 1897 年才转由总督府民政局管理。为了修建覆盖全岛的铁路网络，一家民营铁路公司——"台湾铁道会社"得以成立。但是，该公司在随后的股份募集中却举步维艰。于是，在 1898 年，总督府决定以官营的方式修建连接南北的台湾纵贯铁路。在技师长长谷川谨介（HASEGAWA Kinsuke）和技师新元鹿之助（NIIMOTO Shikanosuke）的出色指导下，铁路建设方案很快便得以确定下来。1899 年，高雄[13] 至台南的铁路动工，长约 45 公里，1900 年 11 月正式竣工。北部的基隆至新竹约 100 公里的现有铁路线路也得到改修，新添多节列车。1900 年秋天，台北至北部港口城市淡水的短途支线动工，翌年 6 月竣工。台湾纵贯铁路的主干线北起新竹，南至台南，长约 225 公里，还设有 2 条支线，整个施工过程中困难重重，好不容易才宣告通车。[14]岛上还新建了 320 多公里的窄距轻轨线路，主要用于运送军需物资，也可兼运一般货物和乘客。

除去对既有铁路进行修缮，对纵贯铁路进行延伸（共花费 2,758 万円。——译者注），台湾总督府还计划修建基隆港，新筑总督府相关的厅舍，开展地籍调查，这些都需要大笔的经费。因此，帝国议会于 1899 年通过了《台湾事业公债法》，授权总督府募集 3,500 万円的公债，本金与利息可用总督府的岁入进行支付。

台湾目前有 12 个开放港口，但只有 4 个可供外贸商船停靠，分别是基隆、淡水、高雄和安平。其余港口由于水深不够，只能从事沿海贸易，出入船只主要是大陆人与台湾当地人的轻质帆船。

目前，台湾岛、中国大陆与日本之间已有多条航线，来往十分方便，明治政府也会向相关的海运公司提供"助成金"，以资鼓励。目前，主营台湾与日本本土航线的海运公司是大阪商船会社，同时日本规模最大的船运公司——日本邮船会社在日本与台湾岛之间也有定期航线。令人遗憾的是，台湾岛沿岸并没有可直接使用的天然良港，总督府已经计划进行大规模的海港设施改造工程。往返于日本与台湾岛两地的大型邮船只能停泊于基隆港，这是岛上唯一可以真正停靠大型船舶的港口。经由香港地区开往中国大陆其他港口的船舶则由淡水港和安平港出航。

日本人在台湾地区还架设了高效的邮政与电报网络。现在，岛上的每个村庄都有邮局，居民可以用与日本本土同样的费用将邮件投递至岛上的任何城镇。官营的电报线路不仅将岛上的各个邮政局连接在一起，算上日本本土与台湾及澎湖列岛间的海底电缆，总督府共敷设电报线 3,200 多公里，电话线 960 公里。

台湾物产与对外贸易

台湾的主要农产品有大米、茶叶、蔗糖、甘蔗、红薯、苎麻、黄麻和姜黄等。海产品的产值虽然正在稳步增加，但总量还不是很大。矿产资源也正在开发之中，岛上的黄金产量颇大，煤炭产量也在极速增长，最近硫黄的开采工作更是变得愈发重要。樟脑则由日本政府专营，每年可以带来大约 40 万英镑的岁入。

自 1895 年被割让给日本以来，台湾岛的出口总值几乎没有增长，反而是极大地刺激了进口，许多西方文明国家的制品都是在日据时期引入台湾的。不过，台湾地区对于日本却是至关重要，日台贸易和经由日本的贸易总额正在快速攀升。这足以让我们想起第十章中有关日本对外贸易的有关论述。

日本移民台湾地区的整体影响

戴维森曾经这么说道：

> 日本人的移民是否会改善台湾民众的生活？我想答案是一定的。岛内的多数居民将能够享受到现代化所带来的各种便利。他们将能够使用新修的铁路、经过改善的航运设施和宽敞的道路，也将有机会接受现代化的医疗与教育。日本移民台湾更将有助于在岛内开发自然资源，普及现代机械和其他制造产业。

虽然现在给日本移民台湾岛的社会与经济影响作出定论还为时

过早，但是，从数据上看，多数台湾民众的收入已经实现倍增，虽然农产品价格的提高多少降低了实际到手的收入价值，但总体而言，一般大众的购买力确实有了明显的提高，生活舒适度和福利水平也随之得到提升。

民政长官后藤新平博士对日本在台湾的殖政成果有过相关的总结论述。我在此简要摘述如下：

（1）自1898年以来，由儿玉源太郎总督负总责的台湾总督府根据台湾居众的各种要求开展了细化的应对工作。原先多少互相敌对的不同人群与部族对于目前的状况也都基本感到满意。

（2）在卫生方面，当日本接手台湾地区时，岛上居民的病亡率出乎寻常的高。总督府在成立后采取相关措施，改善城镇的排水系统，通过钻孔自流井和水厂来为岛上居民提供净水。同时减少蚊子及其他有害虫类的数量，这些蚊虫正是过去瘟疫泛滥的罪魁祸首。兴建医院与充实医疗设备更是常态化举措，目前岛上至少有11所医院可以提供充足的医疗救护资源。

（3）为了让征收地税有规可循，总督府正在持续开展地籍登记。从目前已经大幅增加的地租岁入来看，这项工作可谓取得了显著的阶段性成绩，虽然距离全部完成还需时日。

（4）已经制定完成长远期的教育规划，来日必将收获显著成效。

（5）在修建灯塔、敷设铁路、架设电报、改善港口设施等公共事业上倾尽全力，取得了令人瞩目的成绩。

（6）为银行业务和货币制度的发展打下了坚实的基础。

正因为上述成就，后藤博士眼中的台湾已经不再是明治中央政府的财政负担。后藤博士甚至言之凿凿地表示，上述内容正是台湾的总体发展水平与社会活力高于日本平均水平的实证。他深信，台湾的未来一片光明，其丰富的农业与矿产资源更将为日本本土提供重要支援。持续开发台湾不仅可以为日本国内的过剩人口提供充足的生活空间，而且也将极大地增进国家的财富。

　　日本殖政台湾地区的各项举措之中，有一项十分值得我们关注，那就是如何对待民众吸食鸦片。日本人在占据台湾岛之后，发现岛上一些居民吸食鸦片，乃至成瘾难戒。于是，总督府决定逐步根除这一陋习。一方面，对于那些已经深度上瘾之人，突然断吸可能会令他们极度痛苦，因此政府允许这些重度成瘾者可以在拥有证明书的情况下继续吸食鸦片。另一方面，为了尽快控制民众吸食鸦片的局面，政府以严刑峻法来推动这项工作，违反者将会受到严惩。此外，为了对鸦片实行全面管控，从而最终根除吸食恶习，政府将鸦片贸易变为"专卖事项"，彻底垄断了鸦片贸易行当。由此带来的专卖岁入超过 40 万英镑。

移民朝鲜与中国

　　飞速增长的人口迫使日本政府在领土之外寻找解决国内人口过剩的办法。中朝两国自然成了他们眼中最合适的选择，这不仅是因为地缘上靠近，更是出于历史上的联系。日本知名的政治家中桥德五郎（NAKAHASHI Tokugoroh）[15] 对此有如下论述：

　　　　日本当下最迫切的任务莫过于在海外开拓新领地、开发新资源，以期在全球开枝散叶、增进福祉。再过五十年左右，日本的总人口预计将是现在的三倍之多。目前，日本人口正以每年四五十万的速度增长。鉴于人口增长往往都会提前实现，因此我们可以推断，再过数十年，日本人口总量将高达一亿。

　　　　既然日本人希望自己的国家有朝一日成为大国、强国，那么就应该尽可能地移民到一些更靠近日本的地方，朝鲜和"满洲"自然就是优先之选，再下一步就是开发和完善目标殖民地的交通与通信体系。

六千万円可以让两三百万人在朝鲜和"满洲"生活近二十年。无论俄国往上述两个地方运送多少移民，都不可能比得过日本。

日本若想成为一个伟大的国家，绝不能指望借助盟国的帮助，而是必须依靠自己的力量变得强大。互帮互助是一回事，自力更生是另一回事。哪怕是冒着动武的风险，日本都必须大力贯彻其所认定的殖民政策。这场为生存之争可能会在日本与各国之间引发相当多的利益冲突。尽管障碍重重，但每个国家除了贯彻各自的对外政策之外再无他法。

中桥先生的上述言论表明，那种各国列强几乎都带有的帝国主义思想已经开始在日本人的身上显现。尽管中桥先生的观点目前尚不足以代表日本政府的政策取向，但是日本人不断向外移民这件事本身实在让人无法视而不见，更何况我们已经多少可以感受到这种政策的现实影响力。

目前，日本人的主要诉求还主要集中于海外日本人居留地的自由贸易权。简言之，在"满洲"和朝鲜居住的日本人也应享有同等的贸易权力，共享"门户开放"政策的红利。官方数据显示，截至1901 年年末，移居中国内地的日本侨民有 5686 人，移居朝鲜的有4843 人，移居暹罗的有 16 人，移居中国香港的有 371 人，移居菲律宾马尼拉的有 150 人，移居新加坡的有 173 人，移居印度的有142 人。

移民其他国家的情况

在不远的将来，移居海外，尤其是移居北美洲、南美洲和澳大利西亚（Australasia）[16] 的日本人哪怕没有在当地引发更大的麻烦，也必然会引来目标国的非议。众所周知，这些地方之前不满大批涌入的华人，并很快通过严苛立法来阻止移民（比如 1882 年的美国《排华法案》。——译者注）。

这样的立法同样也对日本侨民造成了影响。但是相较于中国移民，日本移民在很多方面都不一样。其一，日本海外移民的总量相对有限，因为大多数愿意移居海外的人都会优先考虑较近的国家；其二，移居海外的日本人通常不是体力劳动者，而是商人、工程师或工匠等具有一定专业资质的人。

根据最新的报告，移居美国及其殖民地的日本侨民共有 9,000 余人，其中学生与研究者 554 人，贸易从业者 2,851 人。日本侨民多数都居住在夏威夷。在他们刚刚移居之时，夏威夷还是一个独立王国，那里的气候和产业条件都很对日本人的胃口。

最新报告还表明，移居英国及其殖民地的日本侨民共有 8,215 人，移居俄罗斯及其殖民地的则有 3,953 人。至于其他国家，除了中朝两国，移居人数都十分有限，因此还谈不上有什么因为移民所引发的社会问题。

不过对于英国本土而言，日本移民不太可能成为一个紧迫问题。因为对于日本移民而言，不列颠诸岛的地理位置原本就没有什么吸引力，而其经济社会状况也不太利于日本人移民。相较之下，澳大利西亚与加拿大的情况就不一样了，日本人和中国人都是反移民法的关照对象。在我看来，如果日本移民问题最终上升为一个更为宏大的外交问题，那也是不足为奇的。希望日本人能找到一种合乎常理的解决方法，至少能够让自己在英国的土地上受到欢迎，同时尽可能地增进当地社会福祉。

在本章中，我只是对日本人试图移民与殖民的举动进行简单介绍。但是，如果日本只是依靠这两种方法来解决国内的过剩人口问题，那么效果终究是有限的。想要真正解决这一问题，日本就需要从更深层次的问题入手。我希望日本人能够认识到，日本对于世界的影响力更多取决于本国人口素质的高低，而非取决于散落海外人数的多少。我同样还希望，他们的民族自豪感会使他们不满足于成为其他国家的体力劳动力。

日本正和其他工业国一样，面临着诸多经济和社会问题。大规模移民绝不是一条真正的脱困之路。国家允许国民自由移居他国可能会造成两种不良影响：一是在移民的流入国，一时增长的过剩财富可能会蒙蔽人的双眼，从而看不见失业与饥荒的深层诱因；二是在移民的流出国，虽然社会竞争压力可能会得到一时的缓解，但这也非常容易让政府与国民忽视那些社会恶疾的真正病灶。

对于任何人为或强迫的移民，我们当然应该予以制止，但对于基于经济原因所发生的自然移民，我们或许也应该不作干涉。每个国家都应该想办法解决自己国家的社会问题，而经济条件则在很大程度上左右了解决的方式。

除了远东的几个邻邦，日本人不太可能大批量移居至其他国家。欧美诸国和澳大利西亚都必须意识到，除非他们以体面的方式接纳那些合法经商或做工的移民，不然很有可能会诱发移民群体的报复行为。这不仅会令人不快，更有可能造成巨大的经济损失。现在，一些由移民引发的次生问题已经浮出水面。希望相关当事国能够公平处之，周全谋划，作出有助于维护世界和平与增进万民福祉的决定。

主要参考文献

本章直接参考的文献相对有限。在殖民与移民问题上，许多研究日本的著作只是点到即止。日本政府的官方报告与日报新闻是本章的主要信息来源。戴维森在其论述台湾的大作——《台湾岛的过去与现在》中对台湾的历史、资源、政府与行政机构等内容进行了详细的介绍。斯塔福德·兰塞姆的《过渡时期的日本》的第十四章以及亨利·杜莫拉德（Henry Dumolard）的《日本的政治、经济、社会》（*Le Japon，Politique，Economique et Social*）的第六章也都提供了非常有用的资料。读者还可以在各种新闻日报上找到有关日本殖民政策与移民问题的大量讨论文章。不过，目前还未见到相关主题的专门著作。

译者注释

1. 1897 年 10 月 12 日，朝鲜高宗李熙自称皇帝，改国号为"大韩帝国"，成为朝鲜半岛历史上第一个帝国。为区别后世的大韩民国，现今的历史学家又称大韩帝国统治时期为"旧韩国"。1910 年 8 月 22 日，韩国总理李完用与日本代表寺内正毅签订《日韩合并条约》，规定大韩帝国将朝鲜半岛的主权永久让与日本，大韩帝国又改称"朝鲜"，沦为日本殖民地。

2. 作者亨利·戴尔原文中所说的"日本并没有严格意义上的殖民地"（In the strict sense of the term Japan has no colonies）的说法容易引起歧义。此处，他显然没有将日本通过《马关条约》所得到的台湾等地算作"殖民地"。或许在他看来，通过"条约"等所谓"合法"形式获得的他国土地算不上是"殖民地"。本书日语版译者平野勇夫在书中也提出了类似的质疑。

3. 作者的核心观点在于日本的对外扩张本质上是"对外移民"而非"对外殖民"。根据作者的逻辑，两者的根本差异在于目标国家或地区是否有大批量的日本侨民定居。这样的观点显然无法为今天的中国人所接受，仅供读者批判参考。

4. 阿伊努人是当今唯一被日本官方承认的日本土著。在其他移民来到日本列岛以前，阿伊努人就从亚洲东北渡海而来。阿伊努人的外貌与大和族人截然不同，他们眉骨突出，头发稠密，眼圆而深陷，睫毛长而分歧，鼻梁挺直，脸和全身多毛发，具有十分明显的欧罗巴人种特征。阿伊努人使用本民族的独特语言——阿伊努语，属于马来—波利尼西亚语系。目前，世界上除阿伊努人以外，只有爱斯基摩人和美国印第安人使用这种语言。许多日本东北部的地名皆来源于阿伊努语。比如，"札幌"意为"大的河谷"；"小樽"意为"砂川"；"名寄"意为"乌鸦出没的城市"等。

5. 第一批北海道屯田兵是从东北出生的士族中征召而来的。1875 年，共有 198 户 965 人移居札幌近郊的琴似村（即"士族屯田"）。此后，旭川周边的兵村规模逐步扩大，屯田兵源也从士族出身扩大到了一般平民。截至 1899 年，北海道的 37 个兵村共有 7337 户进驻，共计开垦土地 2 万多町步。

6. 克拉克博士在离开日本之前，给自己的学生留下了一句临别赠言"少年啊，汝等当胸怀大志"（Boys，be ambitious），是明治年间日本最知名的励志格言之一。

7. "北海道煤矿铁路会社"后改名为"北海道煤矿汽船株式会社"。在二战之后的鼎盛时期，该公司在北海道境内拥有包括札幌内矿、空知煤矿在内的 17 处矿场，约有员工近 3.5 万人。

8. "札幌麦酒会社"就是其中代表，后改名为"札幌啤酒株式会社"，今天也依然是日本的著名企业。

9. 儿玉源太郎（1852—1906），日本近代政治家、陆军名将，被誉为明治时期第一智将，曾任桂太郎内阁的陆军大臣、内务大臣以及台湾总督等要职。儿玉在日俄战争时期担任"满洲军"总参谋长，是攻克旅顺口的实际指挥者，也是日后侵华战争的祸首之一。

10. 1919 年后改称"总务长官"。

11. 日本占领时期的台湾地区行政区划经历过多次调整，比如 1897 年的"六县三厅"等。维持时间最久的为 1926 年确立的"五州三厅"，即台北州、新竹州、台中州、台南州、高雄州、台东厅、花莲港厅与澎湖厅。这种划分一直维持到二战结束。

12. 在日本占领之前，台湾地区曾经被认为是疟疾、鼠疫等国际流行病的发生地。医生出身的民政长官后藤新平同时兼任内务省卫生局局长，他从日本本土招募了百余名医生奔赴台湾各地，指导地方改善公共卫生条件。为了预防传染病，总督府制定了传染病预防规则，设立了"防消毒事业团"，在基隆和淡水设立了"检疫所"和"避病院"，其他港口也设有"临时海港检疫所"。台北与高雄更是比日本本土更早排布了下水管道。

13. 高雄的地名来历十分奇特。最早居住在该地区的平埔族人为了防止海盗、劫匪以及汉人的侵扰，在其居住地种了很多带刺的竹子，以作防御。平埔族语中"刺竹林"发音即为"takow"，又因与闽方言的"打狗"发音近似，因而此地就被周边的汉人称为"打狗"。1858 年《天津条约》签订后，清政府被迫在台湾开放了打狗、安平、淡水和基隆四个港口。1895 年，日本根据《马关条约》占领了台湾岛。日本占领台湾初期，日本统治者认为"打狗"地名不雅，加之日语的"taka-o"（日语中有"高大、雄伟"之意）与"打狗"之音相近，便将地名改为日语的"taka-o"，并汉译为"高雄"。

14. 台湾纵贯铁路的建设面临过许多问题。除去资金短缺、设备调拨不到位、运输困难等问题，还有在施工人员中暴发的疟疾与鼠疫等流行传染病，地方"土匪"的袭击等，让施工进度一缓再缓。直到 1908 年 4 月，基隆至高雄的纵贯铁路全线 400 公里才宣告全部建成通车。

15. 中桥德五郎（1861—1934），日本政治家、实业家、大阪商船会社社长。曾任众议院议员、内务大臣、商工大臣、文部大臣等要职。

16. 一个非正式的地理名称。一般指澳大利亚、新西兰及附近南太平洋诸岛，有时也泛指大洋洲和太平洋岛屿。最初由法国学者布罗塞（Charles de Brosses）于 1756 年出版的《亚洲南部航海史》（*Histoire des navigations aux terres australes*）一书中提出，取自拉丁文，意为"亚洲南部"。

第十三章 立宪政体的确立

《五条御誓文》的意义

王政复古之后，甫一登基的明治天皇就向天下宣告了作为新政府行动准则的《五条御誓文》。其中的第 1 条便有云：

> 广兴会议，万机决于公论。

其实早在数年之前，日本国内就已经有不少人开始研究欧美诸国的立宪政体。可是，为了实现所谓的"万机决于公论"，日本究竟需要一种什么样的政治制度？当权者对此可能真的一无所知。不过，正如在其他领域一样，日本人对近代政体的认识也是随着信息的收集与实践的积累而逐步形成的。

稳定的专制政治

在江户时代，虽然以幕府将军为核心的日本政体从形式上的确算是一种专制政体，但是在权力的实际运作过程中，将军还是会受到来自各方势力的制约，从而形成了一种较为稳定的政治体制。诸藩所享有的所谓"地方自治权"并非由大名独自行使，而是往往交由以家老[1]为中心的家臣团来打理，甚至连名义上由将军所统领的中央政府，其实际权力通常也掌握在那些"老中"以及更为年轻的幕府官僚集团的手中。其他各藩虽然无法直接插手幕府政事，但一些地方雄藩已经开始或多或少、直接或间接地对幕府施加影响力。这些雄藩与权臣早就对法理地位与自己持平的德川一族的长期专政感到愤愤不平。

1853 年 7 月，马修·佩里率领舰队兵临江户湾，要求日本开国通商。第十二代将军德川家庆（TOKUGAWA Ieyoshi）将佩里所携的美国总统亲笔信上呈孝明天皇，同时召集全国大名举行诸侯会议，共同商议对策。很显然，家庆认为美方提出的开国要求实难回绝，但同时也觉得如果任由开国通商的责任落到自己头上，那显然也非明智之举。

围绕开国之是非，大名们也无法统一意见。有些大名觊觎对外贸易可能带来的庞大利益，因而倾向于开国；也有些大名攘夷态度强硬，哪怕对美动武也决不妥协。由于得到了孝明天皇的支持，尊王攘夷派们逐渐占据上风。孝明天皇对于国际政局浑然不知，在他看来，"黑船来航"是一场彻头彻尾的外族入侵。于是，他修书佛教和神道的要人，要求七社七寺[2]的神官僧侣为驱逐外夷而念经祷告。整个京都皇廷也都持相同的立场。

就这样，近代日本首次推行代议制政体的尝试宣告失败，而且很显然，这种尝试的初衷在于缓和各地雄藩对于幕府的嫉恨，而不是为了征求什么"公论"。这种对于幕府独断专权的嫉恨在随后的数年中愈演愈烈，尊王攘夷派甚至发动了一系列针对开国派的暗杀事件，直到 1867 年 1 月孝明天皇驾崩、明治天皇登基才有所收敛。同年秋天，江户幕府末代将军德川庆喜将权力交还明治天皇（即

"大政奉还"。——译者注），幕府统治从此变成历史。

代议政体的两度尝试

1869 年 1 月 18 日，为了重申自己贯彻天皇"万机决于公论"的坚决态度，明治新政府决定开设一个名为"公议所"的议事机构，开所仪式于 4 月 18 日举行（3 月 7 日已先行开会议事。——译者注）。我们大致可以将其理解为日后日本帝国议会的雏形。公议所由各藩、中央政府各职能机构、东京诸学校推选出的代表即"公议人"组成。作为取代幕府专制的全新政治理念的具化表现，人们期待公议所能够在国是政务中发挥积极作用。但是，在实际运作过程中，公议所越来越像是一个四平八稳的讨论机构，更像是中央政府的一个咨询机关。不仅如此，大多数公议人的立场十分保守，拘泥于过往的种种旧法惯行。这从他们一致反对新政府关于废除切腹和佩刀特权的提案就可见一斑。

1869 年 8 月，仅仅过了半年，公议所便改称"集议院"。集议院不仅失去了议案提出权，主职更是限于对太政官给予的议案进行审议。1871 年之后，集议院未再召开会议，最终在 1873 年 6 月被解散。上述事实无不表明，当时的新生日本还远远没有成熟到可以形成真正的议会政治的地步。

迈向代议政体

虽然日本首次开设议会的尝试以失败而告终，但是迈向代议政体的体制探索依然在国家的各个领域中进行着。明治中央政府机构所进行的数次机构改革（下一章将作详述）都是为了扩大公共力量对于政府行政的影响。虽然这些影响还只是间接的，但也绝不容忽视。由于社会舆论有了更多的表达渠道，民众关于进行国民直接选举、开设民选议院的诉求很快喧嚣尘上。

1875 年 4 月 14 日，明治天皇颁布诏书[3]，正式设立作为立法咨询机构的"元老院"、作为司法机构的"大审院"，同时宣布建立"地方官会议"[4]制度，以便汲取民意，审议地方问题与国家事务，更是表明了日本政府"渐次建立国家立宪政体"之方针。

在其后的很长一段时间里，西南战争等内忧外患相继发生，民众的注意力也随之转移，先前因为呼吁实现立宪政体所引发的过激民权运动渐渐得以平息。在此期间，明治政府在各个府县市慢慢建立起了不同层级的民意代表机构，比如府会、县会、区町会等等。但是，这些成绩还远远无法令民权运动的领导者们（主要是板垣退助、木户允孝等人。——译者注）感到满意。因为他们的终极目标在于彻底颠覆过往那套由藩阀独断朝纲的政治体制，而仅仅建立几个地方政府级别的代议制度对于这一目标的实现帮助并不大。

自由民权运动与政府弹压

1879 年，以开设国会为主要诉求的自由民权运动之火越烧越旺。这场运动的核心人物乃土佐藩士出身的板垣退助（现为伯爵），他在王政复古与废藩置县的过程中扮演了极为重要的角色。这一年，日本各地的民众集会此起彼伏，围绕开设国会进行了无数次讨论。翌年 3 月，作为自由民权运动的全国联络组织的"爱国社"在大阪召开大会，决定向明治政府正式提出开设国会的请愿书。会议还决定将"爱国社"改组为统合各地民权结社的"国会期成同盟"。日本自由民权运动由此进入了更高潮。

1881 年 10 月，在板垣的主导下，日本历史上第一个真正意义的政党——"自由党"成立。不过，虽然自由党以伸张自由民权，树立立宪政体为己任，但其党内并不仅仅只有进步人士，也有许多或是被明治政府剥夺官位上台，或是自认为利益因此受损的人。因此，部分自由党党员常有攻击性言辞乃至暴力行径。

为了加强约束，明治政府于 1882 年 6 月对《集会条例》进行修改，要求政治结社与民众集会必须事先得到政府的许可。不仅如此，根据修订后的条例，集会会场必须由警察驻守，一旦现场发言人出现过激言论，警察有权当场解散集会。地方长官也被赋予了解散政治结社的权力。一时间，民权运动遭到了极大的压制。随后，政府与民权派们的冲突进一步升级。最终，明治政府于 1887 年 12 月 25 日突然颁布《保安条例》，宣布即日取缔一切反政府的集会、结社与报纸书刊。此外，根据修改后的《新闻纸条例》的规定，政府有权对报纸的报道内容和政治观点进行审核，新闻报纸不得刊登妨碍治安的报道，违者予以行政处分。这种强力的打压让世人很容易产生自由党人彻底成为专制政治牺牲品的印象，他们也确实常常落入被起诉（或许也可以称之为"迫害"）的境地。但是，打压得越强，反作用力越大，受挫的民权运动反而聚集了更多的人气，随着运动范围的不断扩大，民间对于政府的挑衅行动更是在全国迅速蔓延。

1881 年 10 月，就在自由党成立前后，财政问题权威、原大藏卿大隈重信（现已是伯爵）因为遭到政府中的主流派排挤，最终选择罢官而去。大隈在脱离明治政府之后与其追随者们组建了一个新的政党——"立宪改进党"，也就是今日"进步党"的前身。大隈出任党首，彻底投身于自由民权运动之中。但是，"立宪改进党"不仅与自由党相对不对付，甚至可以说是互相敌视。我们可以从这两个近代日本最早成立的政党身上发现这样一个事实，即近代日本的早期政党往往并不是由拥有相同政治理念与组织原则的同志们所组成的集合体，而是围绕特定中心人物所形成的结社而已。

国会开设诏书发布

谋求自由民权与国会开设的政治活动最终还是收获了成效。1881 年 10 月 12 日，明治天皇颁布诏敕（所谓的《国会开设之敕谕》。——译者注），宣布将于 1890 年正式开设国会。明治政府自然相信天皇的表态将会彻底平息民权骚乱，日本人的爱国热情则会促使各个党派放下成见，共同为造就立宪政体而努力。

但是，现实往往很残酷，事态完全没有朝明治政府预料的方向发展。可能是在之前的民运中尝到了甜头，民权运动的领导人们开始热衷于在未来选民中传播反对现行政府的观点。有趣之处在于，似乎每个国家的政党政客都有过类似的举动。在天皇下诏后的九年间，他们通过集会演讲和报端著述开展了非常活跃的反政府宣传，还经常引发进一步的暴力事件。对于未来开设国会这件事来说，这可绝不是一个好兆头。

推动立法与行政改革

同一时期，明治政府的政治家们正在坚定推动各项有助于加快日本实现近代化的改革举措。布林克利上校对明治政府在此期间的工作进行了如下概括：

> 日本在借鉴和修改西方法律的基础上推动日本民法与刑法的成文化，并根据大量的判案制定了一套非常细致的法规体系。整顿先前一片混乱的财政事务，为建立财税体系打下基础。改革地方政府的组织架构。建立大型的国家银行以及遍布全国的金融机构网络。加快铁路建设，允许民营企业参与铁路

建设。稳步扩大邮政与电报网络。减少财政开支，保证国家岁入有余。为日后建设强大的商船队奠定基础。建立邮政储蓄制度。进行大量港口改造和道路修筑工作。制订实施大规模的河岸改造计划。通过考试择优录取公职人员。派遣大量留学生远赴欧美。通过巧妙且坚韧的外交手段为日本逐步开拓一片外交新领域。可以说，日本的国内政务从未像现在这样井井有条。

华族制度

作为与宪法配套而生的新制度之一，明治天皇根据时任宫内卿伊藤博文的建议发布了关于授予荣誉爵位的诏书，正式确定了所谓的"华族制"。这种爵位制度以英国爵位等级为蓝本，由高到低共设置五种贵族爵位，即公爵、侯爵、伯爵、子爵和男爵。[5]总体来说，江户时代的大藩大名会被授予"公爵"；小藩的旧领主则会被授予"男爵"；至于维新功勋以及为国贡献卓著的政治家、陆海军人、官吏、实业家、学者等，则会论功授爵而不论出身。

在这种新的授爵制度下，截至 1900 年，日本共有公爵 11 人、侯爵 33 人、伯爵 89 人、子爵 363 人、男爵 280 人。不过，一般国民对这种模仿西方的做法嗤之以鼻，在他们看来，日本政府不过只是顺应国家由封建专制到君主立宪政体的演化过程，对那些或因出身高贵或因立宪有功的人授予相应的近代化的荣誉头衔而已，"华族制"还远谈不上是什么重大的制度变革。

伊藤博文主导下的保守宪法

1889 年 2 月，明治政府举行盛大仪式，颁布日本史上的首部宪法——《明治宪法》。这部宪法是伊藤侯爵受命在充分研究欧美各国的宪法实践的基础上起草的。伊藤博文之名将永载史册，这不仅是因为他是为国贡献巨大的政治家，更是因为他是日本立宪政体的主要设计者。日本人民不无自豪地认为，伊藤侯爵为他们制定了唯一一部君主自愿给予国民权利的宪法。

正如上文所述，为了实现立宪政治，政府与民间曾经一度爆发激烈对抗，但是像欧洲诸国推行立宪政体时所经历的旷日持久的社会动荡却并没有在明治时期的日本重演。伊藤侯爵在对欧美议会制度，特别是其运行模式进行深入研究之后，向明治政府提出了谨慎到甚至有些保守的建议。在伊藤侯爵看来，比起英国宪法，日本更应该效法的对象乃《普鲁士宪法》，在日本实现君权（天皇）主导下的议会政治。

与《明治宪法》同期公布的还有《众议院议员选举法》。根据该法的规定，选举人必须是年满 25 周岁的男子，被选举人必须是年满 30 周岁的男子。同时，两者都必须满足每年交纳 15 圆以上直接国税的条件。如此一来，4200 万日本人中只有不超过 46 万人拥有选举权。整体而言，新设立的帝国议会也实行类似于西方国家的两院制。上院称为"贵族院"，议员组成有以下几类：皇族议员；公爵与侯爵议员；伯爵、子爵、男爵等"互选议员"；多额纳税的互选议员及敕选议员（对国家有功勋或有学识的 30 岁以上的男子，由天皇提名。——译者注）。下院称为"众议院"，由 300 名"公选议员"组成。后来，随着议会制度的不断完善，成为选举人的纳税要求被放宽至每年缴纳 10 圆以上的直接国税，拥有选举权的人数随之增至约 80 万人。同时，选举的机制和方法也适时进行了调整。

《明治宪法》规定，日本国民享有信仰自由、言论自由和公开集会自由；私人居所与通信不可侵犯；除通过正当法律程序外，国民不得被捕或被惩罚；法官终身任职。简而言之，明治宪法保证了自由国家公民所享有的一切自由。除了支付官员薪酬，帝国议会拥有完全的立法权与对财政和税收的控制权，天皇则保有随意裁量权。宪法赋予天皇行使国家主权的最高权限，天皇有权宣战媾和、缔结条约、任免官员、批准颁布法律、颁布临时替代法律的紧急敕令，以及授予爵位、勋章及其他荣典。

宪法运行中的困难

但是，《明治宪法》对于天皇的高度赋权也为宪法的现实运行带来了困难。比如，内阁的任期长短完全由天皇决定，内阁依然听命于皇权而非议会，帝国议会开设后不久，这些问题可谓接踵而至。为天皇尽忠的义务使得所有党派都认同一个不容置疑的核心原则，即皇室的特权神圣不可侵犯。但议会中的最激进分子很快就表明了自己的观点，他们认为一个不承认对立法机构负有责任的内阁在事实上也无法推动立法。

不过，以伊藤侯爵为代表的宪法制定者们显然认为，如果由少数人独裁的寡头政体向完全议会政治的过渡发生得太过突然，那么这种急转弯极有可能招致危险。在我看来，他们的想法是对的。宪法必须随着国家整体情况的变化而修改，虽然目前政府尚未对宪法的文字表述进行修订，但是就目前的实际情况来看，帝国议会的决议已经多次对政府的行动产生重大影响。未来，修改《明治宪法》中有关内阁责任的内容可能是日本最需要解决的内政问题。因为许多其他问题的解决都有赖于此。

议会政治中的个人要素

除去宪法这一制度要素，个体因素同样在很大程度上影响了日本帝国议会的运作。先前提到的宪法条款显然为那些在宪法颁布前就行使大权的所谓"藩阀官僚"提供了继续掌权的机会。事实上，明治中央政府的组成人员依然多是那些积极参与王政复古的雄藩子弟。虽然他们的杰出贡献早已为世人所承认，但是他藩出身之人必然会对他们心怀不满，议会内部也因此争端不绝。

从实际情况来看，在野党对于政府法案与施策的反对很多时候就是对人不对事。现在，这种有意为之的阻挠已经成为各个派系开展议会斗争的得力武器。其结果就是，议会进行立法与财政管理的活动变得无比困难，以至于在一定时期内，日本的立宪政体不仅看上去成效寥寥，反而更有可能变成导致全国性灾难的诱因。不过，甲午战争彻底清除了这种隐患。在对外战争面前，藩族争端和个人不满都被抛在一旁，各派势力团结一致、齐心对外，甘愿为赢得战争胜利提供一切必要支持。

在此，我们无须细究历代内阁的交替或政党派系的变化，因为从当前的现实来看，明治时期的日本政府显然已经成为一种兼具专制、寡头和立宪政治诸要素的混合体。近期的诸多事件也清楚地表明，日本政治中的专制与寡头要素远还没有退出历史的舞台。纵然帝国议会数次解散，但内阁政权却依然不动如山。不过，这也并不等于代表国民的议员们对国是大政毫无影响力。比如在财政问题上，议会就能极大地左右政府的决策；通过整体性立法活动，议会也为许多公共制度打下了坚实基础。此外，议员们在国政外交问题上的诸多发言也给人留下了深刻的印象。

纵观宪法颁布以来的一切，我们必然会同意其主要制定者伊藤侯爵的观点，即无论人们印象中的日本立宪过程是何等的快速与突然，但是在实践中，这种由封建向立宪的制度转变过程不仅有一个试验期，而且还取得了出色的成果。但是，无论多么有能耐的立宪者都不可能一劳永逸地制定出一部完美宪法，而是必须根据形势变化不断进行修正。正如《日本邮报》（*Japan Mail*）的社评所说：

> 指望日本的宪法"新装"从一开始就无比合身显然是一种奢望。日本必须努力顺着这件"新装"的板型去成长。当然，这个过程多少会让人有些手足无措。

完善立法

1870 年，日本首次尝试编制成文刑法，并于三年后对初版草案进行了修订。当然，这部所谓的刑法还远不完备，而且多少是根据古时的中国刑律与日本习俗修正而来的。王政复古之后，明治新政府面临着一大批重点工作，其中有一项就是根据欧洲法律编纂日本法典。虽然有不少外国专家参与了这项工作，但是对于日本人来说，这项工作的关键之处在于如何在尊重日本传统与惯习的前提下充分吸收西方法学精华。就当时的情况看来，《民法典》《民事诉讼法》《商法典》主要是以德国的法律为蓝本；《刑法典》和《刑事诉讼法》则主要是以法国的法律为蓝本。

1882 年 1 月，《刑法典》和《治罪法》正式生效。1890 年 10 月，经过全面修订的《治罪法》以《刑事诉讼法》之名重新向社会颁布。1903 年，明治政府提请帝国议会第十九次常规会议审议《刑法典》修正案，但是，随着众议院的解散，不仅审议未成，最终还以废案告终（修正后的《刑法典》直到 1907 年才得以公布。——译者注）。日本迄今为止编制完成的主要成文法及其公布时间详见表 13-1 所示。

表 13-1　主要成文法

法律名称	公布时间
刑法典	1880 年 7 月
明治宪法	1889 年 2 月
裁判所构成法	1890 年 2 月
民事诉讼法	1890 年 4 月
商法典	1890 年 4 月
刑事诉讼法	1890 年 10 月
民法典	1896 年 4 月
不动产登记法	1899 年 2 月
船舶法	1899 年 3 月
船员法	1899 年 3 月
国籍法	1899 年 3 月
保险业法	1900 年 3 月
行政执行法	1900 年 6 月

在此，有一件极为重要之事需要专门提及。1891 年，在日本政府提交帝国议会审议的法案之中，有一部名为《新闻纸条例》（最初于 1875 年制定，后历经多次修订。——译者注）。这部法案中包含所谓"废除一切妨碍言论自由的规则与约束"的内容，不过，由于贵族院的反对而未获通过。在贵族院的议员们看来，如果给予报纸和杂志更大限度的自由，各种言论上的肆意放纵怕是板上钉钉之事。在这一点上，他们与政府官员达成了一致。直到 1897年，《新闻纸条例》修正案才最终通过了议会的审议。同时，议会还同意废止报纸发行禁令、售卖禁令等行政处分手段。

后来，虽然日本国内的舆论管控力度逐渐放松，但是贵族院最初所预测的悲观结果却并没有出现。当然，有一些报刊的措辞一直颇为激烈，有时甚至十分极端，但是大多数的日本媒体言论都是稳健有度、有礼有节。也正因为如此，日本的报纸杂志才能成为政府开启民智和引导舆论的有力工具，才能成为维系国家和谐统一的重要依靠。

主要参考文献

本章的内容带有较强的专业性，普通读者只需有大致的了解即可。如有兴趣，可以参阅伊藤侯爵对《明治宪法》所作的注解以及雷（A. H. Lay）的《日本政党史》（A Brief Sketch of the History of Japanese Political Parties in Japan）（载于《日本亚细亚协会纪要》第 30 卷第 3 号）。若想对日本的立宪政体史有更为系统的了解，可以参阅家永丰吉（IENAGA Toyokichi）的《日本立宪政体发展史》（*Constitutional Development of Japan*）与古谷久网（FURUYA Hisatsuna）的《日本的代议制度》 （*Systeme Representatif au Japon*）。亚瑟·梅·纳普的《封建日本与近代日本》是非常值得一读的好书。克莱门特的《近代日本概览》（第九章）对于日本的立宪政治也有非常到位的论述。读者还可以从英美两国的时政评论类杂志上找到许多不同视角的分析文章。W. 皮特里·沃森（W. Petrie Watson）的《日本的印象与命运》（*Japan, Aspects and Destinies*）一书中虽然有几个章节读来很是有趣，但是作者似乎很难保证其相关内容的准确性。至于日本法律，相关著作与论文甚多，我认为只需阅读约翰·哈灵顿·古宾斯（John Harington Gubbins）翻译的《日本民法典》（*The Civil Code of Japan*）、约瑟夫·亨利·朗福德翻译的《日本刑法概要》（*Summary of the Japanese Penal Codes*）以及《日本亚细亚协会纪要》中的其他论文就已足够。当然，布林克利上校在《大英百科全书（补充卷）》中关于日本立宪及其重要影响的精辟总结也是我们必须参阅的材料。

▉ 译者注释

1. "家老"出自古汉语。先秦时期，家老指卿大夫家族的家臣中的长者，后也泛指民间家族中的长者。日本封建时代的"家老"乃大名的重臣，统帅家中的所有武士，总管家中一切事务。一般一藩有数名家老，通常为世袭。家老起源于镰仓时代，曾被称为"御年寄""宿老""执事"。室町时代中期正式出现，逐渐成为大名武士不可缺少的臣僚。江户时代，家老正式辅佐领主，是掌管政务的核心人物，即大管家。

2. "七社七寺"是近现代以前日本皇族用于祈祷的十四座神社和寺庙，包括伊势神宫、石清水八幡宫、贺茂神社、松尾大社、平野神社、伏见稻荷大社、春日大社，以及仁和寺、东大寺、兴福寺、延历寺、园城寺、东寺、广隆寺。

3. 明治天皇的这份诏书一般被称为《立宪政体诏书》。根据其内容，有时也被称为《关于通过设立元老院、大审院、地方官会议逐步建立宪政的敕令》或《渐次立宪政体树立之诏》或《关于设立元老院和大审院的敕令》。

4. 1875 年 6 月 20 日，第一次地方官会议在浅草本愿寺召开，会期约为一个月，主要讨论地方警察费用和警察官岗位事宜、道路桥梁防堤事宜。7 月 20 日，明治天皇亲临闭会典礼。

5. 1884 年，为培养维护天皇体制的特权阶层，同时为将来议会贵族院做成员上的准备，明治政府颁布《华族令》，除过去宫廷公卿、藩主之外，维新功臣、自由民权运动领导者、旧时的幕府高官也被授予爵位。

第十四章 行政体组织的调整

王政复古后的行政问题

虽然仿佛就在一夜之间，日本的封建制度已然土崩瓦解，但正如前文所说，这实际上也是多方力量长期共同作用的结果。这就导致新政府在为了适应新环境而调整组织制度之时不得不直面各种复杂问题与严峻挑战。

不过，哪怕没有西方列强的介入，日本的开国与维新也终将发生。但是，这种情况下的开放与革新很有可能会止步于一种专制政体的建立，这种体制下的天皇不仅是法理上的荣誉与权能之源，而且更是得以亲政的政府首脑。

但是，在引入西方民主思想之后，日本所发生的变革之剧烈，恐怕是最进步的日本思想家也未曾料到的。

正如我先前所说，新政府的当权者们很快就意识到：若想在世界舞台上占有一席之地，日本必须确立一套适应国家各领域发展的教育体系。只有国民教育得到普及，工商业发展才有可用之才，国民生活水平的提高才能找到现实依靠。更重要的是，只有这样才有可能建设起一支强大的陆海军，从而让他国对日本另眼相看。

但是，无论是确立立宪政体还是构建法律体系，日本在政治体制与行政组织近代化上的种种尝试皆是以西方国家的理念为指导思想。这就使得新政府所面临的各种问题变得越发棘手起来。在此，我无法一一详述日本优化国家行政组织的所有举措，只能选择其中最重要的部分略作介绍。

新的中央政府组织、太政官制

1868 年 1 月 3 日，伴随着明治天皇发布《王政复古大号令》，新政府的官制也随之得以确定，形成了所谓"三职八局"的基本架构。"三职"为"总裁、议定、参与"，乃中央政府最高官员。"八局"为总裁局、神祇事务局、内国事务局、外国事务局、军防事务局、会计事务局、刑法事务局、制度事务局。新官制同时对各局长官与官员的工作任务作出了详细规定。

同年 6 月，根据新政府制定的《政体书》，"太政官制"正式施行。太政官下设"议政官、行政官、刑法官"，分别执掌立法权、行政权与司法权，充分体现出"三权分立"之理念实践。但是，由于在实际运行中，立法与行政职能一度陷入混乱，纠缠不清。因此，1869 年 8 月，明治政府对太政官制进行大幅度调整。太政官改由"左大臣、右大臣、大纳言、参议"四大官职构成，下设民部、大藏、兵部、刑部、宫内、外务六省（1870 年又新增工部省。——译者注）与开拓使。同时，新设作为公议机构的集议院。中央政府政务均由作为最高机关的太政官负责，相当于今天的内阁。表 14-1 列出了 1870 年年末太政官成员的姓名、职务与出身。我们不妨一看，也是颇为有趣。

表 14-1 1870 年年末太政官官员情况

官职	姓名	出身
右大臣	三条实美	原公卿
大纳言	岩仓具视	原公卿
大纳言	德大寺实则	原公卿
大纳言	正亲町三条实爱	原公卿
参议	大久保利通	原萨摩藩士
参议	副岛种臣	原肥前藩士
参议	大隈重信	原肥前藩士
参议	广泽真臣	原长州藩士
参议	木户允孝	原长州藩士
参议	佐佐木高行	原土佐藩士
参议	斋藤利行	原土佐藩士

对于非日本读者而言，或许很难理解太政官各官员的职位名称。我在此稍作类比，虽然不一定完全正确，但只求帮助读者有个大致的概念。三条实美右大臣负责辅佐天皇与统理太政官，大致相当于内阁首相；岩仓等三位大纳言大致相当于副首相；参议大致相当于内阁顾问官。太政官下设各省的长官称为"卿"，各自掌管所在省的诸般事务。在太政官讨论与各省职能相关的议题之时，各卿也会被要求出席阁议。如果太政官所议之事涉及国是大政，那么所有官员都必须出席。

太政官职制的再度改革

1871 年 9 月，中央政府再度对太政官制进行改革，实行所谓"太政官三院制"，即在太政官下新设置"正院、左院、右院"。正院由新设立的"太政大臣"与原先既有的"左大臣、右大臣、参议"组成。三条实美由原先的右大臣升任太政大臣，左大臣之位则暂时空缺，岩仓具视出任右大臣。此外，西乡隆盛、木户允孝、板垣退助和大隈重信分别作为旧时萨摩、长州、土佐和肥前的代表出任参议。

右院由各省的长官（卿）与次官（大辅）组成，负责对与各省职务相关的法案进行审议，对各省的具体行政活动进行调整。左院从设置理念上看则更像是一个代议机构，由官选的一等至三等议员与书记组成。其中，议长由参议兼任，或从一等议员中任命。左院负责对相关立法进行审议。负责具体行政工作的部门则调整为神祇、大藏、外务、兵部、司法、文部、工部、宫内八省与开拓使。

明治中央政府的此种太政官制在之后的岁月中几经调整。1885年12月，中央政府正式实施内阁制，与之相伴的就是工部省的撤销。工部省设立之初衷在于建设公共工程与指导官营产业发展，但是随着生产力的发展与技术的进步，明治政府认为最初的目标已经实现，政府已经没有必要再对相关产业进行直接援助或监管，当时的首要任务在于促进民营企业尽快自力更生。一时间，大批民营企业如雨后春笋般创立，各产业都是一派欣欣向荣之景。工部省被撤销之后，其原先的职能由其他省继承，比如通信省负责管理官营铁道、邮政电报等相关事业。工部大学校则由文部省接管，并在1886年改制成为帝国大学工科大学。

内阁的职能

至于中央政府中一些更小更细的职制调整，我们在此略去不表，仅对行政组织的调整进行简要介绍。1888年，为了对宪法草案进行审议，明治政府新设了"枢密院"。作为宪法所规定的常设机构，枢密院同时承担着天皇的最高咨询机构的职能。与之相对的内阁则是居于最核心的行政机构。内阁下辖九省，即外务省、内务省、大藏省、陆军省、海军省、司法省、文部省、农商务省和通信省。身为国务大臣的各省长官共同组成内阁，接受作为首相的内阁总理大臣的领导。总理大臣单独辅弼天皇，掌管内阁所有行政事务。内阁最主要的职责如下：

（1）拟订法条、编制预算和决算账目；

（2）与外国缔结条约，处理事关国政外交的有关事项；

（3）设置官制、实施法律、颁布敕令；

（4）处理各省关于行政管辖权的纷争；

（5）处理递交至天皇或议会的国民请愿书；

（6）决定预算外的支出；

（7）任命和晋升敕任官员[1]与地方长官。

此外，由各国务大臣直接监督管理的一些重要事项也可提交内阁审议。作为内阁附属机构的"法制局"负责起草、修订、撤销相关法律法规。除了应内阁或各省之要求，法制局也有权自行起草法案。法制局局长有权对上述事项发表自己的见解。

如前文所述，由国务大臣组成的内阁只对天皇负有辅弼之责，天皇也有权任免国务大臣。不过，近年来，议会选举情况与公众舆论有时也会导致内阁集体解散与相关大臣辞职。

根据情况需要，各省大臣有权发布"省令"（类似于具体领域的行业法规。——译者注）。先前，时有陆军大臣与海军大臣随着内阁更迭而辞官。不过近来，陆海军越来越将内阁交替视作一种纯粹的行政技术问题，因此，陆海军大臣留任至新一届内阁的情况也愈发常见。宫内省则负责管理皇室财产，处理与皇室有关的各种事务。由于宫内大臣并非内阁成员，因此不受内阁换届交替的影响。此外，还有一些接受中央政府监督的非政府下设机构或官员，比如东京警察厅、北海道厅、各府县知事等。

枢密院与其他咨询机关、行政机关

枢密院作为天皇的最高咨询机关，其主要职能如下：

（1）处理与皇室典范相关的事项；

（2）处理与宪法附属法案、法令相关的事项；

（3）宣布戒严，在帝国议会闭会期间宣布临时法律的紧急救令，处理与宪法基本条款相关的事项；

（4）处理与条约、国际协定、枢密院组织及规则相关的事项；

（5）其他天皇敕令审议的事项。

目前，枢密院议长由伊藤侯爵担任（1903—1905。——译者注）。虽然伊藤侯爵现在已经不是在任的政府官员，但是明治政府依然希望他用自己丰富的政治与实践经验，帮政府出谋划策。

另外，政府还设有许多特别委员会与审议会，主要职能在于为上级行政机关建言献策。比如，对民商法等附属法规进行调研与审议的法典调查会、中央卫生协会、公共事业审议会、高等教育会议、农工商高等会议和铁道会议等等。各省也设有许多附属的特别行政机构，在此不作详细介绍。

神道国教化政策的挫折

明治维新以后，神道虽然仍然是日本皇室的信仰，但自从近代以来，无论是神道还是佛教都很难再得到国家的大力保护与扶持。如今，政府每年只下拨 21.6 万円的神社维持费，佛教更是分文未得。

德川幕府时期，"奉行职"中地位与权限最高的就是直接隶属于将军的"寺社奉行"（宗教管理部门的机构名称。——译者注），其中有官员专职负责对寺庙神社、神职僧侣进行管理，处理相关的诉讼问题与任务。久而久之，寺庙与神社就变成了世俗法庭所无法企及的法外之地。到了18世纪，宣扬纯粹民族神道的"复古神道"一时分外活跃，这也在事实上为天皇"神圣不可侵说"的再兴提供了极大的精神助力，更为日后的尊王攘夷奠定了思想根基，为王政复古开辟了前进道路。对此，明治新政府自然乐见其成。

1866年，明治新政府设立了取代幕府"寺社奉行"的"神祇官"，开始宣扬所谓的"祭政一致"。伴随着1867年的版籍奉还与官制改革，神祇官被置于政府各省之上，居于太政官制之顶端。天皇与神道的合二为一给世人留下了无比深刻的印象。在当时的日本，有一件事情是毫无疑问的，那就是激进改革派的终极目标在于彻底压制佛教，实现神道的国教化。于是，"神佛分离"与"废佛毁释"之暴风在不久之后便席卷全国。但是不曾想，佛教早已经深深植根于日本国民的精神世界，不仅无法被轻易根除，就连政府所推行的神道国教化政策也以失败而告终。

此后，随着废藩置县与管制改革，明治政府撤销神祇官，新设"神祇省"。但是，由于在神道宣教方面并没有什么突出的成果，1872年，神祇省也被撤销，取而代之的是"教部省"[2]。虽然相较于神祇官，教部省的地位大不如前，但是在所有行政机构中仍可称得上是居于高位。教部省负责寺社的废立、规模样式的确定、神官僧侣的任命与升迁等工作，虽然其依然承担着以神道教化国民的艰巨任务，但是也渐渐不再对佛教施行刻意打压，对于神官与僧侣也开始一视同仁。

但是，成就维新大业的关键乃日本国民那极力崇尚理性之精神，这就让他们不可能允许宗教与政权始终深度纠缠在一起，这也与新时代的整体气象格格不入。于是，强调国家与神道一体的论调与实践开始渐渐式微。1884年，明治政府废除了原先授予神官的教导职地位与头衔，进而批准各种宗教流派自由开展宣教活动。自那以后，国家与宗教在明面上的联系就只剩下了"社寺局"。这是1877年教部省被撤销后新设立的内务省下辖机构，负责管理下拨属于保护神社佛堂建筑物的经费。但与其说是弘扬宗教，还不如说是保护历史建筑。

1889年，《明治宪法》的颁布意味着宗教与国家的最后一根纽带也被剪断。其中的第28条规定：

> 日本臣民在不妨碍安宁秩序，不违背臣民义务下，有信教之自由。

司法的进步与完善

在国家演化的诸多领域之中，最能体现新旧日本体制之差别之处莫过于司法行政。在封建时代，为政者总是在没有可靠证据的情况下草草作出判罚，对轻微之罪往往也多施以酷刑。但是，根据深谙日本法制发展史的约翰·亨利·威格莫尔教授（Pro. John Henry Wigmore）的观点，封建时代的日本仍然有着"与当时社会情况相适应的法律制度，意义明确且首尾一致的规则集合、法令集合，以及有约束力的惯例集"[3]。

在威格莫尔教授看来，封建时代的日本司法体系主要有如下特点：

（1）通过在"一定范围内平衡利弊"，运用"因案制宜而非固定不变"的法令规则使得司法"具有人文考量而非冷酷无情"，因此有时候会"牺牲司法原则以提出权宜之计"。

（2）封建主义做派盛行，刑法方面尤甚。动用酷刑、羞辱等审问方式与惩罚手段十分常见。

（3）正义的实现与其说是依靠"法律的推动"，不如说是通过"仲裁或当事人的相互让步"。因此，"诉诸仲裁和互相妥协才是解决一般纷争的主要手段"，当事人只有万不得已才会使用诉诸法律这一"最后的手段"。正像在研究其他问题时一样，若想理解今天日本司法体系之种种特质，我们就必须研究其历史，以明其经纬，证其来路。

日本一方面参照西方法律推进本国法律成文化，另一方面不断完善必要的执法机构。明治时期的日本司法机构体系共有四个层级[4]，即大审院、控诉院、地方裁判所、区裁判所。

区裁判所是日本最基层的法院，只有一名"裁判官"（法官）负责审理案件；地方裁判所有三名，控诉院有五名，大审院则有七名。各裁判所都设有"检事局"，其中的"检事"皆由司法大臣任命。裁判官的身份受《明治宪法》保护，同检事一样，裁判官也须通过资格考试。《弁护士法》（即《律师法》。——译者注）给予了弁护士（Barrister，指的是有资格出席较高级别法庭进行辩护的律师。——译者注）相应的法律地位，并对从业资格、权利进行了严格规定。裁判官与弁护士同样都有遵从惩戒法规的义务。

表 14-2 给出了 1901 年日本裁判所的数量以及裁判官与检事的人数。

表 14-2　日本裁判所及裁判官、检事情况

	数量	裁判官人数	检事人数
大审院	1	25	7
控诉院	7	121	29
地方裁判所	49	399	140
区裁判所	310	557	159

日本的"刑务所"制度（监狱制度。——译者注）在近年来有了很大的改观，比起任何西方国家都不遑多让。

在日本，普罗大众能从街上的警察身上瞥见"法的尊严"。事实上，日本警察往往都是世人眼中的"法的体现者"，这一点他们当之无愧。在我看来，日本警察是非常优秀的群体，而且就像法国宪兵队那样，他们在本质上更像是一群出色的军人。不过，相比普通应召入伍的士兵，警察领取的薪资酬劳更高，接受的训练内容更广，他们几乎个个品格高尚，恪尽职守。

官员的身份

日本的官员大致分为四个等级。居于最高等级的官员主要有：由天皇任命的"敕任官"，拥有直接面圣禀告相关事务的资格。其中，由天皇亲自任命的称为"亲任官"，总理大臣与各省大臣皆属此列。等级仅次于"敕任官"的官员称为"奏任官"，顾名思义，由总理大臣与各省大臣奏请或推荐而得到任命，可以在国有庆事之时进宫晋谒天皇。敕任官与奏任官又统称为"高等官"，共分为九等，敕任官为一等与二等，奏任官为三等至九等。奏任官之下的官员称为"判任官"，共分为四等。与由各省大臣任命的奏任官不同，判任官无权进宫晋谒天皇。还有就是判任官之下的官员，包括政府各机构的下属职员、临时雇佣人员以及特聘人员等。

此外，判任官以上的官员如果因为自身功勋而得到天皇所授予的称号或爵位，那么，在官方文件中，他所获得的称号或爵位可以像官职名那样，添加在其姓氏之前。这也是日本官员以之为傲的"天皇之官吏"。官员身份一般只有通过考试方可获得。不过，对于某些特殊职位而言，如果应试者拥有通过教育所获得的某类资格的正规证明，那么可以免去考试环节。

废藩置县与地方自治

王政复古之后，日本地方政府所遇到的困难要比中央政府更甚。因为这些涉及地方自治的诸多问题往往直接关乎国民生活的方方面面。起初，中央政府还是希望尽可能地维持旧时的地方机构组织，但最终发现实乃沉疴难愈，积重难返。1871 年 8 月，中央政府统一实行废藩置县。随即，天皇发布诏敕，说明维新之动力、改革之目标、统一之必要，以下摘译些许：

> 朕以为，值此剧变之时，若想予亿兆国民以平和安乐，须将国民所言所想付诸现实，亦须建立团结统一之国家政府。先前，朕已准奉还大政之策，亦首度敕任知事。然封建旧制已因袭数百年有余，维新所指与现实所行相去甚远者众矣。若此以往，何以内护国民之平和安乐，何以外铸大日本帝国与外邦之平等关系？朕对此甚感遗憾。而今废藩置县已大功告成，望能减冗余之支出，促变革之进展，洗不虚妄之弊病，除多极之政疾。望汝等臣民体察朕意，秉心笃行。

在我这样的外国人看来，天皇所宣告的地方制度改革无疑是激进乃至于危险的。但是，日本政府对于改革却是充满信心。最终的结果倒真如他们所愿。这次改革对于各藩的旧大名来说的确是极具冲击力。但是，正如前文所说，在奉还版籍后转任"知藩事"的多数大名都被证明并不适合担任今天的地方行政长官。因此，在逐渐认识到知人善任的重要性之后，明治政府越发地想要用更有能力者取而代之。于是，随着废藩置县的推行，当时所有在任的知藩事全部遭到了罢免，政府在保障他们继续享受家禄与华族身份的同时，

统一安排他们移居东京，转而由中央政府向地方派遣"府知事"与
"县知事"（即"县令"。——译者注）。

　　随着越来越多的毕业生走出学校与大学，有些习得新知的年轻
人得到了以地方官员身份在府厅或县厅就职的大好机会。随着工作
经验的积累，他们最终都成为卓有政绩的一方官员。当然，行政效
率低下的现象在日本依然不算少见，而且更让人痛心的是，近年来
的贪污渎职之事似乎已经趋于常态，相关新闻也是屡见报端。

　　尽管如此，如果综合考虑各种因素与飞速变化的现实，我们依
然有充足的理由相信，比起那些号称廉洁与高效典范的他国政府，
日本的地方政府并没有逊色多少。随着官员薪酬的提高，新闻媒体
和公共舆论影响力的与日俱增，我们相信日本的地方自治水平一定
能实现进一步的提升。

　　我在第十三章中已经提到，1875 年 4 月颁布的《渐次立宪政体
树立之诏》要求每年召开地方官会议。随后，地方官会议的权限逐
步扩大，同时越来越多的地方都开始尝试采用代议制度。为了优化
地方自治体制度，中央政府于 1878 年 7 月制定出台了《府县会规
则》与《郡区町村编制法》，此外还颁布了旨在整合地方税收，确
保财源稳定的《地方税规则》。随后，地方官官制（1886 年）[5]，市
制、町村制（1888 年）[6]，以及府县制、郡制（1890 年）[7]等制度也
先后公布，沿用至今的日本地方自治制度自此基本成形。

　　为了对地方制度进行优化与充实，明治政府将全国分为 47 个
"府县"、653 个"郡"、48 个"市"与 14,734 个"町村"。位于大
都市圈中心的东京、大阪与京都被冠以"府"之名，"町"与"村"
的划分依据则是区域内的立户数量。这些地方本着"人民代表制"
的原则，相继成立了"府县会""市町村会"等各级议会，对以财
政问题为首的地方重要行政事项进行决议与监督。府县知事、市
长、郡长往往兼任同级地方议会的议长职务。

日本地方自治机构大致可分为三个层级："府县厅"为一级，"郡役所"为一级，"市町村公共团体"为一级。其中，在地方与社会联系最为紧密的市町村公共团体堪称最具代表性的日本地方自治机构。府县厅与郡役所由于本身必须承担较多的地方行政事务，因此在自治功能的发挥上就没有市町村公共团体那么显著。市町村一级的各种社区（即"地域社会"，有点类似于街道办事处。——译者注），无论是在法理层面还是在行政实务中都称得上是真正的自治团体。这些社区依法享有法人权利，承担法定义务，有权安排区域内的一切公共事务。

自 1890 年府县制正式实施以来，日本的地方自治制度整体上运转良好。这种制度不仅是为中央政府开展国民政治教育提供了稳定的流程与程序，也为国民提供了直接推动国家繁荣与经济社会福祉的机会。就像在世界其他地方那样，地方自治在日本国民的政治生活中的重要性与日俱增，地方自治体的职能也将愈发丰富。但是，这并不会削弱中央政府的至高权力。总而言之，日本中央政府与地方自治体将遵从国家演化的一般规律，逐渐从过去那种高度同质化的政府管理体制转变为如今越发丰富多样的社会治理机制。中央与地方的连接也将随之变得更为紧密，更加具有凝聚力。

主要参考文献

山胁春树的《二十世纪初的日本》的第一部对日本的行政组织进行了非常到位的概述。克莱门特的《近代日本概览》（第十章）同样非常值得参考。《日本亚细亚协会纪要》也登载了不少相关论文。不过，对于日本行政组织体系的历史研究还有待深入，相关著作仍比较匮乏。

▋ 译者注释

1. 即由天皇直接任命的官员。

2. 1869 年，日本政府对太政官制进行改革，形成了所谓"二官六省"的机构格局。其中，"神祇官"置于主管国政的太政官之上，极大地突出了神权。1871 年，明治政府实行废藩置县，太政官制第二次进行调整。由于彼时维新思潮占据上风，神祇官降格为"神祇省"。1872 年，神祇省被撤销，改设"教部省"。随后，明治政府在东京设置大教院，府县设置中教院，各区设置小教院。1874 年，教部省规定非教导职者不得出任寺庙住持，从而使各宗诸寺住持都成为教导职。教导职为教部省的属员，分为从大教正、权大教正、中教正到训导、权训导的 14 个等级，是当时僧人在社会上地位高下的重要标志。教导职的使命就是围绕"敬神爱国、明天理人道、奉戴天皇、遵守朝旨"的教则，向人民宣传敬神忠皇、神德皇恩、人魂不死等思想，将佛教改造成辅翼天皇制国家的重要力量，为巩固天皇专制统治和明治维新服务。参见胡明远、于洁：《日本明治政府初期佛教政策的演变》，载《辽东学院学报（社会科学版）》2010 年第 6 期。

3. 引自《日本亚细亚协会纪要》第 20 卷增刊号。

4. 1890 年 11 月开始实施《裁判所构成法》即法院组织法，标志着日本近代法院体系的建成。

5. 将之前各地混用的"府知事""县令"等官职统一为"知事"。

6. 将人口在 2.5 万人以上的"町"升级为"市"。市长由内务大臣在市议会推荐的三名候选人中任命产生。市议会议员根据纳税额的多少享受三个等级的选举权。町村会可以直接选举町村长。

7. 根据这一制度，府县知事只能由府县议会议员选举产生。郡是居于府县与町村之间的行政单位，郡长由郡议会官选产生，作为决议机关的郡议会由 1/3 的大地主（拥有土地价值超过 1 万日元）与 2/3 的各町村会议员组成。

第十五章　财政与金融改革

维新伊始的财政状况

封建制度的土崩瓦解导致日本的财政状况一度深陷混乱。新政府迫切需要建立起一个统一的财政税收体系，从而确保国家各项事业能有充足稳定的资金来源，而在推动日本经济持续发展的同时还需要尽量避免对各个社会群体带来不必要的负担。我们只需略观当时的社会现实，就不难发现新政权所面临的财政状况是何等的严峻。1868 年 1 月 3 日，天皇重掌大权，彼时的日本国内税收仅为财政总支出的 10%。因此，为尽可能地实现收支国内平衡，我们也就不难理解为什么明治政府会发行许多不可兑（正币）纸币[1]（inconvertible notes）。详细阐述日本的财政与金融改革显然不是我力所能及之事，因此本章仅对其中的关键要点进行介绍。不过我相信，这些就足以表明，明治时期的日本政治家们不仅领导国家顺利度过了财政危机，而且还取得了值得称道的成绩。

维新引发的社会剧变给政府带来了诸多难题，对各个社会阶层造成了极大冲击。其中，严峻的财政状况不仅让各行各业惊慌失措，更让外界纷纷唱衰日本经济，悲观预测比比皆是。但是，财政当局运筹帷幄、巧妙应对，最终用事实打了那些唱衰者们的脸。尽管依然任重道远，但是我们确信，日本如今的财源已经足以确保国内财政状况的整体稳定。

封建时代的税制

天皇的《五条御誓文》可谓明治政府的施政纲领。其中的第 3 条有云：

> 官武一体，以至庶民，各遂其志。

这即是说，不仅是文武官员，每个国民，哪怕只是庶民百姓，也都有发挥自身才智，实现人生抱负的机会。这短短十二个字可谓一语道破明治新政权与封建制旧统治的根本区别。就本质而言，封建时代的日本社会其实是一种军事组织，有着"士农工商"的地位尊卑与身份之别。在这种体系之下，如果是出于维护武士的利益，农民、工匠、商人等庶民的福祉是可以被统治阶级断然舍弃的。

作为封建领主的大名不仅拥有旗下领地的统治权，而且还拥有领地内诸多事物的所有权，这两种权力之间甚至没有明显的边界。从农民手中收缴的"年贡米"是各藩大名财政收入的主要来源，年贡米的缴纳数量视耕地的大小而定，各藩也不尽相同。此外，工商业者也需要根据土地与产业的实际情况缴纳各种苛捐杂税。纵观整个日本封建时代，庶民身上的税收负担始终甚为沉重，更为糟糕的是，这种赋税还存在极高的不确定性，庶民随时可能因为领主的肆意妄为而被强制要求上缴农产品或金钱，甚至服徭役。由于多劳绝不意味着多得，因此，在封建时代，无论是个人还是领地内的全体庶民几乎都不可能实现自身的富足与全民的福祉。

不仅是各藩，作为中央政府的幕府的财政状况同样令人担忧。虽说将军在理论上拥有号令各大藩族的最高权力，但在实际统治中，将军对各藩大名的控制力仍然十分有限。在必要时，幕府的确可以调动各藩军队，也可以提出一些要求各藩出人至江户服役的指令。但是，幕府无法直接对各藩领地内的臣民课税。虽然也有大名会为幕府提供捐赠，但是金额往往都很有限。

新政府面临的财政问题

如此这般，新政府面临的财政问题就变得既特殊又复杂。王政复古之后，虽然天皇的中央政府掌握最高权力，但是一时之间也无法自如调动各地的财政资源。在这种情况下，若想建立一个令人满意的新型社会与政治组织，首先就必须彻底变革封建制度，尤其应该废除各藩（财政税收）的特殊性以及武士阶级的特权。其次，必须为社会各阶级的诉求确立一个无可争议且可以参照的共同基准。再者，为了回应这些诉求，还必须找到稳定的财源。

因此，新政府认为必须尽快采取非常措施，并寄希望于发行不可兑纸币来弥补岁入的不足。随着新政府逐步掌控全国，一切旧时的封建特权都被废除，这就为日后确立规定"四民平等"的全新法律奠定了基础。

纸币整顿与金本位

在封建时代，各藩流通着各种统称为"藩札"的纸币[2]。藩札的价值主要取决于发行藩的信用状况。维新之后，中央政府在财政金融领域的首要任务就是改革（通货）币制，尽快结束全国财政与税收的混乱局面。不过，在考虑了各种方法之后，中央政府最终还是选择重走各藩的老路。1871 年 8 月，中央政府开始尝试用自己发行的纸币（即政府纸币。——译者注）将流通领域中总额高达 2,505 万円的各种藩札全部替换，同时彻底禁止藩札的流通。

在回收藩札后的五年里，中央政府共发行了总额近 6,000 万円的"信用纸币"[3]。这些纸币几乎等于甚至一度超过国内银币的总价。但是，由于各项公共工程相继开工，国家组织为适应新环境也历经改革，政府的财政支出需求越来越庞大，因此不得不继续增发信用纸币，结果自然导致信用纸币的迅速贬值，通胀现象严重。等到 1881 年，日本国内流通着的纸币总额已经高达 1.5 亿円，相当于 10 枚面值 1 円的银币可以买 18 张面值 1 円的纸币。

中央政府深知自己有责任解决这一问题。1881 年 10 月，在尝试了一系列权宜之计以后，松方正义伯爵（Count MATSUKATA Masayoshi）出任大藏卿一职，全力推行紧缩性的财政政策，坚决采取有力措施以稳定国内通货。其一，减少流通领域中的信用纸币数量，并努力让其与银币等值；其二，不断买入金属货币（正币），快速增加金属货币的准备储量。到了 1885 年年中，日本国内流通的信用纸币总额已减少至 1.19 亿円，纸币与银币之间的差额锐减至先前的 3％，国库的金属货币储备金总额则上升至 4500 万円。同年 6 月，政府宣布恢复纸币与正币（银币）挂钩的兑换制度，翌年 1 月正式实施。

布林克利上校在仔细分析日本整顿纸币的有关措施之后表示：

> 从结果来看，日本的诸番经济改革壮举的确称得上是卓有成效。在困难时期，那些掌管日本财政命脉的政治家们展现出了透彻的洞察力、强大的组织力与非凡的勇气，这是谁都无法

否认的事实。

其实早在 1871 年 6 月，日本政府就已经颁布了意在推行金本位制的《新货币条例》。但是，由于当时远东贸易的通用决算货币是白银，因此日本政府计划主推的单一金本位制在现实中难以真正付诸实践，从而导致在随后很长的一段时间里，日本施行的其实是金银复本位制的货币体系。直到 1897 年 10 月 1 日，日本政府才得以推行完全的金本位制。这场货币制度变革的直接领导者是时任内阁总理大臣兼大藏大臣的松方正义伯爵。他有一份专门讨论此议题的详细报告，现已有英语译本，有兴趣的读者可自行查阅。特别需要说明的一点是，金本位制下的 1 円金币含金量为 2 分（约 750 毫克），这与银本位制下的 1 円银币的价值大体相当。此举意在避免币制转换所可能引发的商品价格剧烈波动或债权债务关系的混乱。

调整地租

从某种意义上讲，大名将封地与臣民奉还天皇所引发的经济关系变革是一种由"封建式"的共同主义向个人主义的转变。一方面，根据近代公法的基本原则，拥有行政权的明治新政府在废除领主的土地所有权之后，必须转而承认民众个人对于土地的所有权。明治政府最初许诺给予那些放弃封地与俸禄的封建领主与家臣集团可以世袭的"家禄"。但是，由于家禄制度在 1876 年被废止，作为补偿，他们又获得了由政府下发的金禄公债证明书（附有利息）。另一方面，日本政府会根据土地当下的支配者来确认土地的所有权归属，不再以所有者的个人身份作为判断归属的依据。[4]随着世人对于经济法则认识的不断深入，日本人这种土地确权方式或许会被认为是一个重大失误，但是我在此只作客观事实的陈述。

在江户时代，幕府明令禁止土地买卖（虽然明里暗里总有各种钻空子的交易方法），佃农（即租种土地的农民。——译者注）也没有随意耕种作物的自由。当时，各藩都只想尽可能地维持自给自足的小日子，因此，只要土地能够定期产出一定数量的作物，诸如优种增产之事就完全不在他们的考虑范围之内。

1872 年 3 月，继上一年宣布土地所有者可以自由耕种之后，日本政府又解除了土地买卖的禁令。对于那些在新政实施时恰好拥有土地的人来说，这无异于天赐良机。

不过，日本政府依然会根据土地价值来对其所有者征收一定比例的地租。地租的计算方法如下：第一步，计算出这片土地过去五年的年均作物产量。第二步，根据同期的平均价格计算出年均作物产量的价格。第三步，将这一价格作为利息，反向推算出产生这部分利息所需要的本金。这个"本金"即为这片土地的价值。一言以蔽之，地价即是将除去生产费、租税后的纯利润进行资本还原后的价值。第四步，根据地价征收固定比例的地租。

根据 1873 年 7 月颁布的初版《地租改正条例》，地租为地价的 3％且需以货币形式支付。此举招致了农民的强烈抵制，一时各种骚乱频发。因此，1877 年 1 月，日本政府将地租率下调至 2.5％。但是，甲午战争结束之后，由于日本政府为扩张军备而制订所谓的"战后财政计划"，地租率因此又被上调至 3.3％。1881 年，地租调整工作基本完成，当年政府的地租收入约为 4,200 万円，约占 6,000 万円日本国税总额的近七成，可谓当之无愧的税收支柱。全程领导、参与此项地租改革的松方伯爵对于其中经纬有过如下的介绍：

> 土地是我等一切物质生活的根基。土地所有权改革更是极其重大的历史性事件。事实上，调整地租本身就是国家经济得以自由生长的基本社会条件。至于地租立法，这是我们贯彻"依法对国民履行纳税人义务进行约束"这一基本原则的具体实践，这一原则在后来的《明治宪法》中更是得到了进一步的保障。

从松方伯爵的表述中我们可以得知，这就是那些创造了今日之日本的大人物们所坚持的经济原则。

其他税收来源

为了满足国家快速发展的需要，日本政府必须找到地税以外的稳定岁入来源。其一乃个人所得税。1887 年，日本开始对年收入 30 万円以上的个人征收新的直接税，税率为 1％—3％。其二乃造酒税。在相当长的一段时间里，日本政府在造酒税的征收上一度任性无比、缥缈不定。1887 年，造酒税的征收标准终于得以确定。每 1 石（约 180 升）清酒征收 1 円造酒税，1890 年时上调至 2 円。此后，造酒税又多次上调。如今，日本政府的造酒税征收对象已经扩展至啤酒及其他酒精饮料。如今，造酒税不仅是最为重要的间接税种，而且在所有国家岁入来源（包括地税）中也都能排得上席位。

1894—1895 年的甲午战争极大地改变了日本的财政状况。

表 15-1 给出了日本在战前（1893 年）的主要税收数据，以供读者参考。

表 15-1　1893 年日本经常性税收

税种		金额(円)
租税收入	地税	38,808,680
	所得税	1,238,763
	酒税	16,637,436
	关税	5,125,372
	其他税种	8,194,512
	合计	70,004,763
官营产业与官有财产收入		11,743,268
杂项收入		4,135,049
总计		85,883,080

甲午战争的胜利开启了日本财政史上的全新时期。陆海军战后扩张计划的实施、土木工程与各项产业的勃兴，都推动着日本政府大幅上调国家预算。其中的一部分就从清政府的战争赔款支出，其余部分则通过增加税收来弥补。战后，日本政府更是趁势推动了由银本位制向金本位制的转轨。由于清政府要向欧洲诸国借款才能支付得起战争赔款，因此日本也同意清政府以英镑而非白银的形式进行支付。其结果就是，日本政府从清政府手中获得了 3,200 万英镑（约 3.1 亿円）。其中的一部分被日本银行（即日本的中央银行。——译者注）吸纳为正币准备金，金本位也因此得以顺利实施。表 15-2 与表 15-3 分别给出了 1902 年的日本政府年度收入预算与支出预算数据。

表 15-2　1902 年度收入预算（1902 年）

收入			金额（円）
经常性收入	租税收入	消费税（酒、砂糖）	69,882,212
		土地税	46,845,971
		关税	17,045,611
		所得税、营业税	12,713,812
		其他税种	6,942,935
		小计	153,430,541
	印花税		14,304,951
	官营产业（邮政、铁道等）与官有财产收入		50,814,978
	杂项收入		6,244,570
	合计		224,795,040
临时收入			48,835,836
收入预算总额			273,630,876

表 15-3　1902 年度支出预算（1902 年）

支出		金额（円）
经济性支出	宫内省	3,000,000
	外务省	2,282,785
	内务省	10,583,416
	大藏省（国债费）	39,905,495
	大藏省（其他支出）	21,858,183
	通信省（邮政、电报、港口建设、灯塔等）	21,172,977
	陆军省	38,432,317
	海军省	21,349,054
	司法省	10,837,646
	文部省	4,845,708
	农商务省	2,948,913
	合计	177,216,494
临时支出		93,208,001
支出预算总额		270,424,495

　　在支出预算方面，表 15-3 的"临时支出"包含了 1900 年出兵

华北（八国联军侵华。——译者注）的相关费用。这部分支出由当时的国家储备金先行垫付，目前已用甲午战争赔款完成返还。其他的"临时支出"还包括铁路港口等公共事业建设费、陆海军的军备扩张费、文部省与农商务省的新修建筑费等。

在收入预算方面，一方面，随着战后财政计划的实施，新税开增，旧税上调；但是，另一方面，为了简化税收体系，规范税收制度，有些税种也得以取消。此外，随着日本人心心念念的"条约改正"的实现（将在下一章中详述），日本重新拥有了一定程度上的关税自主权。日本政府开始对不同种类的商品征收 5％—35％ 的从价税，外贸体量随之大幅攀升，关税收入更是增长显著。对此，松方伯爵有如下评论：

> 自那以后，关税就成了日本国家岁入的一大重要来源。不仅如此，我国政府在对税收体系进行整体调整的基础上，还拥有了更多的自由裁量权。比如，我国政府可以将某类进口商品的关税提高至其国产竞品所缴国内税的同等水平，进口的酒精饮料与烟草便是如此。
>
> 虽然从整体而言，关税自主权已经重新回到我国政府之手，但是某类商品的进口关税仍然受到几个与外国的既订条约的限制，这难免有些遗憾。不过，令我高兴的是，美利坚合众国并不在其列。
>
> 恢复关税自主权并不等于日本就要刻意采取保护性贸易政策，而只是想尽快实现对于所有种类进口商品的关税自决。日本在关税协定上始终坚持互惠互利的基本原则。我们希望其他国家明白，日本所希望的只是完全废除现有条约中对日本单方面施加的关税义务。

尚可接受的租税负担

虽然日本国民的收入与支出都在增加，但是国民身上的税收负担倒是尚可接受。每人每年平均需要缴纳的直接税刚刚超过 3 円，我想这还远称不上沉重。

上述数据表明，甲午战争的胜利是日本国民经济和财政状况的一个重要拐点。战后的日本更需要面对一种全新的远东格局。过往种种也都表明，若想在欧洲列强的进犯下得以存续，一支强大的陆海军必不可少。如此一来，为了应对战后的新形势，壮大本国军事力量，增加税收就成了日本政府的必然选择。

与此同时，日本的外贸体量增长迅猛，随着西方产业与技术的持续引入，财富也随之滚滚而来。因此，除了赤贫阶层，很少会有日本人觉得税收给自己造成了极大的负担。随着农产品价格的大幅攀升，土地的实际价值至少是其作为税收基准的土地均价的三倍以上。为此，日本政府于 1899 年将地租率由原先的 2.5％上调至 3.3％，但是根据计算，实际地租率仅仅约为土地实际价值的1％。因此，对于那些因为在地税改革时接受政府所发地券而一夜成为地主的人来说，地租的上调并没有使他们的税收负担变得更重，因为土地的市场溢价轻轻松松就能抵消地租上涨部分的金额。

地租改革只是日本政府减轻土地所有者负担的举措之一。自地租改革起，土地所有者的负担就已经在逐步减轻。不少佃农摇身一变成了先前租种土地的实际所有者。作为获得这种地主身份的交换，他们需要缴付 80 年的"土地代金"（相当于买下土地。——译者注）。很显然，地税在本质上就是一种比较温和的租金，而且从严格意义来说，农民自己也没有将其算作自己应该缴纳的税种。

　　所得税与营业税的收缴对象主要是那些已经享受到日本经济发展红利的人。但是，国库收入中有很大一部分并不是通过税收得来的，主要由两大部分构成：其一是官营产业与官有财产的收益，比如铁路、邮政、电报、电话、工场、官有林等。随着国家日益繁荣，这部分收入自然水涨船高。但是在 12 年前，这部分收入仅有850 万円，现在这一数字已经超过 5,000 万円，这其实也可以视作政府投资官营产业所获得的收益。其二则是酒税与烟草税。不过，由于这两样商品的奢侈品与嗜好品属性，只有那些成瘾难戒之人才是主要的征收对象。由于进口商品产生的税收都是间接税，因此一般的消费者很难直接感受其存在。经过通盘考察后我们可以发现，日本国民的租税负担并未明显加重。

　　表 15-4 给出了 1892 财年与 1902 财年的日本国民人均收入、支出、租税与进出口金额。因为日本于 1897 年正式施行金本位制，因此 1892 财年的数据是基于金本位制换算而来的。

表 15-4　国民人均收入、支出、租税、进出口额

	1892 财年（円）	1902 财年（円）
总收入	3.33	6.16
总支出	2.52	6.15
经常性收入	2.64	5.06
经常性支出	2.09	3.88
租税	2.15	3.32
进口	2.35	5.93
出口	2.98	5.64

优先利用国债

日本政府的财政政策有这样一个显著特点，那就是比起外国资本，日本政府更偏好借助国内资本，尤其是通过发行国债的形式来实现内政改革，推动产业发展。读者可以查阅《大藏省报告》来了解各项国债的具体数字。但是，应当着重指出的是，日本政府通过国债所募集的资金没有一分钱被用来弥补经常性收入赤字。日本政府发行国债主要是为了重建国家机构，调整财政税收，修筑公共工程，增进民生福祉与强化军事实力。表 15-5 给出了 1871 年起每十年的日本国债发行量与利息等数据。

表 15-5　日本国债发行量变化情况

年份	发行量 （円）	利率	国民人均利息 （円）
1871	4,880,000	9.00	0.013
1881	237,349,361	6.45	0.417
1891	246,042,374	5.42	0.328
1901	547,575,950	5.15	0.602

从上述数据可以看出，明治政府发行的国债平摊到每个国民头上最多也不超过 12 円，相较于同时期的欧洲国家可以说是非常低了。根据原先拟订的财政计划，国债应该要在 50 年内还清。虽说计划往往赶不上变化，但是只要财政政策运用得当，除非发生小概率的非常规事件，那么日本政府的债务清偿能力无疑是值得信赖的。如果进一步比较世界其他主要国家的人均国债金额（详见表 15-6 所示），我们就更能够看出，日本政府发的国债真的不算多。

表 15-6 主要国家人均国债情况（1901 年）

国家	英镑 （£）	先令 （Shilling）	便士 （Penny）
澳大利亚	51	3	4
法国	33	1	0
阿根廷	18	14	11
英国	18	9	11
意大利	15	17	11
埃及	10	12	2
俄国	4	19	8
瑞典	3	15	5
墨西哥	3	14	0
日本	1	6	4

注：1 英镑＝20 先令＝240 便士。

英国的人均国债利息约为 10 先令，而同期日本的人均国债利息甚至还没超过 2 便士。但是，相对较低的利息并不意味着日本政府将大部分国债收益都作为税收而纳为己有。事实上，日本国债的大部分收益都被投资于那些具有高生产力的产业，每年都为国库带来大量收益。如果以工资标准来衡量的话，日本劳动阶级所获得的实际国债利息应该要比英国劳动者阶级获得的更多。

地方税制确立

随着地方自治制度的确立，地方公共团体的支出水涨船高。大笔大笔的资金被用于发展公共事业，修建公共设施，改进基础教育。最新数据显示，在不到十年的时间里，日本各府县与市町村的岁入就从大约 5,368 万円上升至 1.293 亿円，岁出则从大约 4,473 万円上升至 1.1286 亿円。据预测，地方财政的增长势头在未来几年里仍会延续。因此，日本中央政府正在严防地方自治体的无谓开支。

为了满足日益膨胀的财政支出需求，各地方自治体从旗下资产中抽取了大量资金，中央财政也通过国库给予了数额不菲的补助金。虽然明治时期的日本地方税制比较复杂，但总体而言有两种：道府县税与市町村税。有些地方税是以国税为基准征收的附加税，在这种情况下，其征收税额不得超过一定数额的国家税；有些地方税则是独立税，比如家屋税、车辆税和役畜税等。无论贫富，作为地方税的家屋税与作为国家税的个人所得税一律采取累进制原则。但是，其他税种则会依据贫富阶层进行区分，越是贫穷，缴税越少。新的地方税在开征之前必须得到府县会或市町会的批准。如果是重要的税种，还必须进一步获得内务大臣和大藏大臣的批准。

整顿银行制度

王政复古之前，只有作为同业行会的"株仲间"以及其下属的中间商方能进行商业筹资。这些中间商提供贷款、汇款、存单、发行票据等服务。他们一方面在各行业的商户之间进行商业金融活动，另一方面也作为"御为替组"[5] 负责为幕府提供公款转账、为封建领主提供所谓的"大名贷"等金融理财服务。

维新之后，明治政府不失时机地出台了奖励对外贸易的相关政策。随着时间的推移，各种各样的银行相继涌现，对国家的发展起到了非常重要的推动作用。1872 年，明治政府颁布了规定银行设立条件的《国立银行条例》，成立了若干"国立银行"[6]。

　　国立银行能够以更为有利的条件发行可兑换银行券。按照日本政府最初的设想，这些可兑换银行券将被用来逐次取代政府先前超发的不可兑纸币。但是，国立银行券发行之后遭遇了正币挤兑，加之由贸易赤字所导致的正币大量外流，国立银行很快便发现无法维持银行券与正币的既定兑换关系。1876 年，明治政府不得不对《国立银行条例》进行修订，终止了国立银行券与正币的兑换，转而允许各家银行以更为灵活的方式实现不可兑纸币的回收。比如，银行可以活用作为银行资本金的金禄公债，将占据资本金总额八成的金禄公债交由政府托管，并以之从政府处交换来发售等额不可兑银行券（本质上仍然是不可兑纸币，只是发行方变成了非国立银行。——译者注）的权限；剩余二成的资本金则通过政府纸币的形式进行持有，以备兑换之需。就这样，国立银行券最终慢慢完成了替代政府不可兑纸币的任务。

　　在这种回收不可兑纸币的过程中，日本政府很快就意识到必须建立一个统领所有银行的中央银行。1882 年，旨在整合银行业务，促进货币流通的日本银行成立，总资本金为 1,000 万円（政府出资一半）。1883 年，日本政府再度修订《国立银行条例》。根据新修订的条例，国立银行在营业期满之后将放弃银行券的发行权，已经发行的银行券则可以用可兑换成银币的银行券（即可兑银行券。——译者注）来清偿。此外，根据明治政府的授权期限，国立银行在开业满 20 年之后将会转变为普通的私立银行。1896 年 9 月，第一国立银行授权期满，自那以后直至 1899 年 2 月，共有 122 家（占比过半）国立银行转变为私立银行，重新开始发挥它们作为通货流通机构的职能。

　　在此之后，日本政府还设立了一种专门银行。1896 年，日本政府在中央层面设立"日本劝业银行"，46 个府县分别开设"农工银行"。这套特殊的银行体系旨在以不动产为担保的前提下，为振兴工农业提供利率较低的长期贷款，同时通过发行"劝业债"，为甲午战争之后资金需求旺盛的各类企业提供融资途径。日本政府始终高度关注储蓄银行的发展。1890 年 8 月，《邮政储蓄条例》与《储蓄银行条例》公布。其中不仅有关于邮政储蓄制度的通则，更有为了确保储蓄银行业务操作比普通银行更为安全而专门订立的规定。目前，日本共有储蓄银行 487 家，总资本金高达 5,800 万円。

在此前的 1880 年 2 月，持资 2,400 万円的横滨正金银行成立，专门从事贸易金融与外汇业务。1900 年 3 月，作为构建日本银行制度图景最后一块拼图的《日本兴业银行法》公布。日本兴业银行的主营业务和独特作用在于，以股票和债券为担保，向日本各个产业进行长期且稳定的注资。不过，由于大藏大臣要求、金融市场波动以及其他原因，日本兴业银行直到 1902 年才得以正式创立。

山胁春树先生在《二十世纪初的日本》一书中对明治年间的日本银行制度作过详细介绍。大藏次官阪谷芳郎博士也发表过研究日本财政历史与现状的著作，内容极为翔实。有兴趣了解详情的读者请务必一读。

当前之财政金融状况

虽然日本的财富总量仍有待进一步的调查，但是在此，我还是可以给出一些较为可信的推断数字，详见表 15-7 所示。

表 15-7　日本国家财富总额推测

财富形式	单位（100 万円）
土地	7,000
矿产资源	500
家畜	80
建筑物	1,900
家具	400
铁路	350
军舰、商船	250
正币	200
杂项	300
商品等	800
合计	11,780

表 15-7 中的有些财富是随着近年发展才出现的新鲜事物；有些则借助社会发展大势而得到大幅提升。此外我们也应该记得，除去从清政府手中获得的战争赔款（很大一部分都用于陆海军的扩张），日本几乎没有借助任何外资。有鉴于此，日本的财富总量实在是可谓增幅巨大。

由于日本国内的资金大多流向了各种产业或领域，因此便自然产生了《时代》杂志驻东京特派员报道中的这种情况：

日本不但没有涉足那些能够带来高利润的行业，反而还斥巨资来维持本国诸多现有产业的正常运转。于是，那些在英国人看来难以置信般"有利"的投资对于日本人而言却是兴致索然。为了完成铁路的敷设，铁路公司愿意发售收益率为 10％ 的优先股来进行融资。为了兴修水利，某些颇具营利能力的企业敢于以极大的折扣出售利息为 6％ 的债券。一流的银行甚至乐于提供 7% 利率的 6 个月定期存款。

当然，我们绝不能仅凭投资收益就对一个国家的现实状况妄下定论，而是应该在综合考察其经济状况与产业实态之后再作判断。在对日本的农业、水产业、矿业、制造业、铁路、电报、邮政、电话、商船队、银行以及金融商业相关领域的发展成就进行调查之后，我个人得出了如下结论：日本经济的发展速度要比任何一个国家都快得多。

同时，这种进步绝非流于表象，而是一种建立在稳固国民教育基础之上的进步，甚至在某些方面也值得西方国家认真学习。这些几乎完全由内资所创建的日本产业以及它们所实现的可观收益，正是日本人非凡经营能力的绝佳证明。

不过，我们必须认识到，在条件成熟之时引入相对廉价的外国资本同样有利于日本人进一步发展工商业，同样可以为日本的国家演化起到加速作用。过去，银本位制下的日本人绝不可能以黄金举债，欧洲资本家显然也不会用白银放贷。如今，日本已经开始施行金本位制，这不仅能够极大改善融资条件，而且也将有利于财政金融状况的改善与经济社会的发展。

此外，现在的欧美人对于日本人有了更多的了解，日本人在他们眼中的信誉度也正在不断提升。外国人现在可以通过各种方式调查日本人为融资提出的任何方案及其附加条件，确定抵押物的价值，判断相关担保人的可信度。目前，从日本人已经实现的种种成果来看，可以利用外资更上层楼的机会与空间简直比比皆是。在日本引入外资不仅可以为投资者创造极大的收益，而且更能增进日本的国家财富。对此，英国经济协会（British Economic Association）驻日通信员添田寿一（SOEDA Juichi）表示：

目前，日本经济正处于成长期。因此，如果拒绝外资的"滋养"，仅靠自然生长的日本经济显然无法达到预期的成长速度。但是，只要时机得当，资金到位，那么不管是国民储蓄，还是有先见之明的资本家的注资，无疑都可以帮助日本实现快速发展，这也符合日本与外部投资者双方的共同利益。

日本的真正国力尚未得到世界各国的充分认可，这实在是令人遗憾之事。在日本人证明自身能力的道路上势必会充满各种挑战。但是，只要他们始终能做到细思谨行、周全耐心，那么光是工商业上的"和平"之举（peaceful works）就足以为其开辟通向光明未来的道路，而这又恰好是日本人与生俱来的长处。

主要参考文献

日本政府定期披露的国家财政状况的报告书为本章的讨论和客观批评提供了不可或缺的论据。由大藏省发布的《财政经济年报》（Financial and Economical Annual）就是一份极具价值的资料集，其中记载着众多财政经济相关的完备数据。山胁春树的《二十世纪初的日本》则可以提供更多的细节，是所有日本财政问题研究者的必读书。文中所引用的财政预算数据可以在日报刊登的政府年度预算案中找到出处。松方正义伯爵在藏相任期内所撰写的《战后日本的财政事务报告》（Report on the Post-Bellum Financial Administration，1896-1900）是记录这一时期日本财政政策演变的重要历史文献。松方正义伯爵的《日本施行金本位制的情况报告》（Adoption of the Gold Standard in Japan）不仅证明了其作为行政官的出色能力，也展现了其在国际金融与贸易领域的深厚造诣。松方伯爵还在 1902 年 5 月号的《北美评论》（North American

Review）杂志上发表过一篇名为《日本的财政制度》（*Financial System of Japan*）的论文，对日本的财政制度与当前情况进行了简要而清晰的介绍。

对于普通读者而言，布林克利上校的巨著《日本与中国》（第五卷第一章）可能对理解本章内容最有帮助。大藏省次官阪谷芳郎博士也著有一部详尽的关于日本财政史的书（日文），也可以视作理解日本财政金融问题的标准教材。在过去的一两年中，英美的许多期刊都刊载了多角度研究日本财政问题的文章。日本国内发行的日报（日文和英文）对此也刊载过相关的讨论文章，相关研究者很容易就能找到。

■ **译者注释**

1. 亦称"不可兑票据"，指由政府或国家银行发行的不能兑换成金币或其他贵金属货币的票据。

2. 在江户时代，虽然各藩不能自行发行货币（硬通货），但是可以在幕府的许可下发行纸币，称之为"藩札"。废藩置县之时，日本全国共流通着 244 种藩札。

3. 信用纸币一般指的是由中央银行发行的中央银行券，这里则指的是可兑换纸币。由于中央银行的正币（银币）不足，信用纸币就在政府承认的前提下，作为法币进行流通。

4. 1872 年，明治政府废除《禁止田地永久买卖法令》，正式开启土地改革。政府将土地的所有权与永佃权分开，规定新兴地主保留对土地的所有权，农民对土地享有永久耕种的权利（永佃权），确认土地私有，允许土地买卖，根据土地的实际支配权确定土地所有权——由农民世袭租种的土地，归农民所有；农民短期租用的土地，归出租人所有；典押的土地，归受押人所有。这实际上是将地主与农民的关系，变成了纯粹的经济关系，去除了过去有关人身依附的部分。日本的封建领主土地所有制自此退出历史的舞台。

5."御为替组"大致可以理解为经幕府特许，专门进行公款转账等活动的金融类组织。

6. 需要注意的是，"国立银行"并非字面意义上的国营或国有银行，而是纯粹的民间金融机构，其名称最初由日本人参考美国的"National Bank"直译而来。根据最初的要求，国立银行的资本金比例为六成的政府（可兑换）纸币与四成的正币。最初以发行可兑换银行券、为殖产兴业提供资金为目的，共开办了包括"第一国立银行"在内的四家国立银行。1876 年 8 月，日本政府对《国立银行条例》进行修订，承认以秩禄公债和金禄公债为资本金的做法，并规定银行券不需兑换成正币即可与政府纸币交换。1879 年年末，日本国立银行已达 153 家，同时政府不再批准新设银行。《国立银行条例》修订之后，银行券相对于不可兑换纸币，起到了变公债为资本的作用，但是通货膨胀也随之加剧。因此，国立银行就成为以松方正义为首的大藏省的主要整顿对象。1883 年，再次修改后的《国立银行条例》规定，国立银行必须在创业后的 20 年内取消银行券。

第十六章　修改条约与对外关系

日本人的夙愿

在前些章节之中，我已多次阐述过这样一个事实：日本人接纳西方文明的主要动机既不是对财富的刻意追求，也不是对西方习俗的盲目模仿。在我看来，真正的动力乃是日本人心中那股无法忍受被视为下等国家（inferior power）的荣誉感。

在国民教育体系上效仿西方，那是为了培养能够在动荡时局中指引国家前进的人杰；在法律与司法行政上效法西方，那是为了让日本的法律更能保护外国人的生命财产安全。日本人确立立宪政体，那是为了表明政府会以实际行动回应国民诉求。日本人改进交通手段与通信技术，那是为了独立开发各地资源，从而让自己的国家有能力跻身工商业强国之列。

但是，催生这一切变革的根本动力始终都是日本人心中那个"大振皇基"的夙愿。长久以来，日本始终在努力追寻其理想中的国际地位，经年累月，这种努力终于结出了修改条约（即"条约改正"。——译者注）的硕果。尽管在商议修改条约的过程中，各国驻日公使不仅多次对日本的诉求置若罔闻，甚至从中作梗，但从某种意义上说，这种阻力对于日本而言或许也是因祸得福。西方人的不屑与傲慢反而让日本人变得更为坚决。这种坚决不仅在于他们更有决心实现修改条约的夙愿，而且也在于他们更有决心在彻底处理好内政问题之后承担起新的国际义务与责任。

不平等条约的起源

1854 年 3 月 31 日，马修·佩里率七艘军舰再度开赴江户港。作为代表美国政府的全权代表，佩里与幕府代表签订了共计十二项条款的《日美和亲条约》（即《神奈川条约》）。根据条约的规定，日本开放下田（伊豆半岛）与箱馆（虾夷地）两个港口供美国舰船停泊，并为其提供燃煤、木材、食物和其他物资补给。条约的其他内容还包括：救护遇难船员；开设贸易市场；给予美国无条件片面最惠国待遇；在两国政府都认为有必要之时，安排美国政府领事在下田居住等。同年 10 月，英国海军东印度舰队司令官、海军上将詹姆斯·斯特林爵士（Admiral Sir James Stirling）率领四艘军舰抵达长崎，与幕府签订了共计七项条款的《日英和亲条约》。根据条约的规定，日本将开放长崎与箱馆供英国舰船进港维修，开展物资补给等作业。

更为片面的新条约

1858 年 7 月 29 日，几经波折的幕府终于同美国驻日本总领事汤森·哈里斯（Townsend Harris）签订了《日美修好通商条约》，取代了先前的《日美和亲条约》。此后不久，幕府又分别与荷兰、法国、俄国、英国签订了类似条约（即"安政五国条约"）。同年，作为英国政府遣日使节的埃尔金伯爵与金卡丁伯爵詹姆斯·布鲁斯率领三艘军舰抵达品川海域，他与大君（即幕府将军。——译者注）的六位全权代表[1]签订了《日英修好通商条约》。条约的第 1 条开门见山地宣布：

> 日本大君与不列颠及爱尔兰女王及其亲族愿各自所领臣民相互保持永久之和平亲善。

条约还规定：日英双方将互相派驻外交使节（第 2 条）；日本将开放箱馆、横滨（神奈川）和长崎作为通商口岸，日后神户（兵库）与新潟也应该陆续开港（第 3 条）。其中，条约第 4 条明文指出：

> 居留日本之不列颠臣民所引发之纷争，皆由不列颠司人（即负责人、管理者。——译者注）裁断。

条约第 5 条进一步规定：

> 凡对不列颠犯罪之日本人，由日本司人以日本法度予以定罪惩处；凡对日本人或外国臣民或公民犯罪之不列颠臣民，由驻日领事或其他获得授权之官人依据不列颠之法度，予以审判裁断。双方都应秉公执法。

由此，英国方面的治外法权与"领事裁判权"确定下来了。

此外，根据《日英修好通商条约》，外国人可以在通商口岸经商与居留，而且还可以在居留地半径约 24.5 英里（约 40 公里）的范围内无护照地自由"游步"。《日英修好通商条约》继承了先前《日英和亲条约》中关于片面最惠国待遇的有关条款。根据条约附带的贸易章程规定，英国人需要缴纳的关税数额非常之少，大部分进口商品只征收 5％的从价关税。

1859 年，日英两国正式缔结外交关系。6 月 26 日，女王代表、英国驻日总领事阿礼国爵士抵达江户赴任，到了年末，他又被任命为特命全权公使。随后，其他西方国家也陆续将自己的驻日总领事升格为驻日全权公使。

再度否定关税自主权的改税约书

1866 年 6 月 25 日，英国、法国、美国和荷兰四国的代表分别与幕府负责外国事务的老中水野忠精（MIZUNO Tadakiyo）进行谈判，并最终在江户签订了《改税约书》[2]。《改税约书》乃幕府迫于四国威压所签，共有十二条，主要内容在于降低进口关税，实施促进外贸的各项新举措。

《改税约书》第 4 条规定，日本政府需在各通商口岸设立保税仓库，旨在确保外国商人能在不缴纳二次关税的前提下，将那些在日本销路不畅的货物进行再出口。第 5 条规定，对运往各通商口岸的日本产品免征运输税及其他税费，因为陆路或水路维修而统一征收的费用除外。第 6 条规定，日本政府需要扩大货币铸造所的生产规模，同时无论是日本人还是外国人，都可以在扣除改铸费的前提下，用外国的金银货币或生金兑换等值的日本货币。第 9 条规定，日本政府需取消对进出口的限制，凡日本人，无论是商人、大名或是大名雇用的人，都可以在通商口岸与外国人进行交往与贸易，政府不得横加干涉。第 10 条规定，日本人可以使用自己或外国船只在日本通商口岸与国外港口之间从事海运贸易，在签证允许的范围内，他们还可以自由地出国学习、经商，或在外国船只上从业。第 11 条规定，政府有义务在通商口岸海域设立灯塔、安置浮标，以确保海运安全。

顾名思义，关税问题是《改税约书》的重中之重。《日英修好通商条约》附属贸易章程中规定的 5％—35％ 的从价税被废止，根据新制定的关税列表，对主要进出口商品统一改征 5％ 的从量税。《改税约书》是推动贸易发展的重要一步，正如代表英国参加谈判的驻日公使巴夏礼爵士所说：

> 如果《改税约书》的各项条款可以得到忠实贯彻，那么日本以及日本国民就能够自由地分享全球贸易的丰硕成果，进而彻底摒弃过往的那种锁国自守的外交政策。

不平等条约所挑起的国民情绪

事实上，"安政五国条约"是在未得到天皇敕许的情况下签订的，尽管王政复古以后，天皇的敕许终于姗姗来迟，但是日本国民在签订的最初就认为，"安政五国条约"中的部分条款实乃丧权辱国。在日本人看来，五国条约是在默认双方天然不平等地位的前提假设上签订的，一方是文明开化的西方白人，另一方则是刚刚摆脱半野蛮状态的亚细亚日本人。西方基督教国家在与东方非基督教国家订立条约时，总是强行要求本国臣民或公民免于居留国家法定的诉讼程序与惩戒措施的约束（即所谓的"治外法权"与"领事裁判权"[3]的结合。——译者注）。也就是说，在这些西方基督教国家看来，居留在亚洲国家的西方人理应享有只受其本国法庭传讯和本国法官裁判的特权。这种特权在民事领域亦是如此。

这种豪横的"原则"在西方人与日本签订条约时同样可见一斑。起初，欧美诸国显然将此视为明智之举与权宜之计。但是，西方人很快就发现，日本人与其他东方民族大相径庭，对于民族独立的极度渴求让日本人对屈居外国之下极为抵触。从最初的谈判开始，日本上下几乎无一例外地强烈抵制所谓"治外法权"的有关条款。很显然，日本人极度渴望修改条约，实现司法自决与关税独立。这也是明治政府在成立后不久就派遣右大臣岩仓具视率使团出访欧美各国的直接原因。也即是说，岩仓使节团的出访绝非仅仅是为了考察欧美近况，修改条约才是他们的心之所向。

根据《日美修好通商条约》第 13 条的规定，条约双方可以于 1872 年 7 月 1 日（日本的旧历时间。——译者注）之后商议修改条约之事。当时有不少政府官员认为应该全力促成新条约的订立。不过，无论政府官员们抱有何种期待，此时距离修改条约夙愿的实现依然还有许多年。尽管岩仓使节团未能实现修改不平等条约的预定目标，不过考察欧美的诸多成果绝对没有白费。此次出访使得欧美诸国有机会了解日本这个国家，有机会近距离接触日本人，使节团在所到国家收集的丰富资料为日本最终获得今日之发展成就与国际地位奠定了坚实的基础。

领事裁判权诸事

当时的日本人对欧美列强在日享有的"领事裁判"问题极为关注。在日本人看来，不仅仅是"治外法权"这一基本原则，领事裁判的内容构成、诉讼程序、最终裁决等诸多要素无一不是对日本国家尊严的极大侵犯。英美等几个西方列强（主要是英美）更是在日本开设了具备审判资格的法庭，还任命了专职的裁判官来主持相关工作。不过，大多数条约国都更倾向于把领事裁判的权限授予"商人领事"。但是有些时候，这些领事不仅不熟悉需要执行的法律条款，甚至可能还会与需要自己公正裁判的商事问题存在利益瓜葛。

曾经就有日本人目睹案件被告即为裁判官本人的奇景。

不过就整体而言，领事滥用裁判职权的情况并不多见。当然，这并不意味着我要为这种霸权制度辩护，但我希望各位能够认识到一个客观事实，即在明治初年的过渡时期，领事裁判制度确实也帮日本人解决过不少麻烦。无论从哪方面看，当时的日本缺乏具有丰富执法经验的专业人才，因此，将裁判管辖权暂交外国人之手，或许的确能为日本人免去许多棘手之事的困扰。

有关治外法权的讨论

如上文所述，"治外法权"制度的存在极大地刺激了日本人，他们迫切希望恢复行使每一个主权国家都理应拥有的"司法自主权"。在前两章中，我们已经讨论了日本是如何重组中央政府、推动地方自治、建设立法机构，也知道了日本是如何改造裁判所、编纂新法典、培养具有资质的裁判官，从而建立起一个相对完备的新型司法体系。

在我旅日的九年中，社会上关于修改条约的讨论始终不绝于耳。日本人和西方人对此始终争议不断，各执一词。作为一位希望对那些渴望提升国家地位的日本人施以援手的外国人，在我的印象里，西方列强的驻日代表或报纸杂志几乎从来没有认真对待、考虑过日本的诉求。但是，正如我先前所言，这对于日本来说或许是因祸得福。备受西方冷落的日本人将会更加发奋图强，不断为改进国家制度而努力。尽管日本人最终用了许多年才实现修改条约的夙愿，但是在那时，他们所能收获的东西要比之前多得多。

布林克利上校的观点

对于这个议题，长期在日的"日本通"布林克利上校无疑是一位权威人士。在《大英百科全书（补充卷）》中，他的评论相当具有说服力：

自从提出修改不平等条约的要求以后，日本与欧美列强之间来回拉锯的谈判记录简直可以装订成厚厚的一大卷。出现这样的情况也在情理之中。毕竟，过去还从未有东方国家提出过类似的权利诉求。但是，欧美列强显然不愿意"以身试险"，将自己国民的生命与财产交由一群东方"异教徒"保护。因此，双方的谈判迟迟没有进展也就不足为奇了。条约修改谈判是一个令人充满好奇的重大外交事件。虽然日本的坚忍与灵活、西方政府的公允与让步都值得大书特书，但是在此只能点到即止。但是，我们应该记住，修改条约谈判在日本史册上留下了一个不长但却关键的注脚，由之更引出了一条理解明治维新这一复杂历史演化过程的关键线索。

一个国家对自身法律的尊重与对执法人员的信任程度，是同其在司法体系建设与执法人员培养中的投入多少成正比的。日本人在这些方面可谓付出巨大。一方面，那些居留日本的外国人将领事裁判权视为一种重要特权，死活都不肯放手；但是另一方面，他们内心也明白，自己不可能在一个各方面条件均已成熟的国家继续享有合法化的这一特权。与此同时，明治政府的法律与司法制度改革已经进入了一个短暂但又关键的特殊时期。在这一时期，作为改革新手的日本很有可能会在推行他国制度时走不少弯路。

于是，极度不信任日本的外国人与力图实现变革夙愿的日本人随即开始了一场旷日持久且充满痛苦的拉锯战。但是，如果站在居留日本的外国人的立场上来思考，只要能够在本国法律与司法系统中找到合适依据，那么他们坚持要享有"领事裁判权"也不无道理，毕竟这种司法制度是他们几代人奋斗的结晶，值得信任与尊敬。那么，我们同样也能够理解，这些外国人为什么会要求日本人拿出已经有能力妥善行使裁判管辖权的充足证据，这样他们才会认同日本政府对自己的司法管辖。

但是，这种观点很难称得上是合理可信的。那些鼓吹保留领事裁判权的在日外国人已经不仅仅是夸大信任日本人的风险，而是几乎彻底否定日本人本身，并进一步开展全方位的妖魔化，误导其他外国人认为接受日本政府的管理将会是一场灾难。

虽然这场日本与列强围绕领事裁判权的拉锯战前后持续了十一年之久，但是我们可以对其中要点进行概括如下：外国居留者对本国制度的固守程度是由实现这种制度所付出代价的多少所决定的。因此，他们在实地培养起来的直觉会本能地拒绝将人身与财产安全交由日本政府负责。但是，若不是当地英文报纸的记者在报道时避重就轻、煽风点火，这些外国居留者本可以做到适度保守且谨慎公正。可是，这些记者为了将他们自己所坚持的"保守主义"正当化，却肆意抹黑日本，曲解日本人的行为与动机。

我们不妨打个比方。在入住一座"新房"前有所犹豫，直到确认适合居住才搬进去是一回事，但是，从未入屋检查就抨击"新房"根本没法住人则完全是另一回事。后者正是那些对日本抱有敌意与偏见的外国人所常有的行径。对于这种赤裸裸的冒犯，日本人显然不会淡然处之，他们对外国批判者对自己国家的明显恶意十分愤慨，于是就愈发不能忍受这份苛责与屈辱。如此一来，日本人的这种义愤有时反而却给了别人以新的抨击口实。

不过，在这场拉锯战中，美国政府和国民始终都对日本人修改条约的夙愿报以同情。此外，我们也应该记住，除了个别人，大多数访日的外国游客和时政评论家对此都还是能保持客观的。这或许是因为在修改条约这个问题上，他们并不像那些外国居留者们那样与日本存在直接的利害关系。

修改条约的尝试

不过，必须承认的是，日美修改条约的谈判工作也并非一帆风顺。1878 年 7 月 25 日，日本特命全权公使吉田清成（YOSHIDA Kiyonari）[4] 和美国国务卿威廉·埃瓦茨（William Evarts）在华盛顿签署了《吉田—埃瓦茨条约》，翌年 4 月 8 日，双方正式交换同意书。虽然条约中有关领事裁判权的内容依然如故，但是在关税部分则作出了一定的调整。根据条约第 4 条的规定，所有涉及关税的违法案件均由美国法庭裁决，但由此产生的罚金与没收的财物则均应"交付日本官员"。但是，站在日本人的角度来看，这种措施反而让事情变得比过去更糟。

不过，美方还是作出了一定的让步。《吉田—埃瓦茨条约》中止了先前签订的《改税约书》与《日美修好通商条约》中有关关税的条款，重新承认了日本的关税自主权。条约第 1 条写道："美利坚合众国承认，自此条约实施之日起，日本海关关税与其他诸税的自由裁量权，以及通商口岸诸贸易规则的制定权全归日本政府所有"；第 5 条进一步承认了明治政府对沿海贸易的管辖权，即"日

本沿海贸易之权力尽归日本政府所有"。但是，条约中也不乏与承
认日本关税自主权相矛盾的内容，比如第 3 条仍然规定，日本不得
对出口至美利坚合众国的产品征收出口税。

《吉田—埃瓦茨条约》在当时的国际社会上引发了极大的震动。
但是，根据条约第 10 条的规定，只有在日本与其他通商条约的缔
约国也签订类似新条约的前提下，本条约才宣告生效。如此一来，
因为其他欧洲列强当时并无与日本修改既定条约之意，日美之间的
《吉田—埃瓦茨条约》到头来仍是一纸空文。

巴夏礼公使的观点

在《巴夏礼传——驻留日本的岁月》（*The Life of Sir Harry
Parkes*）一书中，我们可以找到一份英国政府关于日本修改条约态
度的官方文件。虽然其中的一些观点确实言之有理，但也清晰反映
出日本人与外国人之间思维方式的差异。

日本人希望欧美列强承认他们在构建欧美式的司法行政方面所
取得的进展，从而彻底走出外国主权的阴影。对此，巴夏礼公使认
为，日本将"治外法权"视为有损国威的想法本身就是一种误解。
他对日本人这样说道：

> 在中世纪的欧洲，不同程度的治外法权乃通行各国之普遍
> 规则，绝非罕见个案。犹太人或多或少都施行着一套独有的裁
> 判管辖权制度，他们的神职人员更是几乎完全不受属地法律的
> 约束。汉萨同盟[5]的加盟城市更是各有各的特权。类似的司法
> 豁免权在不列颠也同样存在。美利坚合众国各州的法律和行政
> 制度也多少存在一些治外法权的要素。旧时日本的外样大名更
> 是享受着实际意义上的完全内政自治。因此，当治外法权通过

1858 年的修好通商条约得以确立之后，外国人觉得理所当然，日本人则不愿屈服退让。

如果仅仅是为了弥补日本当时法律中的漏洞与缺陷，那么治外法权制度在日本绝对有存在的必要，更何况当时的日本远未形成真正意义上的法律。

在对历史上的相关案例作出说明之后，巴夏礼公使继续补充道：

事实上，就像在清王朝中国和土耳其一样，与其说欧美列强在日本强行推行治外法权是出自对本土法律的蔑视，还不如说他们对此根本毫不关心。

我们确实很难搞清楚日本人在订立条约之时究竟做何感想。但是，毫无疑问，自王政复古以来，日本人对于治外法权的强烈抵触就从未停歇。另外，几乎所有居留在日的外国商人也都异口同声地反对根据日本的提议修改既定条约，因为他们怎么也无法说服自己，相信日本的法律也可以确保他们的人身财产安全。

在很长的一段时间里，在日外国人的意见对各国驻日代表的态度造成了很大影响。但是，最终各国代表也逐渐相信，日本人修改条约的诉求既是正当的，也是合理的。如今，大部分在日外国人也都愿意承认，自己曾经的观点与立场有失偏颇。

修改条约的预备谈判

1882 年 1 月，明治政府认为自己在重建国家制度和改进行政体制等方面已经取得了令人满意的成果，也是时候正式照会西方列强，商议废除领事裁判权之事宜了。明治政府召集诸多外国的驻日公使齐聚东京，召开修改条约的预备会议，以期为相关条约国后续正式修改现行条约做些基础性的工作。

日本政府的谈判代表是时任外务卿的井上馨，他也是日本最富资历的政治家之一。井上自然希望日本修改条约的要求能得到国际社会的承认。为此，他得出了如下结论：日本唯一的突破口在于彻底摒弃锁国时代的孤立主义制度，转而采用欧洲国家之间的通行原则，即在商业贸易中，本国人与外国人应该得到平等对待，享有同等权利。[6]

因此，作为对列强放弃现有领事裁判权的交换条件，井上提议允许在日外国人在日本全境进行贸易，并且享有与日本人同等的待遇。不过，日本政府此时并没有要求立即恢复日本的裁判管辖权，而是提议设立一个五年的过渡时期。在此期间，领事裁判所依然可以在一定范围内行使职权，最终逐步将裁判权移交给日本当地的裁判所（法庭）。不过，在这五年中，外国人还只能部分享受明治政府所承诺的国民权利，比如居住、旅行、营业、不动产所有权等。

为了安抚外国人因领事裁判制度废止而产生的不安全感，明治政府还提议聘请一些外国法学家在一定期限内在日本裁判所出任裁判官（法官）。此外，明治政府的提议还包括：出台各种保障措施，尽可能确保外国居民在司法行政上受到正当且公正的对待；新条约的有效期可以设置为十二年，附属的关税条款则可以在新条约施行八年之后再行商订。

但是，直到1882年夏天，尽管修改条约的预备会议已经召开过21次，但日本政府与各国代表始终未能达成共识。有些与会的驻日公使当场表示拒绝向日本政府作出让步，更有甚者在会上就将反对修改条约的意见上报给本国政府，徒留下束之高阁的成堆会议记录。

不过，无论如何，这些前期谈判还是为最终的条约修改工作奠定了坚实的基础。同样，日本政界也不乏质疑之声，认为向外国人开放日本全境的提议有些为时过早。至于邀请外国法学家在日本裁判所任职的反对声势则更是浩大。在反对者看来，此举不过是"治外法权"的翻版，相较于现行的领事裁判制度几乎是毫无改善之处。

但是，站在西方人的立场来看，他们也十分担心，一旦承认日本在十二年后拥有废止新条约的权力，那么自那以后，除了国际法，几乎没有什么其他法律能够对日本的行动进行约束。即使是那些很能理解日本主张的西方人也认为，明治政府为制定成文法和构建法律体系所进行的工作还远未达到欧洲诸国可以放心地将国民置于其司法管辖之下的地步。

如此这般的观点争锋不断，修改条约的工作更是迟迟难以推进。正如我先前所言，日本此时未能如愿修改条约可谓是因祸得福。谈判受阻推动明治政府决意进一步改善立法和行政制度，这样日后才能在实现夙愿之时收获远胜于最初的丰硕成果。

重启谈判

由于迟迟未能取得实质性进展，经过协商，日本与各国驻日公使决定将修改条约的问题先搁置四年。1886 年 5 月 1 日，条约缔结国的公使代表团再次齐聚东京，开始第一次修改条约的正式会议。日本政府的代表依然是井上馨，此时他已获封伯爵，职务也伴随着内阁制的施行而由"外务卿"转变为"外务大臣"。

此次会议上，各方围绕关税自主与司法自决展开了充分讨论。很显然，经过四年时间的沉淀，各位外国代表已经愿意在 1882 年预备会议提案的基础上作出一些重要让步。在 6 月 15 日举行的第六次会议上，英国与德国两国公使联名提出了包括通商条约与裁判管辖条约在内的条约修改提案[7]。这项提案中没有了先前关于设立过渡时期的附加条件，各方也同意以此提案为基础进一步商定修改条约的有关细节。

英德的这份联名提案等于是承认了日本在 1882 年预备会议之后所取得的法制改革成果，并愿意对日本"享有与其他大国平等地位""对在日外国人的权利进行合理约束"的诉求作出回应。1887 年 4 月，会议完成了对英德联名提案的审议工作，接下去就是等待各缔约国政府的同意。虽然各国公使普遍赞同这一基本立场，但是在实现拟议目标的具体举措和必要保障（有些国家认为需要）这两方面，代表们还是无法完全达成统一。谈判一直持续到 1887 年 7 月。

在此期间，日本国内舆论开始猛烈抨击条约修订案中的部分条款。不少国民认为任用外籍检事与"判事"（审判员与法官的统称）、新法典内容须获得外国同意等内容对于从属于国家主权的立法权与司法权是一种明显的侵犯，简直可谓有辱国格。面对这样毁誉参半的舆论漩涡，井上外相在 1887 年 7 月 18 日的第二十七次会议上以裁判管辖条约提案需要修改为由，宣布此次会议延期至同年 12 月。随后，日本政府更是于 7 月 29 日通告各国公使，修改条约会议将无限制延期。日本政府希望能够借此机会梳理这些年在编纂《刑法典》《民法典》《商法典》等法典以及行政组织改革等方面所取得的实绩，从而证明有些缔约国要求日本提供修改条约必要保障乃多此一举。9 月 17 日，为修改条约而费尽心血的井上伯爵在国内舆论的猛烈批判下辞去外务大臣的职务。接替井上出任外相的是大隈重信伯爵，他随后确定了"分而治之"的修改条约谈判方针。1888 年 11 月，大隈伯爵在以"外交告知文"（外务大臣宣言）的形式提出的修约文本中，删除了任用外籍判事与编纂西式法典两项内容。随后，他先是与德国驻日代理公使进行面谈，随后又分别与美国、英国、法国、俄国、澳大利亚、意大利的驻日公使进行单独交涉。

1889 年 6 月，经过耗日持久的谈判，日德两国代表在柏林签订了《新日德通商航海条约》。根据该条约，日本在工商业发展、德国人居留地等诸问题上作出了极大让步；德方也同意放弃在日的领事裁判权，转而完全承认日本的司法自决。不过，日本控诉院任用数名德国法学家担任判事的附加条件依然不可更改。这一附加条件致使《新日德通商航海条约》在国内再度引起轩然大波。不仅各地的反对集会此起彼伏，连枢密院议长伊藤博文都表示反对，甚至因此辞去议长一职。

大隈外相不仅因此受到国内舆论的口诛笔伐，更是差点因此丧命。1889 年 10 月，大隈外相在结束阁议之后乘坐马车返回外务省。刚刚进门，他就遭到了提前埋伏于此的国家主义团体"玄洋社"的社员来岛恒喜（KURUSHIMA Tsuneki）的投弹袭击。大隈外相在爆炸中身负重伤，失去了整条右腿。日本国内一片哗然，黑田清隆首相（KURODA Kiyotaka）与大隈外相也随之辞职。鉴于国内的不利局势，同年 12 月 10 日，明治政府召开阁议，在决定延期进行修改条约谈判的同时，要求德美俄三国延后新条约的生效日期。这三个深受日本国内恶评的新条约在即将生效之际再度被雪藏。如此一来，日本人心心念念的修改条约工作也再度被搁置。

日本人的目标

通过对修改条约的谈判过程进行梳理，我们已经十分清楚日本人恢复完全主权国家的坚定决心。虽然西方人总是喜欢将日本人的这种"决心"斥之为"自负",但是归根结底,这种决心仍然是一种强烈的爱国之情与一片赤诚的忠君之心。当然,这种爱国忠君的精神有时也会驱使日本人在客观条件尚不具备之时就急切地提出有关诉求。但是无论如何,这终究是一种永不止步、不断进取的崇高精神,正是它推动着日本人不遗余力地为改变而努力,坚定不移地向列强的代表展示自己实现诉求的决心。

虽然先前的谈判并未取得一项确实落地的成果,但我们依然必须承认,每举行一次会议,各缔约国代表对于日本人诉求的理解就更深一层,距离问题的解决就更近一步。西方外交官们通常都只是站在局外人的立场上来理解东方问题,这无疑是非常肤浅的举动。这种无视东方思维特质的做法在很大程度上解释了为什么他们在与东方人打交道时会困难重重。因为,比起原则和法令,东方人的行为在更多时候是由自身理念所决定的。回顾我们英国人将印度莫卧儿帝国纳为直辖领,与清王朝中国进行鸦片战争的历史过程,上述特点更是清晰无疑。所幸对于日本而言,欧美列强必须直面一群让他们时刻牢记上述道理的日本国民。

迈向终局

不是依靠书案上的理论研究,而是通过现实中的与人交往,欧美列强的驻日公使们终于认识到,现在是他们答应日本政府的要求,作出适当让步的时候了。东京的各国外交使团的人员组成也经历了大幅调整。虽然新赴任的外交官们基本不了解东方人的思维方式,但这倒也避免了由于先入为主与个人经历所产生的对日偏见。各国新任的驻日公使对于修改条约持更加开放的态度,并希望通过更为明智的方法找到困扰其前任难题的解决之法。令人欣慰的是,英国驻日代表在此过程中发挥了很好的带头作用。读者可以在英国政府于 1894 年 8 月发布的报告书——《英日两国关于商议修改条约的交换文书》中查阅到谈判的具体细节。这也是相关问题研究者的必读书。对知晓过往二十多年历史大事的人来说，这份政府报告书就是一部高度浓缩的断代史与外交史。

　　从这份报告书的内容来看，日本代表在谈判过程中似乎总能够保持那种日本人与生俱来的特有的礼貌，哪怕外国代表始终对日本方面的诉求反应寥寥，仿佛就是有意试探日本人的耐心究竟能达到什么程度。1894 年 2 月，时任外相的陆奥宗光在会见英国驻日公使傅磊斯（Hugh Fraser）与临时代理公使本森（Bunsen）时由于实在无法忍受对方的这种谈判态度，不得不作出如下发言：

　　　　日本政府不会任由这一问题永远悬而未决。同我国已经实现的诸番进步与制度改革形成鲜明对比的是与欧美各国之间的现行外交关系。对此，日本政府认为自身没有无限期地加以维持的义务。

陆奥外相在伦敦谈判遇到阻碍时还曾表示：

　　　　日本政府或有必要采取其他的手段来维护本国的应有权利。

　　对此，当时已接到驻日公使报告的英国外交大臣、金伯利伯爵约翰·沃德豪斯（John Wodehouse, 1st Earl of Kimberley）反驳道：

　　　　如果陆奥外相的此番发言意味着日本将无视现行条约所规定的义务，甚至是在某种程度上背弃现行条约，那么这种举动除了会妨碍新条约的修订，再也起不到其他任何的积极作用。

1894 年 4 月 16 日，陆奥外相通过傅磊斯公使向金伯利伯爵递去了一份措辞礼貌、态度坚决，同时富有外交智慧的备忘录，对自己先前的言论作出了解释。陆奥外相一方面表示日本政府对于英国政府绝无刻意冒犯之意，但另一方面也再次强调现行的领事裁判制度与日本立宪政体无法相容的客观事实。在备忘录的结尾，陆奥外相写道：

> 日本帝国政府正在忠实履行现行条约所规定的义务，今后同样会继续严格执行条约的既定要求。这两者本身就表明帝国政府并非是为了摆脱条约的责任约束而谋求终止现行条约。
>
> 帝国政府在此明确表示，英国政府正在审议的修订条约的固有价值绝不会因为若干条款的修改而遭到背弃。帝国政府也无意通过现行条约规定以外的方式对其进行修改。

为了对二条基弘公爵（NIJOH Motohiro）等 38 位贵族院议员的意见书进行回复，时任首相的伊藤博文伯爵（现已获封侯爵）于 1894 年 2 月 10 日修书一封，我们可以从中了解到当时普遍的国民情绪。其中有几段内容也被上述英国政府报告书所收录，在此引用如下：

> 我等理应厉行条约所宣称之国权。此外，若出于主张国权之必要，我等亦应设法废除或修订相应之条款……政府绝无以牺牲国家权力为条件，永久遵从现行条约之义务。

如果陆奥外相能够像自己的后辈，也就是今天那些活跃在国际舞台上的日本外交官那般深谙国际法，那么他就不会在递交给英国外交大臣的备忘录中采用上述那种辩解的口吻。若是如此，陆奥外相就可以带着日本人那种特有的礼貌，给谈判桌前的对手们上一堂简短的国际法课。他还可以提醒这些缔约国的代表们，一旦条约的有效期限已满，日本自然拥有废止条约的法定权力。

此外，虽然我完全相信陆奥外相在备忘录中所言的确是客观事实与心中所想，而且也无意使用威胁的手段，但是，如果任由条约修改谈判这样耗下去，日本政府和英国政府，甚至是所有的外国政府可能都无法真正阻止日本方面将会采取的非外交手段，毕竟当时已有大量迹象表明日本人的耐性已然逼近临界点。

日英缔结新条约

所幸事态最终并没有恶化到日本被迫采取极端行动的地步。1894 年 3 月，日本驻英公使青木周藏子爵（AOKI Shuzo）与英国外交大臣代表、副外交大臣弗朗西斯·伯蒂（Francis Bertie）的谈判终于为这个久而未决的议题画上了句号。7 月 16 日，双方在伦敦签订了包含 22 项条款与附属议定书在内的《日英通商航海条约》。

新条约第 18 条规定：

> 日本国境内享受治外法权的各外国人居留地均编入其所在的日本国市区行政区划。

第 20 条则规定：

> 自新条约实施之日起，日英两国之间现行的《日英修好通商条约》与《改税约书》等诸条约一律废止。

条约更明确规定：

> 自本条约实施之日起，大不列颠国在日本帝国所行使之裁
> 判权以及大不列颠臣民因此所享有之一切特别待遇、特权皆自
> 行失效。自本条约实施之日起，裁判管辖权为日本帝国裁判所
> 有并执行。

作为英国放弃在日领事裁判权的交换条件，日本政府需向外国
人开放日本全境，也有责任保障外国人在日旅行居住的自由以及人
身与财产安全。

英国政府报告书中收录了青木公使与英国政府代表的备忘录，
其中有关于新条约诸要点的详细解释。据报告书记载，青木公使对
于新条约作出过如下评价：

> 这份条约开启了日本对外关系的新时代。日本首次通过条
> 约的形式被完全且合法地接纳为国际社会的一员。对于英国而
> 言，这份条约也意味着自己可以依据欧洲的外交惯例，自由地
> 出入日本全境。

以此为契机，其他条约国也陆续与日本订立新的条约。[8]条约规
定，在满足一定条件的前提下，从 1899 年 7 月新条约正式生效之
时起，日本恢复对境内所有的外国居留者行使裁判管辖权，同时日
本全境也正式向外国人开放。最初，在日的外国居留者自然不愿意
放弃迄今为止所享有的特权。但是，当他们意识到修改条约乃大势
所趋之后也就逐渐接受了这一事实，进而表明愿意配合日本政府开
展各项工作。

实施改订条约之诏书

1899 年 6 月 30 日，为了顺利实施与各国缔结的改订条约，天皇特别发布诏书。诏书有云：

> 朕赖祖宗之遗烈庇佑，得以振纪纲，施治化。内增国运之昌隆，外修列国之友好。条约改正乃朕多年之宿望，历经多番调整，数度对外交涉，终与缔盟诸国达成妥协。今已临条约改正实施之期，朕心中甚喜，一来条约之责令吾国与诸国和亲愈甚，二来较之过往，今之和亲根基愈固。朕诚盼国民能体察朕意，忠实奉公，恪守开国之国是，亿兆同心，待远民以善意，展国民之品位，增帝国之光辉。朕令在廷臣僚恪守职责，监督百官，谨慎施策，笃行新条约实施之责，使之惠泽内外臣民，使列国永远和好稳固。

明治天皇诏书既出，那些曾经因为修改条约内容而对政府极度不满的日本国民也不得不放下心中芥蒂。自此，日本社会上下一心，共同奉行天皇之诏令。时任首相的山县有朋与其他阁僚也先后发出训令，他们想告诉全体国民，不仅是日本政府有让外国人在各地安心居住的责任，日本国民也有以实际行动争取外国人信任的义务。

不过，若论促使日本国民观念发生转变的最重要事件，那恐怕还属日本佛教的各派领袖为约束门下僧侣与信众所下达的指令。这些宗派领袖指出，如今，《明治宪法》赋予并保护全体国民以宗教信仰的自由。故而，对于信仰外国宗教者，全体信众应该待之以礼，基督教徒与佛教信徒理应享有相同的权利。

日本国民没有辜负外界的信任，西方各国政府与日本政府也维持着友好的关系。虽然我们无法否认，总会存在一些细节问题，总会有一些外国人颇有微词，但是，整体而言，较之其他文明国家，在日外国人生活得更为自由，更为安全。

日英缔结同盟协约

英国是第一个放弃在日治外法权的国家，同时也是首个与日本缔结牢固同盟关系的列强。通过缔结《日英同盟协约》，有"东方的大不列颠"之名的日本与其西方本家之间拥有了超越外交友好关系的强力纽带。

虽然日英同盟是两国政治家深思之后的产物，但是随着远东政治格局的演变，两国结盟更是水到渠成之举。伊藤博文侯爵自然比谁都清楚结盟将会为两国带来什么样的利益。在他看来，同盟不仅仅有助于"维持远东政治格局现状与区域整体稳定"以及使所有国家享有所谓均等的工商业发展机会，更能确保日英两国在涉及各自直接利益的重大问题上达成一致，实现通力合作。

1902 年 1 月 30 日，英国外交大臣、兰斯多恩侯爵亨利·查尔斯·佩蒂 - 菲茨莫里斯（Henry Charles Petty-Fitzmaurice，5th Marquess of Lansdowne）和日本驻英公使林董男爵分别代表两国政府签订了攻防一体的同盟协约。在我看来，此举意味着日本正式进入被认可为世界列强的最终阶段。

关于修改条约的评论

如果要以修改条约为主线书写一部完整且真实的日本近代国际关系史，那么我们势必可以为心理学家与伦理学家找到许多发人深

省的历史教训。以下我仅围绕本书主旨略作讨论。布林克利上校在
回顾修改条约的经过时作过如下评论：

　　哪怕是那些最有包容心的欧洲人，也只是将日本人视作一
群十分"有趣"的孩童，而且还会让日本人知道自己在他人眼
中的这种形象。欧洲人对日本人所抱有的好奇心仿佛完全出自
学术，充其量顶多是慵懒地看看这些"孩童"是如何使用进口
的"玩具"（即日本引入的西方制度与文化。——译者注）。然
而，一旦现实状况要求他们变得务实利己，这些人立刻就会撕
下彬彬有礼的面具，大张旗鼓地宣告自己才是这些"玩具"的
主人，而且更打算让日本人尊自己为主人。

　　如果日本外务省能够公布未经删改的原始谈判记录，那么
我们就能在最初的一些文件中找到许多类似的记录。你无法从
列强的发言记录中找到那种体现自我风度的委婉外交辞令。从
行文措辞上看，这些发言哪怕称不上是严厉的批判，却也处处
流露着发自内心的轻蔑或居高临下的傲慢。日本人就是在这样
的谈判过程中煎熬过来的，他们至今对此仍然愤愤不平，虽然
西方人对日本人的态度已经今非昔比，但过往不愉快的记忆却
总是难以褪色。不仅如此，在日本人看来，西方人的态度变化
不仅不够彻底，而且连原因也难令人满意。说不够彻底是因为
西方人对日本人仍抱有那种基于东方民族一般认识的固有偏
见，说原因难令人满意是因为日本人发现有时西方人的道德水
准也不过如此。

新条约赋予外国人的权利

布林克利上校对日本与欧美列强所签订的新条约进行了研究，他将外国人所能享受的权利总结如下：

（1）外国人可在日本全境经商、旅行与居住，人身与财产安全均受到保护；（2）能以与日本国民相同的条件向裁判所提请诉讼；（3）享有完全的宗教信仰自由；（4）除去对日本国民普遍征收的税种，不再需要额外缴税；（5）免除兵役义务，亦无须为此缴款或购买强制公债；（6）可在法律规定的范围内开展贸易活动；（7）可与日本人或外国人合资经营企业，或出任股份公司的股东；（8）名下船舶、货物可以进出现有的外贸通商口岸，缴纳的关税与费用不得高于同等条件下日本人的缴纳数额；（9）免除一切过境税，在退税、出口、仓储等方面享有国民待遇，但是除去现有的外贸通商口岸，非日本船舶不得在沿海其他地区进行贸易；（10）可租用土地；（11）可抵押土地。

其余有关持有土地的条件和其他工商业事项在第八章已有提及。

国际商业关系

我已经大致介绍了由条约所确立的日本最重要的国际关系。不过如今，技术人员、制造业者和商人也越来越能够影响政治。无论研究哪个国家的外交政策，都应该先从它的国际商业关系入手。因此，我们自然也应当首先研究日本工商业与他国工商业之间的关系，进而探究其对国家政治行为的影响。

技术人员才是真正的革命家，我认为此言着实不假。技术人员所创造的力量既可以让政客们的运筹帷幄化为泡影，也可以让陆海军的作战行动无功而返。因为，最终能够决定国运的始终都是由技术力量所创造的经济形态。立法与政治行为或许能在短时间内代替技术力量，起到影响国际大事的作用，但是从长远来看，它们也终将屈服于持续永动的经济力量。纵观历史，放眼寰宇，没有什么能比 19 世纪下半叶的远东诸国更能证明上述道理。

1869 年秋天，苏伊士运河正式通航，进而引发远东工商业与财政金融领域的深刻变革。在此之前，西半球与印度乃至远东之间的所有贸易航线都需要绕过非洲大陆最南端的好望角，航行六至八个月方可抵达，可谓耗日持久，危险连连。这自然需要有一个大型的仓储、分配和金融系统来提供配套服务。苏伊士运河的通航意味着过往倚仗的大量帆船将自此失去实用价值。据权威人士估算，几乎有将近两百万吨的帆船已经被毁坏，要知道，这些帆船在运河通航之前可是财富的象征。取而代之的则是专门为苏伊士运河航运所设计的蒸汽船。近年来，随着蒸汽船技术的不断进步，从伦敦航行到孟买只需要不到三个星期，而从伦敦航行到远东不同地区则只需一个月到一个半月不等。

世界各地与远东之间的电报通信网络也极大地改变了既有的商业模式与收益途径。世界的距离已被缩短，各国的经济日渐趋同。从前，各国商人还可以利用不同地区市场间的差价赚大钱。比如，早期的英国商人之所以可以在清王朝中国赚得盆满钵满，很大程度上是依靠快速蒸汽船货运来实现的。这些蒸汽货轮将物资从原产地运送到需求较大的各国市场，然后再以远远高于原产地的价格出售，而直到市场上的高价存货全都售尽之后，商人们才会补货。在过去几年里，世界所经历的巨大变化同样深刻影响了远东地区的工商业。

其一是西伯利亚铁路的通车，欧洲与中日两国港口间的交通运输时间被缩减到了不足一个月。自此以后，俄国的势力版图更是不断向太平洋沿岸扩张。

其二是 1894—1895 年的甲午战争，经此一役，欧洲列强真正见识到了日本的军事实力，之前长期处于均势的远东政治格局也随之被打破，日本逐渐成为亚洲霸主。

其三是 1898 年的美西战争，从某种意义上说，这场战争就像是甲午战争的翻版。美国近年来所取得的工商业发展以及随之滋长的帝国意识已经推动其成为太平洋地区的强国。不仅如此，如今美国更有意将夏威夷与菲律宾群岛纳入版图，充当自己陆海军的中继基地。基于当下的事态，美国将在南北美洲中间的巴拿马或尼加拉瓜（甚至可能是在两地）建造一条跨地峡运河（Trans-Isthmian Canal，即后来的巴拿马运河。——译者注）。这条运河不仅会对中日两国，同样也会对暹罗、英属海峡殖民地[9]（Straits Settlements）乃至印度等东方国家或殖民地的商业贸易造成深远影响。

其四则是 1901 年成立的澳大利亚联邦。澳联邦在很大程度上可以说是由技术人员建立的。因为正是有了各种技术人员制造的快速蒸汽船、敷设的海底电报电缆、修筑的铁路公路，澳联邦内部各处才得以互相连接。

以上这些重大事件都反映出这样一个事实：太平洋地区注定成为世界各国的必争之地。这不仅是出于地缘政治的考量，更是为了在工商业竞争之中占得先机。我们在此只能简单考察这场大国角力的一个方面，即日本未来可能扮演的角色，以便更加准确地理解其外交政策。

日本的地缘优势

扫一眼世界地图就会发现，日本在商业与军事领域都具有得天独厚的地缘优势。首先，日本列岛位于太平洋乃至全球最重要贸易航路的中心位置，有着连接欧美两大洲的海运航线与铁路运输线。由此形成的交通运输网带来了巨额的贸易体量，也让日本在全球各个市场都居于十分有利的位置。

再者，哪怕有朝一日远东局势发展到了需要诉诸武力的境地，日本优越的战略地理位置也能极大提升其在远东开展军事行动的成功概率。从北海道到台湾地区的长距离海岸线可以为日本陆海军提供庇护与修整，士兵们更可以获得近在咫尺的补给，而不是像欧美列强那样不得不求之于千里之外。此外，一旦中国的海岸线被日本所掌控，那么任何敌对势力想要通过都必须付出相当大的代价。朝鲜距离日本兵力配置最强、交通最为方便的军港也只有数小时的航程。香港地区靠近台湾地区南部。从菲律宾到长崎只要 7 天左右。印度支那、暹罗甚至澳大利亚也都不难抵达。因此，得天独厚的地缘优势使得日本注定成为远东政局中的一支强大力量。如今，日英同盟更是具备了足以匹敌其他任何势力的强大实力。

此外，我们绝对不能忽视以下这个问题：我们不仅要承认日本的地缘优势，更应该认识到其陆海军所隐藏的战力。倘若欧洲列强一味奉行的利己政策最终迫使亚洲人民揭竿而起，那么他们有可能会在日本的领导下结成一个体量惊人的军事同盟。这究竟又会引发什么样的结果，我想并不难以预测。

与外国的产业竞争

正如前些章节所述，日本存在两种性质截然不同的产业。一种是日本古来就有的本土产业，或是起源于古代中国的产业，这种产业在很大程度上仍然采取传统的日式生产模式。另一种则是维新后从西方引进的产业，多数都是在工场体系下进行生产。

就前者而言，日本在全球市场可谓难逢敌手，工匠们只需继续发扬其固有优势便可以在将来赢得市场。对于日本窑制的陶瓷器与七宝烧、丝织物、绘画与雕刻等艺术品而言，只有依靠日本固有的产业制度，借助传统的工艺技术方可确保其始终如一的卓越品质。每位日本匠人的身上多少都散发出艺术家的气质。他们不想让自己变成一台机器或是仅仅扮演机器的助手。匠人是需要亲手进行创作的，因为这个过程本身即是快乐之源，他们也可以将自己的个性融入作品。

不过正如我先前所说，西方产业的引入确实也给日本艺术产业带来了威胁，即日本匠人的艺术才能可能会随着机械的广泛使用而消磨殆尽。倘若如此，他们将不得不面临来自产业、物质和社会等层面的各种问题。这些问题是所有对近代工业国家有所了解的有识之士都应重点关注之所在。虽然上述种种皆为实情，但是我们也必须承认，为了满足无数普罗大众的生活需要，生产的机械化与工业化是国家演化的必由之路。每个国家都必须经此阶段才能达到一种安定的状态，到了那时，机械生产就不再是人们谋生的必需手段，而是变成了实现更美好生活的有力工具。

不过，若论能够直接影响日本外交政策的产业，那还是当属第二种产业，还是当属那些基于工场生产体系，产品可以与其他国家进行直接竞争的产业。在这些具备竞争力的日本出口制品之中，英国制造业者最为关心的是棉制品，我们也见证了日本近年来在该领域的崛起。目前，日本纺织工场出口的棉制品已经不仅是许多英国国民的心头所好，同样也是出口朝鲜与中国的重要商品，随之产生的贸易顺差更是成为日本对朝对中贸易中的一个重要因素。

根据清政府海关披露的有关进口工业制成品的最新统计数据，日本先是从中国进口原棉，随后再将生产的棉制品出口至中国，虽然这种做法要征收高额的进出口关税，但是即便如此仍能与中国产的棉纺线进行竞争。简而言之，虽然日本的棉纺工场一要向清政府缴纳原棉出口税，二要支付两次国际运输费，三要出口棉纺线时再度向清政府缴纳进口税，但是即便如此，日本生产的棉纺线却依然可以比中国生产的卖得更便宜，从而最终实现盈利。这实在让人不得不感佩日本纺织工场与纺织工人的高效。

日本棉纺织业还有另外一个令人瞩目的成就，即日本如今进口的印度原棉数量要比欧陆诸国与英国进口的总和还多。日本棉纺织业的飞速发展已经在现实意义上终结了日英之间的棉纺线贸易。如今，日本迫切需要解决的一个问题就是如何增加原棉的稳定供给。这对于英国的各种棉纺织物生产商而言亦是如此。不久之后，其他产业也将陆续遭遇棉纺织业类似的原料供给问题。因此，无论是为了保障原材料的供给还是为了扩大工业制成品的销路，日本与他国的经济关系都显得至关重要。中国与朝鲜距离日本最近，而且可以提供最为便捷的市场，因此自然就成了与日本利益关系最为直接的国家。

虽然日本产业的发展会加剧日本制造与英国等其他国家产品的竞争，但同时也会刺激他国制造业的发展，更是会为工业器械以及现代西式生活的配套产业注入巨大的发展动力。看一眼日本的进口清单就会发现，日本人可以说是使用着几乎所有种类的外国商品。因此，日本对于进口商品的大额需求抵消了那些不仅要为本国生产，而且还要为亚洲邻国供货的产业损失。

世界各国的实际情况都不相同。随着各国陆续自行开采本土资源，以英国为首的诸多工业国的出口制品选择也势必进行调整。虽然不少产业是在转瞬即逝的偶然条件下完成了对出口制品的调整工作，但是一般来说，最终决定产业未来的依然还是廉价的原材料与高效的劳动力供给。任何试图通过设置关税或其他手段来阻止经济规律运行的行为最终都会导致为了维护少数制造业者的利益而向多数国民课以重税的结局。

日本产业在远东的影响力

日本的产业发展对远东各国所造成的直接经济影响无疑会持续几代人。不过，在相当长的一段时间里，这种影响并不会来得那么剧烈。因为无论是哪一个产业，目前最好的市场仍是国内市场。但是，作为国家演化过程中的一个重要动因，日本产业所能带来的影响显然是不容忽视的。日本制造正在进入远东各国的千家万户，逐渐改变着当地民众的社会惯习，先是引导他们使用西方的器具设备与思维方法，继而再逐步影响其他领域的经济状况。

但是，其中最重要的或许当属日本人对中朝两国所带去的间接影响与教化影响。简而言之，日本产业的蓬勃发展，尤其是在中朝经商的日本人对许多中朝民众造成了极大的刺激，他们也希望独立发展本国的制造业。如果中国人能像日本人那样专注于发展近代工业，那么他们终将成为世界上规模最大的工业国。可惜，中国人在这方面的反应太过于迟缓，这倒不是因为他们愚蠢或懒惰，而是因为他们信奉所谓与世无争的处世哲学。令人感兴趣之处在于，中国人究竟能在多大程度上卷入这场产业竞争？他们的处世哲学又是否能帮助他们实现所谓的"中学为体，西学为用"，即仅仅学习西方的方法论，而不对社会乃至政治基础进行变革？

日本产业对欧美的影响力

西方人有时会表示担忧，远东的廉价劳动力是否会拉低他们的工资，从而致使生活水平恶化。在我看来，这种忧虑实在有些过于夸张。从客观现实来判断，工资收入就和生活水平一样，总体趋势总是向上而非向下。比如，相较以往，如今在远东地区从事西方产业的熟练工的工资已经有了大幅的提升。

诚然，从短期来看，日本由地缘位置所赋予的经济优势确实能发挥出不小的力量。但是，从更长远来看，西方国家一脉相承的技能经验、先进的组织与管理能力完全可以抵消这种来自东方的经济冲击。相较于日本，英国的制造业者更担心来自欧美的竞争。虽然后发工业化给远东诸国带来了极大的发展优势，但挑战也随之而来，因为目前他们所制造的许多机械设备、采用的工场组织体系都还未能赶上欧美多数工场的水平。相反，英国等国的工场早已全面应用最前沿的技术成果与最先进的经营管理方式。

电报与其他通信方式将世界各地连接，世界市场在很大程度上也已经融为一体。不过，总会有国家选择设置关税壁垒。虽然此举可以让本国或当地的生产商暂时获取巨额的利润，但同时也遏制了他们改进机械设备和工场组织的动力。社会经济条件的不断变化必然会带来生产方式与机械装置的深刻调整。这种变化不仅会造成短时间内的资本流失，而且很有可能引发就业困难，这无疑会给无数普通国民造成巨大的困难。目前盛行的个人主义社会组织是否能够应对这些困难？这是一个需要我们在不久的将来认真应对的问题。只要继续对此开展研究，或许就能有重要的收获。

英国尤其需要认真研究自身当前所处的时代方位，准确研判未来的形势变化。在整个 19 世纪，我们英国人之所以能在世界工商业格局中处于绝对的支配地位，并不是因为我们具有与生俱来的美德与才能，而是拜时代机遇与环境条件所赐。但是，如今的情形已经截然不同，对于我们来说甚至非常不利。

正在经历巨大经济变革的不仅仅只有日本和中国，在可以预见的未来，所有的太平洋地区国家都将发生更大规模的经济与社会变革。这无疑将会影响日本乃至全球所有大国的外交政策。打开地图看看吧。在远东及太平洋地区，那看似无尽的海岸线从新加坡延伸至符拉迪沃斯托克，跨越了幅员辽阔的西伯利亚以及中国与澳大利亚等国。再把目光转向太平洋彼岸的美洲大陆吧，从阿拉斯加到巴塔哥尼亚，那里也有同样广阔的加拿大、美国、南美诸国。想象一下吧，到了 20 世纪末，这些国家的人口将达到何等数量。如果再进一步联想到这些宽阔天地所蕴藏的无限可能性，我们几乎不知所措。

当然，我们现在还无法对这个问题进行具体讨论，但可以确信的是，日本必将在 20 世纪的地缘政治中发挥举足轻重的作用。再进一步，倘若中日两国联手，那么不仅可能会彻底改变远东的经济状况，更可能会对欧美诸国产生重大影响。大约 40 年前，已故的美国国务卿威廉·H. 苏厄德（William H. Seward）曾在美国参议院作出过如下预言：

> 太平洋及其沿岸、诸岛以及更大范围的广阔区域将是未来各国争锋的主战场。

如今，苏厄德的预言正在逐步变成现实。但是，这些变化是否由自由经济力量所致？是否能受立法和关税的规制？激烈的竞争是否会引发军事联盟，从而打破我们先前所作的规划与猜测？这些谜题都只能留给后来者去揭晓。日本对于他国，尤其是亚太地区国家所带去的直接与间接经济影响将会是 20 世纪最令人感兴趣的研究课题之一。如果那些掌握国家前途命运之人想要以合理的方式施政治国，那就必须对上述问题加以研究。

主要参考文献

对于那些想要详细了解日本修改条约历史的读者，最佳资料的来源有两处。一是日本外务省以及欧美列强的外交文书档案；二是谈判亲历者所出版的回忆录或其他资料。布林克利上校在《大英百科全书（补充卷）》中对相关问题有过简述。曾任外务省翻译、井上馨外相秘书的亚历山大·冯·西博尔德男爵（Baron Alexander von Siebold）在《日本如何融入国际社会》（*Japan's Accession to the Comity of Nations*）一书中对此有着更为详细的论述，不过他的观点多少存在一些偏颇。一般读者只能通过日报来获取相关信息。目前唯一可查的公开文献就是英国政府的官方报告书中所收录的日英两国有关条约修改的交换公文以及其他缔约国的相关文书。如果是那些当时正居留日本之人，那么应该能从字里行间找到不少珍贵资料。至于国际商业关系问题，由于形势变化太快，因此很难形成系统性的著作，我们只能暂且参考最新的出版物。

斯坦福德·兰塞姆的《过渡时期的日本》与阿尔弗雷德·斯特德的《日本：我们的新盟友》应该可供普通读者参考。有趣的是，克莱门特的《近代日本概览》与诺曼的《真实的日本》两本书中都有类似于"作为世界大国的日本"的章节。不过同样地，参考书籍的写作与出版完全赶不上飞速变化的世界形势，也很难提及随之产生的诸多新问题。

译者注释

1. 六人为：岩濑忠震、井上清直、永井尚志、堀利熙、水野忠德、津田半三郎。

2. 《改税约书》也称《江户协约》，起草人为英国公使巴夏礼。《改税约书》可以说是欧美资本主义对日本进行露骨盘剥的铁证。欧美列强以日本单方面丧失关税自主权为代价，实现了其所主张的"自由贸易权利"。《改税约书》废除了"安政五国条约"中所规定的5%—35%的从价税，大部分进口商品统一改收5%的从量税。在此之前，从价税的最终决定权掌握在日本海关手中，《改税约书》签订之后，欧美列强强行将进口关税率固定下来，完全无视日本的关税自主权。

3. 需要特别说明的是，"治外法权"并不等同于"领事裁判权"。治外法权（extraterritoriality）是指个人或组织不受其侨居国统治权支配的特权，一般只限驻外使节和军队享有；领事裁判权（consular jurisdiction）则指的是一国公民在侨居国成为民事、刑事诉讼被告时，该国领事具有按照本国法律予以审判、定罪的权力。

4. 吉田清成（1845—1891），萨摩藩出身，明治初期任驻美公使、外务大辅、农商务大辅等职务。

5. 汉萨同盟是德国北部城市之间形成的一种商业与政治联盟。"汉萨"（Hanse）在德语中意为"公所"或"会馆"。汉萨同盟于13世纪逐渐形成，14世纪达到兴盛，加盟城市最多达到160个。鼎盛时期，同盟曾一度垄断波罗的海地区的贸易，建立起了西起英国伦敦，东至俄国诺夫哥罗德沿海地区的商贸网络。15世纪转衰，1669年解体。

6. 井上为了推进修改条约的工作，曾极力推动西化的生活方式。其中最知名的一大举措就是在东京日比谷修建了一座两层楼的西式社交建筑"鹿鸣馆"。1883年11月28日，井上馨与妻子主持了盛大的鹿鸣馆开业典礼，参加开馆仪式的各级官员、各国公使以及亲王等许多显贵和淑女共有1200多人。井上馨在典礼致辞中表示："吾辈借《诗经》之句名为鹿鸣馆，意即彰显各国人之调和交际，本馆若亦同样能调和交际之事，乃吾辈所期所望。"鹿鸣馆经常举办各种奢华的游园会与舞会，招待各国使节与达官贵人。1887年，首相伊藤博文在鹿鸣馆举办了有400人参加的大型化装舞会，将欧化之风推向高潮。人们通常将明治初期从政府政策到社会风俗文化都极度西化的历史时期称为"鹿鸣馆时代"，把这时的日本外交叫作"鹿鸣馆外交"。当然，社会上对于井上"崇洋媚外"持不满态度者不下少数，不少新闻媒体更是对此大加抨击。

7. 英德的这份联名提案是以井上馨在 1882 年预备会议上提出的日本政府提案为蓝本的。要点如下：（1）治外法权于批准文书交换后的两年后全面废止；（2）作为交换条件，日本内地全境需向外国人开放，外国人在居住、旅行、营业、不动产所有权等方面享有同日本人相同的权利；（3）日本裁判所需雇用外国检事与判事，外籍判事在涉及外国人的案件中拥有裁定权；（4）日本政府需"以泰西主义为原则"，即根据西方法理编制法典、建立司法组织并获得外国的认可。

8. 随后，与日本重新订立条约的国家与时间如下：1894 年，英国，7 月 16 日；美国，11 月 22 日；意大利，12 月 1 日。1895 年 6 月 8 日，俄国。1896 年，德国，4 月 4 日；法国，8 月 4 日。1897 年，比利时，1 月 4 日；秘鲁，1 月 10 日；巴西，2 月 23 日；瑞典，5 月 25 日；荷兰，9 月 17 日；瑞士，9 月 19 日；西班牙，9 月 21 日；葡萄牙，10 月 29 日；奥地利，12 月 5 日。

9. 海峡殖民地是英国在 1826—1946 年对位于马来半岛的三个重要港口和马来群岛各殖民地的管理建制。最初由新加坡、槟城和马六甲三个英属港口组成，因此也被当地华人称为"三州府"。

第十七章　国际政治与外交政策

推动日本变革的爱国情感

现在，我们可以试着去理解日本的外交政策了。在先前的章节中，我已经尝试去寻找引发明治维新这场巨变背后的深层动因与经济力量。通过这个过程，我更加确信，日本人那强烈的爱国情感以及让自己国家与西方列强并驾齐驱的坚定决心，正是这场彻底改变旧日本面貌的深刻变革背后的首要推动力。

这种爱国心与决心自然导致了日本人的一些无理或无礼之举。在多数时候，他们的这些行动看起来的确有些自以为是，甚至会有厚颜无耻之感。但是我们应该意识到，在过渡时期的日本，旧有的个人与国家行动理想正在逐渐式微，新的共同理想却仍未成形。日本人因此或有古怪之举也情有可原。

尽管外界对此有过最严厉的抨击，尽管日本人的行为有时确实是反复无常，但是无可指摘的是：日本人始终未改初衷，始终贯彻着那些自决定效法西方之日起就确立下来的基本理念。正如我已经多次指出的，这些理念充分体现于明治天皇登基后不久所颁布的《五条御誓文》。

经济动因

在爱国情感的背后，强大的经济与政治动因同样也深刻影响着日本人的外交政策。由于国内人口激增，为剩余人口与工业制品找到出路就成了日本政治家们当前最迫切需要解决的问题。就像他国的同行一样，日本政治家们也是从转移剩余人口和扩大海外市场这两方面来寻求破题之道的。

朝鲜，无论是隔海相望的地理位置，还是稀少的国内人口与未经开采的资源，都使其成为日本人口与制品最理想的输出地。此外，鉴于两国历史上的联系，日本成了首个与朝鲜建立"紧密关系"的国家，必要时还会提供"友情"保护。国内工业的飞速发展使得日本需要进口一定数量（目前总体占比还不大）的粮食以满足全体国民所需。由于朝鲜是一个富裕的农业国，因此，控制朝鲜从而为国内制造业人口找到稳定的粮食供给源也就成了日本的重要任务。

不过，日本之所以渴望掌控朝鲜还有另外一个更为重要的现实原因。倘若西方列强抢先将朝鲜纳入势力版图，那么就不仅仅意味着远东的战略要地落入旁人之手，更有可能直接关乎日本作为主权国家的存续。这些考量在很大程度上推动着日本从满足于自给自足到致力于成为一个能够影响国际政局，尤其是能够直接左右太平洋地区事务的大国。

成为"东方的大不列颠"的雄心

1873 年，当我抵达日本之时，我接触到的所有日本官员与学生都期待日本能够成为"东方的大不列颠"。当然，日本人时常因为自己的这种"自大"而备受西方人的嘲弄。但是，如今我们必须承认，日本人在那之后的三十年里从未忘记过自己的理想，而且距离实现越来越近。

日本人构建的国民教育体系为国家在各领域的进步奠定了坚实的基础，在某些方面甚至能成为英国的参考样本。他们组建的强大陆海军不仅令世界刮目相看，更让自己的国家拥有了一定的国际话语权。他们全力修建铁路、航运、电报等近代化生活所必不可少的基础设施，取得了令人惊叹的成就。他们大力发展工商业，推动立法与行政水平逐步与欧洲国家接轨。

相较于亚洲的大陆国家，日本的地缘位置使其在海运贸易方面更具优势，就像英国之于其他欧陆国家那样。就我个人所能接触到的日本政治家、新闻媒体以及普通民众的言论态度来看，日本人当时最强烈的愿望莫过于将国家打造成为"东方的大不列颠"。日本人希望依靠自己的力量来保卫国家安全，他们希望自己的影响力能够遍及亚洲乃至远播其他大陆。

日本的近代化改革之所以能够取得成功，主要有两方面的原因。其一是国家内生的改革动力；其二是国民觉醒的主体意识，即国民已经清楚认识到了自己的力量以及国家内藏的发展可能。正如日本著名思想家冈仓天心所言：

> 正是这种发自微小个体的自我认识，重新塑造了今日的日本，使之能够挺过那场令众多东方国家倾覆的狂风暴雨。

日本人显然深信，只有那些理解亚洲思维之人才能真正影响亚洲，他们因此认为自己理应在再造远东的过程中扮演特殊角色。这种想法有时或许会驱使他们作出西方人眼中的"放肆之举"。但是，仅就那些权威人士的发言来看，我个人认为日本人目前依然满足于以一种相对自然的方式来发挥自己的影响力，也就是说，运用在通商与教育方面所取得的成果来对亚洲各国施以影响。

但是，相关研究者必须清醒地认识到，日本的内政与外交政策都是随着时代与条件的变化而逐步演进至此的。最近发生在远东的诸事无疑会拓宽日本人的视野，助长他们的野心。更确切地说，这些事件可能会迫使他们主动进行自我防御，而这是在最初讨论这些问题时所未曾设想的举措。

日本确实有可能会因为西方列强的影响而仿效他们的侵略行径。但是无论如何，日本希望其他东方国家也能享有自己所主张的一切权力。其中最为核心的权力就是免受外国干涉，自己成为自己的救世主。[1]

日本的外交活动

正如前些章节所述，自从西方人踏足日本，日本的外交活动基本以修改不平等条约为核心，重点也都放在恢复关税自主权与废止治外法权等有限的议题之上。因此，从客观事实来说，日本一度并不存在真正意义上的外交政策。不过如今，日本人修改不平等条约的夙愿已偿，而且更能平视西方列强，他们既不会向西方人低头乞怜，更不会放弃主张自己的权利。

日本与英国结盟的初衷就是为了维持远东地区的政局稳定与整体和平，尤其是确保所有国家都能在中国与朝鲜享有所谓均等的工商业机会。虽然日本通过各种方式表明自己并无扩张领地的野心，但是若是为了维护自身的国家利益，日本同样也会采取必要的举措。这就与日本先前的某些正式表态存在出入。

哪怕事情的确如此，那也是西方列强自作自受。不过，只要本国的正当权利得到尊重，那么日本就不太可能会插足欧美政局。日本的战略重心在远东，无论它能对西方国家施加多大的影响，那也一定都是间接的。不过，日本或许是为西方国家提供了许多有益的发展经验与教训。我真切地希望，各个大国的外交政策能够推动东西方之间的交流协作，增进彼此的繁荣和福祉。

日本外交政策的考量

当然，我们在此无法给出政府对于日本外交政策的官方评价。不过，通过那些退任或在任的日本高官们的演讲录或论文等资料，我想我们还是可以一窥日本决策者们对此的想法与观点。经过对比，我发现日本政府的外交与政治活动与那些高官们的个人表述高度一致，虽然不能就此断定他们的言论即为日本政府的官方定论，但至少也是八九不离十。1903 年 3 月 7 日，日本驻美全权公使高平小五郎（TAKAHIRA Kogoroh）曾在美国政治和社会科学院（American Academy of Political and Social Science）做了题为《日本在远东的立场》（The Position of Japan in the Far East）的演讲，个人以为可以视为日本外交政策的官方评价。在此次演讲中，高平先生先是对相关的历史背景进行了介绍，随后他讲道[2]：

> 日本从未想要在邻国蒙受灾难时趁火打劫或是扩张领土。日本政府与国民诚挚盼望亚洲的邻国友邦都能认识到，共筑和平、振兴工商业、强化联系纽带才是增进各国福祉的不二选择。但这也不意味着亚洲人就必须结成反对他国利益的种族联合，就好像有些西方人所谓的"黄祸论"（Yellow Peril）[3]那样。
>
> 我只是想让在座诸位知晓，一个真正繁荣的国家本就离不开同样和平繁荣的邻国友邦。地缘临近的国家本来就会相互依靠，此乃自然之理也。但是，这相互依靠并非是政治上的，而

是社会与商业上的，是各国能够和平相处的最可靠保障。

但是，当今世界上的有些地方就像是一个个武装的军营。在那里，每个国家一边觊觎他国，一边又如履薄冰，唯恐遭到他国的侵犯。在这种环境下，人们实现的所谓"繁荣"，并不是源于政策的因势利导，而是迫于形势的无可奈何。日本绝无将远东引向如此境地的野心，更不用说什么联合邻国共同开展侵略或单纯的防御行动了。日本希望邻国友邦能够共享和平繁荣，因为这样才能确保日本自身的和平与繁荣。日本也期待邻国友邦能够更加充分地理解互联互通的益处。因为，我们彼此之间的外交关系与地理位置正是成就彼此繁荣的先决条件……我想借这个场合提醒各位留意当下有些出版物中的言论。在我看来，那些对亚洲人近代化所抱有的恐惧实属过虑（高平公使在此引用了一篇发表于 1893 年以日本威胁论为主题的论文。——作者注）。我们或许可以通过这些令人震惊的臆想寻见所谓"黄祸论"的唯一论据。

外界对于日本外交的看法

时任《日本每日邮报》主编的布林克利上校对上述观点有过如下评论：

鉴于高平驻美公使是可以代表政府的重要外交官员，他对于日本外交政策的评论无疑具有不可忽视的分量。一般来说，人们习惯依据自己的内在心境去诠释与理解他们的外在行为与表现。自中世纪以来，种族偏见在如今欧美社会的盛行程度怕是已经达到历史之最。根据西方人的设想，这些东方国家的受害者们理应也会对他们这些白人抱有同样的偏见，这并没有什么值得大惊小怪的。因为在他们看来，日本可以从近在咫尺之地（中国）获取建造威力十足的武器的原料与资源。任何稍有见识的西方观察家也不会怀疑中国人是否可以被锻造成优秀的士兵，更不会怀疑中国人是否能依靠精良的装备与出色的指挥官来实现战场上的无往不利。我们不妨先做个假设。倘若日本真的野心勃勃，一心想要进行帝国式的扩张，倘若东方人对西方人所抱有的种族偏见真的就像西方人对东方人的那样真实与强烈，那么假以时日，日本确实很有可能成为一个强大的东方民族霸权的首领。

先前俄国与德国之所以联手将日本从"满洲"清除出去（即"三国干涉还辽"。——译者注），很难说不是受到了上述观点的影响。北方的俄国对于日本的崛起更是寝食难安，这似乎也是其随后入侵"满洲"的唯一解释。上述事件显然已经极大挑战了日本的忍耐极限。若想证明高平公使在费城所阐述的外交信条绝非虚妄，日本依然任重道远，但是它正在为此而努力。

关于日本未来的外交政策，虽然各方的观点不尽相同，但大部分不是有些脱离实际就是有些考虑不周。其中，我认为现任英属印度总督、凯德尔斯顿的寇松侯爵乔治·纳撒尼尔·寇松（George Nathaniel Curzon, 1st Marquess Curzon of Kedleston）的观点还是非常能够体现其作为政治家的睿智眼光，非常值得我们认真思考。在《远东诸问题》（*Problems of the Far East*）一书中，寇松侯爵在对几位外国评论家的观点进行批判之后说道：

我先前提到的那些评论家大大低估了日本对于在远东有所

作为的渴望。事实上，日本在财政支出与组织架构等方面所进行的政策调整都是为此服务的。日本之所以会有此等执念，关键在于其所处的地缘位置。日本列岛位于亚洲大陆东侧的海上，海上贸易优势可谓得天独厚。正如英国之于欧洲大陆，日本同样可以对隔海相望的亚洲大陆施以巨大影响。但这并不意味着日本就必须如此，它为自己设定了这样一个终极目标：成为规模小一些的"东方的大不列颠"。

日本很清楚，英国之所以能够抵御外敌进犯，靠的是一支足以布防海岸线的强大陆军；英国之所以能在西半球维持自己的支配地位，靠的是一支雄踞大洋的强大海军。日本也很清楚，英国所独有的这种支配地位是依靠发达的产业与勤劳的国民所赢得的，是依靠列岛蕴藏的丰富矿产所赢得的，是依靠英国政府的稳定执政所赢得的，是依靠几代人辛勤经营殖民所赢得的。日本希望通过类似的方法在东方获得类似的地位。

日本人同英国人一样，都是不屈的战士和天生的水手，如果日本能够让任何敌人都迫于威慑而远离邻海；如果日本能够在周围海域确立起不容挑战的制海权，如果日本能够充分运用本土资源，从而确保国民住有所居、食能果腹、劳有所得，那么，日本必然会在未来的国际政治舞台上发挥重要的作用。

中国人的外交观念与理想

目前，中朝两国面临的最大困难莫过于两国政府并没有受到爱国精神的鼓舞。反观日本这边，在爱国心的驱使下，日本人对一切妨碍国家独立自主的事物都无比厌恶。我们先来看一下清王朝中国的对外政策。一方面，欧洲列强在华的行径实在是毫无下限与肆无忌惮；另一方面，清政府的官员也无法令人信任，以至于作为局外人的我几乎不可能从清王朝中国的外交活动中找出什么明确的指导原则。

但是，如果就这样避而不谈，恐怕又会影响读者正确认识日本的在华政策。因此，我在此对中国人眼中的列强对华政策进行简要梳理。罗伯特·赫德爵士（Sir Robert Hart）[4]曾经如此说道：

中国人常说，尔等不列颠人漂洋过海，不请自来，迫使中国打开国门。吾等慷慨大度，非但不予计较，还最大程度满足尔等通商贸易之要求。然尔等何以为报？走私鸦片。吾等被迫出手制止，尔等却更以炮舰相向（指第一次鸦片战争。——译者注）。

中国百姓吸食鸦片之瘾甚大，此诚不虚也。然鸦片之吸食与输入皆为清廷所严禁。待觉察之时，鸦片已然侵蚀百姓肌体，掏空国库存银。吾等也曾劝说尔等就此罢手，可终究徒劳无功。战端随之而起。吾等终究不如尔等洋人能征善伐。大不列颠国迫使吾等订立条约（即《南京条约》。——译者注）、割让香港、开放五港通商。即便在此时，鸦片在中国仍乃违禁品。

数年之安稳时光转瞬即逝，不列颠人于香港再生祸端。割让初期之香港不过一船舶停歇之莞尔小地，后因地处条约通商口岸之通衢，遂成万邦商贾汇聚之良港。加之临海傍河，终沦为走私肇始之地。尔等曾在条约中允诺对一切运输船舶施以检查管制，然随贸易运输体量日益庞大，尔等未能忠诚履行条约之义务，吾等税收也因而蒙受损失。

如今，往日之人烟稀少之香港已然成为无数中国人之移居地。其中亦有不少逃离内地本国的法外狂徒。待至香港，此些人等摇身一变化作大英顺民，尔等之香港政厅亦在其船舶之上高悬不列颠国旗。故而这些船舶依据情况之变化，一日悬挂中国国旗，复日又悬挂不列颠国旗。这倒也正遂他们心意。日后"亚罗号战争"（Arrow war，即第二次鸦片战争）之肇因也正系于此[5]。而后，吾等被迫缔结新约，附之以通商口岸之增加，鸦片贸易之合法化等新规，纠纷随之再起，难以停息。

要求吾等给予特权也好，强制吾等作出让步也罢，凡有点滴纰漏，不列颠皆会以侵害条约权利为由，对吾等恶意指控，横加羞辱，进而借机索要赔偿。为尔等合法化之鸦片亦渗透国土各处，宛若诅咒，难以祛除。因限制或减少鸦片进口之要求被拒，吾等被迫另寻更为凶险之补救办法：令国产鸦片合法化。此举绝非吾等赞成民众吸食鸦片，实乃仰仗市场竞争，进而驱除洋产鸦片之无奈举措。此举确有成效。吾等惟有以此之法，方能掌握鸦片贸易之主导权，祈盼吾等国民能因此戒除鸦片。

尔国传教士游走四方，办学施教，办院治病以解百姓病痛。然而无论尔等所至何地，厄运亦接踵而至。故而传教士之愿景初衷难得地方官员与百姓之欢迎。待到尔国政府要求赔偿传教士损失之时，吾等愕然发现，所谓"赔偿"，实乃传教士妄图借机敛财，跻身富甲之贪婪索讨！尔等臣民在吾国土之上已然享有豪横条约之所赋治外法权，然尔等不列颠人既无丝毫感激，亦无任何回报。尔等所作所为仿若目空吾国之一切法令，更助长吾国不法之徒之嚣张气焰，招致无尽之灾祸。

尔等于沿海口岸通商贸易之特权要求已然得到满足，而今又得寸进尺，要求吾等进而开放内陆水域。尔等于报端肆意诋毁吾国政府与官员，更译成汉文在国内大肆传播。然此等文章亦非全无是处，读罢此等威胁文句，尔等他日必有所图之心已

昭然若揭，于吾等亦有间接之益处，纵然此绝非出自尔等之尊
重善意。

　　诸般一切皆有损于清廷之权威，政府官员自是无法容忍。
如此种种亦有害于多数商人，商贾集团更是愤怒异常。试问当
今世上，有何国会允予外国人以治外法权之特权？有何国会放
任外国人于沿海贸易通商贸易？有何国会向外国船舶开放内陆
水域？以上种种皆因尔等强迫所致。尔等何以不对吾等平等视
之？若大不列颠国能与清王朝中国平等修好，今日种种之无尽
战事与争端早已休矣。尔等之好利短视迫使吾等操戈而起，徒
留必报之仇而非须报之恩。[6]

　　赫德爵士这番以中国人口吻所说的话语很快就在中国大地上流
行开来。近年来的诸般事变更是进一步加快了中国仇外情绪的发
酵。诸如所谓的"租借"胶州湾、旅顺[7]、威海卫，特别是俄国人
在"满洲"的所作所为，更是引发了清王朝中国知识分子阶层的强
烈不满。

日本的在华影响力

　　那时的清王朝中国，各种灭洋暴动时有发生，但究其本质，实
乃老百姓对于洋人不义行径心生怨恨但又无处声讨的盲目反抗。这
种情绪也是日本在华影响力与日俱增的一个重要原因。在清廷治下
的中国人看来，比起欧洲人，显然还是日本人更了解他们的所思
所想。

　　我们可以看到，不仅仅是在对外贸易领域，日本在华的影响力
已经延伸至教育、军事和警务等各个方面且正在与日俱增。日本人
在华经营管理着为数众多的教育机构；不少日本军事教官已经开始

逐步取代清军过往雇用的欧洲教官。日本造船所建造了包括炮舰在内的许多海军舰艇，就连清政府也从日本购买武器与弹药；更有数以百计的中国留学生正在东京和日本各地学习各种知识，以便将来回国工作。因此，就某种意义上来说，日本正在偿还中国昔日以文明教化自己之恩。

关于欧美列强在华行径所导致的后果，布林克利上校在《中国和日本》第十二卷尤其是其中的最后三章有过精炼的总结。有兴趣的读者可以自行参阅。[8]

基于朝鲜半岛的日俄对立

朝鲜是距离日本列岛最近的亚洲大陆国家，自然首当其冲地成为日本最先想要纳入版图之地。在第四章中，我已对早期的日俄关系进行了简要的介绍。甲午战争之后，随着俄法德联手阻止日本永久占领清王朝中国的辽东半岛，这三大西方列强对于日本的警惕与嫉恨已然浮上水面。不仅仅是俄国认为日本一旦占领辽东半岛，必然会对自己在亚太地区的势力扩张带来阻碍，事实上，三国一直同意德皇威廉二世的看法，即如果日本完全占领辽东半岛，就极有可能导致东方黄种人的联合，从而威胁到欧洲大陆乃至世界各国的安全。当然，这种论调纯属无稽之谈，也不是日本人所追求的目标。另外，中国人的种种行为也都表明自己绝不会主动挑起战争。这并非因为中国人就真像各国所认为的那般软弱与无能，而是因为中国人自古奉行的处世哲学原本就反对争斗。

甲午战争结束后不久，日本人就在朝鲜半岛上彻底站稳了脚跟。若非日本朝堂上对朝鲜持谨慎态度的一派占据了上风，这种情况很有可能将持续更长的时间。每一个对朝鲜稍有了解的人都不得不承认，当时的朝鲜政府已经腐朽不堪，只有先对政府进行大刀阔斧的改革方能让这个国家重焕生机。对此深有体会的日本政府显然知道，真正的改革只能由内部发轫，而不是从外部施加。但是，日本因此就向朝鲜政府抛出一套好似作战计划般精准的改革计划，并要求朝鲜政府像学校学生做作业那样逐一实施的举动实在是有些荒谬。

这套所谓的改革计划不仅包括重建财政税收体系、改革公务员制度、设立国家军队等常规内容，连教育与司法制度也一并囊括在内。除此以外，日本还要求朝鲜政府给予自己开采矿产、修建铁路和从事商业的特权，通过强制开发半岛上的资源，从而让日本资本得以从中谋取高额利润。这些无理要求不仅招致了朝鲜政府的强烈抵制，连欧美列强政府对此也表示异议。

日本政府很快就发现，势力熏天的朝鲜外戚家族（即闵妃一族，1895年获封明成王后。——译者注）对于日本分外仇恨。甲午战争后不久，闵妃一族便开始联合俄国共同对抗日本干涉朝鲜内政。因为日本的干涉不仅会让闵妃一族丢官卸甲，更有可能彻底断送他们的财路。1895年7月，朝鲜政府内的亲日派（大院君、内阁总理大臣金弘集等人。——译者注）遭到驱逐，闵妃一族取国王而代之，彻底掌握内政外交大权。日本政府深知，闵妃一族是自己在朝攫取利益的头号障碍。1895年10月8日，在驻朝日军或多或少的协助下，一些不满闵妃政权的亲日派将校率领一支朝鲜军队杀入朝鲜王宫，残忍杀害了闵妃及其大量亲属，甚至还有许多亲俄派官员。随后，日本扶持刚刚下野的大院君，建立了新的亲日政权。

这场惨剧给日本的在朝事业造成了毁灭性打击。列强政府无一不对日本大加批判，朝鲜国王高宗李熙更是逃往俄国公使馆避难[9]。自那时以后，日朝矛盾愈演愈烈，半岛局势更是日益恶化。日本政府为此召回了饱受诟病的原驻朝公使三浦梧楼（MIURA Goroh），转而命令小村寿太郎男爵[10]（KIMURA Jutaroh，现任外务大臣）出使朝鲜。小村男爵的外交手腕与能力与其前任的办事不力形成了鲜明对比。

闵妃暗杀事件发生之后，日本始终迫切地希望与俄国达成和解，从而通过外交途径确保朝鲜的安全和独立。日本在朝鲜有着莫大的工商业利益，朝鲜每个通商口岸也都有大规模的日本人居留区。彼时，朝鲜外贸与航运总量的 3/4 掌握在日本商人手中。与之相对的，俄国在朝鲜几乎享受不到什么商业利益。正因如此，日俄最终围绕朝鲜问题先后达成两项协定。

其一是由小村驻朝公使与俄国代理公使卡尔·伊万诺维奇·韦伯（Karl Ivanovich Weber）于 1896 年 5 月所签订的备忘录[11]。根据备忘录，滞留俄国公使馆的高宗李熙需返回宫中；日俄均有权在朝鲜部署军队（人数不超过 800 人）以保护各自的公使馆与侨民居留地；此外，日本方面还可在朝驻扎一定数量的宪兵部队来保护自釜山至（朝鲜）京城的电报线路。

其二是由外相西德二郎男爵（Baron NISHI Tokujiroh）与俄国驻日公使罗曼·罗曼诺维奇·罗森男爵（Baron Roman Romanovich Rosen）于 1898 年 4 月所签订的议定书。根据议定书，日俄两国政府均明确承认朝鲜之主权与完全独立，互相保证不对朝鲜内政进行直接干涉。俄国方面更是进一步作出"不阻碍日朝之间工商业发展"的承诺。此外，两国若需对朝鲜进行劝告、建议以及派驻任命顾问，皆需事先与对方进行协商。

曾经长期担任英国驻日领事的约瑟夫·朗福德对于这两项协定有过如下评论：

> 只要是客观现实需要，俄国的确会忠实履行两项协定中的所有承诺。但是，这种状态终究难以永续，一旦俄国认为其在

远东的军事实力已经能与日本平起平坐，那么这种承诺就算到头了。

到了 1903 年夏天，日俄之间的谈判更是日益焦灼，形势十分紧张。起因在于日方发现俄国在朝鲜拥有一块租界，据说这片区域是高宗李熙 1896 年逃至俄国公使馆避难时所特别授予的。随后，俄国人便按照自己习惯的方式对其进行管理。此时，俄国人已经在鸭绿江边的战略要位建起了堡垒哨所，更宣称鸭绿江溪谷流域皆为其势力范围。

日本的立场

这种举动在日本人眼中实在过于凶险可疑，因为这与当初俄国在"满洲"抢夺地盘时的行径简直如出一辙。当年在"满洲"，俄国人也是先租借辽东半岛的一部分土地，并以之为据点，逐渐将军事占领区扩张至"满洲"全境。最终，俄国人公然背弃承诺，不断修筑堡垒，加强阵地，长期占领"满洲"之野心可谓一览无余。

日本人吸取了上次的教训，并决心抢在俄国变得坚不可摧之前解决这个问题。我们不必细细研究 1903 年下半年日俄间所有的谈判和文件。以下仅引用日本官方公报的相关内容就足以说明问题：

> 维护朝鲜的政治独立、领土完整，以及日本在朝的最高利益直接关乎日本本土的总体安全与国家福祉。故日本帝国政府不可能对危及朝鲜地位的行动袖手旁观。
>
> 尽管俄国已与清王朝中国签署正式条约并多次向列国保证撤出"满洲"，但事实上俄国不仅未曾撤离，甚至进而开始染指朝鲜。

一旦"满洲"被俄国吞并，朝鲜落入其手也只是时间问题。

俄国自己显然也是如此打算的。因为在 1895 年，俄国已经向日本暗示，日本占领辽东半岛不仅会对清王朝中国的首都构成长期威胁，更会使朝鲜的政治独立成为泡影。

在这种情况下，日本政府希望通过与俄国政府进行直接对话来维系远东之长期和平，从而在两国利益交织的"满洲"和朝鲜实现友好共赢。日本政府于 1903 年 6 月下旬向俄国政府表达了这一意愿，并邀请俄方共同促成此事。俄国政府亦表示同意。

因此，去年 8 月 12 日，日本政府通过驻圣彼得堡代表（栗野慎一郎。——译者注）向俄方提交了供双方共同审议的协议框架。内容概括如下。

（1）双方均承认中朝两国的独立主权和领土完整；

（2）双方均承认所有国家在中朝两国享有均等的工商业机会；

（3）俄方承认日方在朝拥有优先利益，日本承认俄国拥有经营"满洲"铁路的特殊利益。两国在承认本协约第一条规定的前提下，有权为维护上述利益采取必要措施。

（4）俄方承认日方在促进朝鲜半岛改革与善政方面拥有提供建议与援助的特权。

（5）俄方同意朝鲜铁路向"满洲"南部延伸，以便与东清铁路以及山海关至牛庄铁路（East China and Shanhai-Kwan and Newchwang）接轨。

随后，公报对双方谈判的详细经过进行了介绍。公报指出：

帝国政府在谈判过程中始终秉持稳妥且公正的基本原则，且仅对俄国政府提出遵守那些已经再三承诺事项的要求。然俄国政府始终予以拒绝。一方面，俄方一再拖延，迟迟不肯给出确切答复；另一方面，俄方更是迫不及待地加强远东地区的陆海军力量部署。事实上，大批俄国军队已于朝鲜边境准备作战。

读罢这份公报，日本方面的立场已经大致清楚了。

俄国的立场

不过，为了对这个问题能有更加整体的把握，我们同样有必要站在俄国的立场上来进行理解。在换位思考的过程中，我们发现俄国就像日本一样，内部也有多股力量在共同发挥作用。在先前的章节中，我们已经对日俄的早期外交关系进行过探讨，知道两国间的矛盾由来已久。

在此，我们不去细究俄国扩张史中的种种细节，只要对其主要特征有所把握即可。自克里米亚战争（Crimean War）[12] 以来，俄国推行了规模浩大的产业变革，许多地方正经历着由农业社会向工业社会的转型，人口亦随之迅速攀升。由于俄国农业采用的是粗放而非集约的生产方式，因此需要不断地开疆拓土，这不仅是出于贸易需要，更是为了殖民。显然，这也是俄国修建"西伯利亚大铁路"（Trans-Siberian Railway）的两大直接原因。该铁路的全线通车不仅有利于俄国开发亚洲北部的庞大资源，更为国内激增的人口找到了潜在的出路。

因此，我们一般认为俄国在外交政策上奉行所谓的"国家需要压倒一切"（overpowering needs of the nation）。同时，俄国也的确是以真正的庞大帝国为目标进行着领土扩张。而今，俄国的边境线已经触达北欧、南欧、北亚、印度、波斯（Persia，1935 年正式改名为"伊朗"。——译者注）。在这些接壤地带，所谓的"俄国问题"（Russian question）简直是所有相关国家眼中的噩梦。

俄国军方领袖的野心则让这种边境问题变得更加棘手。在军方掌控实际大权以前，虽然俄国沙皇对内实施专制统治，但在外交政策上依然倾向于维持和平现状，但是如今，由于军方的勃勃野心，俄国的外交目标指向已经远远超出了国家的最初需要。咄咄逼人的外交政策暂时转移了国内民众对于各种内政问题的关注。自由主义与暴力革命的论调也被淹没在一片为领土扩张与国家影响力提升而喝彩的欢呼声之中。

此外，我们必须注意到，迄今为止，俄国民众的宗教情感总是沦为统治者实现政治目的的有力工具。俄国政客时常披着宗教教义的外衣，或是推行语焉不详的对外政策，或是为侵略他国的行径而辩护。此般种种足以令所有富有思辨能力的东方人感到厌恶。事实上，这些东方人的行为举止，无论是作为一国子民，还是纯粹发自个人，才是那些自以为本国文明高人一等之流应该仿效的榜样。

极富宗教狂热的俄国人始终坚信本民族担负着重要的救世使命，他们不仅要教化东方部落，而且还要依靠东正教来抗击和纠正西方文明的弊病。在俄国人看来，自由主义未必导致一切失序与社会解体。他们相信，俄国的神权政治、东正教派以及村落共同体等社会组织正是抵御社会主义与暴力革命煽动的良药。

因此，在谈及日俄的外交政策时，必须查明其表象下的本质动因。若非如此，我们所构想与推论的所有观点都将是无根之木，缺乏说服力。在我看来，日俄两国之所以会发生尖锐的对立与冲突，归根到底是不同文明理念之间的冲突所致。

不断扩张的俄国领土

只要我们对俄国的地缘格局稍加研究，就不难理解其向北亚地区不断扩张的原因。一方面，西伯利亚无垠的大平原为俄国的无限扩张提供了空间上的可能；另一方面，俄国几乎是一个彻头彻尾的内陆国家，又由于其与欧洲接壤部分多为冻土，因此自然极度渴望在太平洋沿岸找到能够用于国际贸易的出海港口。西伯利亚大铁路的通车则为俄国寻找这种港口提供了必要的条件。最初，西伯利亚大铁路的终点站设在符拉迪沃斯托克。但在敷设这段线路的过程中，俄国人很快就发现，符拉迪沃斯托克虽然也是一个终年不冻港，但也仅适合作为俄国南进之路上的一个中转站。事实上，当时的英国政治家已经认识到俄国很有可能会在远东采取南进政策。俄国之所以兵行此招，怕是与英国在远东政策与行动上所表现出来的软弱不无关系。

俄国外交的确是一门需要经过长期研究方能理解的学问，很难一言以蔽之，乃至于用遮遮掩掩甚至是花招频出来形容都毫不为过。这样的外交政策与做派很难不招致他国的批判。在甲午战争结束之后，俄国的一系列操作更是完全暴露了这种外交的本质，我们在前文中也做过简要梳理（即"三国干涉还辽"。——译者注）。近期，俄国在"满洲"挑起的诸多事则进一步证明了这一点。俄国凭借毫无节操但却巧妙的外交手腕从清政府手中"租借"了大连港。面对列强对于自己意图的质问，俄国始终坚称其对"满洲"并未图谋不轨。紧接着，相信了这番说辞的各国列强就目睹了俄国在义和团事件中以保护本国至大连的铁道免受破坏为由，借机进占"满洲"[13]。自那以后，尽管俄国在口头上不止一次地向日英美中等国作出过从"满洲"撤兵的承诺，但现实中却始终按兵不动。如果我们读过英国外交大臣兰斯多恩侯爵的官方报告，就能理解要想说服俄国信守外交承诺是何等的困难。他在报告中还表示，英美两国都认为必须阻止"满洲"变成俄国的新行省或"保护地"，但它们似乎又都无意采取强力措施来阻止俄国的进一步扩张。

这或许是因为对于英美而言，虽然放任俄国在华扩张会影响到自己的通商贸易，但论其严重性，终究还是居于次要地位。然而，对于日本来说，这无疑就是关乎国家存续的头等大事了。俄国认为日本在"满洲"并不享有区别于其他国家的特殊利益，因此无权就此问题与俄国进行讨论。这显然与俄国先前所言自相矛盾。日本已经意识到，假如俄国继续固守"满洲"，那么就可以随时集结军队，筹措弹药，更有可能在蚕食朝鲜之后将俄国的帝国版图扩展至太平洋沿岸。

不仅如此，日本眼中的俄国更是一个窃取甲午战争胜利果实的强盗。新仇旧恨之下，日本这次自然有理由要找俄国问个究竟，以免重蹈覆辙。虽然日本愿意承认俄国在"满洲"享有一定的特殊利益，尤其是运营维持连接西伯利亚大铁路短干线（即东清铁路。——译者注）与哈尔滨至大连的铁路支线，但是日本更加主张在"满洲"之事上应该保证清王朝中国的政治独立性。虽然俄国口头上依然承诺会保证清王朝中国的政治独立性，但其实早已经用实际行动向各国宣告：除非受到外来强制，不然绝不会主动放弃"满洲"，而且还将快马加鞭地进占朝鲜。

我们再换由俄国视角，尤其是加强制海权的角度来进行简要分析。如果能够将朝鲜半岛纳为己有，那么就等于拥有了许多良港，而且其中的大部分都是终年不冻港且易守难攻，实在称得上是价值连城。正如布林克利上校所说：

　　朝鲜就好比设在辽东半岛和符拉迪沃斯托克之间的一个中

途关隘，掌控着两地之间的海上通路。若想借助朝鲜打击俄国，日本可以封锁对马海峡和津轻海峡[14]，阻断俄国舰船的通行，从而有效地从海上将符拉迪沃斯托克孤立开来。从经济层面上说，俄国也必须掌控朝鲜。因为无论是"满洲"还是西伯利亚都没有贸易设施一流的港口，相比之下朝鲜却有很多。事实上，只要俄国拥有了朝鲜半岛，那么就等于得到了那个自己梦寐以求的"罗盘"，自己也可以借此自由出入温带公海。

正如一位消息灵通人士在《季度评论》（1904 年 4 月，第 578页）上刊文所写的那样，当我们从全局出发审视俄国时就可以发现：

> 俄国人不仅是在吞并土地的胃口上与其他殖民大国不相上下，而且其实现惊人之举的动力与方法也和其敌对国家别无二致。俄国之所以能够实现统治圈的大范围高速度扩张，并不是因为其治国能力有多么出众，而是其天然的民族特质和地缘特征使然。在俄国领土不断扩张的背后，实际就是一种"母国"（mère patrie）意识的延伸与拓展。俄国在扩张中所覆盖的区域多数都与自身特质相类似，哪怕没有办法进行同化，俄国的殖民者也不难与当地的类似民族建立起较为亲密的联系。在这种情况下，俄国的殖民地建设也就变得相对自然与迅速。相应地，征服后的政治巩固速度也会加快。

我们可以肯定的是，若不是日本已经成长为一个强大的东方大国，俄国的领土早已南下扩张至渤海湾，怕是不占领日本誓不罢休。一位杰出的日本政治家曾经向我表示，工部大学校学子们所作出的全方位成就正是防止日本落入俄国手中的重要倚靠。

左右日本外交政策的动机

在东亚地区的偏远地带，俄国的势力范围正在不断扩大。虽然欧陆各国对此并不上心，但整整一个世纪以来，日本始终都是忧心忡忡，甲午战争结束之后，此种忧虑更胜往昔。由于俄法德的介入，日本被迫归还辽东半岛。自那以后，日本政治家们更是时刻关注着俄国的一举一动。

日本政府已经敏锐觉察到了事态的发展方向，并随之确立了清晰明确的对中对朝政策，即承认他国在中朝享有国际法所赋予的权利，并保持两国的政治独立。这种政策解释了日本极力强化陆海军实力的原因。从这种意义上来说，日本为陆海军扩张所支出的国家预算实际上就是为了真正融入国际社会而不得不缴纳的"会费"。

应该说，日本在对俄政策中所追求的利益目标是合理且可行的。事实上，日本人能在极端困难的情况下依然保持着自我克制已经非常值得我们赞扬了。日本不仅觉察到了俄国所谓的"正当"野心，而且也深刻理解了驱动其输出过剩人口与工业制成品的经济要因。不过，这并不意味着日本就会放弃那些自认为应得的权利。俄国沙皇尼古拉二世曾在海牙会议上商讨防止日俄爆发争端之策。但是很显然，一步有助于和平解决两国争端的实际行动远比一场没有成果的讨论会议更有益处。如果沙皇及俄国政府制定的远东政策能够更加合理和清晰，如果他们能够真正地尊重其他国家，尤其是日本的合法利益，日俄间的纷争本可以避免。然而，俄国非但没有采取合理稳妥的对日政策，反而背弃承诺，还耀武扬威地在朝鲜半岛海域集结他们眼中的无敌舰队。俄国在回应日本对华要求时所表现出的刻意敷衍仿佛就是要蓄意挑起事端。

在这个问题上，其他的利益相关国并没有在应对眼前危机的过程中发挥什么重要作用。它们全都选择让日本独自去捍卫自身的权利。如果英美两国能够采取更为果断的行动，能够采取更加坚定的立场，日俄间的危机很可能早就被扼杀在萌芽状态。若不是因为种种外交手段皆已失效，日本是不会选择诉诸战端的。虽然我们也必须承认，甲午战争后，日本在远东的诸多外交举措与实际行动确实可能引发多次战争。

远东当前所经历的危机很有可能加速中国自身力量的觉醒，也有可能会让中国人明白，当自己的领土或权利受到侵犯时就应该以牙还牙。此外，俄国也应该明白，如果意在成为远东唯一且不受控制的霸主，从而获得最大程度的贸易垄断权，那么不仅要考虑对日关系，也要处理好与其他利益相关国之间的关系。

俄国认为日本不应该反对自己在"满洲"的行动，或是阻碍其得到同下关和佐世保造船所隔海相望的朝鲜马山浦港。据传闻，伊藤侯爵曾对一位同僚说过这样的话："如果马山浦落入俄国之手，那么日本表面上看似还能在朝鲜畅通无阻，但真实情况就好像是把手伸进了一个装满黄金的袋子，但是袋口却紧紧扣住了自己的手腕。"

如果割让一个小小的马山浦就尚且如此，那么我们确实应该好好思考一下这个问题：如果朝鲜全境都被俄国所控制，那么日本又将如何自处？恐怕到了那时候，日本的存续会完全受俄国所左右，或者更确切地说，系于野心勃勃的俄国军事司令官之手。这个司令官会将侵吞日本视作自己赢得战功声望，为俄帝国扩大那本已广阔无垠的领土的不二良机。

一方面，俄国显然十分渴望成为太平洋上的军事霸主与贸易主导者。另一方面，日本既不是单纯希望为新兴市场与过剩人口找到出路，也并非只追求扩张领土。日本真正想要的是保护国家免受侵犯，维持自身民族特性，进而在远东事务中发挥影响力。[15]如果只有诉诸武力方能捍卫自身权利，那么日本将带着高扬的爱国之情与周全的战略部署迎击俄国的大军。相信日本人的爱国之心与谋略可以大大弥补军队人数上的相对劣势。

主要参考文献

理解一个国家的对外政策绝不能仅仅依靠书本与文章。这需要研究者生活在那个国家，了解民众的所思所想，分析社会现象与其背后的经济政治动因。在前面的章节之中，我已经分析了这些动因中相对重要的几个。我断然不敢宣称自己对日本的对外政策进行了什么权威的解读，但我始终都在努力呈现日本人对于这些问题的真实看法。

普通读者可以参阅布林克利上校的《日本和中国》，其中的第五卷第二章对本章的议题有着详细的阐述，想来应是足够了。还有就是一年多以来在英美期刊上发表的相关文章，由于这些文章通常都是外交事件的亲历者所写，因此值得专门进行研究。尽管在某些情况下，我们需要对其中的记忆误差进行辨别。近年来，相关研究者越来越关注经济和政治动态的相关议题，比如阿尔弗雷德·马汉上校（Captain Alfred Mahan）[16]的论文就很值得一读。国际政治正在逐渐成为一门科学，更深入的研究将有助于我们找到结束国家间冲突的非战争方法。如果想要对国际政治有初步的了解，保罗·塞缪尔·赖因施教授（Paul Samuel Reinsch）的《被亚洲局势所左右的十九世纪末的国际政治》(*World Politics，at the End of the Nineteenth Century as Influenced by the Oriental Situation*）堪称最佳的入门书，这是纽约麦克米伦出版社（Macmillan Company，New York）出版的"公民图书馆系列丛书"（Citizen's Library）中的一本。其他的相关书籍与论文参见附录中的书单。

译者注释

1. 这里只是作者一厢情愿的看法，与日后日本的行径有很大的出入。此处提醒读者注意。

2. 此处是高平小五郎作为外交官的表态，他想要树立的日本与邻国相处和平、共荣发展的对外形象同未来日本的取向大相径庭，这里仅供读者批判参考。

3. "黄祸论"是一种成形于 19 世纪的极端民族主义理论。该理论宣扬黄种人对于白人是威胁，白人应当联合起来对付黄种人。19 世纪末 20 世纪初，"黄祸论"甚嚣尘上，矛头直指中日等国。1895 年，德国皇帝威廉二世开始在公开场合提出"黄祸"（Die Gelbe Gefahr）的说法。甲午战争之后，以德国、俄国为首的西方国家认为，已经掌握了西方技术的日本，如果团结带领人口庞大的中国进行改革和扩张，则中世纪蒙古人横扫西方的"黄祸"必将再度上演。随着日俄战争的结束，"黄祸论"在西方更是达到了顶峰。

4. 罗伯特·赫德（1835—1911），英国政治家，曾任清政府海关总税务司长达半个世纪。赫德于 1854 年来华，1863 年正式成为清政府海关总税务司，1908 年因病回英国休养，1911 年病故于英国白金汉郡，清政府追授其为太子太保。赫德是晚清时期一个特殊的历史人物。一方面，他在任内为中国创建了税收、统计、浚港、检疫等一整套严格标准的近代海关管理制度，为海关的近代化与标准化做出了实实在在的贡献；另一方面，他同样也是西方列强侵略中国的马前卒，以关税为要挟变相操控着清政府的经济命脉。

5. 第二次鸦片战争的导火索就是所谓的"亚罗号事件"。"亚罗号"本身是艘中国船，曾为方便走私而在香港的英国当局注册，但是事件爆发时注册有效期已过。1856 年 10 月 8 日，广东水师在"亚罗号"上逮捕了几名海盗和有嫌疑的水手。英国驻广州代理领事巴夏礼（日后曾任驻日公使）在英国驻华公使、香港总督的指使下，致函清朝两广总督叶名琛，称"亚罗号"是英国船，捏造中国兵曾侮辱悬挂在船上的英国国旗，要求送还被捕者，赔礼道歉。叶名琛据理力争，态度强硬，而且不赔偿、不道歉，只答应放人。1856 年 10 月 23 日，英军开始行动，拉开了第二次鸦片战争的序幕。

6. Robert Hart, *These from the Land of Sinim*, Chapman & Hall, Ltd., 1901, pp. 119–122.

7. 这里的英文原文为"Port Arthur"。第二次鸦片战争期间，英国皇家海军上尉威廉姆·阿尔图尔（William Arthur）闯入旅顺，并以其姓氏阿尔图尔将"旅顺"命名为"阿尔图尔港"。1898 年 3 月 27 日，沙俄政府迫使清政府签订《中俄续订旅大租地条约》，条约以俄文本为准，于是出现了"阿尔图尔港"译成"旅顺口"的字样。

8. 本部分内容只是作者的一种主观认识，仅供读者批判参考。

9. 这一事件史称"俄馆播迁"，即 1896 年 2 月 11 日朝鲜王朝君主高宗李熙率领王族从日本势力控制的王宫逃到俄国驻朝公使馆的事件。"俄馆播迁"极大地改变了朝鲜国内的政治力量对比，朝鲜亲日政权垮台，亲俄派势力膨胀，朝鲜亲俄政府也随之建立。由此，日俄两国在朝利益之争日益复杂化。直到 1897 年 2 月 20 日，朝鲜高宗才从俄国公使馆搬出。

10. 小村寿太郎（1855—1911），明治时期日本外交家。1880 年由美留学归国，最初在司法省任职，历任上等裁判所判事、大审院判事等职。1893 年 10 月，因得伊藤博文内阁外相陆奥宗光的赏识，小村以驻华使馆参事官身份任临时代理公使。小村寿太郎是"日清开战论"的积极鼓吹者，被称为"开战之急先锋"。出任驻华代理公使后，他竭力收集中国的军事、政治、经济、产业、民族风俗以及列强在华活动等情报。由于身材矮小，为人奸诈又善于窃取情报，到任后不久，驻京各国公使就送给他一个"鼠公使"的绰号，讽喻其如老鼠一般狡黠机诈。

11. 更准确点说，日俄双方是通过备忘录的形式来确定此次协定的。1896 年 5 月 14 日，小村寿太郎和俄国驻朝代理公使韦伯签署了一份共有四项内容的备忘录。除去文中所说，还包括"双方保障朝鲜国王安全、严厉管束日本浪人""劝告朝鲜政府由'宽大温和之人物'组成内阁"等内容。

12. 克里米亚战争（1853—1856）是俄英法三国为争夺小亚细亚地区而进行的战争。整个战争期间，奥斯曼帝国、英国、法国、撒丁王国先后向俄国宣战。最初被称为"第九次俄土战争"，但由于耗时最长和最为重要的战役均在克里米亚半岛打响，因此，后来又被称为"克里米亚战争"。战争最终以俄方求和签订《巴黎和约》而宣告结束。战争期间，英国女护士弗洛伦斯·南丁格尔（Florence Nightingale，1820—1910）赴前线野战医院护理伤员，通过建立科学化的护理制度与防感染措施，实现了伤病员死亡率的大幅下降，由此也正式开创了南丁格尔护理制度与近代护理事业。

13. 当时俄国以保护建设中的"东清铁路"为由，出兵占领整个中国东北，并与当地的清政府官员签署秘密协定，成为地方军政大权的实际掌控者。

14. 津轻海峡位于日本本州与北海道之间，西通日本海，东接太平洋，是日本所谓第一岛链北部的重要海峡。由海峡北上，直通鄂霍次克海及阿留申群岛，南下则为夏威夷群岛和太平洋，交通和战略地位十分重要。

15. 这里仅是作者的一种主观认识，与日本的实际行动并不相符，仅供读者批判参考。

16. 阿尔弗雷德·马汉（1840—1914），美国军事理论家。1890—1905年，马汉相继完成了被后人称为"海权论"三部曲的《海权对历史的影响(1660—1783)》《海权对法国大革命和帝国的影响（1793—1812)》和《海权与1812年战争的关系》。马汉关于"争夺海上主导权对于主宰国家乃至世界命运都会起到决定性作用"的观点成为后世各大海洋强国的战略理论基石，盛行世界百余年而不衰。

第十八章　社会影响与生活变化

推动日本变革的爱国情感

行文至此，我已对日本过去半个多世纪以来的巨变进行了大致描述。这不仅有助于我们理解日本快速崛起的政治经济意义，更有助于我们预判其在远东到太平洋乃至全世界格局演变中所可能带来的影响及其程度。

"日本人从变革中获益了吗？"对于普通的日本国民而言，这个问题的答案远比维新变革本身重要得多。这即是说，明治维新所带来的变革是否令日本人的身体更加健康？是否令日本人的生活更加幸福？是否令日本人的个性得到更为充分的彰显？

与这些相比，其他的问题都显得不再那么重要。日本人在国家演化的每一个阶段都应该牢记上述核心问题。否则，哪怕日本人有再澎湃的激情、再丰富的手段，可能有益于国家发展，但也有可能适得其反，哪怕尚未对国家造成直接破坏，怕是也会加速国家的衰败。

封建制度下的日本人的生活

倘若对封建时代的日本社会状况进行仔细研究，你会发现旧时的日本生活其实也不乏令人称道之处。在封建制度之下，大多数日本人都过着自给自足的小日子。他们无须像大多数西方人那样，为了养家糊口或是财富权力而费尽心机。

诚然，若以近代文明为衡量标准，至少从当今世界的普遍观点来看，旧时日本人的这种生活理念显然是过于狭隘了。但是在那时，日本人的生活信条，或者至少说是处世哲学，在很大程度上导致了他们超然世上，因此也就无须找到其他实现个人价值、彰显独特个性的方法或途径了。但是，智识活动与物质条件的进步却并不一定等同于道德情操的提升。

此外，西方学者在研究东方社会时总是习惯基于西方形而上学绝对正确的前提假设，因而主观忽视在东方文明中占据重要地位的"转世轮回"之说。事实上，就连达尔文进化论的坚定支持者托马斯·亨利·赫胥黎（Thomas Henry Huxley）[1]教授这样的不可知论者也没有彻底否认这种假说的可能性。倘若东方的轮回之说确有其事，那未必也太叫人沮丧了。因为这就意味着东方人对于人类遗传与环境学说的认识要比欧美近代科学思想更具高度。当然，我们在此不作深究，而只是想表明我们并未忘记这一问题的存在。

但凡封建社会，无论古今东西，军事阶级总是居于统治地位。封建时代的日本亦是如此，真正"君临天下"者实乃以武士阶级为代表的军事组织，其他阶级的利益都要为之让步。在那时，人的生命价值根本得不到重视，因为相较于大千世界循环往复的生死轮回，转瞬即逝的个体生命实在是微不足道。除去上述生命观的影响，虚张声势、蛮横专断的群体特征也是武士阶级滥用刀剑、肆意杀伐的重要原因。

若以欧美诸国的标准来衡量，封建时代的日本人大多生活得空虚乏味，近代意义上的教育更是无处得见。但是，多数的日本人却又都能从自己的工作中寻找到幸福，这对于他们来说已然足矣。在那段旧时光里，哪怕是最寻常的工艺品都不乏艺术之色彩，也都能折射出打造它的手工匠人的独特气质。无论阶级、不分地域，上自白发，下至垂髫皆喜爱走出屋外，亲近自然，既可增进生活趣味，亦能保持机体健康。物质财富的相对匮乏让彼时之日本人从不畏惧失去，因为人人生活朴素，更无过多欲求。

在旧时代的日本，纵然无人能够坐拥巨额财富，同样也无人必须忍受可怕的贫穷。半共产制的社会能让所有人都获得最低的生活所需，因此也无须济贫法之类的法令制度。年迈的父母都会由子女来赡养，哪怕是赤贫阶层也能得到亲友的帮助。纵然产业勃兴，人口流出，时有战祸，但是这片土地上的人们所蒙受的自然之恩惠却未曾衰减。几乎所有女性都可以找到值得依靠的人生归宿，男人也会倾其所有养活自己的妻儿。那些我们所熟知的女性问题在当时都还尚未显现。

当然，就许多西方人看来，旧时代日本女性的地位在各个方面都难以令人满意。有太多的女性只能作为男性的附庸而存在。可是，在多数情况下，我们也无法断言日本女性的生活究竟有多么不幸，更何况她们在家中几乎个个都是贤妻良母。对于任何一个了解英国社会底层女性生活状况的人来说，如果要拿她们（英国女性）与新旧时代的日本女性进行对比，那么这个人一定会毫不犹豫地表示，大部分日本女性的生活质量要好得多。迄今为止，虽然我们依然很难找到能与西方上流女性相提并论的日本女性，但是换而言之，她们亦无须经历那种"社交女王"般的生活，那种不仅要牺牲自己，而且还要牺牲家庭来换取所谓"快乐"的生活。因此，几乎从来没有日本女性因为赤贫而借酒消愁，因为空虚而自甘堕落。

那时，衡量男性地位与权势的标准在于人之为人的个人价值，而非手握的财富数量。武士的收入依赖于土地产出的粮食，因此他们也经常会从事一些额外的农活来增加粮食的收成。人们尊敬在田间地头耕作的农民，并将其视作最有能力的劳动者，因为他们生产的是养活所有人的粮食。手工业者、工艺匠人以及各行各业的劳动者都极其专注于自己的工作，因为他们知道，只有全情投入的劳动才能带领自己找到真正的幸福。

各行各业之中，商人和投机倒把者的地位最低。因此，在封建时代，商业活动难以得到充分发展，而附着于阶级身份的轻蔑又进一步为商人招致了诸如"不顾廉耻"的舆论抨击。正如我先前所说，这一事实在很大程度上解释了日本商人的名声为何会如此不堪。但是，随着教育的普及和上流人士先后涉足商界，我相信他们身上的这种恶名很快便可得以洗刷。

近代日本的情况

工商业的迅猛发展极大改变了日本的社会经济面貌。道路的修缮、铁路的引入与线路的延伸、蒸汽船在海运中的充分运用、电报电话网络的普及则进一步加快了这种进程。交通与通信手段的改良巩固了日本帝国的基石，也彻底扫清了封建制度的最后残余。从此之后，日本各地的人们终于能以高效快捷的方式交换信息，互通往来。随之，日本的自然资源也得以充分开发，不断增长的国内财富总量确保政府能有足够的财力履行各种国家职能（其中最重要的部分在上文已有所提及）。日本终于具备了平视世界列强的底气。但是从另一方面来看，正如我先前多次指出的，维新变革之中同样存在一些非常严重的弊端。

　　日本的许多地方仍然保留着传统的风俗习惯与旧时的生活方式。但在大都市的周边，兴盛的近代工商业所必然导致的激烈竞争彻底改变了人们的生活，古老的生活惯习亦随之急速消逝。我们曾在英国多次目睹的那种竞争恶果如今也开始在日本显现。今天的日本正面临着各种社会问题，而这些问题也曾深深困扰过几代西方政治家和社会改革家。

　　一方面，巨额财富（相对而言）正在社会顶层不断累积；另一方面，令人尊严丧尽的贫穷也在社会底层持续蔓延。但是，日本迄今为止也未能找出消除或减少贫富差距的有效方法。身心紧张、担忧未来和生活焦虑的社会情绪愈发浓重，哪怕是在富裕阶级，也有许多上了年纪之人无比怀念自己年轻时的一切。有一些日本最为杰出的人物对日本社会所面临的这种严峻形势始终保持着高度警醒，为了解决挡在国家前进道路上的此种难题，他们甚至放弃了其他所有追求，专心致志地寻求解决之道。

　　我们不时会听到这样的观点：日本人效仿西方的方式是肤浅的，很多时候都是只得其形而不得其意。比如有人认为，日本人永远不会因为身着洋服、使用洋电器而真正感到舒适。此言不虚，虽然日本人的生活已经发生了翻天覆地的变化，但从很多方面来看，民众的内心世界却依然如故。因此，不少人开始过上了一种"两面派"的日常生活。白天在公共场合，他们举手投足之间完全是一副西式做派，但是夜晚回到自己家中，他们又转身成了日本传统生活方式的坚定践行者。即使是那些住在漂亮洋馆里的人，也总会在家中专修一个日式别院。在那里，有他们熟悉的壁龛、晒台、铺着草席的地板和镶着纸屏的步廊移门；在那里，家人都还过着过去那种熟悉的日式生活。在我看来，日本人的这些做法理应得到称赞，而不应受到抨击。

　　旅日期间，只要一有机会，我就会提出这样的建议：虽然日本人应该充分吸收西方的科学与文明，但只要无碍于国家富强和充实个人生活，他们就应该尽可能地保留传统的生活方式和品性特征，无论是个人还是国家都不应该丢失自己的个性。从最近日本的发展情况来看，上述做法总体上是正确的。因为，一个忘记过往历史、放弃独有特质的国家，既没有资格也不可能成为真正伟大的国家。

富裕阶级的生活

不仅是富裕阶级，中产阶级和劳动阶级中的许多人也已经用上了各种便利的生活用品，用得起五光十色的奢侈品。虽然富裕阶级中也不乏追求奢华享乐、自身俗不可耐之辈，但其中的大多数人依然过着十分简朴、分外安静的生活，一如昔日微时。一位长期旅日的知名作家曾经这么问道：

> 我们之中究竟有谁看到过一个有钱的日本人热衷于奢华铺张、沉溺于花里胡哨的炫耀消费？

富裕起来的日本人也大多没有忘记旧时日本以"讲排场"为耻的社会准则。当然，我们无法否认，确实有一些暴发户会随着自家财富的积聚而日渐奢靡。但我所接触到的日本人几乎无一例外地过着非常有节制的生活，有些人的克己甚至到了禁欲的地步。虽然我无意在此一一列举人名，但是多数的日本名流与富人都依然保留着旧时那种简朴的生活习惯。他们并没有将自己所创造的财富视作一种满足个人私欲的消费工具；相反地，财富之于他们，更多是一种为国家日后发展所服务的"信托金"。

尽管日本的工商业已经取得了长足发展，但可以称为富人的人口数量依然较少。相比于美国的百万富翁，日本富人的财富只能说是微不足道。根据一份日本经济杂志的最新报道，目前，在日本所有缴纳个人所得税的人口之中，年度个人所得超过 25 万円的仅有 2 人，超过 3.9 万円的有 13 人，超过 2.4 万円的有 67 人，超过 1.7 万円的有 96 人，超过 1.1 万円的则有 140 人。每一千人中只有 7 人年度所得超过 2,700 円。

因此，如果根据年度所得来判断，日本人还远远称不上富裕。布林克利上校经过仔细的调查后表示，拥有 5 万英镑以上资产的日本人还不足 441 人。我们可以比较一下其他国家的情况。美国有 3,828 人拥有超过 20 万英镑的资产，换而言之，每 2 万人中就有 1 人；而在日本，每 10 万人中才有 1 人拥有 5 万英镑的资产，可谓高下立判。不过，这些数据也从侧面反映了这样一个事实：目前日本各阶级的经济收入依然相对平等。

平民的生活

大多数日本平民依然生活得很简朴。他们主食大米、鲜鱼和鱼干、海藻、豆类以及各种蔬菜。猪肉、牛肉、鸡肉等在平民的日常饮食中非常少见。他们一般居住在普通的木结构房屋里，家具不多也很便宜，男女都穿着价格低廉、样式朴素的衣服。总之，日本人通过减少自身欲望解决了许多生活问题。这样我们也就能理解，为什么那些有资本和机会过上彻底西化生活的日本人也愿意尽快回归本民族那种质朴的生活。

对于日本人的这种生活态度，我们不仅不该加以批判，反而更应报以足够的敬意。日本人发现，个人所有财物的积累和家中复杂装置的增加既无法直接带来健康，更不意味着幸福的实现。在他们看来，质朴传统的日式生活实在颇为可贵，如今有不少外国人也认识到了这一点。

　　日本人在享受西方装置带来便利的同时也正在向希腊人心中的理想生活状态靠拢，即在保持个人和家人需求最小化的同时充分参与公民生活，积极推动国家进步。各种各样的实例表明，爱国心是日本人精神世界最为显著的特质。不仅如此，可以说每个受过教育的日本人都渴望在迈向进步的国际竞争中不落西方人后。不过，日本人眼下迫切需要在这样一个问题上达成明确共识：什么才是真正的进步？

　　布林克利上校在研究了日本的一般财政状况之后表示，相比于十年之前，如今日本纳税人的经济境遇要好得多。官吏、裁判官、教职人员等从国家领取定额工资的人确实没有可以用来填补增加的税收或飞涨的物价的额外收入来源。不过，这些人只占国民总数的一小部分。一方面，其他各行各业从业者的收入都比过去更高，资产都比过去更多；另一方面，国民应缴税款并未随收入的增长而上涨，多数日本国民不仅不会因为应缴税额而感到窘迫，而且从事实上看，应缴金额反而比十年前还要少。

　　本书第八章中引用的数据表明，日本劳动阶级的工资，尤其是那些在西方产业工作的劳动者的工资几乎都有了大幅增长，有些行业甚至翻了一番。我们还可以通过第十章中的数据发现，尽管各种生活必需品的价格都有所上调，但其涨幅始终低于劳动阶级的工资。因此，整体而言，大多数国民的经济状况都得到了改善。

　　但是另一方面，由于民众的生活所需与日俱增，因此也很难断定是否绝大多数人都认为自己眼下的生活要比封建时代更好。此外，还有相当一部分民众无法适应明治维新后的全新社会环境，在席卷全社会的激烈竞争之中逐渐滑向赤贫的深渊。

　　人们对赤贫阶层的生活状况曾经有过十分悲催阴暗的描绘。其中或许存在夸大的成分，但是不能否认的是，明治日本的"底层社会"问题的确十分尖锐，这也确实是各个工业国的通病。不久之

前，日本的《都新闻》（即今天的《东京新闻》。——译者注）开展
了一项有趣的调查。研究人员以一个生活在宫古岛的六口之家（一
对夫妇、一位老人、两个孩子和一位仆人）为调查对象，对比了他
们在严格日常开支下的不同年份（1889 年与 1899 年）的月均生活
费，详见表 18-1 所示。

表 18-1　六口之家的月均生活支出

	1889 年 （円）	1899 年 （円）
房租	2.50	5.00
白米	4.50	7.00
酱油	0.45	0.75
盐、味增	0.40	0.70
油	0.45	0.69
砂糖	0.60	0.90
牛奶	0.90	1.10
报纸	0.25	0.35
学费	0.80	0.90
文具	0.60	0.90
理发、结发	0.34	0.69
洗浴费	0.90	1.50
蔬菜	0.90	1.50
鱼	1.08	1.80
牛肉	0.60	1.20
其他食材	0.24	0.42
茶叶	0.40	0.50
燃料	1.00	1.80
总计	16.91	27.70
租房押金	7.00	15.00

以上支出项目涵盖了一个六人的劳动阶级家庭的月均生活所需。但如果算上其他零散支出，这个家庭的月均支出将达到35 円。

农民与劳动者的经济状况

相较过往，日本农民阶级的经济地位似乎没有得到很大改善。这主要是稳定的人口增长助推地租不断攀升之故。由于争抢农地的竞争日趋激烈，佃农最终能够到手的利润几乎只能勉强维持温饱，同时还需补充耕种所需的肥料与农具。虽然我们暂时还无法找到确切的统计数字，但根据估计，全日本约有 150 万自耕农、100 万佃农，还有约 200 万农民既从事自耕也进行租种。很显然，农民及其家人占据了日本总人口中的很大一部分。我们在研究日本近年的社会变革时自然也应该将农民的经济状况纳入考量。

围绕"日本农民很难跟上时代的脚步"这一话题，正担任农商务大臣秘书官的山胁春树有过如下的评论：

我们必须设法做些什么来改善农民目前的经济状况。尽管单个的农民确实微不足道，但是整个农民阶级之于国家整体经济利益的利害程度怕是远超其他所有阶级之和。比如，农民在日本总人口中的占比高达六成，农业生产之外的过剩人口源源不断地从村流向都会、町。鉴于此，政府与社会都在竭尽全力改进耕作方法，奖励使用节约劳力的机器和设备，全力推动促进农民利益的经济政策。只有如此，我们才能指望吾国农民的生活状况在不久的将来得到较大改善。

先前，一家日本杂志的编辑曾经以问卷的形式对日本劳动阶级的工作与生活现状进行过调查。表 18-2 与表 18-3 分别为收回的两份家庭收入支出表。其中的数据能够反映当前日本劳动阶级的生活实景，可以说是非常珍贵的资料。

表 18-2　家庭收入支出表（1）

房屋 2 间；丈夫 30 岁，铁匠；妻子 23 岁；母亲 53 岁；丈夫有 2 个妹妹，分别是 14 岁与 11 岁。

每月劳动天数	26 天
每日劳动时长	12 小时
每日收入	0.52 円
每月收入	13.83 円
每月支出	13.65 円
房租	0.96 円
米	5.76 円
光热费	1.08 円
蔬菜	0.87 円
鱼	0.96 円
酒	0.24 円
酱油	0.73 円
烟草	0.20 円
理发、结发	0.83 円
洗浴费	0.88 円
零花钱	0.25 円
杂费	0.89 円

表 18-3　家庭收入支出表（2）

房屋 2 间与厨房 1 间；丈夫 27 岁，铁工所员工；妻子 25 岁；长子 6 岁，长女 2 岁。	
每日收入	0.25 円
每月加班收入	1.50 円
每月收入	8.28 円
每月支出	9.44 円
房租	0.75 円
米	3.25 円
光热费	0.41 円
蔬菜	0.60 円
鱼	0.60 円
酒	0.23 円
酱油	0.23 円
烟草	0.25 円
理发、结发	0.18 円
洗浴费	0.20 円
零花钱	0.60 円
杂费（含债务利息）	2.37 円

家庭生活与女性地位

家庭生活和女性地位可能是衡量一个国家文明程度的最佳标尺。通过国别分析，我们可以进一步断言，母亲对子女的教育是推动社会进步的最重要动因之一。无论是在哪个国家，若其国民想要真正成就伟大，女性的思想与生活水准都应具备一定的高度，并且还在儿女们的心灵里也播下与自己相同的思想种子，点燃智慧的火花。

在东方，文明的中心往往落在有关"家"的普遍认识之上。但是，这种"家本位"的文明模式往往既难以实现生产效率的提升，也无法带来道德水平的提高，这无疑又在很大程度上导致了东方国家的孱弱与落后。不过，日本人对于儿童的关爱以及日本儿童的幸福生活依然值得我们大加赞赏。事实上，日本向来有着"儿童天堂"的美誉，或许这个评价并不完全妥当，但是我们可能真的无法在世界上的其他地方找到如此惹人喜爱的孩童了。有人说："除了日本人特有的礼貌与优雅，日本的孩童更添了几分顽皮、欢快以及小猫小狗般的温顺，甚至还不乏些许沉着与自控。"

但是，我们在研究影响日本女性智识与精神生活因素的过程中还发现了不少有待改进之处。生活在封建时代的日本女性几乎在各个方面都要受到丈夫的摆布。如今，虽然日本女性的地位已经得到了极大提升，但仍有许多不尽如人意之处。一位富有见地的观察家曾说：

> 从许多方面来说，日本女性都是充满魅力的。她们优雅、含蓄，举手投足都极富女人味。但在妻子称之为"主人"的丈夫看来，她们首先必须是贤惠持家、温良恭俭的贤妻良母。但是正因如此，日本女性却总是常年被排除在国民的智识生活之外，政治、艺术、文学、科学对于她们更是有如天书。她们既无法围绕这些主题进行逻辑思辨，也无法清楚表达自己的观点，更不可能参与到相关的对话中去。不仅如此，由于她们确实很难成为丈夫思想上的伴侣，反过来又加深了丈夫对妻子的轻视。

其他学者已经对日本人的性道德开展过诸多研究，在此我无意进行更为深入的讨论。但是，若说日本人的性伦理观念就劣于其他国家的国民，这恐怕也非实情。在我看来，日本人只是没有竭力隐藏两性诸事而已。但是，如今日本人的整体性道德观正在不断改善，公众舆论开始不断声讨、抵制过去盛行的一些歪风劣俗。逼良为娼的情况已经几乎绝迹，许多性工作者更是金盆洗手，另谋生计。

外国作家对于日本烟花柳巷的描述多半带有严重的夸大成分，给读者造成了一种与实际情况相去甚远的偏见。这里还有一个我们不应忽略的重要事实，在上面那些对日本烟柳之地大书特书的在日外国人之中，似乎有不少人已经将前往官许红灯区视作在日旅行的第一要务。

但是，有一件事是确定无疑的，即无论一个人在东京生活多少年，只要自己愿意，那就完全可以回避任何有悖于自己所尊崇的道德礼法之物。只要伦敦、巴黎和其他欧洲城市的主干街道上依然还有女性当街迎招的艳俗光景，西方人就没有站在性道德高地批判东方人的理由。常见于绘画中的那些肉欲横行的香艳场面往往都发生于对外开放的通商口岸。在那里，日本人的道德操守早已被拉低到欧洲人的同一水平。

一般的日本艺妓绝不是外界所认为的那种堕入风尘、提供感官刺激的女子。恰恰相反，艺妓极富修养且多才多艺，她们的首要工作是提供纯粹的精神享受，而且在绝大多数情况下，这就是她们工作的全部。至于那些对日本人道德沦丧感到幸灾乐祸的表述，我们必须要慎重对待。

近年来，日本女性的地位已经得到了极大改善。英国驻日公使馆书记官、深谙日本文化的约翰·哈灵顿·古宾斯在翻译相关法典的前言时曾说：

　　　　在日本近代化所实现的各项进步之中，没有什么领域能像女性地位那样实现如此大的飞跃。虽然今天的日本女性有时仍然得在某些足以致残的环境下劳作，但是她们至少已经可以成为一家之主，并以此身份行使权利。她们可以自己继承、拥有、管理财产。她们可以行使父母的权利。如果是未能婚配或中途丧偶，她们也可以收养子女。如果有人要收养她们的子女，除了获得丈夫的同意，也必须征得她们的许可。她们可以以家庭管理者的身份在家族会议中发言。

与此同时，正如我们所看到的，社会越来越重视女性教育。有相当多的女性已经开始展现自己的文学与艺术才华，已经开始依靠自己的智慧来与男性讨论社会政治问题。那些最富才智的日本人认识到，日本若想真正成为一个伟大国家，那就必须对女性进行教育和激励，以当世最高的道德标准为她们树立坚定的道德意识与目标。

女工与童工

近代工业的诸多要素夺去了日本年轻一代的生活情趣，迫使女性与儿童长时间地在各种卫生条件不佳的工场中劳作，损害了她们的身体健康。近年来，日本围绕该问题进行了许多报道，虽然其中有些报道的确存在夸大成分，但毫无疑问的是，这一问题理应引起日本为政者们的高度重视。如果日本的工业发展是以损害年轻人的身体健康、摧毁日本人所特有的生活情趣为代价，那么实在是有些得不偿失。

国民健康的改善

不过，根据医疗机构的权威看法，近年来，日本民众的体质普遍好转，医疗条件得以改善，大多数国民所获得的食物品质得到了普遍提升。现在，日本人对于系统化锻炼的关注要比封建时代多得多。在旧时之日本，只有武士阶级才会专门去锻炼体魄。特别是在过去的几年里，一种名为"柔术"的日式身体训练方法得到了广泛应用与普及（甚至在欧美也越来越流行）。柔术锻炼能够极大地提升身体耐力，发挥人体潜能。陆海军军人、警察等公职人员都必须系统和全面地接受柔术训练。事实上，柔术训练的成功不仅证明日本在提升国民体质方面开展了卓有成效的工作，更预示着日本人可以在各种领域都取得非凡的成绩。通过柔术训练，日本人在科学原理上的认识与应用能力极大地震惊了其他国家，西方人甚至一度产生自己的科学知识远不如日本人之感。

另外，近代工业沙文主义的一些做法确实会损害国民的健康，减少国家的财富总量。这也是我们必须关注的现实问题。

与外国人的交往

自从条约修改工作完成以来，依靠着远东地区交通与通信手段的极大改善，日本与他国之间的交往一下子变得频繁起来。许多日本人赴海外留学、经商或是开展专项调研。不少外国人也先后造访日本，虽然其中的大多数人都是来寻欢作乐的。正因如此，日本开始有了"东洋瑞士"的别名（因为瑞士是欧洲人放松度假的首选）。所谓的"观光产业"越来越繁盛。

但是，对于普通日本国民而言，观光产业究竟是弊大于利还是利大于弊，这确实值得深思。因为对于那些不好游山玩水，专门从事正经研究之人，以及那些生活并不十分宽裕的中下层人来说，观光产业无疑是一件麻烦事。因此飞腾的物价无疑极大提升了生活的成本。至于那些把日本视作度假胜地的外国有钱人，他们的在日生活已经不仅仅是有些奢靡，甚至有些令人反感。因此，这些外国人往往会对周遭的人事造成非常不利的影响。在旅日期间，我发现只要越接近外国人居留区，日本人的礼仪举止越是糟糕。于是，这就产生了一个对于西方文明而言略带悲伤的结论：西方文明的价值并不在于它带来的物质便利或宗教信仰，而在于它让自己在远东的代理人（比如日本）究竟过上了什么样的生活。

劳动问题与社会问题

很显然，近代产业的蓬勃发展使得日本不得不面临与英国等工业国相似的劳动问题，这也是社会转型时期所无法回避的问题。于是，观察"东方的大不列颠"将会如何应对（上述问题）无疑会是一件颇为有趣且引人思考之事。

与此同时，西方的大不列颠也正面临同样的问题。一方面，政府正在研究制定工场法规，从而首先制止那些最为赤裸裸的压迫；另一方面，雇主与劳动者各自形成联合（比如劳资协商机构），从而维护各自群体的切身利益。不过，目前劳资双方的关系依然有待确定。但是，由于作为雇主的资本家手握资本，因此当他们出于自利而进行抱团之时，最普遍的做法就是反对一切劳动者所形成的组合。一些财大气粗的企业甚至会直接拒绝与劳动组合进行对话。就像在其他先进工业国那样，日本的劳资关系必然也是最令人瞩目的问题。

正如我先前所说，许多最富学识的日本人在回顾明治维新历史之时，除了充分肯定日本所取得的一切成就，同样也不乏对旧时种种的眷恋与遗憾。我必须承认，自己也深有同感。我们所谓的近代文明或许并不能真正吸引那些已经浸淫于东方理想与精神的人们。在此，请允许我再度援引小泉八云先生的一段论述：

　　自我教养本有两个形式。一个是诱导到品质高尚的极大发展上去，而另一个则表示着那越少说越好的事情。但新日本目前开始研究的却不是前者。我告白：我相信人心——即使在一个民族的历史上——比人的智力价值高出许多，而且它迟早会证明自己能够无限好地解开所有关于生命的斯芬克斯的残酷谜团。我还相信旧式日本人要解决这些谜题，比我们要容易得多，这正因为他们认为道德的美比智力的美伟大的缘故。临末，我可以大胆地引用费迪南德·布吕内蒂埃（Ferdinand Brunetiére）关于教育的论文的一段来作为我的结论："若是不努力把拉梅耐（Hugues Lamennais）的那些名言的意味深深地刻印在心上，那么我们的一切教育手段都将归诸徒劳。那就是说：'人类社会的基础，是建设在互相给予的基础上，或是我为人人，或各人为其他一切人而牺牲的基础上；牺牲才是一切真社会的要素。'"我们没有学习到这一点差不多有一个世纪了，若说我们必须重新入学校的话，那便是我们须得再学习。没有这种知识便没有社会和教育——不错，若教育的目的在于造就人才。个人主义在今日便是教育之敌，正像它也是社会秩序之敌一样。它并非本来就是这样，但它已变成这样了。它将不会永远是这样，但它现在是这样。所以，如果我们不努力把它毁灭，那就意味着从一个极端跌落到另一个极端。我们必须认识到，无论我们想要为家族、为社会、为教育或为国家做些什么事，只有反抗个人主义才有望成功。[2]

小泉八云先生的这些观点在日本广受认同，我想无疑也会对日本的未来发展带来深远的影响。但是，鉴于目前日本仍然处于一个过渡时期，国家各方面的发展还不够充分。因此，我也无法对可能出现的社会组织形态进行预测。但是我深信，通过对旧时之日本进行深入研究，今日之日本人注定受益匪浅。因此，诱发诸多社会弊病的极端个人主义或许可以得到较为有效的遏制。

主要参考文献

就像在英国一样，人们已经看到了日本产业革命对社会所造成的巨大影响。日本出版的本土报纸和外国报纸上都对此进行过自由的探讨。但颇为可惜的是，迄今为止，既没有提出系统的解决方案，甚至也未能对现实情况进行完整的记录。不过，随着一些详细个案被逐渐报道出来，越来越多的国民开始关注到这一问题。读者可以通过实地观察和参考以往报刊来获取有关信息。最近出版的一些日本研究著作虽然多少也涉及这一主题，但终究都没有进行彻底或系统的讨论。几年前，安德鲁·齐格弗里德（Andre Siegfried）曾经进行过一项调查，并由巴黎的社会博物馆（Musée Social, Paris）出版了题为《日本的社会与经济发展》（*Le Developpement Economique et Social du Japon*）的调研报告，其中包含了大量关于日本工场组织的重要信息。

亨利·杜莫拉德（Henry Dumolard）的《日本的政治、经济与社会》（*Le Japon, Politique, Economique et Social*）一书中的第八章"劳动问题与贫民主义"（*La Question Ouvrière et le Paupérisme*）也非常值得参考。虽然其中有些论断过于片面，但整体依然值得一读。

阿尔弗雷德·斯特德的《日本：我们的新盟友》中的"劳动问题"一章也有涉及劳资问题。此外，该书还提供了大量有关日本社会经济的有用信息。我希望日本的社会学研究者们能像日本科学家那样，以同样真诚的态度、同样彻底的方法对之进行研究。我也相信，他们的努力终将被证明是大有裨益的。

译者注释

1. 托马斯·亨利·赫胥黎（1825—1895），英国著名生物学家、教育家。赫胥黎是达尔文进化论的坚定支持者，为普及这一理论做出了巨大的贡献。其著作《进化论与伦理学》（*Evolution and Ethics*）被严复翻译为《天演论》，极其深刻地影响了近代中国知识分子的世界观与社会观。他还首次提出"不可知论"（agnosticism），认为人们只能认识感觉现象，所谓的"物质实体"和上帝、灵魂一样，都是不可知之物。

2. 〔日〕小泉八云：《和风之心》，杨维新译，吉林出版集团有限责任公司2011年版，第28—29页。

第十九章　未来展望

国民理想与经济状态

回顾中日两国的历史，我们可以清楚地看到，个人生活与国民生活的理想往往可以深刻影响一个国家的经济与社会状况。在封建制度之下，日本对外紧闭国门，对内自给自足，这是我们理解当时日本社会一切状况的前提。关于封建制度下日本的基本国情，亚瑟·梅·纳普在《封建日本与近代日本》中有过非常清楚的表述：

> 在锁国之初，这个岛国的人口只有两千万，但是待到两百多年后国门重开之际，日本的人口却近乎翻倍[1]。封建时代的日本人只能依靠仅占国土十二分之一的耕地来养活自己。但是，江户时代的日本人却一反常态地适应了这种孤立的社会状态，通过孤立自守，日本人也过上了岁月静好、现世安稳的日子，个人的尊严得以保留，彼此之间也能和谐共处。
>
> 为了达到这些看似不可能的目标，江户幕府采取了一系列政策并最终取得了实效。经过了两个多世纪的闭关自守，日本终究还是被迫开国。如果与封建制度瓦解后的日本人生活进行

对比，旧时的日本人实在是过得太穷了，农民更是如此[2]。但是，各行各业都能受到充分的尊重，日本人对于自身职业与国家民族的自豪感在很大程度上弥补了物质的贫乏。在这种情感的激励之下，日本的农业实现了惊人的发展，这个帝国依靠仅占国土十二分之一的耕地就养活了数千万的人口，甚至还有相当余力。

于是，在江户时代，这种民众不得不忍受的高度贫乏的生活已经不仅仅停留在一种法令上的导向，更成为一种基本的生活方式，哪怕之于社会上层亦是如此。尽管民众因此只能过着极简质朴的生活，但同时也避免了无谓欲求的纷扰。从积极意义上说，日本人的确称得上是世界上最具独立意识的强大民族。[3]

在这种社会环境之中，一个人的价值并不由其手中的财富数量所决定，而是根据他作为一名武士、政治家、艺术家、能工巧匠或市民的作为是否能达到外界对其身份所抱有的期许。权力和财富的分离使得国民财富的分配状况相对比较均匀，也很少有人将敛财当作人生的首要目标。诚然，在旧时的日本，科学与产业的创新发展确实长期受到阻碍，民众的文化水平也停滞不前。但总体而言，彼时的日本人生活得纯粹又自由，相较于西方人眼中的种种时代缺憾，这不失为一种补偿。如今，许多日本人在回首往昔之时多少都会带有些留恋与遗憾。

东方的人生观

日本人的人生观多以儒家哲学为基础，实际上，如今日本文明所展现出的一切要旨都可以在古老的中华文明中找到源头。因此，若想真正了解日本人的精神世界，首先就必须了解中国。旅日期间，我常常和自己的老友，同时也是清王朝中国首任驻日全权公使何如璋[4]阁下和张斯桂阁下讨论此类问题。两位曾经不止一次地表达如下的观点：虽然西方人的科学知识及其在工业上的应用着实令人钦佩，但是也正因如此，蒸汽和电力仿佛已经控制了他们的大脑。机器成了主人，他们反而成了仆人。

深谋远虑的社会改革家早已认识到上述事实。他们的结论是：只能真正领悟人生目的与意义的个人和国家才能解决好政治、经济和社会问题。正如我先前所说，东方人通常并不会刻意追求那些能让他们过上最高品质生活的必要之物。但是与之相对地，西方人则多会在苟且自度与追求"奢侈生活"的过程中耗尽心力。虽然在多数时候，他们一心追求之物实则价值寥寥。在这场争夺财富，实现个人与国家野心的竞争中，基督教所倡导的人生观已然被人所遗忘。譬如，那些本应传播平安福音（Gospel of Peace）的西方人却给清王朝中国带来了世所罕见且无法承受的伤痛。

亚洲的任务

我并不认为旧日本或中华文明要比西方文明更优越。我所坚持的观点在于：东方人在实现更高品质生活的同时也应尽力保留一切富有东方特质之物。为此，他们可以保留"西方之术"，从而以"东方之道"实现自己的理想。

正如我先前多次引用其论述的冈仓天心先生所说：

> 如今，亚洲的任务就是保护和修复亚洲的固有风骨。

在关注生活目的的同时，亚洲人应该以更为丰富的生活手段过上最高品质的生活。西方人同样也必须认识到，塑造高尚的灵魂才是收益最为丰厚的营生，而不是为了加入竞争而匆忙生产各种廉价的产品，更不是将国家的大部分资源都用于生产战争用的武器弹药。英国美术评论家、社会思想家拉斯金在英国宣传类似的理念时曾受尽嘲笑。但是现在，人们已经渐渐认识到了心怀这种理想的重要性。

英国人有一个很大的缺点，某种意义上也是西方人的通病，就是对于自己国家制度的先进性与优越性过于自信，以至于一旦有国家不予效法，他们就打心底里无法接受。这种刚愎自用、圆融不足的"善行"往往正是他们在全球各地频频陷入困境的主要原因。

日本将来的财政金融政策

理想的实现不能离开滋养的土壤。因此，我们必须对日本的经济状况有准确的把握。正如先前所说，日本正面临着一些棘手的问题，而且都需要进行全方位研究。因此，若想解决这些问题，很大程度上将不仅需要依靠内政，而且也要借力于外交。

近年来，大英帝国各地因为财政政策所引发的问题已经受到了外界的广泛关注，而观察日本将如何应对相似问题则更将是一件有趣之事。不过，英日两国的情况不尽相同，我们不能将适用于一国的解决之法直接套用到另一国。尽管日本已经不太可能退回到闭关自守的时代，但过往的历史还是为政治家们留下了难以忘却的教训。我希望日本在开发资源以及将科学应用于各项产业的同时，也能永远留住日本民族所特有的哲思。莫要因为专注于生存竞争而将推动国家演化的初衷抛之脑后。国家演化的目标，自始至终都在于实现最多数国民身体、智识和道德上的最高福祉。

日本在应对财政问题的过程中展现出了高超的技巧，而且这还是在几乎没有外国施以援手的前提下实现的。日本在陆海军建设方面也是耗资巨大，但是我希望，日本千万不要因为欧洲国家都奉行此道而无止境地增加军事预算。这样才更有利于国家资源的开发，才能真正开辟通向繁荣之路。如果日本因为与西方列强的交流而导致军国主义的抬头，并随之染上了与之相伴的一切恶行，那么日本的国民注定会为自己国家融入国际社会而付出高昂的代价。

利用外资也是一个需要予以高度关注的问题。通常情况下，对于扩大资本回报率的狂热追求会导致资本家们忽视自身行为所造成的社会影响。但是，如果我们能够采取适当的预防措施，那么倒也大可不必将外国资本视作洪水猛兽，因为，适当利用外资虽然会让资本家从中获利，但是我们同样可以想办法以增加国民福祉。

制造业诸问题

我想，日本人绝不会让自己的近代制造业发展仅仅止步于满足本国的需求。若问为何，首先，日本人必须尽可能地获得国家发展与国民生活所需的一切资源；再者，进口国家发展所需的各种原材料自然会带来国际贸易损失（逆差）。因此，日本人只能通过想办法不断发展制造业，依靠出口制成品来加以对冲。此外，日本进军世界市场（尤其是远东市场）的动力还不仅仅发轫于国内经济需要，更源自整个国家的壮志雄心。

不过，倘若日本人足够明智，他们还是应该将增进国民福祉置于拓展对外出口之上，还是应该依据自己对于日本和世界的贡献而非廉价产品的价格作为判断"财富"的标准。在早期，英国的制造业也曾状况频出，如今，其中最糟糕的一些问题正在日本重现。我想提醒日本政府引以为戒，不要实施那种有损于劳动阶级生活状况的政策。

英国经济学家约翰·凯尔斯·英格拉姆（John Kells Ingram）在《政治经济学史》（*A History of Political Economy*）一书中指出：

> 西欧为之挣扎和痛苦的产业革命以及由之产生的诸多症状（虽然是长期忠实与持续努力的结果）从来都不是孤立产生的，而是各种技术充分应用于我们生活之中所导致的。可以说，是产业变革着我们的整个环境，影响着我们的全部文化，规范着我们的所有行为。总之，我们倾尽所有资源（推动产业革命）都是为了实现一个宏大的目标：维系和发展人类社会。

英格拉姆的这番话听上去似乎更像是一种理想，距离实际生活相去甚远。但是，日本却比其他所有近代国家更早地显示出了实现其自身理想的能力。种种迹象表明，日本人的理想能够充分激发想象力，激励自己起而行之。日本人的示范效应必然会对欧美国家产生巨大的影响。

外交政策的影响

虽然日本人应该将上述理想铭记于心并努力践行，但日本的政治家们显然也很清楚：在接下来相当长的一段时间内，日本都必须保证自己拥有一支强大的陆海军。不过，日本人这种尝试实现民族理想的努力将会对日本的内政与外交产生越来越深刻的影响。日本的国力也将得到进一步的壮大，我所说的这种壮大可不只是陆海军数量翻一番这么简单。日本在远东的地理位置或多或少地关系到世界各国的利益。根据我在前章中所提及的外交政策，哪怕日本认为自己无法胜任，日本的邻国们也终将在其主导下形成一个区域同盟，从而抵御其他列强对于远东的进犯。[5]

再看看日本在西方的本家。英国的对外政策似乎过于独断专行，其持续斥巨资加强海军军备的举动也导致了其他各国竞相效仿（后来逐渐演变成一战前的英德海军军备竞赛。——译者注）。当然，如果文明自有其演进的定数，那么它应该引导我们相信邻国友邦的善意，至少在某些国家意图不轨之时，它应该引导其他各国联手让麻烦的始作俑者恢复理智。我认为，可以建立一支听命于多国会议，旨在维护太平洋地区安全的小型国际海军部队。这样，各国原本的扩军经费就可以用来增进各国民众的福祉。

外交政策诸问题的最终解决之法

日本对外政策中诸多问题（实际上现在也是所有国家的问题）的最终解决之法并不存在于争夺海外市场的国际竞争之中，而是需要在深耕国内市场，提升国民的社会地位、知识水平和道德操守的过程中去找寻。殖民他国与进行移民终究只是权宜之计。因为很显然，如果所有工业国都推行此种政策，那么地球上的每一寸土地很快又将人满为患，而且随之产生的困难可能会更胜以往。

各种形态的贫困不仅是因为单单缺少钱财，更是因为精神的匮乏与道德水准的低下。此外，贫困的成因还包括一味追求物质利益所引发的激烈对抗以及急速增长的人口。不过，生活舒适度和智识水平的普遍提高总是能够更有效地遏制人口的过快增长。同时，我们有充足的理由相信，这种提高有利于保持出生率与死亡率之间的平衡。随着人们变得越来越聪明，婴幼儿的死亡率将大大降低，人均寿命也将得以普遍延长。

日本在江户时代就有过成功解决人口问题的经验。[6]很显然，对于今天的日本人来说，如果他们能够拥有更多的科学知识，能够更为全面地研究人口问题，那么在将来无疑也能做到。到那时，日本人再也无须采取孤立自守的锁国政策，再也无须吞下由之产生的恶果，甚至再也无须进行大规模的移民，而是可以依靠提高国民的智识水平、道德水准以及其所处的社会环境来有效解决人口问题。如此一来，日本人不仅能在国外受到尊重，而且也能在国内乐享繁荣。人口问题一旦解决，许多其他的社会问题也都将迎刃而解，其中就包括因为对外政策（比如移民。——译者注）所引发的各种麻烦。

日本立宪政体的未来

我在第十三章中已经简要阐述了日本立宪政体的发展历程以及近年来的诸多相关事件。从中我们可以看出，尽管日本引入了代议制度，但是忠于天皇和绝对服从天皇意志的固有原则仍然深刻影响着全体国民。迄今为止，正是天皇的意志与表态阻止了多次党派间的分裂，推动着议会从爱国的角度重新审视之前悬而未决的议题。

如前文所述，《明治宪法》使得内阁独立于议会而只承担辅弼天皇之责。虽然如此，我们还是应该承认议会在决定具体问题、规制内阁行动方面所发挥的重要作用。明治天皇也忠实履行了宪法的各项条款。此外，由于国民对于国家政事的影响力也早已今非昔比，因此哪怕是再反动的阁僚都不敢冒天下之大不韪去颠覆立宪政治。正如同志社横井时雄先生对于日本立宪政体的评价：

> 在欧陆，君权与民权，这两项神圣的权力之间经常发生争夺优势地位的激烈竞争。如何调和两者？这是那些日本最富智慧的政治家们眼下最需要解决的问题。他们当然也都明白，正是日本国民对于天皇的强烈忠诚帮助日本这艘航船乘风破浪，

渡过一道道激流险滩。虽然各种对立势力一度遍布各地，但正因为有了天皇皇室，日本国民才能团结一心。同时，政治家们也明白，国民的既有权利与自由不仅应该得到保护与捍卫，如果国民能够证明自己具备行使更大权限的能力，那么就有必要逐步扩大这种权利与自由。

日本政府和行政体制的未来演化方向是一个非常令人感兴趣的研究对象，虽然我认为它们在前方会遭遇不少困难与挑战。一方面，国民对于公选产生代议制政府的要求正在变得愈发强烈；另一方面，任何可能有损君主荣光、动摇政府的变革举措又都会招致巨大的抵触。因此，我也很难断定日本政府究竟会有什么样的终极形态。但是我相信，无论如何都不会再出现翻天覆地的暴力变革。强烈的忠君爱国精神不仅能够推动每个日本人抛开个人成见或党派之别，而且也有助于抵御某些欧洲列强的侵略政策所带来的危险。在这种精神的催化下，古老的武士道将会以一种与时俱进的形态重新复苏，助力解决彼时国际政治领域所面临的困难。

日本在亚洲

我诚挚地盼望，日本将继续奉行目前的对外政策，通过促进工商业交流而非扩大其在亚洲领土的方式，引领这片广袤大陆走向复兴。

远东，尤其是清王朝中国，实在是一片各国利益交汇的复杂区域。恐怕很难有某个单一国家能在这片区域里拥有压倒性的影响力。因此，只有不带政治侵犯的平等交往才是维系各国间友好关系的唯一纽带。除非那些在清王朝中国有着重大利益关切的西方列强认识到以上事实，不然在这片大陆等待他们的就只有曾经在欧洲遭遇过的类似困境。因此，这些列强当前应该要设法促进亚洲的和平发展，并为清王朝中国等其他亚洲国家的国民提供一切必要的援助，比如借助西方的方式推动政府改革，提高生活水平等。

无论日俄相争的结果如何，这两个国家都应该记住，被动卷入这场争斗的中国与朝鲜的国民的权利同样不容忽视。日俄也理应带领各自的国民过上更好的生活，迈入国家演化的更高境界。正如我在前文中再三指出的那样，国家发展与国民进步并不能通过强行输入某种文明而实现。发展与进步的动力必须自内而生。中朝两国必须大力普及国民教育，两国国民也必须自己找到在国际竞争中生存下去的方法。

一方面，随着西方列强的代表们越来越能够理解亚洲的局势，他们或许终将认识到这种争斗的徒劳无益，又或许会像许多中国人那样，以更好地生活为人生目标，而不仅仅是拘泥于生存之苟且。另一方面，通过与西方和日本的交流，中朝两国民众终将明白，学习科学知识以及将其应用于资源开发是实现个人发展与国家进步的必要条件。

我想，所有关心远东局势的西方列强都需要明白这样一个道理，即未来的世界文明需要在远东地区拥有一个个强大的独立国家。它们不畏压迫，彼此之间也有着更为密切的商业与社会往来。这些大国可以为东方诸国的国民提供充足的物质援助，从而为彼此之间更高层次的精神友谊奠定基础。任何施以军事或政治支配的企图都会压制现实的国民生活，都会损害真实的文明大义。世界文明的真正指向绝不是抹杀一个个独立的国家，而是应该推动它们在国家演化与国民生活方面实现高度的和谐统一。

"黄祸论"之虚与实

近来，在谈到为什么不应该鼓励东方国家采用西方的治国之法或战争之术来武装自身时，"黄祸论"往往是一个时常被提及的理由。日本的迅猛发展使得西方列强越来越担心，唯恐其成为传说中那个能够倾覆欧洲文明的黄色人种联合的领头羊。查尔斯·H. 皮尔逊（Charles H. Pearson）就曾经描绘过这种在将来不仅有可能，而且出现概率还颇高的暗淡光景。梅雷迪思·汤森（Meredith Townsend）也认为，拒绝基督教洗礼、憎恨欧洲思想观念的亚洲人终有一日会试图摆脱西方对自己的束缚。就我看来，如果那一天终将降临，那么只能说是欧洲列强自作自受。谁让他们长期利用亚洲的发展劣势来为己谋利，天道终究好轮回。

但是我相信，现在阻止这一切还来得及。对于东方国家而言，"白祸"（White Peril）已是现实，但对于西方国家来说，"黄祸"却仍是推测。在这个问题上，我更赞同剑桥大学的东方学家爱德华·G. 布朗教授（Edward G. Browne）的观点。在先前的一次演讲中，他曾经这么说道：

> 令人感到奇怪的是，哪怕所有亚洲国家都像日本那样摆脱了自身的固有弱点，也没人敢断言是否真的会出现什么"黄祸"。我想我们应该记住，欧洲文明在很大程度上是以战争征伐为主线的，但是中华文明（同样也是亚洲的主导文明）却从来不以穷兵黩武为理想追求。中国人更是历来都将好战视为未受教化的野蛮兽行。他们通常会将争斗搏杀的任务交由那些下等之人。因此，哪怕他们受到日本的影响，迫于欧洲的贪欲而奋起反抗，以抵外侮，也并不意味着他们就必然走上侵略扩张

的道路。相反，中国反而有可能引领世界走向和平。

如果我们西方人不相信上述这种论断，依然在亚洲一意孤行，那么有可能要承受一定的后果。

资本联合的未来影响

与此同时，日本正面临着一些已在欧美等国发生过的问题。正如我们已经在日本观察到的，工商业的急速发展与日益加剧的竞争必然导致资本出现大规模的联合，这将对每个国民的生活状况都带来极为重要的影响。在不远的未来，我们将会面临一连串的重要问题：

资本联合的终极形态是什么？它们会造成什么样的后果？它们是否会使日本重回封建时代那种以维持民众基本生活所需为第一要务的半共产社会（当然是改良版本）？它们的资本主义属性是否会更加强烈？只有少数幸运儿才能享有的红利是不是对多数劳动者生活的压榨？

近代以来，财富总是向着社会的上层不断积聚，贫困也总是朝着社会的下层而不断推挤。所有工业国皆是如此。在日本，贫富的两极分化已经催生了相当数量的社会主义著作与演说。事实上，已经有一位著名的日本政治家在其书中描绘了一个没有贫困的社会主义"乌托邦"。但是，他笔下的理想太过于西化，没有能够充分反映日本人的精神特质。

虽说日本人的人生观与过往的社会秩序带有相当程度的共产主义色彩，但其个人的本性却依然倾向于个人主义，不太可能愿意为一个严格的组织体系而牺牲自己的生活。当然，现在还很难断定这些资本的联合究竟会演化成什么模样。但是无论如何，我都希望这些未来的日本社会组织既能反映日本人的独有生活与艺术理想，也能彰显出世界新式文明的诸多特征。这样终有一日，日本一定可以深刻影响世界上其他国家人民的日常生活与思想观念。

日本道德的未来

日本给外界所带来影响的性质与程度将取决于日本未来的道德规范。当然，这也是目前尚未定型之物。维新之后，绝大部分的旧时道德考量已经消失，但是由于正处于过渡时期，可以完全取而代之的新思想也同样尚未成形。不过，日本许多有识之士已经就此进行了探讨。

在前些章节中，我已经列举了明治政府为奠定当代日本人生活的道德基础所采取的一些举措。日本人重新构建道德伦理规范的过程或许会十分漫长，其间可能还会涌现出许多不一样的声音，但日本人一定不会停下探索的脚步。对此，我要再次引用横井时雄先生的观点。他是这么说的：

> 在日本讲授伦理学的教授们无法借助于宗教体系的权威（来重塑道德体系）。在复兴儒学的尝试失败后，其他类似的举动也无一成功。至少在过去的三个世纪里，道德伦理教育从来都没有掌握在佛教僧侣的手中。如今，社会对于僧侣的道德情况更是毫不在意，因此更加不可能将佛教观念作为道德教育的方针指向。基督教则更是无从谈起。基督教在日本仍然算是一种新来宗教，虽然其教义非常值得尊敬，但显然还不足以作为道德伦理教育的指导思想。如此一来，日本人就只剩下深埋于所有国民心中的爱国忠君之情这唯一的选项了。这种做法在年轻人那里收效明显，无疑可算得是一个上佳的解决之策。

不过，横井先生接着又指出，这样的做法也有其弊端。年轻人往往容易因此变得极为偏执，他们会忘记只有品格良好之人才能真正履职奉公。因此，正在崛起的这一代日本人有责任让后辈们牢记，诚信、克己、宽容和节俭等道德品质不仅是忠于天皇、全心爱国的必然要求，而且也是处世立身的前提基础。年轻人应该要避免被某种单一理念所支配，从而实现独立思考。

同时，横井先生也认为，这种高度强调公共道德而部分忽视个人德行的现象很可能只是日本道德教育普及过程中的一个暂时现象。随着民众智识水平的不断提升，随着比官办学校更为灵活自由的私立学校的相继建立，适应日本新社会环境的道德体系终将形成。

目前，日本人在道德问题上主要有三种观点：第一种观点认为，只要保持纯洁性与完整性，那么旧日本的宗教和道德就足以满足日本未来的发展所需；第二种观点认为，唯物主义和功利哲学就是目前日本道德体系所需要的全部；第三种观点则认为，基督教所宣扬的那种至高道德才是日本应该效仿的榜样。不过若是如此，基督教教义在日本的表达方式与理念形态必然会不同于西方。

日本宗教的未来

宣扬身正行义与荣誉至上相结合的武士道至今仍然深深植根于许多日本国民的精神世界之中。根据武士道精神，缺乏荣誉感的人生完全不值一过，如果事关个人名节或国家荣誉，慷慨赴死又有何妨。

佛教已然渗透进了寻常百姓的所思所想；神道大大强化了国民个人为天皇尽忠的动力意志；儒家思想指引着国民日常的道德实践。我们在考虑日本宗教的未来发展时，还必须将西方的科学、哲学和宗教也一并纳入考量。因此，我在此只能道一句：未来难料。

我想，伊藤博文侯爵应该可以被视作明治维新的精神象征。几年前，一度有传闻说日本将宗教作为国民教育的基础内容。据一位当面采访过伊藤侯爵的人士回忆：

> 伊藤侯爵毫不犹豫地驳斥了这一谣言，认为这完全是凭空捏造。他认为，作为一名宗教信徒，努力在教育、政治等各个领域传播福音自然是情理之中。但是，作为一名教育家，如果要从宗教中寻得帮助，那只能说是愚蠢至极……在侯爵看来，日本之所以能在近代化的过程中取得各种进步，很大程度上是因为将宗教排除在了教育和政治领域之外。侯爵说道："瞧瞧那些仍然被宗教所奴役的东方国家，宗教上的先入为主仍然是它们引入先进行政制度的最大掣肘。难道我们当中那些想要将宗教引入日本教育领域的人是打算重蹈这些落后国家的覆辙吗？"伊藤侯爵并没有说要把宗教从社会中彻底驱逐出去。人们完全拥有信仰任何宗教的自由。他只是想再次强调，如果国民教育想要取得实实在在的成效，教育的内容就必须统一而纯粹。
>
> 在日本的统治阶级看来，宗教从来都是次要问题。真正重要之事在于维持国民的道德水平。正因如此，国民才被反复灌输爱国忠君、孝敬双亲、关爱子女、崇敬祖先等具体的道德义务。但是，以上种种都是作为市民与家族成员所应该遵守的行为准则，而与宗教无关。这种道德体系的目标在于维系现世之伦理纲常，因此也并不灌输什么人死后要根据此生所行而接受天国的审判之类的观点。

明治维新的精神信仰显然不是一般意义上的宗教，与其说它是一种作为公民与家族成员所应该遵守的道德律，倒不如说它与法国实证主义哲学家奥古斯特·孔德（Auguste Comte）[7]所倡导的学说更为相似。

另外，不可否认的是，基督教通过各种各样的方式对日本产生了颇具规模的直接或间接影响，不过，日本基督教已经发展出了一套与欧美等国截然不同的布道方式。大隈重信伯爵对此有过如下评论：

> 文明并不赖于宗教。古老日本的独特文明同化了基督教，并生产出了更胜于以往的改良版本。日本在过去三十年所实现的进步并不是依靠基督教才取得的，日本依靠的是其自身独特的国民性。日本也有着一套以中华道德规范为基础的本土化的哲学体系，而且日本并不存在严格意义上的真正宗教。但是，日本却有着包容西方文明的胸怀，因此才能充分吸收欧美国家所拥有的一切文明精华。

著名的政治家、记者，同时也是一位基督徒的岛田三郎（SHIMADA Saburo）[8]也曾经这么写道：

> 触动日本民众心灵与情感的基督教是我们"日本人的基督教"。它与英美的基督教派都不相同。正如我们把孔夫子所倡导的"仁"与佛祖所教诲的"慈悲"结合起来，创造出了本土化的日本佛教，基督教在日本一定也会变得更接地气，更具日本特色。

在我经常引用其论述的新渡户稻造博士看来：

功利主义和唯物主义的盈亏哲学，在仅有半个灵魂的强词夺理者中获得支持。[9]

这种观点对于日本的科学工作者来说是颇为苛刻的，因为他们在很大程度上奉行的就是这种哲学。新渡户博士在《武士道》一书的序言中还用了以下的一段话来解释自己的立场，这被认为是许多深耕西方思想与成果的有识之士的共同观点：

> 我并非对基督教教谕本身失敬，而只是对教会的教谕方式和将教谕复杂化的具体形式不予认同；我相信基于基督教教谕并由《圣经·新约》流传下来的宗教，以及铭刻于心的律法；我还相信上帝与一切民族和国民——不论是异邦人或犹太人，基督教徒或异教徒——都结成了可称为"旧约"的约定。[10]

新渡户博士进一步认为，在基督教能够在日本或整个东方实现很大发展之前，它必须先脱下身上的外国行头，拆去顶上那西方形而上学的上层建筑。1903年，在荷兰阿姆斯特丹所举行的一次宗教会议上，来自东京的丰崎善之介（TOYOSAKI Zenosuke）在发言中表示：

> 外界一般都认为日本人对宗教漠不关心，但这并非实情。事实上，日本人因为对通俗佛教（popular Buddhism）和陈腐的基督教感到不满才逐渐远离了所有宗教。他们发现，那些传播最广的宗教教义同当今的科学研究与哲学思想无法相容。不仅如此，他们更加认识到，或许自己有可能建立一种更高层级的宗教，一种能够满足人类对于精神的渴望和对于知识的追求的宗教。

　　任何一个读过日本的报纸杂志与当代文学作品，熟悉日本人精神特质的人都无法否认，道德和宗教在日本人那里占有相当大的比重。

　　不过，日本人也确实很难断定究竟什么才是基督教的本质。因为日本人所接触到的基督教是通过"救世军"（Salvation Army）[11]、罗马教廷、希腊教会等许多不同形式呈现出来的，更何况这些组织都无一例外地声称自己传播的才是真正的福音。不仅如此，当日本人进一步与基督教教徒（主要是传教士。——译者注）或基督教国家打交道时，可能会更加难以理解其教义究竟体现在何处。

　　一方面，比起事奉上帝和服务教众，那些基督教教徒往往更推崇拜金主义与追求愉悦；另一方面，那些欧美基督教国家在与东方人打交道时始终不愿意承认他们信奉的本地宗教。在日本人遍访欧美、研究西方文明成果之时，他们发现西方也存在许多自己绝对无意效仿的东西。

　　基督教在日本的影响力并不是以信众的人数来衡量的（尽管数字目前相当可观），而是以西方文明对日本的国家演化与国民生活的影响程度来衡量的。诚如大隈伯爵所言，日本的发展历史在很大程度上印证了这样一种观点：近代日本确实吸收了西方国家的文明精华。在此基础上，日本这个自古便吸收同化东方文明要素的国家再次演化出一种全新的强大组织。但是，这并不是依靠突然宣布改宗而实现的，而是必须经历一个经济、智力和精神等要素共同发挥作用的一个缓慢演化过程。正在为此而努力的人们应该要明白，比起那些一板一眼的西式教谕与说教，未来能够对东方道德与宗教产生更大影响的反而是那些现实中的个人与国家。

　　小泉八云先生曾说：

　　　　随着对进化论的接受，旧有的精神世界逐步瓦解，全新的思想随之取代了陈旧的教条，于是我们发现了一个奇怪的现象，即正在发生着的智识运动与旧有的东方哲学是并行不悖的。

前世论的可能性被神学家们所认可，科学家们则对此也是不置可否，哪怕是恒星演化与毁灭这样的当代理论似乎也与东方的"天地创造论"（Cosmogonies）的一般原则存在某种共通之处。

宗教思想的演化通常是十分缓慢的，而且多是无意识的渗透产物，而非有意识的理念创造。在过去的 25 年中，西方宗教思想的发展过程就是这样一个典型案例。宗教思想上的变化，加之东方人越来越多地接触到西方宗教，西方传教士宣扬基本教义真理的方法也随之进行了大幅度的调整。过往基督教神学中诸多粗劣的"拟人论"（Anthropomorphism）与关于来世的思想观点已经消失无踪，传教士们也开始转而宣扬自身教派的智慧与良知，许多过去大肆传播的特定宗派的狭隘教义现在也渐绝于耳。当然，最重要的变化莫过于越来越大的宗教的包容性。但是，要想令那些浸润于东方思想的有识之士产生心灵上的共鸣，西方基督教仍然任重道远。

所有熟悉这一主题的人都必须承认，随着科学的发展，虽然"日心说"（Heliocentric Theory）早已取代"地心说"（Geocentric Theory）成为当代天文学的主流，但是西方神学总体上却并没有受到多大的影响，虽然神学似乎也想构建一个更为宏大的宇宙理论，但地心说至今依然大行其道。如果神学教师们希望以传达神的恩宠为己任，那么他们不仅应该虚心聆听科学的教诲，而且还必须放下教会与世俗世界绝对对立的执念，而这几乎等同于对基督核心教义和旧有宗教特权的否定。传教士们不仅应该将宗教教义置于更为稳固的现实基础之上，同时还应该记住，不仅教义应当如此，人生更是如此。

如果某个组织奉行的教条就是在白天将大地变为战场，那么它绝对无法称为基督教组织。如果这个组织的成员总是在重复这样的行为：白天在战场进行激战，到了晚上又去呼叫救护车搬运伤员，自己则对着逝者的遗骸流下哀悼的眼泪，那么这种行为也绝对称不上是基督徒的应有之举。东方的有识之士们在评判一个宗教的时候，与其说是依据其教义的内容，还不如说是依据其对信众的生活以及对其他国民的生活所带来的影响。另外，我们也可以明确，东方的智者们不会因仅仅脱下了西方神学的外衣而感到满足。

基督教神学核心教义的修订工作虽然才刚刚开始，但一些过往最令人厌恶的条文已经被更为理性的主张所取代。同样地，过往神学家所一直担忧的"物质地狱"（material hell）实际上也已不复存在，取而代之的则是一个正在构想中的崭新天堂。这个新天堂多少会扎根于人间的地上世界，而其上层建筑也同样由这个世界的要素所构成。

再来看看佛教。其教义宣称每个人的现世生活都是前世之极乐或地狱的重现。这种甚是奇妙的观点不知不觉地渗入当代传教士与科学家的思想深处。如果人人都能准确理解佛教的基本原理并且付诸行动，那么对于个人处事乃至社会环境都会产生相当重要的影响。

人们逐渐认识到，如果宗教确有其意义，那么发展科学和工商业并非其活动的目的，而只是提高民众生活水平的手段，这一点不仅仅适用于物质层面，在智识水平、道德精神层面亦是如此。

一般说来，东方人在思考所谓来世之时，往往容易忽视现世的个人与社会生活，反而陷入堕落。一方面，西方文明正面临着社会动荡与道德沦丧所引发的破灭危机；另一方面，信仰也可能会在极度危险的怀疑主义面前逐渐泯灭，即对重建社会以及让地上众生登上天国的可能性产生怀疑。

若想造就最上等的文化，我们就需要尝试将东西方的思想与方法融会贯通。只有如此，我们方有能调和东西方那两股截然对立的力量，一方是东方人的否定世俗与禁欲克己的精神力量，另一方则是西方人的积聚财富与欲图权势。科学必须变得像宗教，宗教也必须变得像科学。只有综合运用这两者，社会与政治问题才有可能得到真正解决。那些最富远见的西方人已经开始认识到，最有可能解决当今社会与政治问题的方法就在于重塑新旧世界的平衡。最近，他们中的一位——W. F. 亚历山大（W. F. Alexander）在 1904 年 4 月号的《当代评论》（*Contemporary Review*）上如此写道：

> 不列颠，目前盎格鲁-撒克逊一族中最没有工业进步激情的一员，可能已经发现先前自己作为帝国所尚未意识到的一层重要历史意义。即他们在拥有盎格鲁-撒克逊人的刚毅与激情的同时，还带着一种更为醇厚与柔和的气质。或许正因为如此，不列颠过去才能幸运且偶然地称雄于世界，从而在客观上承担起了协调东方与西方、连接古老与现代的使命。这应该也可以为今天的我们走出困境，消除迷惘提供可供借鉴的经验。作为当今拥有最强力量的民族，不列颠人同样可以在向东方人学习的过程中有所收获。不列颠人在东西方问题上始终秉承着这样的信条，即"存在之轮并未空转，而是正在前进"[12]。只有超越本民族的天然思想边界，当代哲学才能免于被自我所愚弄。[13]

我们可以确信，只有当科学、哲学和宗教不仅实现互相和解，并且融合为一，心智方能寻得最终的宁静。这就好比一颗活生生的树，其根、茎与叶子都是不可或缺的存在，其他拥有生命的有机体亦是如此。若真能如此，理性的最高真理即是信仰的最高目的。因为只有值得信仰的思想才能真正诠释对赋予其如此特质的上帝的信仰。只有这样，我们才能为国之繁荣的实现奠定真正坚实且可靠的基础。

日本已然成为在远东崛起的新生强国，日本人不仅颇有盎格鲁-撒克逊民族的刚毅，而且更充分吸收了东方的思想，其重要作用不仅表现在工商业与政治领域，更反映在思想领域。如今的趋势已经表明，东方哲学的逆流向西将会为我等西方人的思想和知识带来根本性的变革，从而深刻影响西方的社会与政治状况。现在，已经有人开始主张：

> 融合东方与西方，在西方做东方文明的拥护者，在东方做西方文明的先驱者。这就是日本应该担负并完成的使命。

我已经见证了这个"东方的大不列颠"与其西方本家之间不限于政治层面的携手合作，同时还想继续观察这两国究竟能在多大程度上携手应对未来的重大挑战，从而促进人类的至高福祉。我想，这一定是一件令人兴趣盎然之事。

■■ 译者注释 ==

1. 作者在此处引用的数据可能有误。根据当代的统计，从江户时代到明治初年，日本总人口的峰值大约在三千万出头，远不到四千万。

2. 江户时期，日本农村的基本生产关系仍为领主对农民的封建剥削关系。为领主耕种一小块世袭份地的农民称为"本百姓"。18世纪后，封建土地所有制开始式微，一方面从本百姓中分化出"豪农"（相当于富农，带有一定封建主的色彩）和"水吞"（相当于贫农，失去土地，领主土地清丈册上没有名字），豪农和商人中也有人因为开发新田及兼并贫苦农民的份地而成为地主。

3. Arthur May Knapp, *Feudal and Modern Japan*, Vol. 1, L. C. Page & Company, 1897, p. 117.

4. 何如璋（1838—1891），晚清杰出的外交家，中日两国正式邦交的开创者，1877 年（光绪三年）出任首任驻日公使。以何如璋为首的驻日使团深入考察日本明治维新，悉心查访日本的政情民俗，力倡容纳西方科学思想以改造中国传统文化和改变封建专制，渴求强国之道，为促进中日文化交流和两国人民的友谊做出了杰出贡献。

5. 这里只是作者的一种主观看法，与日本日后的作为并不相符，仅供读者批判参考。

6. 作者亨利·戴尔在此处对江户时代的日本人口控制政策进行了一定的美化。江户时代，日本有许多家庭因为饥荒与贫穷而选择堕胎，或者是将刚刚出生的婴儿杀死，这即为所谓的"人口调整政策"。本书日语版译者平野勇夫在注释中也认为戴尔对这种行为有些"美化过度"。

7. 奥古斯特·孔德（1798—1857），法国哲学家、社会学家、实证主义创始人，被尊称为"社会学之父"。他所创立的实证主义学说是西方哲学由近代转入现代的重要标志之一。孔德在实证主义的基础上提出了著名的"三阶段法则"，即人类精神的发展要经历三个阶段："神学的"阶段、"形而上学的"阶段、"实证的"阶段。但是，孔德到了晚年却醉心于建立所谓的"人道教"。在他看来，人类是最高的存在物，具有上帝的地位，应当对之服从和崇敬。对人类的崇拜可丰富人们的感情，丰富人们的思想，使人们的行为趋于高尚并充满活力，使社会保持稳定的秩序和适宜的进化速度。人类的存在完全取决于将人类的各个部分联结在一起的相互之间的爱，因此，爱是人道教的宗旨。

8. 岛田三郎（1852—1923），明治至大正时代的政治家、众议院议员、新闻报人，于 1874 年创办《横滨每日新闻》。岛田自日本帝国议会开设之后，连续 14 次当选众议院议员（神奈川县第一选区）。

9.〔日〕新渡户稻造：《武士道》，朱可人译，浙江文艺出版社 2016 年版，第 172 页。

10. 出处同上，第 174 页。

11. 基督教的一种传教组织，编制仿部队形式。

12. 英文原文为："Wheel of Being does not merely revolve but moves forward."作者在此处引用了尼采"存在之轮"的概念。尼采在《查拉图斯特拉如是说》中认为："万物方来，万物方去；存在之轮，永远循环"，即生命是一个无限往复、周而复始的过程。作者引用这一哲学概念，并用"存在之轮还在向前"来形容西方民族从东方民族身上可以学到的智慧。

13. W. F. Alexander, Evolution and the Soul, *Contemporary Review*, Vol. 85, April 1904, p. 531.

第二十章　日俄战争的爆发

历史研究之方法

依据最初的写作计划，本书本应收笔于上一章。但是，在今年（1904 年）二月，日本与俄国之间终究还是爆发了战争。鉴于日俄战争在日本历史乃至世界历史上都是具有划时代意义的重要事件，因此，我打算通过这个补充章节，对战争爆发以来的最新事件进行分析，从而检验我在前章中所阐述的有关观点。同时，我也将以日本为鉴，考察西方的大不列颠可以从这个东方兄弟国家中吸取什么样的经验。

正如序言中所说，我并无意书写明治维新以来的近代日本通史。我只是希望找到造就这场 19 世纪后半叶世界奇迹的背后动因，进而对它们带来的一些重要影响进行分析。本章中，我也会考察1903 年年末日俄战争尚未爆发时的日本政治格局。

从整体上看，近代日本历史（世界上的其他国家亦是如此）仿佛一部充满戏剧色彩的叙事诗。其中的每一个场景与角色都不是凭空想象或随机生成的，而是由当时的现实条件与具体环境所塑造的。我为本书读者所提供的，也只是在对作为这场变革要因的"原动力"进行重新审视的基础上，初步揭示构成这段历史的些许素材。

正如德国历史学家、近代史学研究的奠基人——利奥波德·冯·兰克（Leopold von Ranke）所说，书写历史的"手法"不仅仅在于叙述史实，更在于以什么样的方式叙述，要在叙述中揭示出这些史实在一个由因果与目的构成的有机整体中的相互关系，而这个有机整体又是由那些支配其时代发展总趋势的个人或国家的活动所促成的。

日本之历史创造

过去这些年来，日本人在创造历史时总是带有非常明确的目标。王政复古以及之后的维新诸事给日本人带来了许多亟须解决的难题。纵然封建制度已经土崩瓦解，但是整个政府机器必须尽快在崭新的社会基础上重新建立起来。最初，日本人的首要关切在于改革行政体制与强化国民教育。但是，他们很快就在与西方列强的接触中发现，光靠这些还远不足以让其他国家对日本平等视之。

经年累月的修改条约谈判更是令日本人意识到，他们真正需要的是一种能让自己变得强大的政策，是一种能让自身正当诉求得到他国尊重的政策。同时，对于列强进犯，尤其是俄国入侵的恐惧心理则进一步加深了这种意识。甲午战争之后，俄德法三国迫使日本归还已经到手的辽东半岛，此般举动更是直接将这种意识催化成了一种同仇敌忾的民族激情。自那以后，日本人快马加鞭却又并然有序地扩建陆海军，不断完善国内的交通通信网络，终于将自己的国家打造成了一个军事强国。

日本人一方面宣称自己绝无对外扩张之意，另一方面又时时跟进，细细揣摩远东局势的发展态势，绝不姑息任何有损国家繁荣或威胁国家存续的外来威胁。长期以来，俄国的行动始终都是日本人忧虑不安之症结，特别是在甲午战争之后，俄国在"满洲"的一举一动更加令日本人寝食难安。日本非常希望能与俄国在"满洲"问题上达成和解，也确实在耐着性子与俄国进行沟通。

1903 年 8 月[1]，日俄正式围绕"满洲"和朝鲜问题开始谈判。日本政府起草了一份协定，其中的种种内容与我在第十九章中所阐述的方针十分接近。日本方面提议将"满洲"上升至与朝鲜[2]同等的高度进行考量，基本采取"俄占'满洲'，日占朝鲜"的立场。日本人希望通过此举清楚地表明自己确有与俄国人达成和解的诚意。

为了保障俄国在"满洲"一定的权利，日本方面表示愿意根据"满洲"铁路划分势力范围，增加俄国在此区域内包括行政、军事和民事等方面的各种权益。其中就包括在铁路两侧设置 30 英里（约 48.3 公里）的回廊地带，以及哈尔滨的军事与民生管理权。哈尔滨位于东清铁路（通往符拉迪沃斯托克的跨西伯利亚铁路在"满洲"境内的短驳线）与松花江的交汇点，同时也位于纵贯"满洲"至辽东半岛的铁路支线的分岔点。

可是，这些提议无法令俄国人感到满足。他们在确信日本不敢轻言开战的前提下向日本方面提出了答复方案[2]（1903 年 10 月 3 日由返回日本的俄国驻日公使罗森提交。——译者注），字里行间清晰流露出了对于"满洲"的野心。在这份答复方案中，俄方只同意与日方在朝鲜问题上订立协约。不过哪怕如此，俄方依然要求对日方的在朝权利进行限制，但是，俄方却可以在朝享受与其在华同样的权利。[3]此外，俄国还是拒绝承认美国所提出的"门户开放"以及任何限制自己在"满洲"行动的政策。另外，俄国又向日本提出了三项单方面要求，主要内容如下：（1）日本不得在朝鲜海峡的朝鲜沿岸设置有碍海峡自由航行的要塞；（2）北纬 39 度以北的朝鲜领

土为非武装的中立地带，日本军队一律不得进入；（3）日本放弃在
"满洲"的一切政治利益。从上述这些要求来看，俄国显然并没有
通过理性途径解决日俄争端的意思。

日俄间一进一退的拉锯谈判一直持续到 1903 年年底。12 月 21
日，日本方面在先前交涉的基础上，向俄方提出了协定的"最终确
定案"（即第三次提案。——译者注）。此次提案对于俄方继续占领
"满洲"的态度予以了断然否定，并主张通过严格界定俄国在"满
洲"的势力范围从而确保清王朝中国的政治独立性。大约到了 1904
年的 1 月中旬，身在圣彼得堡的日本驻俄公使栗野慎一郎
（KURINO Shinichiro）[4] 接到指示，要求督促俄国政府早日对日本方
面的《最终确定案》予以答复。

与此同时，俄国正在不断提升陆海军的备战力度。俄国海军将
包括预备役舰艇在内的所有舰船悉数派往远东，显然是为了对日本
进行武力震慑。1904 年 1 月 26 日，栗野公使从俄国外相弗拉基米
尔·尼古拉耶维奇·拉姆斯多夫（Vladmir Nikolaevich Lamsdorf）
伯爵处获悉，俄国不会在"满洲"问题上作出丝毫让步，但是可以
在其他方面进行妥协。但是，俄方仍然没有对日方的"最终确定
案"作出正式答复，想要拖延时间的意图已经一展无余。2 月 5 日，
日本外相小村寿太郎向栗野公使下达训令，要求告知俄国政府"断
绝眼下徒劳之谈判"。几乎是与此同时，俄国军队从"满洲"跨过
鸭绿江，入侵朝鲜北境。

日俄战争爆发

日本政府在向俄国发出通告之后立即着手准备对俄国施以重
击，日本人显然很清楚在战场上先发制人的重要性。2 月 9 日 0 时
30 分（此处为日本时间。——译者注），联合舰队司令长官、海军

大将东乡平八郎（TOGO Heihachiroh)[5]率领主力部队趁着夜色奇袭旅顺港，大破七艘（此处为本书日文版中的数字。——译者注）俄海军舰艇[6]。俄国政府致电各国驻俄公使馆，在备忘录中说明了日俄交涉之经纬，抗议日本政府在未及答复，未有正式宣战的情况下就挑起战端。

虽然我在下文中还会对俄国的抗议进行进一步说明，不过在此处，我们依然可以看出俄国希望尽量争取时间[7]。俄国计划在不开展陆上作战的前提下，依靠从欧洲调回远东的大批量海军来剿灭日军。日俄战争爆发伊始，由于日俄海军在远东的兵力旗鼓相当（分别为日本联合舰队与俄军东洋舰队。——译者注），因此，哪怕只是战斗能力的些许优势就足以让胜利的天平倾向俄军一边。但是实际战斗中，日军战术选择得当，士兵勇猛异常，很快就掌握了事实上的制海权。

俄国的军事统帅显然已经认识到，己方的陆军部队不久就将身陷困境，他们不仅要在远离大本营 4,000 英里（约 6,437 公里）开外的战场作战，而且只有一条铁路可以用来运输补给。不久前，一位研究战略的俄国著名教授还曾煞有其事地表示：

> 无论是从过往历史来看，还是通过理性分析，日本都不可能阻止俄国完成其在亚洲的明确使命。

如今，事实已对此种论断作出了评判。这位教授的言论不由得让我想起赫胥黎对赫伯特·斯宾塞（Herbert Spencer）的悲剧概念所作的定义，即所谓的"被事实扼杀的三段论"[8]（a syllogism strangled by a fact）。

虽然俄国当局官员们看起来盛气凌人，但内心也一定明白自己正处于进退两难之地：跨西伯利亚铁路可以运送的部队在力量上还不足以击败日军；但能够击败日军的强力部队却无法通过跨西伯利亚铁路来运送。

对俄宣战诏敕

日本对于这场战争的态度可以在随后 2 月 10 日颁布的《对俄宣战诏敕》中得到明确的体现。其主要内容如下：

奉天承佑、万世一系之日本天皇，向忠实勇武之臣民宣布：

兹对俄国宣战。朕之陆海军须倾全力从事对俄国交战，朕之百僚有司宜各率其职，发挥权能，努力达成国家之目的。帝国之重在于保全朝鲜，此非一日之故。不仅因两国累世之关系，实朝鲜之存亡关系帝国安危。然俄国不顾其与清国明约以及对列国累次宣言，依然占据"满洲"，且益加巩固其地位，终欲吞并之。若"满洲"归俄国领有，则无由支持保全朝鲜，远东之和平亦根本无望。故朕值此机，殷切期望通过妥协解决时局问题，以维持恒久和平，我有司向俄国提议达半岁之久，屡次交涉，然俄国丝毫不以互让精神应对。旷日持久，徒然迁延时局之解决，表面倡导和平，暗中扩张海陆军备，欲使我屈从。足见俄国自始毫无爱好和平之诚意。俄国既不容帝国之提议，朝鲜之安全方濒危急，帝国之国利将遭侵迫。事既至兹，帝国原本欲依和平交涉求得将来之保障，今日唯有求诸旗鼓之间，此外别无他途。朕期待倚靠汝有众之忠实勇武，尽速永远克复和平，以保全帝国之光荣。

战争之正当性

外交谈判的希望破灭之后，日军立即采取行动，直取旅顺港。俄国指控日本不宣而战乃背信弃义之举。在此，我当然不会一一列举正反两方的所有观点。不过，我可以援引格林尼治皇家海军兵学校的国际法教官托马斯·约瑟夫·劳伦斯博士（Thomas Joseph Lawrence）的观点，他在对战争爆发前夕的一连串事件进行概述后表示：

> 俄国指控日本背信弃义的唯一前提假设为：国际法规定交战国在采取战争行动之前有义务向对手国正式宣战。但是，纵观历史，这种假设从来都是站不住脚的。近两个世纪以来，几乎每一场战争都是在没有正式宣战的情况下开打的。有时交战国会在发起军事行动之后一段时间正式发布宣战报告，就像这次一样。但有时直到战争结束，交战国也不会正式宣战；有时交战国会向本国国民发出宣言通告，或是照会外国政府，而不是向敌国正式宣战。
>
> 最常见的情况是，备战更充分的国家突然对尚未准备周全的对手发起奇袭。至于是否正式宣战或是采取何种方式宣战似乎都并不重要。我们无法就此断定这就是所谓的"背信弃义"，因为在进入正式的敌对状态之前，两国已经进行过谈判。在这个过程中，两国摩擦日益升级，一个谨慎的国家理应能未雨绸缪。一般来说，一国往往会向其对手国提出最后通牒。即是说，经过重重交涉，当谈判的一方向另外一方提出了没有再行谈判余地的最后要求，一旦遭到拒绝，那么就将诉诸武力。
>
> 外交关系的破裂也是持续武装冲突的先兆。除非是在长期

和平状态下好似晴天霹雳的突然袭击，而且事前并未提出抗议或是要求和解，不然所谓的"背信弃义"根本无从谈起。

在列举了一系列历史案例来论证自己的观点之后，劳伦斯博士进一步说道：

除非我们非要坚持这样一种荒谬的观点，即国际法并非是根据各国实际行动抽象而成的法律体系，而是与之全然无关，否则我们就必须洗去日本所遭受的指控。日本在最终采取行动前已经多次警告俄国，此举并未与国际法相悖。

由于日俄两国长期处于紧张状态，若是其中一国发动突然袭击，我认为这不能称为背信弃义。2 月 6 日，日本政府在栗野公使发给俄国的通告文表明了态度，不仅有"断绝国交"这种常见的战事将近的表述，而且更明确指出，日本必将采取自认为必要的行动以保障自身安全。根据通告文，"帝国政府保留采取自认为最佳的独立行动的权利，以巩固和捍卫受到威胁的国家地位，并设法保护自身的既定权利和合法利益"。话已至此，哪怕是外交新手都应已知晓其言下之意，这是一种明显的警告，表明日本之后可能会随时发动进攻。更何况，日本的首次进攻直到大约 60 小时之后才宣告打响。

平心而论，俄国绝不可能对此毫无心理准备。俄国恐怕从很久之前就一直在谋划对日战争，只是备战不够周全，成效也不好罢了。[9]

英国驻日公使、法学博士约翰·麦克唐奈爵士（Sir John Macdonell，LL. D.）对于劳伦斯博士的观点则抱有疑问。他在《十九世纪》1904 年 7 月号（*The Nineteenth Century*，July 1904）[10] 上刊文表示：

> 2 月 8 日晚间至 9 日凌晨，东乡海军大将率领舰队用鱼雷袭击旅顺港的俄国舰队。这是一次彻头彻尾的奇袭。但是，这算是一种背信弃义的行为吗？要搞清楚这个问题，我们就必须首先明白以下这些道理：在紧张的局势中，越是按兵不动，越有可能会被对手欺骗；战争的第一击至关重要；打着继续谈判的掩护，一个本来毫无准备的国家可能也会比先行备战国更具优势。但是，以上这些终究只是理论而已，实际情况还需进一步检验。不过，拿此次的事件来说，2 月 8 日至 9 日，日俄间的谈判是否已经破裂，双方是否都已经准备通过战争来彻底解决一切，这确实是问题的核心所在。
>
> 对此我只能说，日俄开战确实开了一个不好的头，从今往后，类似的情况恐怕还会陆续发生，不仅可能会不宣而战，而且还有可能爆发在双方外交家正在激辩之时。我并非是想对特定某国的行动发表意见，而是想让各位明白日本偷袭旅顺港确实是一件不幸之事，也许终将造成一种无法避免的倒退。自 1870 年（即普法战争。——译者注）以来，世界各国普遍都遵守这样一种既有规则，即认为在没有正式宣战或是发出最后通牒的情况下就挑起战事乃为人不齿之举。

日本高官末松谦澄男爵（Baron SUEMATSU Kencho）[11] 赞成约翰·麦克唐奈爵士的论点。末松男爵也认为不应在没有充分警告或外交谈判仍在开展的情况下发动攻击。因此，他一直试图证明日本并非是在俄国完全不知情的情况下发动攻击，正如约翰·麦克唐奈爵士迫切认为日本应该做的那样。从末松男爵对日本奇袭旅顺港的经过介绍来看，俄国人确实没有任何理由对此感到意外。

在此，我也只能对其观点作简要概述，想要了解详细内容的读者可以查阅末松男爵的论文。[12]末松男爵先是对1903年年末至1904年年初的谈判情况进行了概述，随后明确指出日本政府已经敦促俄方尽快对日方的《最终确定案》作出答复，因为继续维持现状不仅不可取，而且更是危险重重。1904年1月31日傍晚，俄国外相拉姆斯多夫伯爵与栗野公使会面，坦言俄国政府与日本政府都没能完全理解当下局势的严重性。尽管俄国外相已经认识到了如上事实，但是俄国政府却依然迟迟没有给予日本答复。

根据末松男爵的论文来看，在两人会面后的第五天（俄方许诺作出答复后的第三天），即1904年2月5日下午2时15分，日本外相小村男爵训电[13]栗野公使，表示日本政府"因无法容忍这种无限制拖延的状态，日本帝国政府故而决定断绝悬而未决之谈判"。在电文中，小村外相对日本政府在争议问题上所持有的立场进行了阐述（大部分内容与之后颁布的《对俄宣战诏敕》非常类似）。最后，末松男爵以劳伦斯博士的一句话作为论文结语，表明日本政府将保留采取其认为最佳的独立行动的权利，以巩固和捍卫受到威胁的国家地位，并设法保护既定权利和合法利益。

2月6日下午4时，在将小村外相的电文转呈俄国政府的同时，得到授意的栗野公使将另一份通告文也交由拉姆斯多夫伯爵，告知他由于两国政府未能达成谅解，自己将与使馆工作人员一同离开圣彼得堡。同日，小村外相向身在东京的俄国驻日公使罗森男爵正式宣告：

> 虽然日方已经竭力尝试与俄方和平解决"满洲"之问题，但俄方对此并未给予积极回应。故而日方判断已经无法继续进行外交磋商。日方对于被迫采取独立行动以保护自身权利和利

益深表遗憾，同时不再为此后可能发生的任何事情负责。

如果对这些语句细作推敲，俄国的政治家们显然就应该明白，虽然并非本意，但日本断定战争已经在所难免。正如末松男爵所说："照会的措辞无疑是礼貌的，但又有谁看不出来这就是一份白纸黑字的战争宣言呢？"

俄国舰队的司令官与幕僚显然也很清楚本国政府早有开战的打算。末松男爵对此有如下评论：

> 等到东乡大将真正发起攻势之时，俄军舰队已经在旅顺港外摆出完整的战斗队形，同时背靠沿岸碉堡与炮台下锚，这正是他们自东南巡航返回后所形成的战略阵型。这哪里称得上是"毫无防备"？如果俄国舰艇军官因为自己的疏忽大意而被俘，那显然没有理由怪罪日军没有事先提醒他们。究其原因，主要还是俄军自己误判战局和决策失误所致。
>
> 此外，还有一个不容忽视的事实，即早在攻击发生的几天前，停泊于旅顺港入口处的俄军舰队就始终处于一种蒸汽发动全开的状态，在夜间，各种舰船更是不断地用探照灯向周围海域照射，仿佛已经受到攻击一般。战舰的甲板也早早清理一空，一副战备状态。后来，当日军舰队的第一枚鱼雷甫一发射，俄国舰艇立刻就能开火回击。

俄国政府以武力解决争端问题的心思其实早在谈判破裂的一年前就能找到确凿证据。俄方曾经口头承诺于1903年4月前彻底从"满洲"撤兵，但是实际上，俄方不仅没有兑现承诺，反而抓紧时间秣马厉兵，不断加强自己在"满洲"的军队部署。同年，俄军派往远东海域的战舰有：战舰3艘，共38,488吨；装甲巡洋舰1艘，共 7,727 吨；其他类型的巡洋舰 5 艘，共 26,417 吨；驱逐舰 7 艘，共 2,450 吨；炮舰 1 艘，共 1,344 吨；布雷舰 2 艘，共 6,000 吨。另外，还有 7 艘驱逐舰通过铁路被运往旅顺港。所谓的 "义勇舰队"（Volunteer Fleet，从民间征召的商船或货船。——译者注）中也有两艘商船在符拉迪沃斯托克进行了武器装配，还安装了俄国海军提供的发动机。同时，还有数量众多的陆军部队被派往 "满洲"。但是，正如我前文所说，俄国政府依然打算将远东海域作为主战场，利用海军数量上的优势来赢得这场战争，从而避免在 "满洲" 或朝鲜进行陆上军事行动。

面对上面这些铁证，俄国政府还有什么理由抗议自己事先并不知情？这显然无法令人信服。更何况这种指控日本背信弃义的行为看上去只是己方舰队指挥官疏忽大意和技不如人的托词。若非日本政府再三忍耐，日俄战争可能在几个月前就已经爆发，比起 2 月 9 日这个时间，彼时之俄国人显然更是束手无策。

前线战事

在这场战争中，日本的海陆作战充分证明了我在前面章节中所阐述的观点的正确性。强烈的忠君爱国之情令日本军人在战斗中勇敢无畏，日军巧妙的战法谋略以及应用于各项任务的最新科技更是令作战行动几乎无往不利。日军所取得的战果生动说明了技术人员是何等的重要。他们在日本国内铺设的完整铁路网络让军队得以高效运送兵员与物资；他们建造的船只令部队与武器得以送抵海外战场。司令部可以使用电话电报向前线传达作战指令，同时第一时间获悉战况与前线所需。各地的海军工厂和造船所可以随时对受损舰艇进行维修，造兵厂和机械工场也可以全天候生产各种强力武器与作战物资。他们甚至越过大洋，在战场的周遭铺设轻型铁路，架设用以向士兵传达指令的无线电报与电话。简而言之，日本在日俄战争中充分且正确地运用了机械工学、电气工学与化学的所有最新成果。

至于战况，书本所能提及的相当有限。这倒不仅仅是因为篇幅所限，更是因为目前的一线战况多还未对外披露。作为局外人，我们实在难以一窥战场的究竟。不过，日本军队已经通过实际行动告诉世人，他们对这场战争极端重视，而绝非仅仅是当作一场为新闻报纸增添素材的游戏。虽然日本人的作战策略极为精妙，但是他们自认为没有义务让新闻特派记者将自己的作战计划曝光给全世界和敌国。就我看来，如果那些新闻采编人员也能像日本人一样谨慎，对自己发布的新闻内容更加慎重，那就再好不过了。就当前的情况来看，那些战地记者在缺少真凭实据的情况下，就将战场劳役（coolies）[14]或其他无关人员的片面之词印在浮夸的纸页上，然后再用电报发往全世界。但是，他们常常又会在翌日的报纸上发表与上期所谓"号外"完全自相矛盾的新闻内容。在防止有些报纸有意扰乱视听、刻意传谣于世间之前，我认为不妨效仿日本在规范报业方面的相关做法。

如果我们的消息来源准确无误，日军对旅顺港军事要塞发起的海陆进攻将可说是非常惨烈。为了让俄军舰艇无法出港，日本海军敢死队在通往旅顺港入口的航道上自沉船舰，舰沉人亡比比皆是。1904 年 5 月 25 日起，日本陆军第二军在旅顺近郊的南山高地发起多轮舍命总攻[15]，用死伤 4,400 人的代价实现了攻克目标。

在日军如此惨烈的作战中，其陆海军司令官与前线作战指挥可以说是充分发挥出了日军兵士的天性。但是，这种天性或是资质正是西方人难以真正理解的关键所在。

譬如金州之战。俄军原本部署在金州阵地的兵力与装备要明显强于日军，但日军兵士为达到攻略目标，可以做到毫不惧死。不过，人肉炸弹般的自杀式攻击并非日本人的作战首选。据说，明治天皇阻止了日军对旅顺港发起的最后一波自杀式总攻，以免白白牺牲兵士们的生命。同时，天皇下令前线司令官在发起攻击前留给俄军一定的时间，以便将非战斗人员撤离旅顺。以第一军司令官、陆军大将黑木为桢（KUROKI Tamemoto）为代表的日军将领们在战略上通盘谋划，在作战中灵活变通，不断攻克重重险要。除了精良的武器装备，日军的战绩在很大程度上也要归功于军队纪律与科学训练，当然，仅有这些还不够，强烈的民族意识或民族自觉才是日本陆海军获胜的真正动因。

在我写作本章的 1904 年夏天，前线战事正在发生着重大变化。俄军的旅顺港舰队已经溃不成军，符拉迪沃斯托克舰队的大部分舰艇被击沉，其余的则严重受损。日军即将对旅顺港要塞发起最后的总攻，在"满洲"其他地区的军事行动也正在进入最终阶段，在此我不作详述。这些事实已经足以表明我在前面章节所言不虚，同时也足以证明日军过往所受训练的真实成效。至于前线战事的后续情况，我只能以后有机会再作探讨了。

日军之表现

对于西方人来说，日军的战时表现可能是日本的国民性给他们留下的最为深刻的印象之一。先前对日本不宣而战提出质疑的约翰·麦克唐奈爵士在声明自己无意徒增种族仇恨之后进一步表示：

> 日本人对于军事科学成果的迅速吸收以及对于欧洲战争的历史传统、礼仪规程的认真遵守都值得我们关注。过往经验表明，战斗的激情往往会随着战事的延长而逐渐褪去，深陷苦战的一方会倍感愤怒与绝望，占据优势的一方也会因为敌方的负

隅顽抗而越发地不耐烦。但是，就日俄战争的目前发展来看，我们或许可以断言，作为非基督教国家（就目前而言）的日本以实际行动为基督教国家的俄国树立起了一个"文明国家如何打仗"的真实样本。[16]过去西方人那种与生俱来的种族优越感已经开始式微，曾经在战争中被弃之如敝屣的人性与人道也在日俄战争的战场上找到了得以生长的土壤。日军会照料受伤的俄军兵士，而不会弃之不顾或落井下石。在俄国远东舰队司令官、海军上将斯捷潘·奥西维奇·马卡罗夫（Admiral Stepan Osipovich Makarov）[17]不幸遇难后，日军还致以唁电，以表敬意。无论立场是否对立，日军总是有恩报恩，有仇报仇。他们与战争地的居民也能保持友好关系。随着土耳其和日本先后承认国际法，那个过去只有欧洲国家方能进入的圈子也随之被打破。但是，随着世界局势的深刻变动，如果我们希望今后还有亚洲非基督教国家也像上述两国那样同意遵守国际法里的条条框框，那么，我们就势必要修订其中的相关法条。[18]

还有这样一个事实值得我们注意：虽然国际仲裁法庭（International Arbitration Tribunal）是在俄国沙皇倡议下组建的，但日本却比俄国更加严格地遵守着海牙会议所形成的各项战争公约[19]。日本首相桂太郎伯爵（Count KATSURA Tairoh）[20]在最近的一次采访中表示，在日俄战争期间，日本比世界上任何国家都更加竭力地履行人道主义原则和国际法所规定的各项义务。根据桂首相的说法，日俄正式开战之后，中央政府立即通电各府道县知事，敦促他们切实遵守战争法规，积极履行人道主义责任，尤其是要保护那些居住在其管辖区域内的俄国人。中央政府同样通电文部大臣与地方教育机关，向全日本所有的学生发出指令，要求从接受高等教育的青年到上小学的儿童都必须遵守国际法所规定的原则与义务。

此外，中央政府还要求日本佛教、神道和基督教等所有宗教团体的教首尽量防止信众因为盲目无知而采取过激举动。我对日本政府的要求进行如下概括：（1）今次的战争是日本帝国与俄罗斯帝国的国家战争；（2）今次战争不针对交战国的具体个人；（3）凡从事合法营生者，无论国籍，皆不得受到任何骚扰与加害；（4）今次战争不涉及宗教问题。

战时之日本

西南战争最为激烈之时，我正旅居日本，虽然日本政府几度面临危急局面，但社会在整体上依然稳定有序。作为第三方的观察者，我甚至无法寻找到日本正在经历严峻形势的蛛丝马迹。当时，为了更好应对西南部所爆发的叛乱，日本政府一切的运筹帷幄都在暗中进行。虽然政府军最终获得胜利，但日本政府也并未大肆庆祝，只是公开发表终战宣言了事。

在当前的日俄战争中，日本国内同样也保持着似曾相识的平静。从英国驻日本各商会传回本土的资料对此有较为详细的描述，在此摘录如下：

> 那些为方便外国游客感受日本魅力的相关举措不仅无一受到影响，而且除了那些在和平岁月里就游人如织的景点胜地，战时的日本还增添了一道独特的"景观"，即一个岛国的民众在国家正与世界上最大规模的陆地军事强国进行殊死战斗的时候，仍然能不失冷静与风度。从开战前的胶着对峙到战争正式爆发以来，日本民众平静如常的克己风范始终令造访日本的外国人感到惊讶与钦佩，外国媒体对此亦是称赞有加。

事实上，日本人的这种态度也并非一日乍现，因为日本这个国家向来如此。日本国民并不会轻易地被狂热的复仇念头所左右，也不会任自己为肆意扩张领土的野心所驱驰。……

在这种情况下，日俄间的战争并没有破坏日本人对欧美人所抱有的亲近之感与友好之情，相反还起到了极大的强化作用。因为在这场危机的前后，几乎整个西方世界都对日本表达了同情，这让日本人很是受用与感激。日本人感激之处在于，自己流血牺牲、耗费国财所追求的目标终于得到了西方文明国家的充分认可。日本人也很清楚，自己倾尽全力实现这些目标的努力将会极大地促进自己与欧美国家间的友好关系。

再来看看当前的日本国内政局，各大实力党派及其下属机构表现出来的克制与团结也令人印象深刻。对外战争兹事体大，各个党派在言行上达成了一致，不发表任何有损于团结的言论，不作出任何不利于国家的党派争斗，一心同体，全力支持中央政府取得外战胜利。他们打心底里相信自己能够实现这个目标，而日俄战争的行进态势也证明了他们绝非盲目自信。

就目前的情况来看，日本在日俄战争中的支出依然低于预期，已经投入的战争经费仅为最初估计的 2/3。日本人已经做好了打持久战的准备，但是，倘若俄国出于西方国家的自尊，打算毕其功于一役，那么，日本也定将倾尽所有，不惜一切代价打赢这场战争。

俄国连败之原因

过去几个月来，我经常被问及这样一个问题：自从日俄开战以来，俄国究竟为何会节节败退，落于下风？想要全面理解这个问题，我们必须要对沙皇治下的俄国的教育、经济、社会和宗教情况有基本的了解。埃米尔·赖希博士（Dr. Emil Reich）对此是这样介绍的：

> 每一个伟大的西方国家都是经历了"知识复兴、宗教改革
> 和政治革命"的三重试炼方能走到今天。我们有理由推断，沙
> 俄同样也会经历类似的阶段。

但是，沙皇治下的俄国不敢对国民进行强制教育，导致每四个
俄国人中就有三个是文盲。阶级制度和官僚制度也都不利于地方兴
办各级学校。越来越多的大学生被愚蠢的形式主义教育所支配，思
想自由和教学自由更是无从谈起。曾经有人试图在维持故有的产业
保护制度的前提下尝试培育近代工业，但是俄国守旧的思想与体制
不仅满是各种人为掣肘，而且尽用些过时的方法，最终导致产业无
法发展起来，农民负担陡增。俄国农民脾气粗暴，普遍酗酒，而且
完全没有将近代科学应用于耕种生产。官僚阶级则更是腐败蛮横，
丝毫不会体恤民众，更不存在可以纠正官僚滥用职权的开明舆论
环境。

应该说，大多数俄国人都十分热爱自己的祖国，毕竟他们信奉
的东正教同样也宣扬这一点。但是，若论这种爱国情感的程度，实
在是无法与日本人同日而语。熊熊燃烧的爱国忠君之情令日本人将
为国捐躯视为个人可得的至高荣誉，以至于竞相追逐，悍不惧死。
如果俄国士兵在战场上身处险境，我相信他们的确会有勇武之举，
但是这种勇武在很大程度上仅仅只是蛮力，既缺乏智慧谋略也缺乏
科学常识，而这些又恰恰是当代战争中的首要因素。许多俄国士兵
都是被迫参军，对为国奋战几乎毫无热情，甚至有相当一部分人对
此极度反感。这样的军队自然无法让人有所期待。但是，沙俄政府
仍然没有意识到，对于一个国家来说，无论是进攻还是防御，其最
强有力的依靠就是受过良好教育的赤诚子民。

俄国节节败退的另一个原因就是对日本人的轻蔑。在战争爆发前，负责对日谈判的俄方官员似乎对日本的最新动态以及其背后动因一无所知。末松男爵对此有如下评价：

在战斗正式打响之前，俄国，更确切地说是全世界都没有将日本放在眼里。毫无疑问，他们眼中的日本人要么只会虚张声势，要么就是不堪一击。即使战火已经烧到了鸭绿江边（即鸭绿江会战。——译者注），不，甚至是到了金州或瓦房店之战的时候，他们依然觉得日本人只是"长着鸟脑的猴子"！不久之前，某位法国政治家告诉我，连法国人对于日本也是知之甚少，俄国人就更是如此了。我以为，这就是酿成这场不幸战争的唯一原因。在这方面，英国的嗅觉比任何西方国家都更为灵敏，又由于其更加了解远东，因此也就更加了解世界局势的最新变化。

日本连胜之秘密

日本人之所以能连战连胜，很大程度上要归功于西方的科学与机械器具的充分应用。但是，若论日本在国家演化各个领域所取得成就的真正秘诀，那无疑还是要归功于日本人心中那股被完全激发出来的国民精神。虽然我在先前章节中已对相关内容进行过简述，但是我们应该认真研究日本在过去三十年的种种行动，哪怕这样依然无法完全诠释日本的国民精神，但至少也是绝佳的实例佐证。在此，我想再次引用新渡户稻造博士的观点。

毋庸赘言，是精神带来了活力；没有精神，最精良的装备也无济于事；最先进的枪炮也不会自动发射，最现代化的教育制度也不能让懦夫成为英雄。在鸭绿江、朝鲜和"满洲"，是我们父辈的英灵牵着我们的双手，带领我们取得胜利。这些英灵、我们骁勇善战的祖先没有死——对于那些心明眼亮的人，这些灵魂清晰可见。[21]

这不仅是新渡户稻造博士这样的哲学家（有些人可能称其为神秘主义者）所特有的观点，更是实用主义者和军人们所秉持的强烈信念。几个月前，我在工部大学校的学生——松尾鹤太郎造船大监（Engineer-Captain MATSUO Tsurutaroh）在完成领受"春日号"（Kasuga）与"日进号"（Nisshin）[22] 两艘巡洋舰的任务返回日本之前，专程来到格拉斯哥向我辞行。在交谈中，我请他读了本书中讲述陆海军的第六章的草稿。松尾大监在读后提出了一个请求，他希望我在书中着重阐明：虽然西方建造的坚船利炮极为强大，但是让操纵这些设备的将士们为之奋起的精神力量才是更为强大之物。

日俄间的战事已经清楚地表明，古老的日本精神已经在近代的陆海军军人身上得以传承。以下我就列举一二。

当日本海军招募敢死队执行旅顺港闭塞封锁任务[23]之时，共有2,000 多名海军官兵主动报名，有些人甚至以血书明志，最终有 77 名官兵被选中。在执行任务的当日，日本海军为此举办的诀别会十分触动人心。在"浅间号"巡洋舰[24]上，八代六郎大佐（YASHIRO Rokuroh）将明治天皇的三子嘉仁（即日后的"大正天皇"。——译者注）所赐予的大银杯倒满水（喝水是日本人在即将与亲人阴阳永隔时的古老习俗），然后对全体敢死队队员说道：

　　　　诸君即将执行之任务乃封锁旅顺港之入海口，此行凶多吉少、生机渺茫。于本官而言，亦仿若是将挚爱亲子送上前线。

然若本官有百子，亦会将其悉数送至凶险之战场，纵然本官只得独子，亦随之往矣。待诸君为国尽忠之时，若失左臂，可以右臂战之；若失双臂，可以双腿战之；若失双腿，可以头颅战之。勿忘忠实执行指挥官之训令。

本官将送诸君迈向黄泉。料诸君亦有赴死之觉悟。然本官无意鼓动诸君轻贱生命，亦无意劝说诸君以死留名，本官之所望，为诸君不惜一切履行使命也。此杯中之水，非用以鼓舞诸君，乃敬诸君为浅间号忠勇精神之典范。若吾等尚需借酒壮胆方敢奔赴黄泉，又乃何等之耻辱！本官翘首以盼诸君凯旋。诸君，生死由天，还望沉着冷静，不辱重托。

海军中佐广濑武夫（HIROSE Takeo）[25]也是敢死队中的一员。广濑中佐于1904年3月27日第二次旅顺港闭塞作战中壮烈战死，他也将作为"军神"而永远受到日本国民的尊崇。在2月24日的第一次闭塞作战开始之前，他给自己的兄长写了这样一首遗诗：

丹心报国，一死何辞。与船瘗骨，旅顺之陲。

在第二次闭塞作战前夜，他写下了第二首遗诗：

七年报国，一心死坚。再期成效，含笑上船。

如今，描绘广濑中佐壮烈战殁、印有广濑话语的明信片已经被发往日本乃至世界各地的日本人居留地。日本人的爱国激情空前高涨，只要是为了国家繁荣或破解难局，任何个人私心都可以暂且搁置。

这种爱国激情无疑是日本对内治国与对外征战都屡有建树的主

要原因。发生在日本人身上的一切证明：心之所向，行终将至。我们暂且不论玄学信仰给日本人带来的精神影响，但有一点却是确凿无疑的：日本的实际发展成就体现在每个日本人（无论地位高低）都会矢志不渝遵守的一个规则之上，即"为集体利益牺牲个人利益乃臣民必不可缺之义务。利己主义排斥协作，但没有协作就不可能成就伟大"。这一规则及其衍生出的诸多结论还将继续引领日本人走向远方，指引他们最终解决当下的诸多社会问题，然而欧美的政治家们对此的认知显然尚流于表面。

日俄战争仍未终结。因此，我们也无法对其所带来的影响盖棺定论。但是无论如何，我们都坚信，日俄战争已然开启了日本历史乃至世界历史的全新篇章。

大不列颠应效法之处

话说回来，英国未尝不可以日为师，虚心学习日本在陆海军管理与战术谋略方面的种种举措。由于有关当局原本就十分关心上述问题，因此，我打算选择一些更普遍的问题谈谈自己的观点。

事实上，海军大臣、塞尔伯恩伯爵威廉·沃尔德格雷夫·帕尔默（William Waldegrave Palmer，2nd Earl of Selborne）已经在议会呼吁人们向日本学习。塞尔伯恩伯爵最关注的问题是日本军人的高素质，他始终坚持"官兵先于舰船"的观点。正如我前文所说，这一观点早已内化为日本人的行动准则。从本质上说，国家演化到哪个阶段，陆海军也会跟着发展到哪个阶段。最终，我们会发现，国民素质才是衡量一个国家地位高低乃至国力强弱的真正尺度。

英国如今的发展速度已经放缓，许多产业也因为不断消失的客观环境条件而趋于停滞。那些英国最重要的产业，尤其是钢铁产业的原材料供给越来越吃紧，价格自然也随之一路攀升。但是，与此同时，仍有许多制造业依然还用着落后于时代的生产方式与设备器具。

反观其他国家，法国、德国、美国，特别是日本，纷纷将发展国民教育所结出的硕果应用于国家建设的方方面面，从而深刻影响了国内的经济社会状况与海外的贸易范围。我们已经看到，如今，日本的国民教育制度已经十分成熟和完备，那些接受过完整教育的日本人已经为日本在各领域所实现的巨大发展贡献了诸多智慧与力量。

在工部大学校工作五年以后，我起草了一份关于业已完成工作的详细报告，并在其中提出了今后应予以考虑的若干目标。我在报告中也指出，由于英国的技术教育本身确实也存在不少缺陷，因此，以之为蓝本的我也受到了一些在日的外国居民，甚至是一些学校同事的批评。

如今，我在工部大学校所推行的技术教育改良诸举几乎被应用到了英国的所有学校。工学已经不再作为一门独立的学科，而是作为一门与其他学科紧密相关的交叉型学科来进行教学。过去由一名教授或讲师来讲授的课程如今也已改为采用多人多环节的教学方法。我在工部大学校所倡导建立的工学研究所（engineering laboratories）也已经成了每一个设施完备的技术学校的标配。

两三年前，出席格拉斯哥大学"詹姆斯·瓦特（James Watt）工学研究所"开所仪式的开尔文男爵威廉·汤姆森（William Thomson，1st Baron Kelvin）[26]就在致辞中告诉在场来宾，日本工部大学校是第一个设立此种研究所的教育机构。现在，工部大学校将实验与图表引入所有课程的做法已经被推广到了英国所有的相关院校。我在日本所试验的这种知行合一的技术人员养成方案，如今被冠以"三明治学徒制"（sandwich system of apprenticeship）之名，在英国全境进行推广。

　　但是，我对另外一件事情依然抱有疑问，即那种激励日本教授与学生的强大精神要素在英国是否也普遍存在。英国人其实不是非常了解那种仅仅罗列事实、数字的"教育"同真正"育人"之间的区别。工部大学校的学子们接受的并不是填鸭式的知识教育，而是注重培养独立思考与行动的能力训练，他们后来的职业生涯也充分证明了这种培养方法的正确性。我们已经看到，工部大学校的学子们正以一种令世人惊叹的方式将自身所学所知应用于对内治国与对外作战中。

　　不过，英国最需要从日本身上学习之处或许还是那种能够真正成就伟大的国民精神。关于这一点，看看眼下的日俄战况就再清楚不过了。如果日本的士兵和水手坚信自己正在为实现国家理想而战，那么他们就能做到舍生忘死。当然，这种勇武精神的勃发的确也离不开战争这一特殊场合所带有的催化作用。因为在产业、贸易和政治活动等领域之中，个人利益往往深嵌其中。但是，即使是在这些领域，如今的日本人也已用他们的实际行动向世人宣告：国家利益高于一切。

　　现在再来看明治天皇登基不久后所颁布的《五条御誓文》。通过几十年的时间检验，我们可以断言，不仅是天皇本人与日本政府将其作为执政方略加以贯彻，就连普通国民也能做到时刻铭记，为誓文目标的实现而贡献力量。即是说，无论是教育还是产业，无论是陆军还是海军，无论是国内政治还是外交政策，总而言之，国家演化要始终以优先实现誓文中的目标为导向，为此，日本为各个领域都制订了详细的发展规划，并且认真慎重地予以执行。国家演化，其实也是一个国民意识不断觉醒的过程。

　　不过，我们能说英国亦是如此吗？我们英国人有可以称为"国策"的东西吗？我们的政治家是拍脑袋或应激性地采取行动的吗？我想，答案恐怕是否定的。我们目前最迫切需要的是一个指向明确的国家建设目标。只有这样，我们所有的努力才有正确方向，最新的科技成果才能得到有效应用。同样地，我们绝不能就科技谈科技，更不能就科技用科技，而是应该充分活用于每一个与个人和国家福祉休戚相关的领域。

已故的赫胥黎教授在生前最后一次关于技术教育的演讲中，已经极富先见之明地指出了片面对待这一问题的危险性。他还敦促人们务必要想方设法地为维持社会有机体的整体稳定和健康而采取必要措施，因为社会的整体稳定与健康才是国家真正实现进步的必要条件，也是所有教育活动的最终指向。赫胥黎教授还说道：

> 在座各位应该还记得，就在不久之前，我国陆海军因为计划为士兵和水手配备短剑和刺刀而引发众怒。这些擦得锃亮的武器看起来锋利无比，而且还颇为精致。但是，当它们被用于实际作战，就非常有可能弯曲折断，比起杀伤敌人，更有可能割伤持器者的手。
>
> 让我来做个类比，教育就好似这些短剑利器，一方面，它可以让人的思维变得更加敏锐，你既可以尽己所能地开发学生们的智力，也可以将通过训练指导所能学会的全部技能都传授给他们；但是，另一方面，如果所有的外在形式与华丽表象缺少坚定刚毅的气概作为支撑，缺少追求卓越的渴望予以驱动，你的辛勤付出终将徒劳无功。

正是因为我们对赫胥黎教授的忠告置若罔闻，目前我们在教育方面投入的大量时间、金钱和精力都是作了无用功。就其本身而言，单纯的自然科学应用可能只会磨快那把毁灭我们自身文明的"（技术）利刃"。因此，科学方法必须同时应用于伦理学、社会学与政治学等领域，尤其需要以之来培养那些身强体健、头脑敏锐、具有高度个人与国家责任意识的公民。

关于这个问题，一位日报新闻记者可谓一语道破：

> 为什么以日为师具有特别的意义？这首先是因为日本人特有的美德恰恰是我们最需要和最匮乏的。再者，我们英国人国民性中最令人反感之处就在于崇拜和炫耀财富，普遍缺乏礼仪，难以鉴赏艺术之美。人们把过多的精力投入无意义的工作，因此反而失去了那份觉察生活中闲暇与雅致的能力。

对于世界各国之启示

世界上的其他国家或多或少也有上述类似问题。但是，世界各国的政治家还是可以从日本的明治维新进程中获得不少启示。

第一点启示：西方国家仅凭自身就可以对东方民族施加直接且具体影响的时代已经一去不复返。关于这个极其重要的历史现象，那些对东方人抱有兴趣之人显然已经知晓。不仅如此，日本的国家演化之路甚至恰好就是上述观点最有力的反证。

在此，请允许我再次援引冈仓天心先生在《东洋的理想》一书中的有关论述：

> 正是这种发自微小个体的自我认识，重新塑造了今日的日本，使之能够挺过那场令众多东方国家倾覆的狂风暴雨。同时，日本必须让这一能够帮助亚洲恢复昔日坚定与刚强的自我意识重新焕发生机。

也许有人会说，帮助亚洲各国实现上述目标并不在欧美列强的计划（暂且假定其存在）之中。倘若真是如此，那么西方列强只不过是出于一己私利而蚕食东方，那么它们最终也难逃失败的命运。

第二点启示：西方国家必须彻底改变与中日朝三国打交道的方式。诸如虚伪外交、炮舰政策、暗中威胁和吸血式的割地赔款必须被扫进历史的垃圾堆。所有的外交问题都必须在国与国平等的基础上协商解决。正如我前文所言，如果有朝一日"黄祸论"的种子破土而出，那必是某些西方列强浇灌所致。

目前，中日两国都希望自己能够得到国际社会的公正对待，并且能够走上独立发展道路。在这个问题上，我同意大隈重信伯爵的观点：

> 日俄战争之所以会爆发，是因为日本认为，一旦朝鲜半岛为俄国所占据，那么几乎也就意味着日本国家独立性的丧失。通过与俄国耗日持久且无甚建树的谈判，全世界都知道我等之克己忍耐。日本之所以与俄国开战，并非是因为两国民族之仇恨，也非为俄国史上侵略种种而复仇，更非蓄谋已久之侵略。我等只是被迫以攻代守。
>
> 当战事终了，硝烟散尽，世人定会感到惊讶，日本并不会继续敌视曾经的战场之敌，我等甚至可以对俄国报以友好。这种友好之情源于我等对自身力量的信心，源于 2,500 年来从未被彻底击垮之历史。这种友好将是指引我等通向高度发达西方文明之唯一路线。过往如此，而后皆然。[27]

反观俄国，其海军舰艇常有扣押甚至击沉中立国商船之行径，理由乃这些船只疑似装载了国际法所规定的战时违禁制品，从而引发了一系列国际法上的难题与纠纷。对此，我们有必要参照国际法慎重地予以分析。我们很难断言造成这种纷争的究竟是俄国外交政策的本身导向还是俄国舰艇指挥官的轻率行事。但是，有一件事情却是十分清楚的，如果俄国政府真的按照其鉴定与没收违禁品的公告来行事，那么其行为势必将与既定国际法发生抵触。

根据国际法的过往判例，交战国不得扣押用于日常生活和贸易的一般商品，除非能够证明这些商品将被运送至目标国供军队使用。一位著名的法学家曾经说过这样一个无可置辩的准则：

> 如果想要在战时切断一个不存在明显军事目标的群体的粮食获取途径，那无异于要停止战时的所有中立贸易。

由于收编了一部分由商船武装而来的所谓"义勇舰队"，俄国舰队的举动也就变得更加难以预测。这不仅是因为俄国只是从一般法律的视角来审视己方"义勇舰队"所处的立场，更是因为其在黑海地区承担着特殊的条约义务[28]。如果国际社会对俄国舰队临检中立国商船的举动听之任之，那么日后一旦两个大国碰巧处于战争状态，那么所有的和平贸易活动都会因此中断。显然，世界各国必须对此抱有清醒的认识，这不仅是出于当前战事的考虑，更是为了应对未来有可能出现的类似情形。因此，我们绝不应该任由俄国自行其是。

第三点启示：世界各国在与东方人打交道时必须以国际视角来看待东西交往中所产生的政治问题。如今的东方人所奉行的伦理哲学已经不仅仅局限于过往那种纯粹的个人问题，同样地，我们也应该不再以纯粹的一国视角来理解当今实践中的政治活动。今天，技术人员缩小了世界的宽度，各国的社会与经济越发地紧密相连。因此，如果各国的政治家们希望以一种更为理性的方式来推行自己的政策，那么就必须要对所谓的"政治力学"（dynamics of politics）加以研究。

近来，我们时常被告知在思考政治问题时要有"帝国视角"。但是，我却认为，我们更应该具有"国际思维"。我相信，真正的伟大成就终将属于那些具备国际思维而非孤芳自赏、乐于协作而非独来独往的政治家。

1904 年 8 月 16 日

▌ 译者注释

1. 8 月 3 日，小村外相给驻俄公使栗野慎一郎送去协商的基础方案；8 月 5 日，拉姆斯多夫答复栗野，俄国皇帝允许开始交涉。

2. 在日本首次提出协商方案后的近两个月的时间内，俄国国内各派争执不下。最终，由阿列克谢耶夫（时任"关东州长官"，1903—1904 年任远东总督）与罗森共同制定的答复方案得到了俄国皇帝的批准，

3. 第一份答复方案中的第 7 条要求："日本承认'满洲'及其沿岸全然在日本利益范围外"，同时要求日本约定不向"满洲"出手。

4. 栗野慎一郎（1851—1937），明治时代的政治家、外交家。曾留学美国。1901—1904 年历任驻墨西哥、美国、意大利、法国、俄国公使。1932 年任枢密顾问官。

5. 东乡平八郎（1847—1934），日本海军元帅、海军大将、侯爵。曾留学英国，1894 年任"浪速"号舰长、舞鹤镇守府司令长官，1903 年任联合舰队司令长官。在日俄战争的对马海峡海战中率领日本海军击败俄国海军，开创了近代史上东方黄种人打败西方白种人的先例，有"东方纳尔逊"之誉。

6. 2 月 8 日晚 11 时 30 分（日本时间 9 日 0 时 30 分），日本的驱逐舰开始对旅顺港外部停泊地的俄国舰艇展开鱼雷攻击。战列舰"列特维赞号"舰首左侧首先被鱼雷命中，受到严重损伤，后在逃入港内的过程中于浅滩处触礁，死亡 5 人。大约在同一时间，战列舰"皇太子号"舰尾左侧的炮塔后部也被鱼雷命中，同样在浅滩触礁，死亡 1 人。有 7 发鱼雷射向巡洋舰"帕拉达号"，其中一发命中了舰的左侧。此舰在西岸触礁，死亡 7 人。随后，日军驱逐舰展开第二轮、

第三轮攻击，但被俄国方面的炮击击退。参见〔日〕和田春树：《日俄战争》，易爱华、张剑译，生活·读书·新知三联书店 2018 年版，第 852—853 页。

7. 俄国为了应对日本的进攻，命远在万里之外的波罗的海舰队与黑海舰队驰援旅顺。但是，此时的日英两国已经结成同盟，因此一路上的诸多补给港口均拒绝俄军舰艇停靠，最终只能在越南完成合流后开赴旅顺。当俄军的增援舰队抵达战场时已经疲惫不堪。

8. "三段论"最初是由古希腊哲学家亚里士多德提出的逻辑学说，是西方科学主义的基石性论断。简单说来，一个三段论的论证包括大前提、小前提和结论三个部分。作者在此处援引斯宾塞的"悲剧"观点，以类比日本的实际作为与俄国学者的理论推断（即逻辑与现实）之间的巨大鸿沟，大致可以理解为"事实胜于雄辩"。

9. Thomas Joseph Lawrence, *War and Neutrality in the Far East*, Macmillan and Co., 1904, pp. 27-32.

10. John Macdonell, International Questions and the Present War, *The Nineteenth Century*, July 1904, p. 147.

11. 末松谦澄（1855—1920），明治时代的政治家、外交家、历史学家和法学家。曾为伊藤博文内阁阁僚，也是伊藤博文的女婿。自英国剑桥大学毕业归国之后，末松历任法制局局长、通信大臣、内务大臣等要职，后又被派驻英国任外交官，可谓内政外交均有涉足。末松在中国问题研究上颇有建树，于 1882 年撰写了日本历史上第一部中国文学史——《支那古文学略史》，甚至比中国人自己撰写的第一部中国文学史还要早二十多年。

12. SUEMATSU Kencho, Japan and the Commencement of the War with Russia, *The Nineteenth Century*, August 1904, p. 174.

13. 小村外相共给栗野公使发去四封电报，通告断绝交涉、断绝国交。第一封到第三封的内容是 1904 年 2 月 4 日决议的通告文，分成了三部分进行发送。第三封上写了结论，通知中止交涉，主张保留"独立行动"的权利。

14. "coolie"本是带有贬低意味的词汇，特指东方国家里没有专门技能或未受过训练的工人。

15. 南山战役堪称日俄战争中最惨烈的一役。战役发生在辽东半岛盐大沃附近的金州。金州地处半岛南端的狭窄地带，是陆上通往旅顺的咽喉。俄陆军西伯利亚第五团共有 4000 多人驻守于此，防御重点即为金州的南山（扇子山）。1904 年 5 月 26 日清晨，日军在猛烈炮火的掩护下发起了对金州和南山的猛攻。日军当时仅配备了少量自法国进口的轻机枪，而俄军已广泛配备了杀伤力极大的马克沁重机枪，且有坚固防御工事。当一波又一波的日军呐喊着冲向俄军阵地时，迎接他们的是密如雨点的子弹，战斗变成了屠杀。但日军决死冲锋，当天下午，南山阵地终被攻克。最终，日军伤亡人数超过了4000。反观俄军伤亡仅 1000 多人，但却败退而走。日军虽付出惨重代价，但金州的占领决定了旅顺口乃至整个日俄战争的命运。

16. 关于日俄战争的影响，近来有观点认为，彼时之中国人在情感上更偏向于同为黄种人的日本人。译者在此需要严正指出：日俄战争是日本在中国与朝鲜国土上进行的帝国主义掠夺战争，给中朝两国人民造成了极为深重的灾难。战争期间，辽东半岛人民的生命财产损失难以计算。仅就中国东北三省部分地区而言，"自旅顺迤北，直至边墙内外，凡属俄日大军经过处，大都因粮于民。菽黍高粱，均被芟割，以作马料。纵横千里，几同赤地"。"盖州海城各属被扰者有三百村，计遭难者八千四百家，约共男女五万多名。"辽阳战场"难民之避入奉天省城者不下三万余人"，"烽燧所至，村舍为墟，小民转徙流离哭号于路者，以数十万计"。哪怕是日本人办的《盛京时报》（1906 年 10 月 18 日）也不得不承认，东北人民"陷于枪烟弹雨之中，死于炮林雷阵之上者数万生灵，血飞肉溅，产破家倾，父子兄弟哭于途，夫妇亲朋呼于路，痛心疾首，惨不忍闻"。参见徐兵博：《读史要略（下册）》，新华出版社 2017 年版，第 851 页。

17. 马卡罗夫（1849—1904），1895—1896 年任地中海舰队司令长官，1904 年任太平洋舰队分舰队司令长官。因旗舰"彼得罗帕夫洛夫斯克号"触雷沉没而战死。

18. John Macdonell, International Questions and the Present War, *The Nineteenth Century*, July 1904, p. 145.

19. 1899 年 5 月 18 日，海牙和平会议召开。此次会议由俄国外相穆拉维约夫负责构思，俄皇尼古拉二世实施策划。共有来自 26 国的 100 多位代表参加会议，包括英美法俄德奥意等西方大国，非欧美国家则有日本、清王朝中国、暹罗、土耳其、波斯、墨西哥。7 月 29 日会议闭幕，最终通过了《和平解决国际争端公约》《陆战法规与惯例公约》《关于 1864 年 8 月 22 日日内瓦公约的原则适用于海战的公约》三项公约，以及《禁止从气球上或用其他新的类似方法投掷投射物和爆炸物宣言》《禁止使用专用于散布窒息性或有毒气体的投射物的宣言》《禁止使用在人体内易于膨胀或变形的投射物，如外壳坚硬而未全部包住弹心或外壳上刻有裂纹的子弹的宣言》三项宣言。

20. 桂太郎（1848—1913），长州藩出身，日本近代政治家、军事家。曾三次出任内阁首相（1901—1906、1908—1911、1912—1913），任内与英国结成同盟，发动日俄战争，策划吞并朝鲜半岛。桂太郎是明治维新之后首位非明治元老的首相，同时也是日本有史以来任职时间第二长的首相，目前仅次于安倍晋三。在政治取向上，他同陆军大佬同时也是自己政治伯乐的山县有朋一样反对政党政治，主张藩阀统治。在对外政策上，桂太郎堪称侵华急先锋，早在甲午战争时期，作为步兵第三师团长的他在接到命令之后就十分兴奋地表示："大丈夫开心莫过于此，报效国家，在此一举。"其所部经鸭绿江突入中国，在辽东半岛的海城战役、牛庄战役等几次激烈战役中为击破淮军和湘军出了死力。因此，桂太郎还在战时就得到了天皇的通报嘉奖，战后更晋封为子爵。参见伊文成、汤重南、贾玉芹主编：《日本历史人物传（近现代篇）》，黑龙江人民出版社 1987 年版，第 299—304 页。

21.〔日〕新渡户稻造：《武士道》，朱可人译，浙江文艺出版社 2016 年版，第 171 页。

22. "春日号"与"日进号"是日本根据 1903 年提出的"三三舰队"紧急追加案而购买的两艘巡洋舰。"春日号"原为 1902 年 3 月 10 日在意大利热那亚的安萨尔多船厂开工建造的"里瓦达维亚号"，10 月 22 日下水。在修建期间，日俄两国为购买此舰展开了角力，最终日本在英国的帮助下以 1500 万円购得。1904 年 1 月 1 日改名为"春日号"并加入日本海军舰籍，1 月 7 日完全竣工。1902 年 3 月 29 日，阿根廷海军购买的装甲巡洋舰"莫雷诺号"动工，1903 年 2 月 9 日举行下水仪式，12 月 30 日被日本海军收购。1904 年 1 月 1 日，日本海军将其列为一等巡洋舰，并命名为"日进号"。2 月，"春日号"和"日进号"两艘战舰于日俄战争爆发后不久抵达横须贺，并在后续对俄作战中发挥了重要作用。

23. 日俄战争爆发前夕，日本联合舰队司令官东乡平八郎为夺取制海权，确保海上运输，并防止俄国太平洋舰队与波罗的海舰队合流，决定采取自杀性的"闭塞作战"，即在旅顺港周围海域自沉老旧舰船，企图把俄国太平洋舰队堵塞在港内。日舰队从志愿参加港口闭塞战的军人中选出精干力量组成敢死队，利用从甲午战争中获得的清朝北洋水师的军舰和破旧商船，装满煤块和碎石，闯进港口自行爆炸后沉没。最终，日军共开展三次闭塞作战，沉船17艘，但并未实现塞港目的。

24. "浅间号"一等巡洋舰是日本海军两艘浅间级装甲巡洋舰的其中之一，是"六六舰队计划"的产物，另一艘为"常磐号"。

25. 广濑武夫（1868—1904），明治时代日本海军军官。毕业于海军兵学校，后留学俄罗斯，1897—1900年为驻俄武官。在日俄战争第二次旅顺港闭塞作战时，为了搜救部下杉野孙七而被俄军炮弹炸死，年仅36岁，后被追封为"军神"。然而，广濑在沉船作战中没有表现出超乎寻常的武功。广濑之所以能成为近世日本第一号"军神级"人物，一方面可能是因为其搜救战友之举非常符合武士道的精神要求，而且牺牲方式极为壮烈；另一方面则可能是因为日军宣传机器的刻意"造神"。

26. 威廉·汤姆森（1824—1907），英国数学物理学家、工程师，同时也是热力学温标（绝对温标）的发明人，被称为"热力学之父"。

27. 这里作者关于国际形势的看法有待商榷，对于日本的行径及未来走向的判断与实际不符，仅供读者批判参考。

28. 克里米亚战争结束之后，俄国、英国、法国、奥斯曼帝国、撒丁王国、奥地利、普鲁士等国于1856年3月30日在巴黎签订《巴黎和约》。"黑海中立化"为其中的重要内容。根据和约规定，黑海海峡（博斯普鲁斯海峡和达达尼尔海峡）禁止各国军舰通行，俄国、奥斯曼帝国在黑海都不得保有6艘以上800吨的轮船和4艘以上200吨的船只，也不得在黑海沿岸设立海军兵工厂和海军要塞。

原版参考文献

Murray's *Handbook of Japan*, by Chamberlain and Mason. Latest Edition.

Chamberlain, Professor B. H. —*Things Japanese*. London, 1902.

Yamawaki, H. —*Japan in the Beginning of the Twentieth Century*. Tokyo, 1903.

Stead, Alfred（Editor）.—*Japan by the Japanese*: *A Survey by Its Highest Authorities*. London, 1904.

Brinkley, Captain F. —*Japan and China*, 12 Vols. London, 1903. —Article on "Japan" in Supplementary Volumes of *Encyclopedia Britannica*.

Von Wenckstein. —*Bibliography of the Japanese Empire*. London, 1895.

Oliphant, L. —*Narrative of the Earl of Elgin's Mission to China and Japan*. Edinburgh and London, 1859.

Alcock, Sir R. —*The Capital of the Tycoon*. London, 1863.

Black, J. R. —*Young Japan*. Yokohama, 1880.

Adams, F. D. —*History of Japan*. London, 1875.

Griffis, W. E. —*The Mikado's Empire*. New York, 1876. —Townsend Harris, *First American Envoy*. London, 1895.

Mounsey, A. H. —*The Satsuma Rebellion*. London, 1879.

Murray, D. —*The Story of Japan*. New Edition. London, 1904.

Reed, Sir E. J.—*Japan: Its History, Traditions, and Religions*. London, 1880.

Dickens and Lane-Poole.—*Life of Sir Harry Parkes*. London, 1894.

Bird, Miss (Mrs. Bishop).—*Unbeaten Tracks in Japan*. London, 1888.

Diosy, A.—*The New Far East*. London, 1904.

Von Siebold, A.—*Japan's Accession to the Comity of Nations*. London, 1901.

Knapp, A. M.—*Feudal and Modern Japan*. London, 1898.

Norman, H.—*The Real Japan*. London and New York, 1892.—*Peoples and Politics in the Far East*. London and New York, 1896.

Stead, A.—*Japan, Our New Ally*. London, 1902.

Curzon, G. N. (now Lord).—*Problems of the Far East*. London, 1896.

Davidson, J. W.—*The Island of Formosa, Past and Present*. Yokohama and London, 1903.

Brownell, C. L.—*The Heart of Japan*. London, 1903.

Fraser, Mrs. H.—*A Diplomatist's Wife in Japan*. London, 1899.

Rittner, G. H.—*Impressions of Japan*. London, 1904.

Morris, J.—*Advance, Japan*. London, 1895.—*Japan and Its Trade*. London, 1902.

Watson, W. P.—*Japan, Aspects and Destinies*. London, 1904

Davidson, A. M. C.—*Present Day Japan*. London, 1904.

Hartshorne, A. C—*Japan and Her People*. London, 1904.

Del Mar, W.—*Around the World Through Japan*. London, 1903.

Ransome, S.—*Japan in Transition*. London, 1899.

Leroy-Beaulieu, P.—*The Awakening of the East*. London, 1900.

Clement, E. W.—*Handbook of Modern Japan*. Chicago and London, 1904.

Scherer, J. A. B.—*Japan Today*. London, 1904.

Weston, W.—*The Japanese Alps*. London, 1896.

Dickson，W. G. —*Gleanings from Japan*. Edinburgh，1889.

Dixon，W. G. —*The Land of the Morning*. Edinburgh，1882.

Peery，R. B. —*The Gist of Japan*. Edinburgh，1896.

Vladimir. —*The China-Japan War*. London，1896.

Eastlake and Yamada. —*Heroic Japan*. Yokohama，1896.

Jane，F. J. —*The Imperial Japanese Navy*. London，1904.

Nitobe，I. —*Bushido, the Soul of Japan*. Tokyo，1901.

Hearn，L. —*Kokoro and Other Works*. London，1896，etc.

Lowell，P. —*The Soul of the Far East*. Boston，1896.

Gulick，S. L. —*Evolution of the Japanese*. New York and London，1903.

Okakura，K. —*The Ideals of the East*. London，1903.

Griffis，W. E. —*The Religions of Japan*. London，1895.

Mitford，A. B. —*Tales of Old Japan*. London，1876.

Hayashi，Viscount. —*For His People*. London，1903.

Watanna，O. —*The Wooing of Wistaria*. London，1902.

Aston，W. G. —*History of Japanese Literature*. London，1899.

Chamberlain，Prof. B. H. —*The Classical Poetry of the Japanese*. London，1880.

Riordan and Takayanagi. —*Sunrise Stories*. London，1896.

Lewis，R. E. —*The Educational Conquest of the Far East*. New York and London，1903.

Miyamori，A. —*Life of Yukichi Fukazawa*. Tokyo，1902.

Griffis，W. E. —*Verbeck of Japan*. Edinburgh and London，1901.

Bacon，A. M. —*Japanese Girls and Women*. Boston and London，1891.

Rein，J. J. —*Japan, Travels and Researches*. London，1884. —*The Industries of Japan*. London，1889.

Anderson，W. —*Pictorial Arts of Japan*. Boston，1886.

Gonse，L. —*L'Art Japonaise*. Paris，1883.

Audsley and Bowes. —*Ceramic Art of Japan*. Liverpool，1875.

Huish，M. B.—*Japan and Its Art*. London，1889.

Hartman，S.—*Japanese Art*. Boston and London，1904.

Morse，E. S.—*Japanese Homes and Their Surroundings*. New York，1903.

Piggott，F. T.—*Music and Musical Instruments in Japan*. London，1903.

Conder，J.—*Landscape Gardening in Japan*. Tokyo，1893.

翻译主要参考文献

一、通史

胡炜权：《菊花王朝：两千年日本天皇史》，浙江人民出版社 2020 年版。

吴廷璆：《日本史通论》，江苏人民出版社 2019 年版。

王振锁：《日本现代政治史论》，江苏人民出版社 2019 年版。

张允起主编：《日本明治前期法政史料选编》，清华大学出版社 2016 年版。

俞辛焞：《日本现代外交史论》，江苏人民出版社 2019 年版。

武安隆：《日外文化交流史论》，江苏人民出版社 2019 年版。

李卓：《日本社会史论》，江苏人民出版社 2019 年版。

马国川：《国家的启蒙：日本帝国崛起之源》，中信出版社 2018 年版。

宋念申：《发现东亚》，新星出版社 2018 年版。

涂丰恩：《大人的日本史》，上海人民出版社 2017 年版。

王新生：《日本简史（第三版）》，北京大学出版社 2016 年版。

林尚立：《日本政党政治》，上海人民出版社 2016 年版。

宗泽亚：《明治维新的国度》，北京联合出版公司 2014 年版。

宗泽亚：《清日战争》，北京联合出版公司 2014 年版。

王仲涛、汤重南：《日本史（修订本）》，人民出版社 2014 年版。

冯玮：《日本通史》，上海社会科学院出版社 2012 年版。

二、译著

〔日〕横手慎二：《日俄战争：20 世纪第一场大国间战争》，吉辰译，社会科学文献出版社 2019 年版。

〔日〕北岛正元：《江户时代》，米彦军译，新星出版社 2019 年版。

〔日〕和田春树：《日俄战争：起源和开战》，易爱华、张剑译，生活·读书·新知三联书店 2018 年版。

〔日〕陆奥宗光：《蹇蹇录：甲午战争外交秘录》，徐静波译，上海人民出版社 2018 年版。

〔美〕康纳德·基恩：《明治天皇：1852—1912》，曾小楚、伍秋玉译，上海三联书店 2018 年版。

〔日〕野村秀雄编著：《明治维新政治史》，陈轩译，时代文艺出版社 2018 年版。

〔日〕御厨贵、佐佐木克：《倒叙日本史 01：昭和·明治》，杨珍珍译，商务印书馆 2018 年版。

〔日〕冈仓天心：《东洋的理想》，阎小妹译，商务印书馆 2018 年版。

〔日〕坂野润治：《未完的明治维新》，宋晓煜译，社会科学文献出版社 2018 年版。

〔加拿大〕赫伯特·诺曼：《日本维新史：日本明治时期的政治与经济》，赵阳译，新星出版社 2018 年版。

〔美〕鲁思·本尼迪克特：《菊与刀》，黄道琳译，译林出版社 2018 年版。

〔美〕安德鲁·戈登：《现代日本史：从德川时代到 21 世纪》，李朝津译，中信出版社 2017 年版。

〔英〕威廉·G. 比斯利：《明治维新》，张光、汤金旭译，江苏人民出版社 2017 年版。

〔英〕萨道义：《明治维新亲历记》，谭媛媛译，文汇出版社 2017 年版。

〔日〕佐佐木克：《从幕末到明治：1853—1890》，孙晓宁译，北京联合出版公司 2017 年版。

〔日〕新渡户稻造：《武士道》，朱可人译，浙江文艺出版社 2016 年版。

三、工具书

刘纯豹主编：《英语人名比喻辞典》，商务印书馆 2012 年版。

刘纯豹主编：《英语地名比喻辞典》，商务印书馆 2012 年版。

陆谷孙主编：《英汉大词典》，上海译文出版社 2007 年版。

新华通讯社译名室编：《英语姓名译名手册（第四版）》，商务印书馆 2004 年版。

日本讲谈社编、上海译文出版社编译：《日汉大辞典》，上海译文出版社 2002 年版。

四、电子资料

日本大藏省：《工部省沿革報告》，1887 年，https：//dl. ndl. go. jp/info：ndljp/pid/784455？tocOpened＝1。

日本文部省：《学制百年史：資料編》，帝国地方行政学会，1981 年，https：//www. mext. go. jp/b_menu/hakusho/html/others/detail/1317930. htm。

東京大学工学部：《工学部の概要》之"沿革・歷代研究科長"，2020 年，http：//www. t. u-tokyo. ac. jp/foe/about/history. html。

黄石柴田编纂：《明治詔勅全集》，皇道館，1907 年，https：//dl. ndl. go. jp/info：ndljp/pid/759508/1？tocOpened＝1。

上田弘之：《日本工業の黎明：遣隋使より工部大学校まで》之"明治の文明開化を開いた工部大学校"，1981 年，http：//ktymtskz. my. coocan. jp/denki/yamao4. htm。

译后记

　　此次非常荣幸能受肖宏宇教授之邀，作为中共中央党校"国外政治文化研究"创新工程项目组的一员，承担本书的翻译工作。在接到翻译任务之初，我既有些兴奋，但更感到紧张。兴奋之处在于自己学习日语十五载，终有用武之地；紧张之处则在于首次独立负责整书翻译，唯恐因为经验、能力不足而出现纰漏。经过一年半多的努力，翻译工作终于在 2020 年 5 月下旬顺利完成。坦而言之，此中的喜悦收获、疲惫辛苦都远超出了预期，用日语来说该是"感无量"了。

　　首先要感谢中共中央党校文史教研部外国语言与文化教研室主任、中共中央党校创新工程项目"国外政治文化研究"首席专家肖宏宇教授给予的充分信任，让我在离开党校之后仍有机会参与到学术工作中来。宏宇教授不仅是我读博时的任课老师，更堪称我英语翻译道路上的专业导师。在翻译过程中，宏宇教授时常询问进度，定期把关审核，在语言风格、核心表达、行文规范等方面进行了悉心指导，提供了莫大帮助。宏宇教授的勤谨治学之风、客观理性之思、提携后进之情更是令我深为感佩，在此谨致以最诚挚的谢意。

　　其次要感谢朱梅全先生的慧眼识书，能在茫茫书海中挑中这本

"幻の大著"（NHK 语）并交于我手。在翻译过程中，梅全不仅提出了许多富有见地且极有帮助的建议，让我避免了许多弯路，而且在后期还进行了大量史实勘误工作，高度负责的职业精神与严谨细致的工作作风令我钦佩。同时，我需要格外感谢上海三联书店的资深编辑钱震华先生，他在出版过程中的大力推动、在统筹协调上的四处奔走、在细节把控上的老道经验，为本书的最终问世提供了极大助力。

再者要感谢清华大学冯峰教授的倾情作序。冯教授对于本书翻译质量的充分肯定令我倍受鼓舞，并且还细致入微地对译文的瑕疵之处乃至标点符号进行了修改，可以说是从小处见功力，由微处见真章。其实，我在读博时就曾听闻"日语与日本文化"是当时清华慕课的报名人数之最，如今方知此课正是冯教授团队出品，真是人生何处不相逢。

此外，我还要特别感谢旅日友人何沁芸女士。2020 年 2 月新冠感染疫情肆虐之时，她受我所托，多方淘选，后从日本快递来了二十多年前出版的本书日译本，为提升翻译质量提供了莫大的帮助。由此，英语文本中的诸多疑点、难点、堵点均迎刃而解。在此，由衷祝愿她阖家幸福，诸事顺遂。

最后要感谢自己对于少时理想的执着与坚持。受母亲的影响，我自幼便对学习外语抱有浓厚兴趣，也曾立志成为一名英语老师或翻译学家，虽然因为种种原因至今未能实现，但学习外语却早已成为自己的一种生活方式。因此，当我从宏宇教授处得知，翻译此书者需满足"精通英日双语，中文功底扎实，具备政治学科背景"这三个条件之时，难免产生了歌中所唱的"君にしかできないコトがある"（只有你才能完成之事）之感。或许，这就是我与这本书的缘分吧。翻译过程中，最令我感到快乐的，就是用积累多年的日语能力厘清了英语原著的一段段抽象表达，确认了字里行间的一处处历史细节。我想，还有什么能比"Every effort has its reward"更令人宽慰的呢？

以下简要介绍本书的翻译情况。

本书写于1904年，作者是有"日本工学之父"之称的亨利·戴尔。1873年，受访英的伊藤博文之邀，戴尔赴日出任工部省下属工学教育机关——工部大学校的"都检"一职并负责组建教师团队。旅日期间（1873—1882），戴尔为日本的近代化工业建设与产业发展培养了大批重要人才，指导修建了明治初年许多重要的公共基础设施，同不少明治政要也颇有私交。纵观本书，戴尔由工部大学校的创立入篇，以工学家特有的冷静笔调与客观立场，细致描绘了明治日本的教育、文化、艺术、社会、交通、产业、农业、商业、政治、军事、外交等诸多领域的世态万象，详细刻画了日本如何以跬步之行成就近代之姿，如何从亚洲的莞尔小国成为"东方的大不列颠"。戴尔对日本在明治维新这场近代化变革中所取得的非凡成就给予了高度评价，并从一个西方人的视角对维新背后的精神与现实动因进行了细致分析。非常值得玩味之处在于，戴尔笔下的明治日本（截至1904年）更多是一个反抗列强压迫，追求国家独立，奋起反抗且无意扩张的近代亚洲先驱国家。这种形象显然与后世那个为世界带去深重灾难的帝国相去甚远。130年前，甲午战争爆发，120年前，日俄战争爆发，前事不忘，后事之师。希望本书能为我们理解今日之日本提供更为立体的视角、更加丰富的史料，而这或许有助于我们寻见"屠龙者终成恶龙"的部分原因。

本书的翻译周期为一年零八个月，成书共21章。翻译工作主要分为三个阶段：首先根据亨利·戴尔先生1904年的英语原书形成翻译初稿；其次，对照平野勇夫先生1999年的日语译本进行校译，形成表达更精准、细节更丰富的二稿；最后，通过参考最新相关研究成果与类似主题著作，对译文中的核心表述进行进一步推敲，对全文进行进一步润色与勘误，形成三稿。专家与编辑在三稿的基础上进行最终校阅。

综合而言，此次翻译有四个难点。

一是作者"简约范"的表达风格。工科男出身的戴尔在书中不仅行文简约，而且酷爱使用各种代词与虚指。行文简约意味着很多时候句段之间的过渡承接显得不够自然，有时甚至还有些突兀。为此，我必须在精读全书与相关资料的前提下，优化行文逻辑，润色语言表达，以期更为流畅可读。文中的诸多代词与虚指亦是如此。为便于读者理解，我需要通过文中注与章后注的方式补充大量背景知识与历史细节，以期脱"虚"向"实"。

二是作为"冷知识"的专有名词。书中涉及大量明治乃至江户时期的机构名、官职名、地名、人名以及专业术语。由于成书时间久远，一些人名、地名、机构名难以考证。有些历史人物的全名或罗马注音甚至连日语译本都没有给出，我也只能尽己所能。比如，书中提到了一位名叫大原武美的武士，英语原著给出了其姓氏"大原"（OHHARA），日语译本给出了其全名，但是，其名"武美"究竟应该如何拼读，却始终没有找到可信出处（日本人可以自行决定名字的读音）。如遇此种情形，还望读者谅解。

三是部分"文艺范"的引述内容。本书仿佛一幅日本明治年间的"浮世绘"，涉及诸多宗教、艺术、文学等方面的内容，尤其是以近代文言形式出现的各种美学论述、敕语及法令。有些引述出自明治天皇、新渡户稻造、小泉八云等知名人士，尚且可以参考已有译本，但多数都需要在查阅日语原文之后自行翻译。由于自己的文学素养有限，若仿文言体的译文令读者产生效颦之感，还望莫要嗤笑。

四是中日"差异化"的核心表述。虽然日译本为专有名词的翻译带来了极大便利，但是相对地，如何处理日译本中有关原著核心表述的不同译法也是不小的挑战。比如，本书的高频表述"national life"究竟该作何译？初译时，我根据作者写作目标译为"国家演化"，却总有些许宏大叙事的拖累之感；二校时发现日译本译为"国民生活"，虽然表述更为具体，但若通盘采用，却又会导致文中某些地方的表意不够完整。最终，经过与宏宇教授商讨，我决定将两者均予以保留，视具体语境而论，从而体现汉语灵活通达之特质。又比如，如何处理"日本人の心情"（Japanese mind）？如此这般，不下少数。最终的译文都是经过多次探讨，外加参考最新研究成果之后确定下来的，希望能够得到读者的认可。

虽然我在翻译中倾尽心力，对译文也是推敲再三，力求无愧于原著，无愧于读者，无愧于自己，但是终究受个人学识与能力所限，不当之处终是难免，敬请批评指正。

从 2018 年 10 月拿到书稿到 2024 年 4 月修改后记，一转眼竟已多年过去。于自身而言，翻译一本书就像进入一个世界，又好似踏上一段旅途。于世人而言，2020 年后的潮涌浪奔总是陌生，去处途归更多踌躇。但是无论如何，每个人都是这个世界的见证者，更是自己旅途的领行者。回想五年多来的翻译与出版，磕碰自是难免，逆境必然存在，但是，对于眼前的这部译著，我自觉已是倾尽全力，内心更是充满欢喜。最后，斗胆借用爱德华·吉本（Edward Gibbon）在其巨著《罗马帝国衰亡史》（*The History of the Decline and Fall of the Roman Empire*）的收官之笔，为这本历史著作的翻译与出版画上圆满句点："虽未完满如初想，但终能完成著述，呈献读者诸君披阅。"

唐双捷

2024 年 4 月 22 日于上海杨浦

图书在版编目（CIP）数据

一个英国人眼中的明治维新 /［英］亨利·戴尔著；
唐双捷译. —上海：上海三联书店，2024.

ISBN 978 - 7 - 5426 - 8418 - 9

Ⅰ.①一… Ⅱ.①亨…②唐… Ⅲ.①明治维新
(1868)—研究 Ⅳ.①K313.41

中国国家版本馆 CIP 数据核字(2024)第 054807 号

一个英国人眼中的明治维新

著　　者　［英］亨利·戴尔

译　　者　唐双捷

校　　者　肖宏宇

责任编辑　钱震华

特约编辑　朱梅全

出版发行　上海三联书店

　　　　　中国上海市威海路 755 号

印　　刷　上海晨熙印刷有限公司

版　　次　2024 年 5 月第 1 版

印　　次　2024 年 5 月第 1 次印刷

开　　本　700×1000　1/16

字　　数　458 千字

印　　张　35.25

书　　号　ISBN 978 - 7 - 5426 - 8418 - 9 /K·767

定　　价　98.00 元